DIE GROSSEN PANZERSCHLACHTEN

VON CAMBRAI BIS DESERT STORM

Marc Lenzin / Stefan Bühler / Fred Heer / Peter Forster

SCHWEIZER SOLDAT

Motor buch Verlag

Einbandgestaltung: Frank Zähringer

Bildnachweis: Die zur Illustration dieses Buches verwendeten Aufnahmen stammen – wenn nicht anderes vermerkt ist – vom Verfasser.
Die mit (BA) gekennzeichneten Bilder wurden vom Bundesarchiv unter einer Creative Commons Lizenz (CC by SA 3.0) veröffentlicht.
(http://creativecommons.org/licenses/by-sa/3.0/de/)

ISBN: 978-3-613-04450-0

1. Auflage 2022

Sie finden uns im Internet unter www.motorbuch-verlag.de

Lektorat: Joachim Kuch / Sebastian Quillmann / Joachim Köster
Innengestaltung: Jürgen Knopf, Medien und Printprodukte,
74321 Bietigheim-Bissingen
Druck und Bindung: Conzella Verlagsbuchbinderei,
85609 Aschheim-Dornach
Printed in Germany

FP
26

Inhalt

Prolog

Panzer im Angriff

Feuerkraft und Beweglichkeit sind die zwei wichtigsten Faktoren im Krieg. Nur wer an den richtigen Stellen rasch und genügend Kapazität zur Vernichtung des Gegners konzentrieren kann, vermag dem Feind eine Niederlage beizubringen. Das gilt seit Menschengedenken und in jedem Krieg und daher suchte der Mensch schon immer nach der perfekten Kombination von Feuerkraft, Beweglichkeit und Schutz.

Im Jahre 1482 schrieb Leonardo da Vinci an einen Freund: "Ich baue sichere und gedeckte Karren, welche undurchdringlich sind, und wenn sie mit ihren Schusswaffen mitten im Feuer erscheinen, werden selbst grössere Feindmassen zum Rückzug gezwungen!". Die Idee, unter Aufrechterhaltung der Bewegung Feuer in die gegnerischen Linien zu tragen, entstand aber nicht erst in der Renaissance. Bereits im Altertum erfüllten die Streitwagen der Hethiter oder Ägypter und später die Kriegselefanten von Hannibal diese Aufgabe und im Mittelalter siegten Panzerreiter fast immer über die unbewegliche Infanterie. In der Neuzeit übernahmen die Kürassiere diese Aufgabe mit beachtlichem Erfolg. Die Wucht des Angriffes mit den schweren Pferden zerschlug gegnerische Verbände und der Kürass schützte zuverlässig gegen Hieb- und Stichwaffen. Aber so wie die Rüstung der Ritter durch den Pfeil der Langbogen und die Bolzen der Armbrüste durchschlagen worden sind, schützte der Kürass nicht mehr gegen die modernen Feuerwaffen. Auf dem Gebiet der Technik und Taktik stehen Aktion und Reaktion in ständiger Wechselwirkung. Der Einsatz neuer Waffen fordert den Verteidiger zu taktischen und technischen Gegenmassnahmen, die dann beim Angreifer wieder neu Änderungen auslösen. Die sich daraus ergebende Kettenreaktion verändert Einsatzdoktrin und Organisation beider Seiten.

Die durch Stacheldraht, Gräben, Maschinengewehr- und Artilleriefeuer eingeschränkte Beweglichkeit der Bodentruppen wurde im Ersten Weltkrieg durch den Einsatz von Tanks wiederhergestellt. Kaum eine andere Erfindung hat die Kriegsgeschichte des 20. Jahrhunderts so massgeblich beeinflusst wie der Panzer. Etwas mehr als 100 Jahre nach dem ersten grossen Panzereinsatz bei Cambrai gibt dieses Buch umfassend Einblick in die faszinierende Geschichte dieser Kampfmaschinen: Warum und von wem wurden sie entwickelt, wann und wo begann ihr Siegeszug und: werden Panzer angesichts der neuen Formen militärischer Bedrohung als Relikte des Kalten Kriegs von der Bildfläche verschwinden?

Panzer haben Geschichte geschrieben und sind dabei selbst ein Teil der Geschichte geworden. Es ist die faszinierende Geschichte von Mensch und Technik, denn nicht die Panzer haben die Gefechte gewonnen, sondern ihre Führer und die Besatzungen. Mit dem ersten Einsatz von Tanks im Herbst 1916 an der Somme begann eine neue Ära der Kriegsführung und parallel dazu wurde der Panzer zum Kultobjekt – bis heute ist er Waffe und Symbol von Stärke und Macht geblieben.

Fred Heer, Divisionär aD

Technische Aspekte der Panzerentwicklung

Stefan Bühler

Seit dem ersten Panzereinsatz am 15. September 1916 an der Somme sind über 100 Jahre vergangen. Die Technik hat sich seither stetig weiterentwickelt, die Anforderungen an einen (Kampf-) Panzer haben sich jedoch im Grundsatz nicht verändert: Das Feuer unter dem bestmöglichen Schutz und mit der grösstmöglichen Mobilität an den Gegner zu bringen! Entsprechend war und ist es das Bestreben der Panzerbauer, einen möglichst optimalen Kompromiss der Faktoren Feuerkraft, Schutz, Mobilität und Führungsfähigkeit zu erreichen.

FEUERKRAFT

Die Panzer im Ersten Weltkrieg waren aufgrund des primären Einsatzes gegen die gegnerische Infanterie mit Maschinengewehren und/oder vergleichsweise kurzen Kanonen ausgestattet (Renault FT 37 mm, Mark I/IV/V 57 mm, Saint Chamond 75 mm, Schneider CA 75 mm). Die Mündungsgeschwindigkeiten der Kanonen lagen bei ca. 500 m/s, die effektiven Einsatzdistanzen unter 1.500 m, verschossen wurde Spreng- und Schrapnellmunition mit einer sehr geringen panzerbrechenden Wirkung.

In der Zwischenkriegszeit kam es indes nicht zu wesentlicher Leistungssteigerung im Bereich der Bewaffnung – da man den Panzer vor allem als Unterstützungswaffe der Infanterie sah, wurde dies auch nicht als notwendig erachtet.

Erst aufgrund der deutschen Erfolge in Polen, Frankreich und der Sowjetunion zu Beginn des Zweiten Weltkrieges fand ein Umdenken statt, der Panzer musste nun im Duell gegen andere Panzer bestehen. Die Kanonen wurden zunehmend länger, um die Mündungsgeschwindigkeit und damit Präzision, Einsatzdistanz und Durchschlagsleistung zu erhöhen (Panzer IV 7,5 cm KwK 37/L24, Panzer VI Tiger 8,8 cm KwK 36/L56, Königstiger 8,8 cm KwK 43/L71). Durch die Einführung von Hohlladungsgranaten (z.B. Gr 38 HL), Hartkerngeschossen mit Wolframkarbidkern (z.B. PzGr 40) sowie Treibkäfiggeschosse (z.B. Ordnance QF 6-pounder APDS) wurden die Durchschlagsleistungen massiv erhöht und erreichten bei Kriegsende ca. 100 mm RHA (distanzunabhängig) bei Hohlladungsgranaten und über 200 mm RHA bei Hartkerngeschossen. Die Kaliber lagen bei 88/90 mm (Königstiger und M26 Pershing) bzw. 122 mm (IS-2), die Mündungsgeschwindigkeiten erreichten 1.200 m/s für Wuchtmunition, die effektiven Einsatzdistanzen erhöhten sich auf über 2.500 m. Weitere Errungenschaften des Zweiten Weltkriegs waren die – vorerst noch eingeschränkte – Waffenstabilisierung (1942, M3A1, Westinghouse Vertical Gyro) und die ersten Nachsichtgeräte (1944, Panther Ausf G, IR-Aktiv).

Die Einführung von voll stabilisierten Waffenanlagen, welche erstmals ein präzises Schiessen aus der Fahrt ermöglichten, erfolgte kurz nach dem Zweiten Weltkrieg (1948, Centurion Mk III). Der erste Einsatz von Ladeautomaten für grosskalibrige Kanonen folgte kurze Zeit später (1952, AMX-13). Obwohl die Entwicklung des Pfeilgeschosses in den Zweiten Weltkrieg zurückgeht (1944, 28 cm K 5 Eisenbahnge-

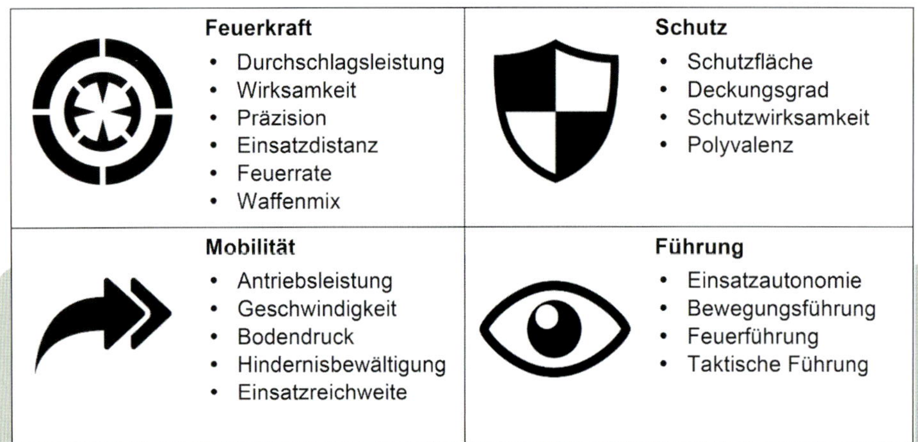

Die vier relevanten Faktoren bei der Konzeption eines Kampfpanzers (Grafik: Autor)

schütz), erfolgte die Einführung auf dem Panzer, gleichzeitig mit der Glattrohrkanone, erst knapp zwei Jahrzehnte später in der Sowjetunion (1962, T-62, 155 mm U-5TS). Mit der Kombination aus Glattrohrkanone und Pfeilgeschoss (Stahlkern) wurden Mündungsgeschwindigkeiten von mehr als 1.600 m/s und eine Durchschlagsleistung von ungefähr 300 mm RHA erreicht. Der erste rohrverschiessbare Lenkflugkörper folgte wenige Jahr später (1966, MGM-51 Shillelagh). Der Einbau von Laserentfernungsmessern (1971, Chieftain Mk 3/3) und die Einführung der ersten Waffennachführanlage mit Koinzidenzüberwachung (1979, Leopard 2) erhöhten weiter die Erstschusstrefferwahrscheinlichkeit, zudem wurde durch den Einsatz von Wärmebildgeräten (1981, Leopard 2) die Nachtkampffähigkeit auf eine neue Stufe gehoben. Kurz vor Ende des Kalten Krieges folgte noch die Einführung von Munition mit programmierbarem Luftsprengpunkt (1985, T-80U, Aynet) und eines automatischen Zielverfolgungssystems (1989, Merkava Mk III). Nach dem Zusammenbruch der Sowjetunion und damit dem vermeintlichen Wegfall der klassischen Panzerbedrohung kam es zu keinen nennenswerten Entwicklungen mehr im Bereich der Feuerkraft.

Ein moderner Kampfpanzer verfügt heute über eine digitale Feuerleitanlage, welche stehend oder fahrend die Aufklärung und Bekämpfung von Zielen auf über 4.000 m ermöglicht (effektive Wirkdistanz gegen andere Kampfpanzer 2.500 – 3.000 m). Die voll stabilisierte Glattrohrkanone (120 mm/125 mm) erreicht mit Pfeilgeschossen (Wolfram oder abgereichertes Uran, Mündungsgeschwindigkeit 1.600 – 1.800 m/s) eine Durchschlagsleistung von mehr als 700 mm RHA und mit Hohlladungsgeschossen von 600 – 900 mm RHA. Als Sekundärbewaffnung dient typischerweise ein rohrparalleles mittelkalibriges Maschinengewehr (z.B. 7.62 mm) sowie ein weiteres Maschinengewehr (7.62 mm oder 12.7 mm) auf dem Turmdach zur Nahverteidigung – vermehrt auch als autarke Waffenstation, welche unter Panzerschutz bedienbar ist.

SCHUTZ

Die ersten Panzer verfügten zum Schutz über Stahlplatten (1916, Mark I, 6 – 12 mm; 1917, Renault FT, 18 – 22 mm), welche in Skelettbauweise auf einen Rahmen genietet oder geschraubt waren; einzelne Konstruktionen verfügten bereits bei ihrer Einführung über eine Schottpanzerung (1916, Schneider CA1). Die Plattenpanzerung erwies sich als brauchbarer Splitterschutz, wurde jedoch kurze Zeit später durch die deutsche 7.92 mm x 57 SmK (Spitzgeschoss mit Kern) auf über 100 m Distanz durchschlagen.

Während der Zwischenkriegszeit erhielt vermehrt die Guss- und Schweisstechnologie Einzug in den Panzerbau, was zu Entwicklung von gegossenen (1936, Somua S-35) und geschweissten Panzerstahlkonstruktionen (1934, Panzer I; 1936, Stridsvagn L-60; 1937, FCM 36) führte.

Zu Beginn des Zweiten Weltkrieges waren die Panzerungen nur unwesentlich stärker als noch im Ersten Weltkrieg (FCM 36, 6 – 40 mm; Panzer III, 8 – 16 mm; Panzer IV, 8 – 30 mm) – mit einer Ausnahme: Der unter strengster Geheimhaltung entwickelte sowjetische T-34 verfügte bereits zu diesem Zeitpunkt über eine 45 mm starke Panzerung, die Panzerplatten waren zudem schräggestellt, was bei der damals verwendeten Munition bei Auftreffwinkeln unter 40° häufig zu Abprallern führte. Im Verlaufe des Krieges wurden die Panzerungen immer stärker und erreichten zu Kriegsende 120 – 150 mm (1943, IS-2 bzw. Königstiger) – die Prototypen des Panzer VIII Maus (Gewicht 188 t) verfügten über eine Frontpanzerung von 200 mm, der Jagdtiger (Gewicht 70 t) über 250 mm.

Der sprungartige Anstieg der Gewichte machte den Konstrukteuren noch während dem Krieg bewusst, dass die Stahlpanzerung in Monoblockausführung keine gangbare Variante für die Zukunft sein konnte. Trotzdem sollte es noch drei Jahrzehnte dauern, bis die erste Kompositpanzerung (1975, T-64B, Combination K) serienmässig verbaut wurde. In der Zwischenzeit erlebte die Gusstechnologie einen Aufschwung – durch die relativ einfache Veränderung der Wandstärken liessen sich beschussoptimierte Geometrien fertigen, durch die Einführung von

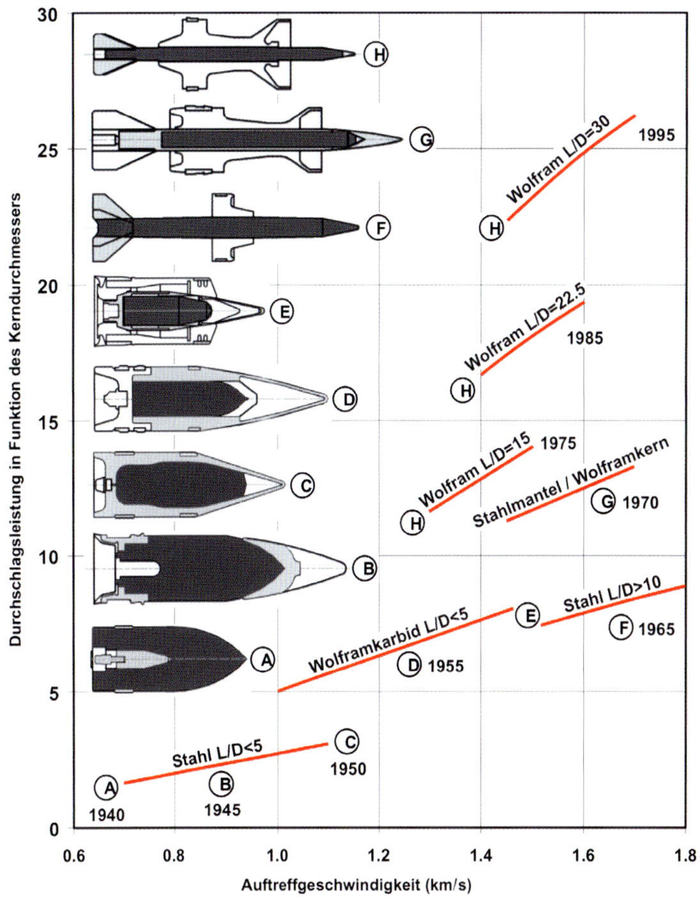

Evolution der panzerbrechenden Wuchtmunition (Quelle: Lanz/ Odermatt, Kinetic Energy Projectiles: Development, History, State oft he Art, Trends)

hochfesten Gusslegierungen konnten ab etwa 1970 schliesslich auch vergleichbare ballistische Werte wie bei gewalzten Panzerstahlplatten erreicht werden.

Zu den Hochzeiten des Kalten Krieges überschlugen sich dann plötzlich die Entwicklungen im Bereich des Panzerschutzes: mit der Einführung von Reaktivpanzerungen (1978, Magach 3, Blazer), der Beulblechtechnologie (1979, Leopard 2) sowie dem ersten abstandsaktiven Schutzsystem (1983, T-55AD, 1030M Drozd). Nach der Hardkill-Variante folgte 10 Jahre später noch eine Softkill-Variante (1993, T-90, TShU1-7 Shtora-1). Zur Steigerung der Überlebensfähigkeit der Besatzung kamen im Verlaufe der Zeit die ABC-Schutzanlage (1958, T-55), der Spall Liner zur Reduktion von Sekundärsplitterwirkung sowie die Feuerlösch- (1969, T-64A) bzw. später Brandunterdrückungsanlage (1979, Leopard 2) für den Kampfraum hinzu.

Der vorerst letzte Meilenstein im Bereich des Schutzes wurde mit der Einführung eines unbemannten Turmes (2019, T-14 Armata) erreicht. Durch die vollständige Digitalisierung des Systems kann die Besatzung in einer stark gepanzerten, von potentiellen Gefahrenherden wie Munitionslagerung und Kraftstofftank abgekoppelten Zelle in der Wanne untergebracht werden und von dort den exponierten Turm fernsteuern. Ein moderner Kampfpanzer verfügt heute über eine Kompositpanzerung (Stahl, Leichtmetalle, Keramik, Faserverbundwerkstoffe, u.a.), allenfalls lokal verstärkt durch Reaktivschutzmodule, und – aktuell noch selten – ein abstandsaktives Schutzsystem (Softkill und/oder Hardkill). Die Frontalpanzerung schützt gegen Pfeilgeschosse mit 600–800 mm RHA und Lenkflugkörper mit Hohlladungsgefechtskopf mit mehr als 1.200 mm RHA. Eine ABC-Schutzanlage und eine Brandunterdrückungsanlage im Kampfraum gehören zur Standardausstattung.

MOBILITÄT

Die Panzer im Ersten Weltkrieg wurden durch Benzinmotoren (Mark I, Foster-Daimler 6-Zylinder, 105 PS; Renault FT, Renault 4-Zylinder, 39 PS) angetrieben und erreichten bei einer spezifischen Leistung von 3–6 PS/t eine Höchstgeschwindigkeit von 6–8 km/h. Obwohl diese Geschwindigkeit für die ursprünglich angedachte Rolle zur Unterstützung der Infanterie grundsätzlich ausreichte, startete man noch während dem Krieg mit der Entwicklung stärkerer Motoren (Mark V, Ricardo 6-Zylinder, 150 PS). Die Einsatzreichweiten der ersten Panzer betrugen zwischen 45 km (Mark I) und 65 km (Renault FT), die Grabenüberschreitfähigkeit lag bei 3.5 m (Mark I) bis 4 m (Mark V*).

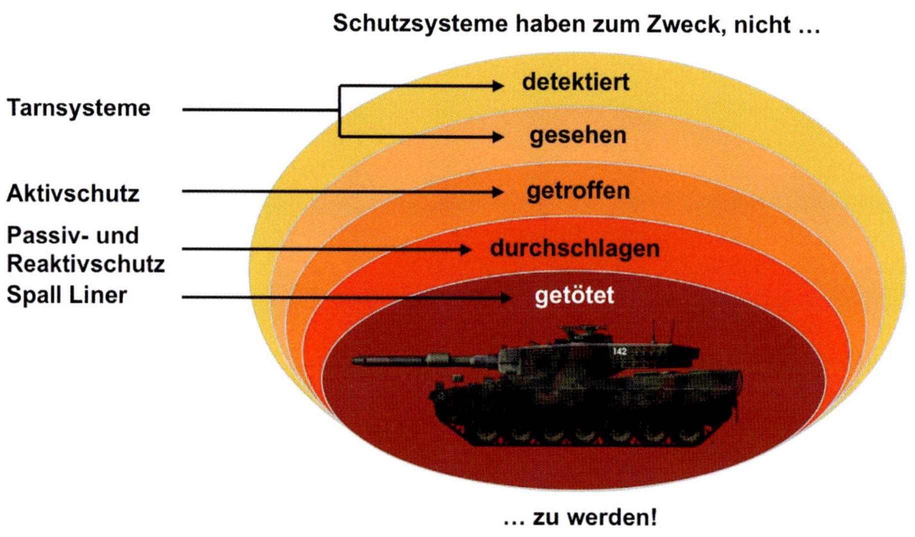

Die Wirkung von Schutzsystemen ('Schutzzwiebel') (Grafik: Autor)

Nach dem Krieg standen nicht genügend Mittel zur Verfügung, um kompakte, leistungsstarke Panzermotoren zu entwickeln – man behalf sich u.a. mit Flugzeugmotoren (1918, Mark VIII, V-12 Liberty, 340 PS). Aufgrund der Erfahrungen aus dem Krieg wurden die Laufwerke weiterentwickelt: eine Scharnierkette und ein gefedertes Laufwerk (Rollenwagen) gehörte zum Standard. Der erste technologische Meilenstein nach dem Krieg gelang mit dem Christie-Laufwerk (benannt nach seinem Erfinder, dem Amerikaner Walter Christie) – es konnte sowohl mit Ketten als auch mit Rädern betrieben werden und erlaubte Höchstgeschwindigkeiten von 120 km/h (1928, Prototyp mit Räderkonfiguration) bzw. 55 km/h (1932, BT-2; 1939 T-34). Kurz vor Ausbruch des Zweiten Weltkrieges konnten mit der Drehstabfederung (1937, Panzer III; 1939 KW-1) und dem Dieselmotor (1939, T-34, W-2-34M, 12-Zylinder, 500 PS) noch zwei entscheidende technologische Durchbrüche erzielt werden. Weitere Errungenschaften aus der Zwischenkriegszeit waren die Endverbinderkette (1934, M1) und das Überlagerungslenkgetriebe (1936, Char B1).

Im Vergleich zu den Entwicklungen im Bereich Feuerkraft und Schutz brachte der Zweite Weltkrieg im Bereich der Antriebssysteme nur geringfügige Weiterentwicklungen; eine der wenigen Innovationen war die Kraftübertragung mit Drehmomentwandler (1944, M26 Pershing) sowie das Schachtellaufwerk (1942, Panzer VI Tiger; 1943, Panzer V Panther), welches sich aber aufgrund des extremen Instandhaltungsaufwandes nicht durchgesetzt hat. Die Antriebsleistung lag zum Kriegsende bei 500 – 700 PS (M26 Pershing, Ford GAF, 8-Zylinder Benzin, 500 PS; 1944, IS-2, W-2IS, 12-Zylinder Diesel, 600 PS; 1944, Königstiger, Maybach HL 230 P45, 12-Zylinder Benzin, 700 PS).

Während dem Kalten Krieg kam es im Bereich der Laufwerkstechnologie mit der Einführung von hydraulischen Schwingungsdämpfern (1965, Leopard 1), hydraulischen Endanschlägen (1979, Leopard 2) zu entscheidenden Detailverbesserungen. Neben der Weiterentwicklung der bestehenden Technologien wurden in den 1980er Jahren zudem noch zwei neue Technologien eingeführt: Der Gasturbinenantrieb (1989, M1 Abrams; T-80B) und das hydropneumatische Laufwerk (1983, Challenger 1) – beides konnte sich jedoch bis zum heutigen Tag nicht in der Breite durchsetzen.

Ein moderner Kampfpanzer verfügt heute über einen Triebwerkblock bestehend aus 12-Zylinder-Dieselmotor (ca. 1.500 PS) und einem hydromechanischen Schalt-, Wende- und Lenkgetriebe, ein Drehstablaufwerk mit hydraulischen Dämpfern/Endanschlägen sowie eine Endverbinderkette mit Gummipolstern. Er erreicht bei einem Gefechtsgewicht von 50 – 70 t mit einer spezifischen Antriebsleistung von 20 – 25 PS/t eine Höchstgeschwindigkeit von 60–70 km/h und erreicht eine Einsatzreichweite von 500 km (Strasse) bzw. 200 km (Gelände). Das Laufwerk erlaubt ein Überschreiten von Gräben bis 3 m Breite und Stufen bis 1 m Höhe sowie das Befahren von Neigungen bis 60% (30°).

FÜHRUNG

Die ersten Panzer (1916, Mark-Serie; Saint Chamond; Schneider CA) verfügten über fest eingebaute bzw. nur beschränkt schwenkbare Waffen, was dazu führte, dass die Fahrzeuge zum Gegner ausgerichtet werden mussten. Der drehbare Turm (1917, Renault FT) war die Lösung für dieses Problem und ist bis heute eines der wesentlichen Erkennungsmerkmale für einen Kampfpanzer.

Während die Führung im Ersten Weltkrieg noch über Zeichengebung per Hand erfolgte und Nachrichten über grössere Distanzen mit Brieftauben übermittelt wurden, setzte die Wehrmacht in den 1930er Jahren auf den Einbau von Funkgeräten (1934, Panzer I) – dies revolutionierte die Bewegungs- und Feuerführung und sollte zu Beginn des Zweiten Weltkrieges dann auch einer der massgebenden Erfolgsfaktoren für die schnellen und koordinierten Vorstösse der deutschen Panzerverbände sein. Das Funkgerät setzte sich dann im Verlauf des Krieges auch bei den Alliierten durch, aufgrund der mangelnden Verfügbarkeit teilweise jedoch nur auf der Kommandantenstufe.

Ein weiterer Meilenstein in der Feuerführung stellte die Einführung der Hunter-Killer-Fähigkeit (1974, Leopard 1A4) dar, welche dem Kommandanten die kontinuierliche Zielaufklärung und -zuweisung an den Richtschützen erlaubte und damit die Zielbekämpfungsgeschwindigkeit deutlich steigerte.

Der vorerst letzte technologische Meilenstein im Bereich der Führung war die Integration eines Führungs- und Informationssystems (1997, Stridsvagn 122), welche die taktische Lage auf einer digitalen Karte in Echtzeit darstellt und damit die Lagebeurteilung und Führung auf der taktischen Stufe (Zug, Kompanie) wesentlich verbessert.

Durch den Einbau von Klimaanlagen und unabhängigen Stromgeneratoren konnte im neuen Jahrtausend die Einsatzautonomie des Kampfpanzers verbessert und den aktuellen Einsatzszenarien (Sicherungs- und Überwachungsaufgaben) angepasst werden.

Ein moderner Kampfpanzer verfügt heute über eine Bordverbindungsanlage zur internen Kommunikation sowie zwei Funkgeräte zur Kommunikation im Verband bzw. mit der vorgesetzten Stufe. Die Hunter-Killer-Fähigkeit gehört zum Standard, Führungs- und Informationssysteme werden vermehrt eingesetzt.

100 JAHRE PANZER – QUO VADIS?

Drei Entwicklungstendenzen sind in der Panzerentwicklung der vergangenen 100 Jahre erkennbar:

- Ab der Indienststellung des ersten Kampfpanzers 1916 bis in die 1960er Jahre war primär der Maschinenbau gefordert, mit entsprechenden konstruktiven Lösungen die militärischen Anforderungen an einen Kampfpanzer zu erfüllen.
- Ab den 1960er Jahren bis zur Jahrtausendwende wurden die entscheidenden Fortschritte in der Panzerentwicklung – von wenigen Ausnahmen abgesehen – überwiegend durch den Einsatz von elektronischen Technologien erreicht.
- Seit der Jahrtausendwende zeigt die Tendenz in Richtung einer umfassenden Digitalisierung des Kampfpanzers (digitales Bordnetz, BUS-Systeme, digitale Rechner, digitale Kommunikationssysteme, ...), um die Systemleistungen weiter zu erhöhen und die Besatzungen von Routineaufgaben zu entlasten.

Die Entwicklung wird sich auch im kommenden Jahrzehnt primär auf den Bereich der Elektronik und Digitalisierung konzentrieren:

- Automatisierung des Feuerkampfes (Zielaufklärung, -verfolgung und -bekämpfung)
- Führungs- und Informationssysteme (Netzwerkzentrierte Kriegführung)
- Unbemannter Einsatz (ferngesteuert oder teilautonom)
- Abstandsaktiver Schutz (Softkill, Hardkill, aktive Tarnung bzw. Signaturreduktion)
- Virtual Reality Systeme (Zielaufklärung und -zuweisung)
- Hybride Antriebssysteme (Kraftstoffverbrauchs- und Geräuschreduktion)

Die meisten Streitkräfte planen damit, dass die aktuell im Einsatz stehenden Kampfpanzermodelle bis mindestens 2035 im Dienst bleiben, wahrscheinlicher ist jedoch 2040 oder noch länger. Ob der T-14 Armata der letzte konventionelle Kampfpanzer sein wird oder ob das Konzept in angepasster Form weitere 100 Jahre überdauert, steht aufgrund der rasanten technologischen Entwicklung in den Sternen.

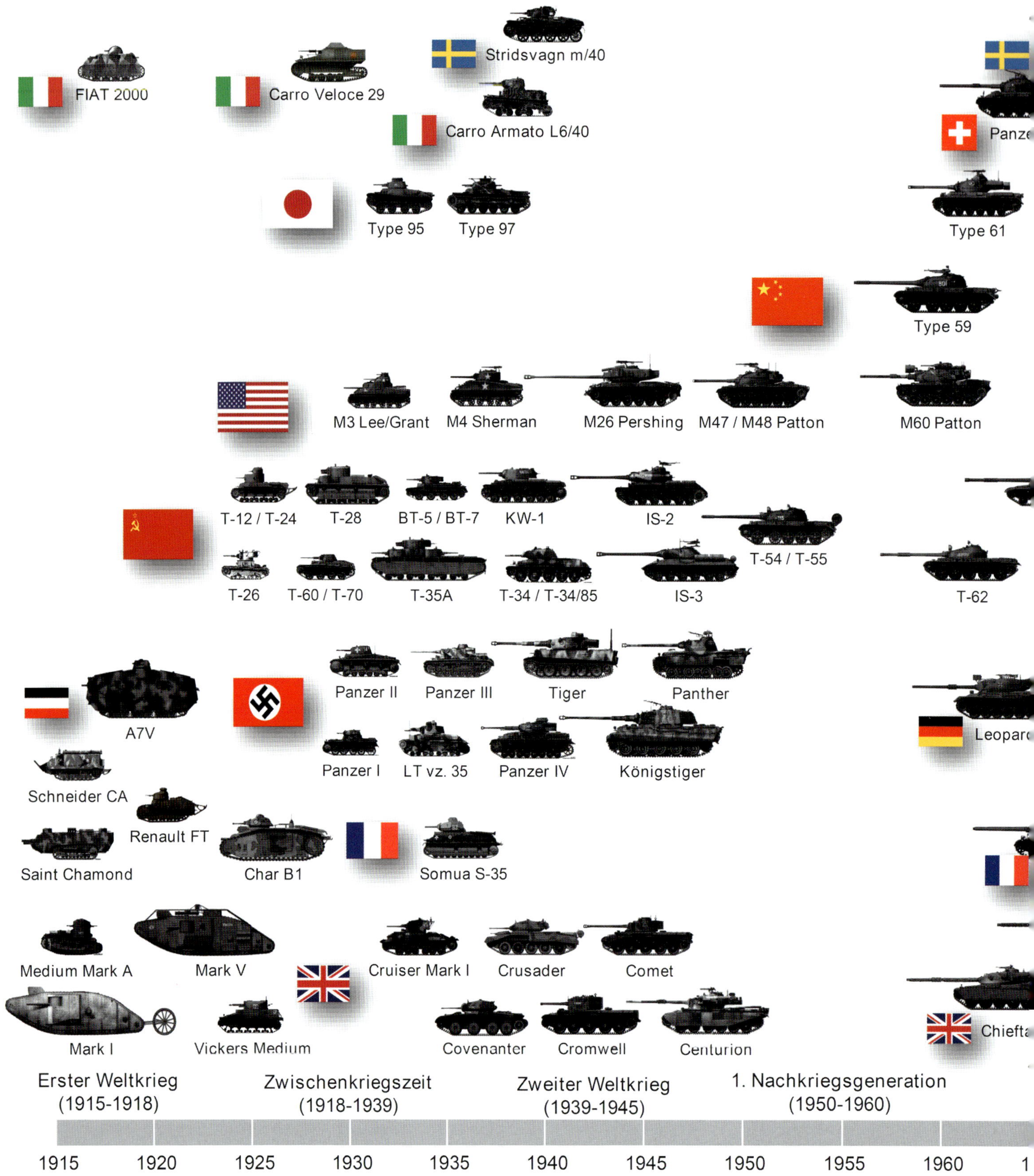

Abbildung: Vom Mark I zum T-14 Armata – 100 Jahre Panzer (Grafik: Autor)

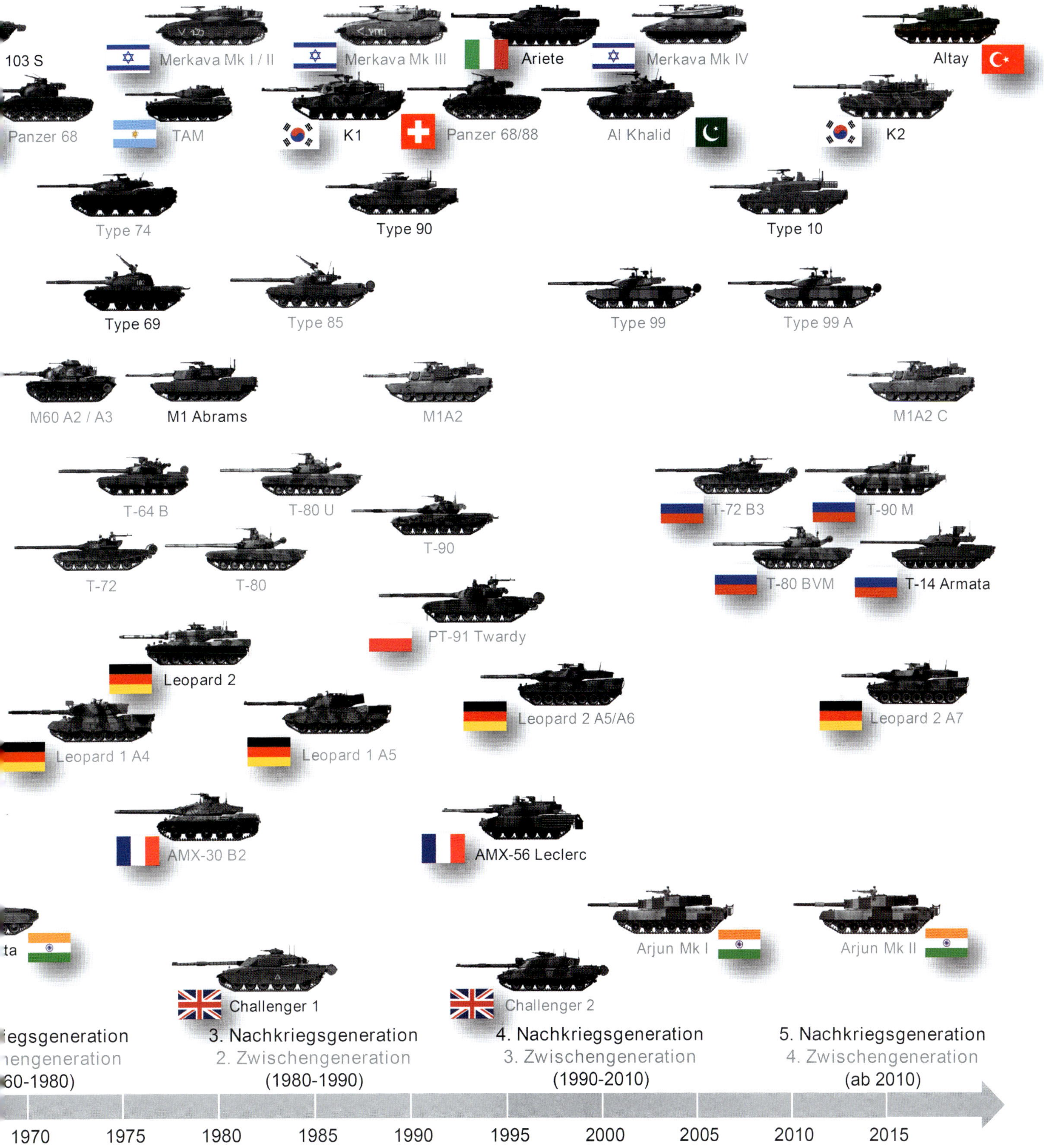
103 S
Merkava Mk I / II
Merkava Mk III
Ariete
Merkava Mk IV
Altay
Panzer 68
TAM
K1
Panzer 68/88
Al Khalid
K2
Type 74
Type 90
Type 10
Type 69
Type 85
Type 99
Type 99 A
M60 A2 / A3
M1 Abrams
M1A2
M1A2 C
T-64 B
T-80 U
T-72 B3
T-90 M
T-90
T-72
T-80
T-80 BVM
T-14 Armata
PT-91 Twardy
Leopard 2
Leopard 2 A5/A6
Leopard 2 A7
Leopard 1 A4
Leopard 1 A5
AMX-30 B2
AMX-56 Leclerc
ta
Arjun Mk I
Arjun Mk II
Challenger 1
Challenger 2
iegsgeneration
nengeneration
60-1980)
3. Nachkriegsgeneration
2. Zwischengeneration
(1980-1990)
4. Nachkriegsgeneration
3. Zwischengeneration
(1990-2010)
5. Nachkriegsgeneration
4. Zwischengeneration
(ab 2010)
1970
1975
1980
1985
1990
1995
2000
2005
2010
2015

Der Panzer: Eine alte Waffe neu erfunden

Fred Heer

Als die Vierte Britische Armee am 15. September 1916 an der Somme erstmals 49 Tanks zum Einsatz brachte, zeigte sich die deutsche Generalität nur wenig beeindruckt.

Viel zu spät erkannte die oberste Heeresleitung, welche Gefahren im neuen Kampfmittel lagen, mit dem die Bewegung wieder auf das Schlachtfeld zurückkehrte.

Feuerkraft und Beweglichkeit sind die zwei wichtigsten Faktoren im Krieg. Nur wer an den richtigen Stellen rasch und genügend Kapazität zur Vernichtung des Gegners konzentrieren kann, vermag dem Feind eine Niederlage beizubringen. Das gilt seit Menschengedenken und in jedem Krieg.

Der Weltkrieg hatte als Bewegungskrieg begonnen. Die deutschen Armeen waren seit Kriegsbeginn fast unaufhaltsam tief nach Frankreich vorgestossen und standen Anfang September 1914 vor Paris. Aber es sollte nicht, wie im August versprochen, an Weihnachten alles vorbei sein. Nach der deutschen Niederlage an der Marne kam der Krieg zum Stehen und wurde an seiner Westfront zum blutigen Ringen um ein paar Meter schlammigen Terrains.

Ende November 1914 war allen Generalstäben klar, dass bis auf Weiteres die Defensive stärker sein würde als die Offensive, denn das Zusammenspiel von weitreichender Artillerie, Maschinengewehrnestern und Stacheldraht hatte ein Vorrücken der Infanterie unmöglich gemacht. Feuerkraft gab es genug, doch viel zu wenig Beweglichkeit. Verzweifelt – und vergebens – versuchten britische und deutsche Truppen, einander nördlich zu umfassen, und trieben die Front damit bis an die Nordsee.

Männlicher Mark I Tank auf dem Vormarsch an die Somme. (Bild: Imperial War Museum, London)

DAS PROBLEM

Tagelanges Trommelfeuer machte das Terrain zur Schlammwüste, von jeglicher Vegetation und menschlicher Ansiedlung befreit. Unter deren Oberfläche hausten die Soldaten in Gräben und Unterständen, von denen manche bis zu zwölf Metern unter der Erde lagen und selbst Volltreffern der Artillerie widerstehen konnten.

Zuvorderst kamen die Verhaue aus Stacheldraht. Diese zivile Erfindung wurde seit Mitte der 80er-Jahre des 19. Jahrhunderts in den USA zum Einzäunen von Weiden eingesetzt. Normaler Stacheldraht besteht meistens aus zwei Spanndrähten und zwei- bis vierspitzigen Stacheln. Damit der Draht nicht an Holzpfosten genagelt werden musste, wurde er im ersten Weltkrieg an mehrfach gekrümmten Metallstangen, den sogenannten Queue de Cochon (Schweineschwänzchen), befestigt.

Der von den Deutschen verwendete Stacheldraht glich schon damals dem heutigen NATO-Draht. Weil es im Deutschen Reich an Draht fehlte, stanzte man aus dünnen Stahlbändern dreieckige Schneiden. Dieses Verfahren war zwar schneller und einfacher anzufertigen, aber der Stacheldraht war weniger robust. Den damals üblichen Drahtscheren setzten die scharfen Bänder aber immer noch genügend Widerstand entgegen.

Hinter dem Drahtverhau kam der erste Schützengraben für die Vorposten. Dann folgten der zweite Schützengraben für die Kampftruppe und der dritte Graben für die Reserven. Die Gräben waren einige hundert Meter voneinander entfernt und im Zickzack angelegt. Damit war sichergestellt, dass dem Gegner, wenn ihm ein Einbruch in einen Graben gelang, kein freies Schussfeld zur Verfügung stand.

Aber auch die Druckwellen von Detonationen der Artilleriegeschosse und der Handgranaten konnten so abgefangen werden. Verbindungsgräben für den Nachschub und die Kommunikation reichten kilometerweit hinter die Front.

SECHS TAGE TROMMELFEUER

Herfried Münkler beschreibt in seinem Buch «Der Grosse Krieg», was das sechstägige Trommelfeuer der Briten, vor ihrem Vorstoss am 1. Juli 1916 an der Somme, bewirkte: «Nachdem 12.000 Tonnen Stahl und Explosivstoffe auf die deutschen Linien niedergegangen waren, erwiesen sich die Drahtverhaue an manchen Stellen noch weitgehend intakt, andernorts hatten die Granaten sie zwar aus ihrer Verankerung gerissen, aber nicht beseitigt. Nun lagen sie, in langen Rollen ineinander verknäult, vor den deutschen Stellungen und waren genauso undurchdringlich wie vor dem Artilleriebeschuss.»

Das Feuer der Maschinengewehre verhinderte aber nicht nur das traditionelle Vorgehen der Infanterie in Schützenlinie, auch die Kavallerie und selbst kleine Spähtrupps blieben bereits vor und in den Stacheldrahtverhauen liegen. Eine Öffnung im Drahtverhau konnte als Falle angelegt sein und die Soldaten vor die Mündung eines lauernden Maschinengewehrs locken. Zum Gewehr mit Bajonett und Spaten kamen nun, als Grundausrüstung der Soldaten, auch Handgranaten und Drahtscheren.

BEWEGUNG IM STELLUNGSKRIEG

Um die Jahreswende 1914/15 suchten alle Beteiligten einen Weg, um wieder Bewegung in den Stellungskrieg zu bringen. An Visionen hatte es auch vor 1914 nicht gefehlt. Schon 1903 hatte der britische Schriftsteller H. G. Wells «Panzerkreuzer» für den Landkrieg erfunden. Im Magazin The Strand wurden in einer Kurzgeschichte 130 Meter lange und mit 42 Mann besetzte Gefährte zur entscheidenden Waffe.

Noch früher, im Jahre 1482, schrieb Leonardo da Vinci an einen Freund: «Ich baue sichere und gedeckte Karren, die undurchdringlich sind. Wenn sie mit ihren Schusswaffen mitten im Feuer erscheinen, werden selbst die grössten Feindmassen zum Rückzug gezwungen.» Aber sein kegelförmiger und mit Kanonen bewaffneter Streitwagen scheiterte am Antrieb.

Auch in Italien und in Österreich-Ungarn entwickelten Ingenieure Ideen für gepanzerte Fahrzeuge, meist noch auf Rädern, aber für diese gab es auf den verschlammten und durch das Artilleriefeuer aufgewühlten Böden kein Durchkommen.

Nur in Deutschland fühlte man sich zu sicher, unterliess eigene Entwicklungen und vertraute auf die vorhandene Abwehr. Dass das nicht ausreichte, zeigte sich spätestens im Spätherbst 1917…

Die entscheidende Idee zum Bau von Panzern stammt vom Briten Ernest Dunlop Swinton (1868–1951), einem ehemaligen Pionieroffizier und Kriegsberichterstatter. Er wurde reaktiviert, schliesslich General und geadelt.

Auch seine Lösung basierte auf einer ursprünglich zivilen Idee. Der Amerikaner Benjamin Holt hatte bereits 1904 für Traktoren und Baumaschinen anstelle von Rädern das erste funktionsfähige Kettenlaufwerk entwickelt. Im Laufe der Zeit entstand aus seinem Unternehmen der weltgrösste Hersteller von Bulldozern: Caterpillar!

KAVALLERIE NIEDERGEMÄHT

Das britische Kriegsministerium reagierte vorerst skeptisch auf Swintons Vorschlag, bewaffnete und gepanzerte Traktoren einzusetzen, denn als bewegliche Waffe galten immer noch die Kavallerie-Brigaden, auch wenn diese reihenweise von Maschinengewehren niedergemäht wurden und daher militärisch praktisch wertlos geworden waren. Trotz der Bedenken im Kriegsministerium konnte Swinton am 17. Februar 1915 seine Idee präsentieren, doch der Test misslang. Der zum «Panzer»

Major General Sir Ernest Dunlop Swinton. (Bild: Wikipedia)

Benzingetriebener Holt-75-Traktor (Caterpillar), um 1914. (Bild: David Fletcher, The British Tanks 1915–19, Ramsbury 2001)

umgebaute Holt-Traktor konnte das zusätzliche Gewicht für Panzerung und Bewaffnung nicht mitschleppen und blieb stecken.

Aber nun begann sich der damalige Marineminister und spätere Premierminister, Winston Churchill (1874–1965), für Swintons Idee zu interessieren. Die Vorstellung, mit «Panzerkreuzern» die deutschen Schützengräben zu überwinden, faszinierte den gerissenen Politiker und Churchill erklärte den «Panzer» kurzerhand zu einem «Landschlachtschiff». So konnte er 75.000 Pfund aus seinem Marinebudget für die weitere Entwicklung abzweigen.

Um die neue Waffe geheim zu halten, arbeitete man offiziell an einem Tank, denn das eiserne Monstrum von fast acht Metern Länge und vier Metern Breite glich eher einem Wassertank als einer Waffe, die den Ausgang des Krieges entscheiden sollte. Der Begriff Tank ist übrigens im englischen Sprachraum bis heute als übliche Bezeichnung für einen Panzer geblieben.

ERSTER BRAUCHBARER PANZER

Am 24. Juli 1915 erhielt die britische Traktorenfirma Fosters of Lincoln den Auftrag zum Bau des ersten Prototypen. Bereits nach 47 Tagen absolvierte die «Number 1 Lincoln Machine» ihre Jungfernfahrt und Ende 1915 stand der erste brauchbare Panzer der Kriegsgeschichte bereit!

Die britische Presse taufte ihn später – in spöttischer Anspielung auf den deutschen Kronprinzen Wilhelm von Preussen – Little Willie. Im Gegensatz zum gepanzerten Holt-Traktor hatte der zweite, grössere Prototyp, Big Willie, die für die damaligen britischen Panzer typische Form eines Rhomboids mit umlaufenden Ketten. Von «Big Willie» wurden zwei Varianten gebaut: die «männlichen», ausgerüstet mit zwei 57-mm-Kanonen und vier Maschinengewehren, sowie die «weiblichen», ausgerüstet mit sechs Maschinengewehren.

Nach mehreren erfolgreichen Tests ordnete der britische Kriegsminister, Lord Kitchener, am 12. Februar 1916 die Serienproduktion an. Aus den anfänglich 100 Bestellungen von «Big Willie» wurden bis Kriegsende fast 1900.

DIE FEUERTAUFE

Als Bewährungsprobe der neuen Waffe im Rahmen der Abnutzungsschlacht an der Somme war der 15. September 1916 vorgesehen. Doch der erste Einsatz der neuen Waffe enttäuschte. Der erwartete Durchbruch misslang, weil noch jede Vorstellung für einen effektiven Panzereinsatz fehlte. Die Tanks wurden nicht selbständig, sondern nur als Unterstützungswaffe eingesetzt. Die «männlichen», mit Kanonen bestückten Panzer mussten der Infanterie den Weg durch die deutschen Stellungen bahnen und die «weiblichen», mit Maschinengewehren ausgerüsteten, Panzer sollten die Soldaten im Nahkampf unterstützen.

Zum mangelhaften Einsatzkonzept kamen die technischen Mängel. Von den insgesamt 49 eingesetzten Tanks schafften es 13 nicht einmal in die ersten Bereitstellungsräume. Die restlichen Panzer, die nicht liegen blieben oder von der deutschen Artillerie zerschlagen wurden, bewegten sich nur sehr langsam auf dem Gelände. Im Inneren der Kampfwagen litten die Besatzungen unter unerträglicher Hitze, extremem Lärm, einem eingeschränkten Blickfeld und der akuten Gefahr einer Kohlenmonoxidvergiftung. Der Anblick der eisernen Ungetüme verursachte bei den Deutschen nur zu Beginn und nur vereinzelt Panik. Die deutsche Presse spottete über die neuen «Grabenraupen» und hoffte, dass deren Reste «bald unsere Kriegsausstellungen zieren werden». Im Gegensatz dazu verbreiteten die englischen Zeitungen propagandistisch nur Erfolgsmeldungen über die «Feuer speienden Monster».

TECHNIK UND TAKTIK

Der Misserfolg beim ersten Einsatz von «Tanks» an der Somme hatte Folgen. Die deutsche Generalität zeigte sich von der neuen Waffe nur wenig beeindruckt und vertraute auch weiterhin auf die vorhandene Abwehr.

In Grossbritannien dagegen wurde die Technik der Panzer verbessert und die Taktik angepasst. Mit dem massierten Einsatz verbesserter Modelle wie dem britischen «Mark IV» oder dem französischen Renault-Panzer «FT-17», dem ersten Panzer mit einem Drehturm, erreichten die Alliierten ab 1917 erste Erfolge.

Als die britische Armee im September 1916 an der Somme erstmals Tanks zum Einsatz brachte, zeigte sich die deutsche Generalität nur wenig beeindruckt. Viel zu spät erkannte die oberste Heeresleitung, welche Gefahren im neuen Kampfmittel lagen. Es dauerte bis zum Frühjahr 1918, die britische Armee hatte bis zu diesem Zeitpunkt fast 500 Tanks zum Einsatz gebracht, bis der erste deutsche «Sturmpanzerwagen», der «A7V», eingesetzt werden konnte.

Weil zu diesem Zeitpunkt die deutsche Industrie nicht mehr in der Lage war, genügend Kampfwagen zu produzieren, wurden erbeutete britische «Tanks» im besetzten belgischen Charleroi repariert, mit deutschem Hoheitsabzeichen versehen, von deutschen Truppen übernommen und unter Verwendung der britischen Einsatzgrundsätze wieder ins Gefecht gebracht.

STELLUNGSKRIEG ÜBERWUNDEN

«Der Stellungskrieg war endgültig überwunden, die Bewegung kehrte auf das Schlachtfeld zurück», schreibt der Militärhistoriker Helmut R. Hammerich im Sammelband «Das Zeitalter der Weltkriege». Der «Tank» hatte den Krieg entscheidend modernisiert und ein Jahr später, am 20. November 1917, überrollten neun britische Tankbataillone bei Cambrai mit der ersten grossen Panzeroffensive der Geschichte die deutschen Stellungen.

Sturmpanzerwagen «A7V», Postkarte um 1919. (Bild: Wikipedia)

Männlicher Mark I Tank während der Schlacht an der Somme. (Bild: IWM, London)

Persönlichkeit: Ernest Swinton – Der Erfinder der britischen Tanks

Marc Lenzin

Aus der Ohnmacht des zermürbenden Stellungskrieges an der Westfront 1914 entwickelte der britische Offizier Ernest Swinton, inspiriert durch amerikanische Kettenfahrzeuge der Firma Holt Caterpillar, erste bewaffnete, gepanzerte Kriegsfahrzeuge. Nichts ahnend, dass seine bahnbrechende Erfindung die Wende des Grabenkrieges einleitete und das künftige Schlachtfeld nachhaltig verändern sollte.

JUNGE JAHRE

Swinton erblickte das Licht der Welt als Sohn eines englischen Richters im Oktober 1868 in Bangalore, Indien, und trat nach einer Offiziers-Ausbildung an der Military Academy in Woolwich 1888 dem Korps der Royal Engineers bei. Er kämpfte im Burenkrieg und erwarb die Distinguished Service Medaille. Nach Ausbruch des Ersten Weltkrieges begann er eine Zweitkarriere als Militärschriftsteller und schrieb unter dem Pseudonym Eyewitness über das Geschehen an der Front in Frankreich.

IDEE EINES GEPANZERTES FAHRZEUG

Als die Offensiven im Westen längst zum Grabenkrieg erstarrten, kam Swinton die Idee, ein gepanzertes Fahrzeug zu bauen, welches Gräben überwinden, Frontlinien durchbrechen und feindliche MG-Stellungen bekämpfen konnte.

Seine Idee fand wenig Beifall als er Anfang 1915 vor Offizieren einen Raupenschlepper vorführte, der mit Gewichten beladen, ausfiel. Allerdings fand sich unter den Teilnehmern ein gewisser Herr Churchill, der von der Grundidee angetan, Swinton zu einer Studie beauftragte. Churchill amtete zu dieser Zeit als Marineminister und Verantwortlicher für das «Landship Committee», einer Abteilung, die sich mit der Entwicklung gepanzerter Kriegsfahrzeuge befasste.

Swintons Studie beschrieb ein Fahrzeug mit, für die damalige Zeit, beeindruckenden Spezifikationen:

- Höchstgeschwindigkeit von 6,5 km/h
- Kletterfähigkeit von 1,5 Meter
- Überwinden von 2,4 Meter breiten Graben
- Platz für 10 Besatzungen
- Reichweite von 30 Kilometer
- Bewaffnung mit zwei MG und einer leichten Kanone

Ernest D. Swinton (1868 – 1951). (Bild: Wikipedia)

Tank Mark IV D51 «Deborah» – Aufgenommen in Flesquières, keine 500 Meter vom Fundort entfernt. (Bild: Sammlung Lenzin)

AUFTRAG ANS RÜSTUNGSMINISTERIUM

Im Juli 1915 vergab das britische Rüstungsministerium der Firma Foster einen Entwicklungsauftrag für den Bau des Prototyps «Little Willie», welcher als Versuchsfahrzeug zwar interessant, aber als Kampffahrzeug ungeeignet war. Eine überarbeitete, besser geeignete Version «Big Willie» wies schon die Form eines Rhombus auf, mit um die Wanne herum laufenden Ketten.

Dieser neue Tank, bezeichnet als «Mark I», überzeugte Generalfeldmarschall Douglas Haig, der Oberkommandierende des britischen Expeditions-Korps.

Er forderte die Bereitstellung einer möglichst grossen Zahl von Tanks bis Juni 1916, noch vor Beginn der Offensive an der Somme. Swinton verfasste im Februar 1916 die Grundzüge einer taktischen Doktrin, in welcher Tanks die Infanterie beim Aufbrechen der deutschen Linien unterstützen sollten. Auch schulte er Besatzungen für die Bildung erster britischer Tank-Einheiten.

AUFMARSCH AN DIE SOMME

Die alliierte Offensive an der Somme begann am Morgen des 1. Juli 1916 und gilt als schwärzester Tag der britischen Militärgeschichte. Nach wenig erfolgreichem, eine Woche andauerndem Trommelfeuer der Artillerie, lief die im Mittelabschnitt vorgehende britische 4. Armee des Generals Henry Rawlinson in dichtes Feuer von Maschinengewehren und Artillerie. Der zähe Widerstand der deutschen 2. Armee des Generals Fritz von Below führte zum für die Briten so traumatischen «First Day of the Somme». Es fielen 60.000 Briten und andere Commonwealth-Soldaten, rund 8.000 davon starben schon in der ersten halben Stunde.

Für Mitte September 1916 setzte Haig eine weitere Teil-Offensive an. Wieder sollte die britische 4. Armee, flankiert von kanadischen Divisionen, diesmal zwischen Combles und Pozières angreifen. Gegenüber stand die deutsche 1. Armee, Befehlshaber war erneut von Below, und im Raum des Hauptstosses lag das bayerische 2. Korps mit fünf frisch eingetroffenen Divisionen. Erstmals forderte Haig den raschen Aufmarsch von 50 Tanks, um in der Anfangsphase der Offensive, die deutsche Front auf der Achse Flers-Courcelette einzudrücken.

DER ANGRIFF VON FLERS-COURCELETTE

In der Nacht auf den 13. September 1916 verschoben die Tanks schwerfällig in ihre Bereitstellungsräume. Viele der 30-Tonnen-Fahrzeuge mit zu schwacher Motorisierung und einfacher Bauweise versagten, weil die Fahrer in der Aufregung Fehler machten. Die Streitmacht schmolz bald auf 36 Fahrzeuge zusammen.

Am 15. September 1916, an einem nebligen Herbstmorgen, lag diese kleine Streitmacht bereit in der Angriffsgrundstellung, nichts ahnend eine neue Ära der Kriegsführung einzuläuten. Es waren die Männer der Frontregimenter der süddeutschen Divisionen, die sich nicht nur der neuen britischen Offensive gegenübersahen, sondern dabei auch etwas bisher unbekanntes und schreckliches zu sehen bekamen: Aus Nebel und Rauchwolken tauchten riesige, lärmende Maschinen auf, viele Meter lang und hoch, aus denen Kanonen und MG's Feuer spuckten.

Tank Mark I, im Angriff während des Angriffs vor Flers-Courcelette, September 1916. (Bild: Alamy)

Vielerorts, etwa bei den bayerischen Infanterieregimentern 5 und 9, brach Panik aus, als sich zeigte, dass Gewehre, MG's und Handgranaten den Tanks nichts anhaben konnten. Sie rollten über Granattrichter und Stacheldraht, gefolgt von Infanterie, fuhren an die Gräben der Bayern heran und feuerten mit MG's und Kanonen. Anderswo platzierten sich die rollenden Festungen auf Kreuzungen und Wegen und beschossen alles, was sich bewegte, einige fuhren langsam, aber unaufhaltsam in Dörfer hinein. Die Verluste der Bayern waren stellenweise enorm, Fluchtbewegungen setzten ein.

Dann blieben einige der seltsam geformten Kolosse liegen und rührten sich nicht mehr. Manche blieben in Gräben, Granattrichtern oder in weichem Boden stecken, einige kippten um, manche wurden von deutschen Artilleriegeschossen zerrissen. Deutsche Gegenstösse formierten sich, eroberten Stellungen zurück, schossen die Angreifer nieder. Am nächsten Tag verschwanden die gepanzerten Festungen.

Diese Schlacht, die sich nach den zwei Hauptzielen der Briten «Schlacht von Flers-Courcelette» benennt, dauerte bis zum 22. September 1916.

FORDERUNG NACH MEHR TANKS

Der erste Einsatz jener «Mark I» Tanks bei Flers-Courcelette, von denen manche Kanonen und MG's trugen («Male»), andere aber nur, wenngleich mehr, MG's («Female») war im Grunde ein Misserfolg. Von den ursprünglich 50 Tanks erreichten 36 ihre Angriffsgrundstellung, davon drangen 27 bis in die vorderste deutsche Linie ein, nur 18 trugen dort mit ihrer Bewaffnung etwas zur Schlacht bei und 6 schlugen sich letztlich bis in die Nähe der Angriffsziele durch.

Dennoch glaubte Haig und die alliierte Führung an den künftigen Erfolg der Tank-Waffe. Ihr Misserfolg sei Folge der Neuheit und Unerfahrenheit der Besatzer. Künftige Modelle sollten stärker, zuverlässiger und zahlreicher sein. Man würde sie in grösseren Formationen einsetzen und nicht wie bei Flers-Courcelette, zersplittert zu je drei bis zehn Stück verteilt auf einzelne Infanterie-Divisionen.

Haig forderte 1.000 neue Tanks bis Ende Oktober 1917 und gliederte die erste eigenständige Tank-Formation: das «Royal Tank Corps». Ihre Bewährungsprobe fand bereits im November 1917 – wieder an der Somme – bei der Offensive vor Cambrai statt.

Nach dem Ersten Weltkrieg, als Generalmajor im Ruhestand, wirkte Ernest Swinton weiter am Aufbau der britischen Panzerwaffe mit. Er setzte sich auch für die Zivilluftfahrt ein, arbeitete für den Autohersteller Citroën und dozierte als Professor für Militärgeschichte in Oxford. Swinton starb 1951. Eine Enkelin Swintons machte Karriere in Hollywood: Die charismatische Schauspielerin Tilda Swinton.

Meilensteine der Panzerentwicklung: Der britische Mark I

Stefan Bühler

Der Mark I war eine Weiterentwicklung des «Little Willie», einem experimentellen schweren Kampfwagen, der im Herbst 1915 unter dem «Ausschuss für Landschiffe» vom späteren Premierminister und damaligen Marineminister Winston Churchill entstand. Beim im Spätherbst 1915 fertiggestellten Prototypen des «Mother»-Tank, dem späteren Mark I, wurde aufgrund der gesammelten Erfahrungen mit dem «Little Willie» die Fahrzeughöhe reduziert und die Kettenauflage verlängert, wodurch die bekannte Rhombenform mit dem hochgezogenen Leitrad entstand.

Nach der erfolgreichen Demonstration des «Mother»-Tank im Londoner Hatfield Park im Januar 1916, erteilte das Kriegsministerium der Industrie den Auftrag zur Produktion von 150 unter der Tarnbezeichnung Tank geführten schweren Kampfwagen, wovon 75 Fahrzeuge mit zwei 57 mm L40 Kanonen und vier Maschinengewehren (Mark I «männlich») und 75 Fahrzeuge nur mit Maschinengewehren (Mark I «weiblich») bewaffnet wurden. Während mit den «männlichen» Kampfwagen durch Weitschüsse die gegnerischen MG-Nester bekämpft werden sollten, war die Aufgabe der «weiblichen» Kampfwagen die Bekämpfung der aus der Deckung fliehenden Soldaten.

Im Frühling 1917 wurde eine weiterentwickelte Version, der Mark II, ausgeliefert. Der Wegfall des gefederten Spornrades am Heck sowie die zusätzlichen Klauen für die Ketten erhöhten die Beweglichkeit im Gelände, durch den schmäleren Kanonenerker sollte der geplante Einsatz von breiteren Ketten ermöglicht werden. Der Mark II wurde über die Zwischenlösung Mark III, welcher jedoch nie zum Kampfeinsatz kam, im Herbst 1917 komplett durch den deutlich verbesserten Mark IV ersetzt, von dem während dem Krieg 420 «männliche» (mit der neuen 57 mm L23 Kanone) und 595 «weibliche» Versionen gebaut wurden.

Im Oktober 1917 begann die Entwicklung des weiterentwickelten Mark V, der ab Januar 1918 an die Truppe geliefert wurde (200 «männliche» und 200 «weibliche» Versionen). Mit dem neuen Lenksystem, einem leistungsstärkeren Motor und einem neuen Getriebe konnte die Bedienung und Beweglichkeit des Kampfwagens deutlich verbessert werden. Mit der verlängerten Version Mark V* konnten auch die inzwischen von den deutschen Truppen angelegten Panzergräben überwunden werden. Nachdem der Mark VI nur als Projekt vorlag und vom Mark VII lediglich drei Prototypen für Versuchszwecke gefertigt wurden, folgte mit dem Mark VIII die letzte Version. Der als Gemeinschaftsprojekt zwischen den USA (Motoren und Getriebe), Grossbritannien (Wannen und Ketten) und Frankreich (Endmontage) geplante Mark VIII sollte in einer Zahl von 2.950 Kampfwagen gebaut werden und die Speerspitze bei den für 1919 geplanten Durchbruchsoffensiven bilden. Durch das Ende des Krieges wurden in Grossbritannien lediglich noch 7 Kampfwagen gebaut, die USA stellten aus den bereits gefertigten Wannen und Motoren noch 100 Fahrzeuge zusammen, welche beim 67. Tank Regiment bis 1932 im Einsatz blieben, bevor sie endgültig eingemottet wurden.

TECHNIK

Durch die umlaufende Kette verfügte der Mark I über eine relativ gute Geländegängigkeit, Lenkung (es waren zwei Besatzungsmitglieder notwendig, um den Panzer zu lenken) und vor allem Geschwindigkeit waren hingegen für den Einsatz ungenügend – mit seinem 6-Zylinder-Otto-Motor (Daimler, 105 PS) und einer resultierenden spezifischen Leistung von nur 3,7 PS/t bei 28,4 t Gefechtsgewicht war der Mark I deutlich untermotorisiert. Erst mit dem Mark V sind diese Mängel durch den

Allgemeine Daten	
Einführung	1916
Besatzung	8
Länge	8,05 m
Breite	4,26 m
Höhe	2,45 m
Gefechtsgewicht	28.400 kg
Bewaffnung	
Primärwaffe	2 x 57 mm L40 Hotchkiss QF-6 Pdr (334 Schuss)
Sekundärwaffe	3 x 7.71 mm Hotchkiss M1909 (6.272 Schuss)
Schutz	
Panzerung	6–10 mm, Stahl
Mobilität	
Motor	6-Zylinder, Benzin, Daimler, 78 kW (106 PS)
Getriebe	2 V, 1 R
Spezifische Leistung	2,7 kW/t (3,7 PS/t)
Geschwindigkeit	6,5 km/h
Reichweite	36 km (Strasse)
Bodenfreiheit	0,42 m
Waten	1,00 m
Hindernis	1,20 m
Graben	3,45 m
Steigfähigkeit	40%

Britischer Mark I Panzer «männlich», vor Thiepval, Schlacht an der Somme, 25.9.1916. (Bild: Wikipedia)

Einbau eines neuer Motors (Ricardo, 150 PS) und eines neuen Getriebes (Wilson, 4-Gang) zumindest teilweise behoben worden. Beim Mark VIII wurde schliesslich nochmal ein stärkerer Motor (Ricardo oder Liberty, 12-Zylinder-Otto, 300 PS) verbaut, womit bei einem Gefechtsgewicht von mittlerweile 38 t immerhin eine spezifische Leistung von 7,9 PS/t und eine Geschwindigkeit von 8,4 km/h erreicht werden konnte. Die ursprüngliche Grabenüberschreitfähigkeit des Mark I von 3.45 m wurde mit dem um 1.80 m verlängerten Mark V* und dem Mark VIII auf 4.30 m erhöht.

Die Panzerung der Mark I bestand aus 6-10 mm starken Stahlplatten, welche auf den Fahrwerksrahmen genietet wurden. Das deutsche Gewehr- und Maschinengewehrfeuer blieb weitgehend wirkungslos und auch der Einsatz von Handgranaten hatte nur geringe Erfolgsaussichten. Anfänglich konnte nur die deutsche Feldartillerie dem Mark I wirklich gefährlich werden, ab 1917 wurde jedoch auch die bei den deutschen Truppen in der Einführung befindliche 7.92 mm x 57 SmK (Spitzgeschoss mit Kern bzw. Hartkernmunition) eine ernsthafte Bedrohung. Mit dem Mark IV wurde die Panzerung auf 12 mm, mit dem Mark V schliesslich auf 16 mm verstärkt, um einen wirksamen Schutz gegen die SmK-Munition zu gewährleisten.

Die «männliche» Version der Mark I verfügte über zwei 57 mm Kanonen (QF-6 Pounder) vom Typ Hotchkiss L40 (334 Schuss, Spreng- und Vollgeschosse) sowie drei 7.71 mm Maschinengewehre vom Typ Hotchkiss (6.272 Schuss), während die «weibliche» Version mit einem 7.71 mm Maschinengewehr vom Typ Hotchkiss und vier 7.71 mm Maschinengewehren vom Typ Vickers (24.300 Schuss) bewaffnet waren. Durch die seitliche Anordnung der Kanonen konnten Ziele vor dem Kampfwagen lediglich mit dem Maschinengewehr bekämpft werden. Mit dem Mark IV wurden bei der «männlichen» Version die zwei Kanonen durch die kürzere Version Hotchkiss L23 (332 Schuss) ersetzt. Dies war notwendig, weil die seitlich herausragenden langen Kanonen des Mark I/II/III dazu neigten, an Hindernissen hängen oder im Boden stecken zu bleiben. Die Hotchkiss- bzw. Vickers-Maschinengewehre wurden durch drei (Mark IV «männlich») bzw. fünf (Mark IV «weiblich») 7.71 mm Maschinengewehre vom Typ Lewis ersetzt. Beim Mark VIII wurde schliesslich keine Unterscheidung mehr zwischen «männlichen» und «weiblichen» Fahrzeugen gemacht – der Kampfwagen verfügte über die bekannten zwei 57 mm Kanonen Hotchkiss L23 (208 Schuss) sowie fünf 7.92 mm Maschinengewehre vom Typ Hotchkiss oder alternativ sieben 7.92 mm Maschinengewehre vom Typ Browning (13.848 Schuss).

EINSATZ

Die Feuertaufe erlebte der Mark I während der Schlacht an der Somme in der zweiten Septemberhälfte 1916. Aufgrund der kurzen Ausbildungszeit der Besatzungen und dem nicht massierten Einsatz (36 Fahrzeuge auf einer Frontbreite von rund 25 km) war der Beitrag der Kampfwagen zum Erfolg dieses Tages eher mässig – schlimmer noch, das Überraschungsmoment wurde preisgegeben und der Gegner konnte sich nun auf die neue Waffe einstellen.

Während der Mark II und Mark III nicht an Kampfeinsätzen beteiligt waren und lediglich zu Übungszwecken oder als gepanzerte Nachschubfahrzeuge eingesetzt wurden, konnten für die Grossoffensive im Juli 1917 in Flandern 216 Mark IV bereitgestellt werden. Den grössten Einsatz hatte der Mark IV allerdings im November 1917 in der Schlacht bei Cambrai – 378 Kampfwagen konnten für diese Grossoffensive bereitgestellt werden, von denen aufgrund technischer Ausfälle immerhin 362 Mark IV effektiv an den Kampfhandlungen teilnahmen.

Obwohl den Kampfwagen in Einzelfällen örtliche Einbrüche in das deutsche Grabensystem gelangen, konnte in keinem einzigen Fall ein wirklicher Durchbruch erzielt werden. Hierfür gab es vielerlei Gründe:

- eine hohe Ausfallrate aufgrund technischer Unzuverlässigkeit;
- eine hohe Zahl von Ausfällen durch das extrem ungünstige Gelände (u.a. Granattrichter durch das vorangegangene, massive Artilleriefeuer);
- die anfänglich fehlende Einsatzerfahrung der Besatzungen;
- das grundlegend fehlende taktisch-operative Einsatzkonzept.

Der Mark V wurde erstmals in geringer Zahl (etwa 60 Kampfwagen) im Juli 1918 in der Schlacht von Hameln eingesetzt. Im August 1918 drangen 288 Mark V zusammen mit dem neuen Mark A Whippet in die deutschen Linien ein und lieferten dabei eindrucksvoll einen Vorgeschmack auf die moderne gepanzerte Kriegsführung und ein Ende des Grabenkrieges. Im September 1918 griff das amerikanische 301. Heavy Tank Bataillon mit 19 Mark V und 21 Mark V* die Hindenburg-Linie an. Etwa 70 Mark V, welche von Grossbritannien an die weissrussische Armee geliefert und im Zuge des russischen Bürgerkriegs von der Roten Armee übernommen wurden, haben zum sowjetischen Sieg im Kampf um Tiflis beigetragen. Der letzte bestätigte Einsatz des Mark V ist die Verteidigung von Tallinn im August 1941 durch Einheiten der Roten Armee gegen die vorrückenden deutschen Streitkräfte.

FAZIT

Der Mark I und seine Nachfolgemodelle waren die ersten in Serie produzierten Panzerkampfwagen der Geschichte. Trotz technischer Mängel war es der Mark I, mit weitsichtiger Einflussnahme von fortschrittlich denkenden Offizieren wie Ernest Dunlop Swinton und dem damaligen Marineminister Winston Churchill, der durch die Verbindung von Beweglichkeit, Schutz und Feuerkraft den Siegeszug der Panzerwaffe einleitete.

Cambrai 1917: Erste grosse Panzeroffensive

Fred Heer

Als die Briten 1916 an der Somme erstmals 49 Tanks einsetzten, zeigte sich die deutsche Generalität wenig beeindruckt. Aber die neue Waffe hatte den Krieg modernisiert. Am 20. November 1917 überrannten die mit rund 400 Tanks verstärkten Briten-Divisionen die Siegfried-Linie. Die Schlacht von Cambrai gehörte zu den verlustreichen, überflüssigen Offensiven der Alliierten im Westen. Sie ging in die Geschichte ein, weil sie die ab 1918 umgesetzte neue Kriegsführung ankündigte.

Nach dem Scheitern der dritten Flandernschlacht im Herbst 1917 und dem damit verbundenen Misserfolg aller Waffen – auch der seit einem Jahr falsch eingesetzten Tanks – entschloss sich die britische Heeresleitung, eine neue Offensive zu starten, um so endlich den von der öffentlichen Meinung geforderten Durchbruch zu erzielen und damit dem Krieg die entscheidende Wende zu geben.

FESTE KREIDEBÖDEN FÜR TANKS

An einem ruhigen Abschnitt der Westfront, der wegen seiner festen Kreideböden für die Tanks besser geeignet war als die morastigen Böden Flanderns, sollte im Raum Cambrai, einer Stadt an der Schelde, mit einem massierten Einsatz von Tanks die deutsche Siegfried-Linie (von den Alliierten, in Anspielung auf den deutschen Oberbefehlshaber, Hindenburg-Linie genannt) durchbrochen werden. Zu diesem Zweck erhielt die 3. britische Armee unter General Julian Byng:

- Zwei Armeekorps mit je drei Infanteriedivisionen
- Ein Kavalleriekorps mit fünf Kavalleriedivisionen
- Das Royal Tankkorps mit drei Tankbrigaden
- Knapp 1.000 Geschütze und starke Fliegerkräfte

DER OPERATIONSPLAN

Selbst wenn die Überraschung gelingen und man nur auf abgekämpfte Divisionen stossen würde, konnten diese Kräfte für einen Durchbruch im grossen Stil nicht reichen, denn dazu fehlten die Reserven.

Der Kdt des Royal Tank Corps (RTC), General Hugh Jamieson Elles erarbeitete zusammen mit seinem Stabsoffizier John Frederick Charles Fuller und dem General der Artillerie, Henry Hugh Tudor, das Konzept für den ersten grossen Einsatz von Panzern in der Geschichte.

Der Plan basierte auf der Überraschung des Gegners durch einen Masseneinsatz von Tanks in einem dazu geeigneten Geländeabschnitt. Zwischen dem Canal du Nord und dem St.Quentin Kanal wurden südlich von Havrincourt, auf einer Breite von etwa 12 km, das RTC mit 378 Kampf- und 98 Hilfspanzer sowie sechs Infanteriedivisionen mit 1.009 Geschützen und 1.536 Maschinengewehren bereitgestellt.

Für den weiteren Vorstoss standen fünf Kavalleriedivisionen zur Verfügung und das Royal Flying Corps sollte mit rund 400 Flugzeugen hinter den deutschen Linien das Heranführen von Reserven verhindern (Skizze 1). Vorerst sollten nebeneinander und gleichzeitig:

- im westlichen Abschnitt das IV. Korps mit zwei verstärkten Infanteriedivisionen bis nach Graincourt und Cantaing stossen.
- im östlichen Abschnitt das III. Korps mit drei verstärkten Infanteriedivisionen an den Saint-Quentin-Kanal stossen und dort die Brücken in Besitz nehmen.
- hinter dem III. Korps sollte eine verstärkte Infanteriedivision als Korpsreserve folgen.

Anschliessend sollte:

- das Kavalleriekorps den Kanal überqueren und rasch westlich und östlich an Cambrai vorbei in die Tiefe stossen.

ÜBERRASCHUNG WAHREN

Um den Moment der Überraschung zu wahren:

- sollte der Angriff nicht – wie sonst üblich – mit einem tagelangen Artilleriefeuer vorbereitet, sondern nur mit einem kurzen Feuerschlag eingeleitet werden.
- sollten zwei Infanteriedivisionen mit Scheinangriffen nördlich und südlich der zwei Korps den Verteidiger über die wahre Absicht täuschen.

DER EINSATZ DER TANKS

Die neue Waffe wurde noch immer nicht artrein, sondern als Unterstützung der Infanterie eingesetzt. Als Verstärkung erhielten im IV. Korps (westlicher Angriffsstreifen):

- die 51. Division zwei Tankbataillone, von denen 42 Tanks mit der ersten und 28 Tanks mit der zweiten Welle angreifen sollten.
- die 62. Division ein Tankbataillon, davon 42 Tanks für die erste und 14 für die zweite Welle.

Im III. Korps (östlicher Abschnitt) erhielten:

- die 12. Division zwei Tankbataillone, davon 48 Tanks für die erste und 24 für die zweite Welle. 12 Tanks waren als Gerätereserve vorgesehen.
- die 20. Division zwei Tankbataillone (minus eine Kompanie), davon 30 Tanks für die erste, 30 für die zweite Welle und 10 als Gerätereserve.
- die 6. Division zwei Tankbataillone, davon 48 Tanks für die erste, 24 für die zweite Welle und 12 als Gerätereserve.
- Die 29. Division, die hinter dem III. Korps als Reserve folgte, erhielt lediglich eine Tankkompanie mit 12 Tanks und 2 Tanks als Gerätereserve.

DREI TANKS PRO KOMPANIE

Grundsätzlich wurden jeder Kompanie drei Kampfwagen unterstellt. Aber mit dieser Zuteilung waren die Tanks an die angreifenden Wellen der Infanterie gebunden.

Die Tanks der zweiten Welle konnten nicht ohne weiteres die der ersten Welle unterstützen oder einen Erfolg rasch ausnützen. Der Angriff erfolgte linear, ohne grosse Staffelung in der Tiefe und ohne Panzerreserve.

Damit war die Führung des Royal Tank Corps – ebenso wie die der Armeeführung – für den Verlauf des Angriffs ausgeschaltet und General Elles, der Kommandant des RTC, konnte nichts anderes tun, als den Angriff aus einem dem vordersten Tanks mitverfolgen…

DIE VORBEREITUNG

Sämtliche Vorbereitungen wurden sorgfältig getarnt und sogar vor der eigenen Truppe geheim gehalten. Alle Verschiebungen erfolgten bei Nacht. Zudem erschwerte das trübe Novemberwetter die deutsche Luftaufklärung. Das Royal Tank Corps wurde per Bahn aus Flandern abgezogen und versammelte sich unter dem Vorwand der Winterausbildung in Albert, einer französischen Stadt im Départment Somme.

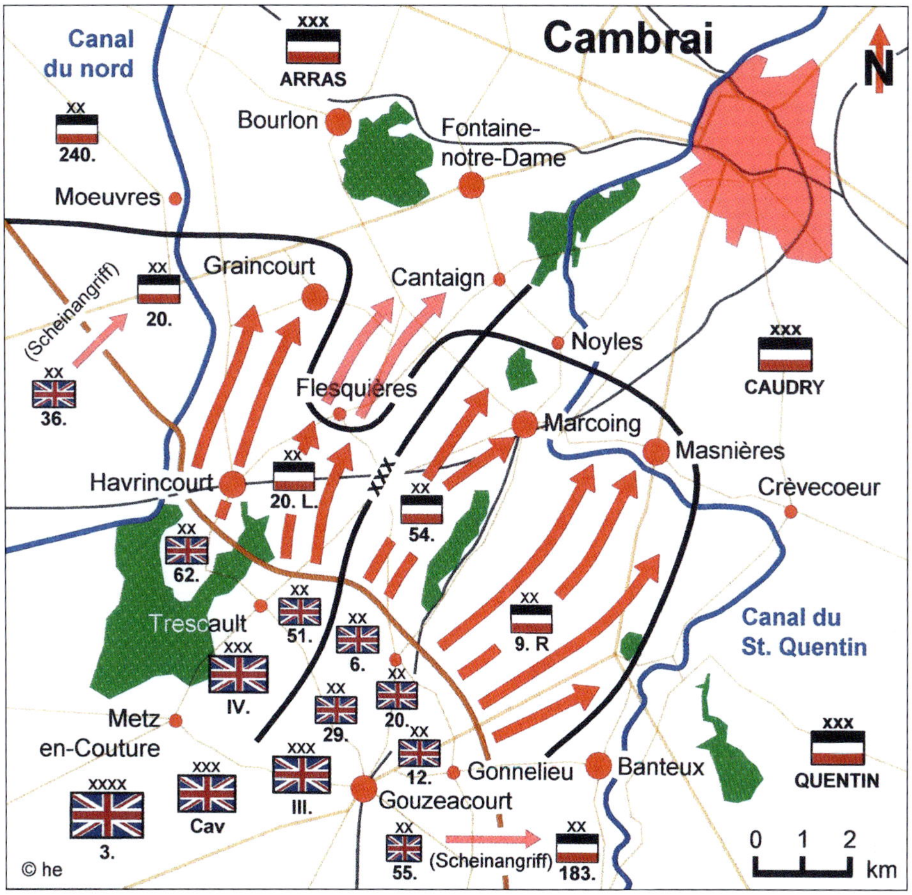

Der Einbruch am 20. November 1917. (Skizze: Autor)

Für die Überwindung der deutschen Stellungen wurde eine neue Taktik eingeführt und die Kooperation von Tanks und Infanterie teilweise an dafür eigens erstellten Hindernissen eingeübt (siehe Skizze Seite 27).

Zum Überwinden der Gräben wurden auf den Tanks walzenförmige Rutenbündel von einigen Metern Länge und etwa zwei Meter Durchmesser, sogenannte Faschinen, mitgeführt. Als erstes hatte der Advance Guard Tank, ein mit Kanonen bewaffneter «männlicher» Mark IV, das Drahthindernis niederzuwalzen und die Verteidiger mit dem Feuer seiner Waffen niederzuhalten.

Unter diesem Feuerschutz näherte sich der erste Main Body Tank, ein mit Maschinengewehren bestückter «weiblicher» Tank, zusammen mit zwei Infanteriezügen, warf seine Faschine in den Graben und deckte mit dem Feuer aus seinen Maschinengewehren das Säubern durch die Infanterie. Das Manöver wurde am nächsten Graben mit der zweiten Main Body Tank Group wiederholt.

Zwei Nächte vor dem Angriff bezogen die Tanks die Bereitstellungsräume in Frontnähe, zur Hauptsache im Wald südlich von Havrincourt. In der Nacht vom 19. zum 20. November 1917 rückten die Tanks entlang markierter Pfade und durch Offiziere geführt bis in die Angriffsgrundstellungen der Infanterie, rund 1.000 Meter hinter der vordersten Linie. Die Motoren- und Kettengeräusche wurden dabei durch Mörser- und Maschinengewehrfeuer übertönt.

DIE VERTEIDIGER

Die Deutschen lagen seit März 1917 in der Siegfried-Stellung. Diese war nicht zufällig aus vorhergehenden Kämpfen entstanden, sondern auf Grund der zweijährigen Erfahrung im Stellungskrieg sorgfältig geplant und ausgebaut worden.

Als erstes Hindernis kam der von Drahtverhauen geschützte Vorpostengraben. Im Gelände zwischen diesem und dem ersten Kampfgraben war eine Reihe von Widerstandsnestern angeordnet. Der erste Kampfgra-

Mark IV Tank mit Faschinenbündel in Albert, Frankreich. (Bild: IWM, London)

Bei Flesquières zerstörter «männlicher» Mark IV Tank. (Bild: Deutsches historisches Museum, Berlin)

ben war über drei Meter breit und – wie der 200 bis 300 Meter weiter zurückliegende zweite Kampfgraben – ebenfalls durch ein durchschnittlich 30 Meter breites Drahthindernis geschützt.

Zahlreiche Unterstände und Verbindungsgräben ermöglichten das Überleben und den gedeckten Verkehr innerhalb der Stellungen. Cambrai galt als ruhiger Abschnitt, an dem sich in Flandern abgekämpfte Divisionen «erholen» konnten.

Im November 1917 stand im Raum Cambrai die Gruppe «Caudry» mit der 20. Landwehr-, der 54. Infanterie- und der 9. Reservedivision. Nördlich dieser Gruppe stand die Gruppe «Arras» mit der 111., der 240. und der 20. Infanteriedivision. Südlich davon lag die Gruppe «Quentin» mit der 183. und der 36. Infanterie- sowie der 79. Reservedivision.

Zu diesem Zeitpunkt war nur die erste Stellung besetzt, denn noch am 16. November 1917 hatte die vorgesetzte 2. Armee den Eindruck, dass kein grösserer Angriff zu erwarten sei. Daher waren jeweils nur zwei Bataillone der Infanterieregimenter in der vorderen Linie eingesetzt während das dritte Bataillon ruhen konnte.

DIE SCHLACHT VON CAMBRAI

Am 20. November 1917, um 6.20 Uhr, standen sechs Infanteriedivisionen, verstärkt mit 378 Tanks auf einer Breite von etwa zwölf Kilometer in der Angriffsgrundstellung. Die Deutschen wurden, weil im Gegensatz zu allen früheren Offensiven, bei denen das Vorbereitungsfeuer oft über Tage dauerte, durch den bereits nach einer knappen Stunde Feuervorbereitung ausgelösten Angriff völlig überrascht.

Um 7.10 Uhr setzten sich die Tanks, unterstützt durch eine Feuerwalze der Artillerie und dicht gefolgt von der Infanterie in Bewegung. Die Nebelgranaten der britischen Artillerie blendeten zwar die Verteidiger, störten aber auch die Gefechtsformationen der Tanks.

Diese bewegten sich trotzdem recht schnell vorwärts, die ersten Drahtverhaue wurden niedergewalzt und die vordersten Gräben mit den mitgeführten Faschinen überwunden. Die zu spät alarmierten Grabenbesatzungen eilten aus ihren Unterständen an die Maschinengewehre und nahmen die Stahlkolosse unter Beschuss – vergeblich, denn die Munition durchschlug die stärker gepanzerten Mark IV nicht mehr wie noch ein Jahr zuvor den Mark I.

Aber nicht nur vereinzelte Tanks erschienen auf dem Schlachtfeld, sondern eine kilometerbreite Linie aus Stahl und Feuer bewegte sich langsam aber stetig auf die Verteidiger zu.

FEUERWALZE DER ARTILLERIE

Trotz dem schematischen Vorgehen der Briten hinter der Feuerwalze der Artillerie waren mit Ausnahme von Flesquières gegen 11 Uhr die deutschen Stellungen in der Hand des Angreifers. Im westlichen Abschnitt gelang es der 51. Division nicht, dieses Dorf zu nehmen – im Gegenteil: die Verteidiger konnten in Flesquières rund 40 Tanks vernichten.

General George Montague Harper misstraute der neuen Waffe und liess seine Infanteristen – wie schon zuvor in Flandern – erst rund 100 Meter hinter statt unmittelbar mit den Tanks vorgehen. So waren seine «Highlander» ohne Deckung der Kampfwagen. Die Tanks wurden ohne

Gordon Highlanders bei Fontaines, Frankreich. (Bild: IWM, London)

Bei Ribecourt steckengeblieben «männlicher» Mark IV Tank. (Bild: IWM, London)

Begleitinfanterie ein leichtes Ziel für die deutschen Stosstrupps. Das Scheitern der 51. Division legte aber auch die Flanken der zwei Nachbardivisionen frei.

Dennoch war gegen Mittag der durchschlagende Erfolg der Offensive zum Greifen nahe. Im westlichen Abschnitt hatte die 62. Division Graincourt erobert und im östlichen Abschnitt war ein grosser Teil der Brücken über den Saint-Quentin-Kanal in britischer Hand.

12 KM BREIT, 9 KM TIEF

Nun hing alles davon ab, ob der Angreifer den bisherigen Erfolg ausnützen konnte, denn jedes Zögern und Abwarten gab dem Verteidiger die Möglichkeit, seine Reserven heranzuführen.

Für den weiteren Vorstoss stand den Briten noch das ganze Kavalleriekorps mit fünf Kavalleriedivisionen zur Verfügung. Für diese hatten 34 besonders ausgerüstete Tanks breitere Gassen durch die deutschen Hindernisse geschaffen und Brückengerät an den Saint-Quentin-Kanal gebracht.

Dort warteten in den Brückenköpfen seit 13.30 Uhr 30 Tanks bei Masnières und die 29. Infanteriedivision bei Marcoing auf die Kavallerie. Diese erschien aber erst gegen 16.30 Uhr mit nur gerade einer Schwadron (Kompanie) bei den Tanks und mit etwas stärkeren Kräften bei Cantaing, wo sie durch schwache Kräfte der Deutschen blutig abgewehrt wurden. Der erste Versuch, Tanks zusammen mit der Kavallerie einzusetzen, war gescheitert. Am Abend des 20. November 1917 war die erste grosse Panzeroffensive der Geschichte geschlagen. In nur wenigen Stunden war die stärkste Stellung der Westfront auf rund 12 Kilometer Breite und in einer Tiefe bis zu 9 Kilometer durchstossen worden – aber der Erfolg konnte nicht ausgenützt werden!

WIE GEWONNEN SO ZERRONNEN...

In London läuteten zum ersten Mal in diesem Krieg die Glocken, denn seit 1914 hatte es bei keinem Angriff einen so schnellen und tiefen Vorstoss gegeben.

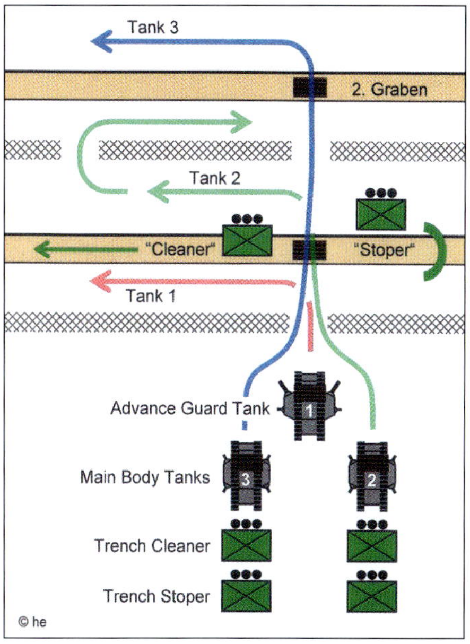

Die neue Panzertaktik. (Skizze: Autor)

Aber nach dem 20. November zerfiel die Operation in verlustreiche Einzelkämpfe, deren Ergebnis nicht mehr in Einklang zum Einsatz stand. Zwar wurden der 3. Armee aus den für Italien bestimmten Kräften zwei britische Infanteriedivisionen zugeführt und die Franzosen hatten zwei Infanterie- und zwei Kavalleriedivisionen per Bahn und mit Lastwagen in den Raum Péronne verlegt. Aber diese Reserven

Kanadische Kavallerie bei Masnières, Frankreich. (Bild: IWM, London)

den grösseren Teil der deutschen Panzertruppe! Die Verluste waren auf beiden Seiten sehr hoch: 44.000 Tote, Verletzte oder Vermisste, davon 6.000 Gefangene auf britischer und 45.000 Mann, darunter 10.000 Gefangene, auf deutscher Seite.

Letztlich gehörte die Schlacht von Cambrai zu einer ganzen Reihe von verlustreichen und überflüssigen Offensiven der Alliierten an der Westfront.

Auf deutscher Seite verwischte der Gegenangriff die Niederlage vom 20. November. Die Infanterie der wenigen vom Panzerangriff direkt betroffenen Divisionen war nahezu aufgerieben worden oder gefangen. Daher gelangten ihre Erfahrungen nicht bis zu den höheren Stäben – im Gegenteil. Die Stimmen der Sieger vom 30. November, denen nur noch ein Bruchteil der Tanks (75 von ursprünglich 378) gegenüberstanden, gewannen Oberhand.

wurden in den nächsten Tagen nur tropfenweise eingesetzt und die französischen überhaupt nicht.

Die Tanks wurden nicht mehr in Massen eingesetzt, sondern in kleinen Angriffsgruppen und zum Teil gegen Angriffsziele, zu deren Wegnahme sie nicht geeignet waren: gegen Ortschaften und Waldstücke. Zudem war der Überraschungseffekt verpufft und die frisch zugeführten Angriffskräfte waren im Zusammenwirken mit den Tanks nicht geschult. Am 27. November 1917 begannen die Briten ihre Tanks zur Überholung hinter die Front zurückzuziehen – im Raum Cambrai blieben lediglich noch 75 Panzerwagen zurück.

DER DEUTSCHE GEGENANGRIFF

Wegen der relativen Kampfruhe an der Westfront und im Osten konnte die deutsche Heeresleitung zur Abwehr des britischen Angriffs 13 Divisionen heranführen und für einen Gegenangriff bereitstellen.

Dieser begann am 30. November mit 18 Divisionen, rund 12.000 Geschützen und unterstützt von starken Fliegerkräften. Der Hauptstoss erfolgte gegen die östliche Flanke des Einbruchs und überraschte die Briten vollkommen. Als am 6. Dezember die Kämpfe abflauten, zeichnete sich statt des Erfolges eine komplette Niederlage für die Briten ab und das gewonnene Gebiet musste wieder aufgegeben werden.

Etwa 120 Tanks, die in den letzten zehn Tagen beschädigt auf dem Schlachtfeld liegen blieben, fielen dabei in deutsche Hand. 30 von ihnen konnten wieder einsatzbereit gemacht werden und bildeten 1918

Wie schon 1916 nach der Schlacht an der Somme vertraute die deutsche Heeresleitung weiterhin auf eine starke Abwehr und befahl daher lediglich, die Truppe solle sich nicht überraschen und durch die Tanks aus der Fassung bringen lassen.

TEIL DER KRIEGSGESCHICHTE

Aber die britische Angriffsoperation bei Cambrai ist in die Kriegsgeschichte eingegangen, weil sie die ab 1918 umgesetzte neue Kriegsführung ankündigte. Die Tanks hatten, im Zusammenwirken mit den anderen Waffengattungen, in wenigen Stunden Ergebnisse erzielt, für die bisher über Wochen und Monate hinweg viel mehr Kräfte und Kampfmittel eingesetzt werden mussten.

Die im August 1918 mit mehr als 500 Tanks vorgetragene Offensive der Alliierten bei Amiens sollte die Niederlage des Deutschen Kaiserreichs besiegeln. Es erstaunt daher, dass nicht die Sieger von damals, England und Frankreich, die richtigen Schlussfolgerungen aus dem Krieg zogen, sondern die Verlierer. 22 Jahre später, im Mai 1940, vernichteten die deutschen Panzerdivisionen in wenigen Wochen die französischen Armeen.

Das erste Panzerduell der Kriegsgeschichte

Fred Heer

Im Ersten Weltkrieg kam es nur zweimal zu Gefechten von deutschen Kampfwagen und englischen Tanks. Am 24. April 1918 stellte der deutsche A7V seine Leistungsfähigkeit zum ersten Mal bei Villers-Bretonneux gegen den britischen Mark IV unter Beweis. Genützt hat es den Deutschen nichts mehr.

Im Frühjahr 1918 unternahmen die Deutschen einen letzten Versuch, den Ersten Weltkrieg doch noch zu gewinnen. Endziel der Offensive war die Eroberung der französischen Hauptstadt Paris und das Heranrücken an den Ärmelkanal, um Frankreich von jedem Nachschub aus Übersee abzuschneiden.

Der Zeitpunkt schien günstig, weil die Bolschewiki nach ihrer Machtergreifung im Oktober 1917 klarmachten, dass sie Frieden schliessen wollten. Damit war Deutschland von der Last des Zweifrontenkriegs befreit. Bis März 1918 hatte die Oberste Heeresleitung 52 Divisionen aus Russland an die Westfront verlegt. Aber die Zeit arbeitete gegen Deutschland, denn die USA waren 1917 an der Seite der Alliierten in den Krieg eingetreten und brachten immer mehr Truppen nach Frankreich.

Anfang April 1918 war die Frühjahrsoffensive noch immer im Gange: So gelang es den Deutschen, bis auf 16 Kilometer an Amiens heranzukommen. Von der Einnahme des strategischen Eisenbahnknotenpunktes erhofften sie sich, die Versorgung der Alliierten ernsthaft zu stören.

Aber bereits am 4. April gelang es den Verbündeten, den Vormarsch der Deutschen entlang der Route D1029 bei Villers-Bretonneux, einem Landstädtchen auf den bewaldeten Anhöhen südlich der Somme, zu stoppen.

OPERATIONSPLAN DER ANGREIFER

Für die Fortsetzung der Offensive auf Amiens setzte General Georg von der Marwitz (1856-1929) zwischen den Flüssen Somme im Norden und L'Avre und La Luce im Süden zwei Armeekorps ein. Drei Divisionen sollten nebeneinander Villers-Bretonneux und die dominierenden Höhen, von denen aus man das Feuer der Artillerie auf Amiens leiten konnte, in Besitz nehmen. Zu diesem Zweck musste:

- im nördlichen Abschnitt die 228. Inf Div Villers-Bretonneux nehmen
- im Zentrum die 4. Gardedivision den Bois d'Aquenne gewinnen
- im südlichen Abschnitt die 77. Reservedivision Cachy/Gentelles nehmen.

PANZER IN «GRÖSSERER» ZAHL

Bei dieser Operation wurden erstmals in der Geschichte der deutschen Kriegsführung Kampfwagen in «grösserem» Umfang eingesetzt, denn jede der drei Divisionen sollte durch eine Schwere Kampfwagen-Abteilung mit je fünf Kampfwagen unterstützt werden. 15 Kampfwagen – mehr standen nicht zur Verfügung, und das reichte nicht. Bei Cambrai wurden am 20. November 1917 den sechs britischen Divisionen 378 Tanks unterstellt!

Die drei Schweren Kampfwagen-Abteilungen waren der Obersten Heeresleitung direkt unterstellt, wobei eine oder mehrere Abteilungen einer Armee für den jeweiligen Einsatz zugeteilt wurden.

Die deutschen Kampfwagen sollten – wie die britischen Tanks – als Hilfswaffe der Infanterie feindliche Maschinengewehr- und Widerstandsnester niederkämpfen und Schützengräben aufrollen. Zur Erfüllung dieser Aufgaben sollten die Abteilungen, bestehend aus je fünf Kampfwagen, geschlossen eingesetzt werden. Aber wegen der geringen Anzahl wurden diese in kleineren Gruppen oder sogar nur einzeln einer Division oder einem Regiment für einen Angriff zugeteilt.

DER KAMPFWAGEN A7V

Das Auftauchen der ersten Tanks vor den deutschen Linien veranlasste die Oberste Heeresleitung erst spät zu einem Umdenken: Die Abteilung 7, Verkehrswesen, daher der Name A7V, im preussischen Kriegsministerium, musste in aller Eile einen schweren Kampfwagen konstruieren. Zwar wurden mehrere 100 Fahrzeuge des Typs bestellt, aber nur noch 20 Fahrzeuge wurden ausgeliefert.

Der A7V verfügte über eine im Bug eingebaute Maxim-Nordenfelt Schnellfeuerkanone 5,7 cm und sechs wassergekühlte 7.92 mm Mg 08. Es wurden ein leichtes Mg 08/15, Karabiner 98 und HG für Stosstrupp-Aufgaben mitgeführt.

- Besatzung 16 Mann (1 Offizier, 5 Unteroffiziere und 10 Soldaten)
- Panzerung bis 30 mm
- Gewicht 30 Tonnen

- Antrieb 2 Daimler-Vierzylinder-Benzinmotoren, 147 kW (200 PS)
- Geschwindigkeit 6 km/h
- Reichweite 30 bis 70 km

DEUTSCHE VORBEREITUNG

Die ersten A7V besassen einen feldgrauen Anstrich und als Kennzeichen ein weiss umrahmtes schwarzes Eisernes Kreuz an Bug und Heck. Zusätzlich wurde bei fast jedem Kampfwagen von der Besatzung am Bug, vorne neben der Kanone, der Name des Panzers mit weisser Farbe angebracht!

In den Nächten vom 19. bis zum 22. April 1918 wurden die drei Kampfwagen-Abteilungen mit der Bahn von Charleroi in Belgien, dort waren sie um die grosse Werkstatt des bayrischen Armee-Kraftwagenparks stationiert, nach Chaulnes in Frankreich transportiert. Bereits beim Verlad ist der Wagen 540 (Heiland) ausgefallen und musste zurückgelassen werden. In Chaulnes wurden nur die Radfahrzeuge abgeladen, denn um das Material zu schonen und Treibstoff zu sparen, wurden die 14 Kampfwagen bis nach Guillaucourt vorgezogen. Von dort aus bezogen sie im Schutz der Dunkelheit ihren Bereitschaftsraum in Wiencourt, einer kleinen Ortschaft etwa vier Kilometer hinter den vordersten Linien. Dabei ist der Wagen 543 (Hagen) wegen einem Zylinderkopfriss liegengeblieben.

Für den Einsatz wurden die verbliebenen 13 Kampfwagen den Divisionen wie folgt zugeteilt:

- 228. Infanteriedivision 3 A7V Kampfwagenabteilung III (-)
- 4. Gardedivision 6 A7V Kampfwagenabteilung III (+)
- 77. Reservedivision 4 A7V Kampfwagenabteilung III (-)

DIE BRITISCHEN VERTEIDIGER

In der 4. Gardedivision wurden mit den sechs Kampfwagen zwei Gruppen zu je drei und in der 77. Reservedivision zwei Gruppen zu je zwei Kampfwagen gebildet. Mit dieser Aufteilung wurden jedem Frontregiment drei oder zwei Kampfwagen zugeteilt. Bei Cambrai wurden jeder britischen Kompanie drei Tanks unterstellt!

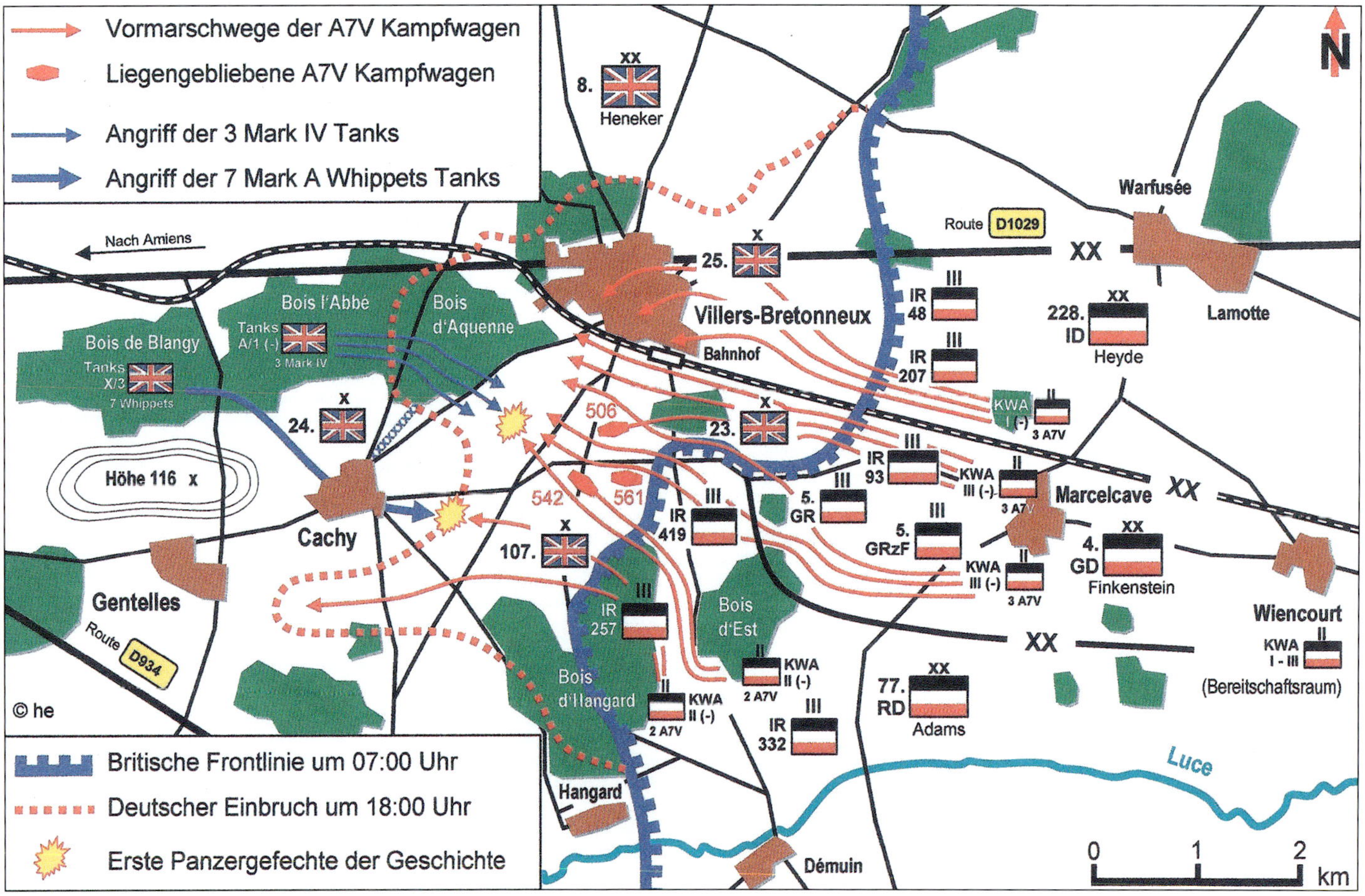

Die Schlacht von Villers-Bretonneux am 24. April 1918 mit dem ersten Panzerduell. (Skizze: Autor)

Seit dem Gefecht am 4. April 1918 hatte die 8. Britische Division unter Generalmajor William Charles Heneker (1867–1939) die von den Franzosen erstellten Schützengräben und Stützpunkte im Raum Villers-Bretonneux übernommen.

Von Norden nach Süden lagen nebeneinander die 25., die 23. und die 107. Infanteriebrigade. Etwas zurückgestaffelt hatte die 24. Infanteriebrigade Cachy und die dominierende Höhe 116 besetzt.
Die Stellungen waren zwar gut durch Stacheldraht geschützt, hatten aber nicht einmal einen durchlaufenden Graben. Sie bestanden zur Hauptsache aus isolierten Widerstandsnestern und die Briten hofften, die Lücken dazwischen mit Maschinengewehrfeuer decken zu können. Als Reserve lag im Bois l'Abbé eine Kompanie des Royal Tank Corps bestehend aus einem Zug mit drei und einem mit zwei Mark IV Tanks. Etwas westlich davon, im Bois de Blangy, lag eine weitere Kompanie bestehend aus einem Zug mit vier und einem mit drei der neuen Mark A Whippets Tanks.

DIE BRITISCHEN TANKS

Der Mark IV Tank war der Nachfolger der Typen Mark I, Mark II und Mark III. Wie schon seine Vorgänger kam der Mark IV in zwei Versionen zum Einsatz: Die Version Male (männlich) war mit zwei seitlich eingebauten 6 pounder (57 mm) Hotchkiss Schnellfeuerkanonen und drei wassergekühlten 7.7 mm Lewis-Mg bewaffnet, die Version Female (weiblich) mit fünf Mg:

- Besatzung 8 Mann (1 Offizier, 3 Unteroffiziere und 4 Soldaten)
- Panzerung bis 14 mm
- Gewicht 28 t (Male), 27 t (Female)
- Antrieb 1 Daimler-Sechszylinder-Benzinmotor, 77 kW (105 PS)
- Geschwindigkeit 6 km/h
- Reichweite 56 km.

ERSATZ FÜR KAVALLERIE

Der Mark A Whippet wurde als gepanzerter Ersatz für die Kavallerie gebaut um Durchbrüche auszunutzen und den fliehenden Gegner verfolgen zu können. Der Windhund (Whippet) war mit vier wassergekühlten 7.7 mm Hotchkiss-Maschinengewehren bewaffnet und doppelt so schnell wie die damaligen Kampfwagen.

- Besatzung 3 bis 4 Mann (1 Offizier, 2 bis 3 Unteroffiziere und Soldaten)
- Panzerung bis 14 mm
- Gewicht 14,2 Tonnen
- Antrieb 2 Taylor-Vierzylinder-Benzinmotoren, 66 kW (90 PS)
- Geschwindigkeit 13 km/h
- Reichweite 130 km.

BEI VILLERS-BRETONNEUX

Der deutsche Angriff begann am Mittwoch, 24. April 1918, um 4.45 Uhr mit dem Feuer der Artillerie. Um den Gegner zu schwächen, wurden neben den Explosivgranaten auch Granaten mit Yperit (Senfgas) verwendet.

Bei Beginn des Trommelfeuers hatten die «schweren Feldküchen», so nannten die Besatzungen ihre Kampfwagen, die Ausgangsstellungen verlassen, um zusammen mit der Infanterie zeitgerecht in den Sturmstellungen zu sein. Um 7 Uhr wurde die Ablauflinie überschritten: Im Zentrum die 4. Gardedivision, am rechten Flügel die 228. Infanteriedivision und am linken Flügel die 77. Reservedivision.

Der Angriff kam zuerst nur langsam voran, weil dichter Morgennebel die Sicht behinderte und die Verbindung zwischen Kampfwagen und Infanterie verloren ging. Der geringste britische Widerstand verursachte Verzögerungen und zeitweise sogar ein Zurückgehen. Gegen 11 Uhr lichtete sich der Nebel, die Infanterie gewann wieder Fühlung mit den Kampfwagen und der Angriff kam etwas schneller voran.

Im nördlichen Abschnitt unterstützte die Kampfwagenabteilung I unter Oberleutnant Hans von Skopnik zwischen der Route D1029 und der Bahnlinie mit den Kampfwagen 526 (ohne Namen), 527 (Lotti) und 560 (Alter Fritz) den Angriff der kampferprobten 228. Infanteriedivision auf Villers-Bretonneux.

Ohne einen A7V zu verlieren wurde bis zum Mittag die Ortschaft erobert und die Abteilung erhielt den Befehl zum Rückmarsch in den Bereitschaftsraum Wiencourt.

DIE ELITE: DIE 4. GARDEDIVISION

Im Zentrum, südlich der Bahnlinie, war die Elite eingesetzt: die 4. Gardedivision. Sie wurde bei ihrem Angriff auf den Bois d'Aquenne von sechs A7V der Kampfwagenabteilung III unter Oberleutnant Otto Uihlein unterstützt. Drei Kampfwagen: 505 (Baden I), 506 (Mephisto) und 507 (Cyklop) wurden dem Infanterieregiment 93 und die drei Wagen 501 (Gretchen), 541 (ohne Namen) und 562 (Herkules) dem 5. Garderegiment zugeteilt. Auch hier kam der Angriff wegen Nebel nur langsam voran und dazu kamen technische Probleme.

Als erster blieb Mephisto mit verstopften Düsen liegen und kippte, nachdem er durch die Besatzung wieder flottgemacht worden war, in einen grossen Granattrichter. Zum Erstaunen der Briten verliess die Besatzung ihr Fahrzeug und kämpfte als Sturmtrupp zu Fuss weiter.

Wegen überhitzten Motoren blieb der einzige weibliche, der nur mit Maschinengewehren bewaffnete Wagen 501 (Gretchen), knapp 30 Meter vor den britischen Gräben liegen. Nach Abkühlung der Motoren kämpfte die Besatzung weiter.

Auch der Getriebeschaden am Herkules konnte durch die Besatzung auf dem Gefechtsfeld behoben und der Angriff fortgesetzt werden. Gegen

Mittag hatte die 4. Gardedivision den Bois d'Aquenne genommen und auch Uihlein konnte mit den verbliebenen fünf Kampfwagen in den Bereitschaftsraum zurückkehren.

PAARWEISER EINSATZ

Im südlichen Angriffsstreifen unterstützte die Kampfwagenabteilung II unter Oberleutnant Hans Steinhardt mit vier Kampfwagen das Vorgehen der 77. Reservedivision. Diese war, von der Ostfront kommend, weniger gut als die zwei anderen Divisionen ausgebildet.

Die vier A7V wurden paarweise eingesetzt: nördlich mit dem Angriffsziel Cachy die Wagen 542 (Elfriede) und 561 (Nixe); südlich die die Wagen 504 (Schnuck) und 525 (Siegfried) mit dem Ziel Gentelles.

Schon kurz nach Angriffsbeginn geriet Elfriede wegen schlechter Sicht zu weit nach Norden, brach beim Überfahren eines britischen Gefechtsstandes in diesen ein und kippte um. Auch hier verliess die Besatzung mit drei Mg den Kampfwagen und kämpfte zu Fuss weiter.

Auch Leutnant Wilhelm Eugen Biltz hatte Probleme, sich im Nebel zurechtzufinden. Er geriet mit seinem Wagen 561 (Nixe) in den Angriffsstreifen der 4. Gardedivision und machte sich dort nützlich.

DAS ERSTE PANZERDUELL

Als sich der Nebel lichtete, fuhr Nixe bis auf 700 Meter an Cachy heran, um das Infanterieregiment 419 zu unterstützen. Etwa um 12 Uhr erkannte Biltz drei britische Tanks, die aus dem Bois d'Aquenne hervorbrachen und auf ihn zufuhren.

Die Briten hatten aus Sorge vor dem Angriff den Zug von Second Lieutenant Frank Mitchell aus dem Bois l'Abbé in dcn Südzipfel des Bois d'Aquenne vorgeschoben. Dort hatte er zwischen 10 und 11 Uhr den unklaren Auftrag erhalten, den Riegel von Cachy zu sichern. Der deutsche Senfgas-Einsatz hatte die Tank-Besatzungen um fast die Hälfte reduziert.

Auf eine Distanz von etwa 300 Metern eröffnete der Mark IV von Mitchell aus der Bewegung heraus das Feuer mit seinem Steuerbord-Geschütz auf die rechte Breitseite von Nixe. Biltz drehte seinen A7V nach rechts, so dass er dem gefährlich nahen Gegner die Front zeigte und erwiderte das Feuer. Nach dcm Trefferblitz wechselte er das Ziel und feuerte auf die zwei weiblichen Tanks. Diese zogen sich, weil sie mit ihren Mg dem A7V hoffnungslos unterlegen waren, sofort zurück.

Dabei wurde einer von Biltz abgeschossen. Nun griff aber der nur scheinbar ausser Gefecht gesetzte männliche Mark IV wieder in den Kampf ein. Sein nächster Schuss explodierte hinter Nixe, der zweite unmittelbar rechts daneben.

DEUTSCHE HARTKERNGESCHOSSE

Aber bevor ein dritter Schuss abgefeuert wurde, geriet der Tank in das Feuer der Mg-Kompanie des 5. Garderegiments. Die panzerbrechenden Hartkerngeschosse durchschlugen die Panzerung und verwundeten den Steuerbord-Kanonier.

Mitchell manövrierte seinen Tank aus dem Wirkungsbereich der Mg's hinaus, wendete und feuerte aus einer teilgedeckten Stellung mit dem Backbord-Geschütz erneut auf Nixe. Der Schuss traf den A7V rechts neben der Kanone, tötete drei Deutsche und verwundete zwei weitere. Biltz und der Rest verliessen den Kampfwagen. Fünf Besatzungsmitglieder wurden durch das Mg-Feuer aus Mitchells Tank getötet.

Der nun alleine stehende Mark IV wurde zum Ziel für die 7,7 cm Feldkanonen der deutschen Infanterie-Begleit-Artillerie. Obwohl sich Mitchell im Zickzack zurückzog, war sein Tank nach einem Treffer bewegungsunfähig und blieb hinter den eigenen Linien liegen. Die Besatzung konnte ihr Fahrzeug verlassen und rettete sich in einen britischen Schützengraben.

A7V GEGEN MARK A WHIPPET

Bis jetzt hatten die Wagen 504 (Schnuck) und 525 (Siegfried) den Angriff des Inf Rgt 257 auf Cachy und Gentelles unterstützt, Mg-Nester vernichtet und Grabenstücke aufgerollt. Doch blieb der Angriff schon bald westlich Gentelles stecken. Als Siegfried etwa 800 Meter an Cachy herangekommen war, sah Leutnant Friedrich Wilhelm Bitter sieben Whippets in hohem Tempo aus dem Ort hervorbrechen und Unordnung und Verluste unter der deutschen Infanterie verursachen.

Bitter eröffnete das Feuer mit seiner 5,7 cm Kanone aus einer Entfernung von etwa 200 Meter auf den am weitesten rechts stehenden Tank, der nach dem zweiten Treffer in Brand geriet. Dann bereitete er auf etwa 700 Meter mit dem ersten Schuss dem Tank am weitesten links das gleiche Schicksal. Dann brach der Schlagbolzen am Geschütz, und er bekämpfte den zweiten Tank von links erfolgreich mit den Hartkerngeschossen der Mg.

Die restlichen vier Whippets machten kehrt und zogen sich ins Dorf zurück. Alle weiteren von Schnuck und Siegfried unterstützten Angriffe auf Cachy und Gentelles scheiterten am erbitterten Widerstand der Briten. Gegen 16 Uhr begann die Infanterie sich einzugraben und es stand fest, dass die 77. Reservedivision an diesem Tag nicht mehr stürmen wollte. Daher zogen sich auch die letzten zwei deutschen Kampfwagen nach Wiencourt zurück.

GEGENANGRIFF DER ALLIIERTEN

Damit war der Einsatz der Einsatz der drei schweren Kampfwagenabteilungen abgeschlossen. Die Besatzungen und das Gerät waren erschöpft

Mephisto mit australischen und britischen Offizieren. (Bild: Australian War Memorial, Villers-Bretonneux, F)

und standen für den nun folgenden Abwehrkampf nicht mehr zur Verfügung. Bereits am 25. April erfolgte unter dem Kommando von General Henry Seymour Rawlinson (1864–1925) der Gegenangriff auf Villers-Bretonneux. Zwei neu zugeführte australische Brigaden warfen, unterstützt von britischen Truppen und einigen Tanks, die Deutschen zurück: Am Abend war die völlig zerstörte Ortschaft wieder in den Händen der Alliierten.

Am späten Nachmittag konnten Lt Biltz und seine Männer ihren noch bedingt fahrfähigen A7V rund zwei Kilometer zurückfahren, dann blieb er mit Motorschaden liegen. Während der nächsten Nacht wurde die Nixe zurückgeschleppt und mit den restlichen Kampfwagen per Bahn wieder nach Charleroi zurücktransportiert.

Im Oktober 1918 wurde Elfriede von französischen Einheiten wieder flott gemacht und in Paris als Kriegsbeute ausgestellt. Mephisto wurde bereits im Juli 1918 von Australiern geborgen und nach Amiens transportiert. Er ist als einziger A7V erhalten geblieben und steht heute im Queensland Museum in Brisbane, Australien.

GEDENKSTEIN AN DER D168

Der Angriff der 2. Armee war trotz dem Einsatz der A7V misslungen. Der erste und einzige gemeinsame Einsatz aller drei Kampfwagenabteilungen kam zu spät. 15 Kampfwagen, das war alles, was die Oberste Heeresleitung der 2. Armee zur Verfügung stellte – und das reichte nicht aus. Aber mehr hatten die Deutschen nicht, weil die Oberste Heeresleitung zulange auf eine starke Abwehr vertraute, auf den Bau von U-Booten und Flugzeuge setzte und daher nicht mehr genügend Zeit und Rohstoffe für den Bau von Kampfwagen zur Verfügung standen. Die erfolgreichen Einsätze der Kampfwagenabteilungen I und III überstrahlten den weniger glücklichen Einsatz der Abteilung II. Diese trat dafür durch das erste Panzerduell der Kriegsgeschichte in den Mittelpunkt des Interessens. Ein einfacher Gedenkstein an der D168 zwischen Villers-Bretonneux und Cachy erinnert an dieses Gefecht.

DIE OFFENSIVE SCHEITERTE

Auch die im März 1918 begonnene Frühjahrsoffensive scheiterte. Die laufende Verstärkung der französischen und englischen Streitkräfte durch amerikanische Verbände liess sich mit den Truppenverlegungen aus Russland nur teilweise wettmachen.

Weil im Deutschen Kaiserreich die Reserven an Menschen und Material völlig erschöpft waren, kamen weitere Angriffe nicht mehr zustande. Im Juli ging die Initiative an die Entente über: Die deutsche Oberste Heeresleitung verlor jeden Handlungsspielraum. Ende September 1918 verlangte sie den Waffenstillstand.

1918: Mark IV Panzer gegen Mark-Beutetanks

Fred Heer

Am 8. Oktober 1918 kam es südlich von Cambrai zu den einzigen Gefechten zwischen britischen Mark IV Tanks und deutschen Beutepanzern vom gleichen Baumuster. Die deutschen Panzertruppen schlugen sich dabei trotz mangelnder Erfahrung gut.

Nach dem ersten Auftreten der britischen Tanks im Herbst 1916 reagierte die deutsche Führung erstaunlich gelassen auf das neue Kampfmittel. Das war, wegen den hohen technischen Ausfallraten und den anfänglich erfolgreichen Abwehrmassnahmen, bis zu einem gewissen Grad nachvollziehbar. Erst nach und nach dämmerte es der obersten Heeresleitung, welche Gefahren der Tank barg.

DIE BEUTEPANZER MARK IV

Ende 1916 wurde die Abteilung 7 (Verkehrswesen) im Preussischen Kriegsministerium mit der Entwicklung und Konstruktion eines eigenen Kampfwagens, des A7V, beauftragt. Weil aber die deutsche Heeresleitung auf Unterseeboote und Flugzeuge gesetzt hatte, standen nicht mehr genügend Rohstoffe für die Kampfwagen zur Verfügung.

Wegen der kleinen Produktionszahl – bis zum Kriegsende wurden nur gerade 20 A7V gebaut – und weil zahlreiche britische Mark IV Tanks in deutsche Hände gefallen waren, beschloss das Ministerium im Januar 1918, mit den Beutepanzern eigene Abteilungen aufzustellen.

Die erbeuteten Tanks wurden in Charleroi, einer Stadt südlich von Brüssel, zusammengezogen. Die Region war ein wichtiger Industriestandort und dort standen den Deutschen genügend leistungsfähige Einrichtungen zur Verfügung.

In den Anlagen einer Eisenbahnfabrik und eines Walzwerks wurden die britischen Tanks umgebaut oder für die Gewinnung von Ersatzteilen benützt. Bei den erbeuteten Tanks fehlten in der Regel die Maschinengewehre, die optischen Geräte und die Richtmittel, weil diese durch die Besatzungen nach dem Verlassen ihrer Fahrzeuge mitgenommen oder unbrauchbar gemacht worden waren. Aber auch die britischen 6-Pfünder (57 mm) Kanonen waren nicht mehr zu gebrauchen, weil die Verschlüsse fehlten und keine entsprechende Munition zur Verfügung stand.

Daher wurden die Beutepanzer mit der belgischen 57 mm Maxim-Nordenfelt Schnellfeuerkanone ausgerüstet. Diese war – nach der Einnahme der Festungen Lüttich und Namur – in grossen Stückzahlen vorhanden und liess sich mit wenigen Anpassungen in die Tanks einbauen. Die fehlenden Maschinengewehre wurden durch ebenfalls erbeutete amerikanische Lewis- und das deutsche Mg 08 ersetzt.

Auch die Bereitstellung der übrigen Ersatzteile bereitete keine Schwierigkeiten, weil genügend erbeutete Tanks zum «Ausschlachten» zur Verfügung standen und der Mark IV Tank von einem deutschen Daimler-Motor angetrieben wurde. Ende März 1918 standen 30 umgebaute Beutepanzer für den Einsatz bereit.

STURM-PANZERKRAFTWAGEN

Eine Abteilung, heute würde man von einer Panzerkompanie sprechen, verfügte nur gerade über fünf Kampfwagen und war im Verhältnis zwei zu drei gemischt. Zwei Kampfwagen, die männlichen, waren mit je zwei 57 mm Kanonen und drei Maschinengewehren ausgerüstet. Die drei anderen Wagen, die weiblichen, waren mit je sechs Maschinengewehren bestückt.

Damit die Beutepanzer von den britischen Tanks unterschieden werden konnten, erhielten sie einen Tarnanstrich und an den Seiten wurden zwei grosse, weiss umrandete, eiserne Kreuze aufgemalt.

Arbeiten an einem erbeuteten Mark IV Tank in Charleroi. (Bild: Bayerisches Kriegsarchiv, München)

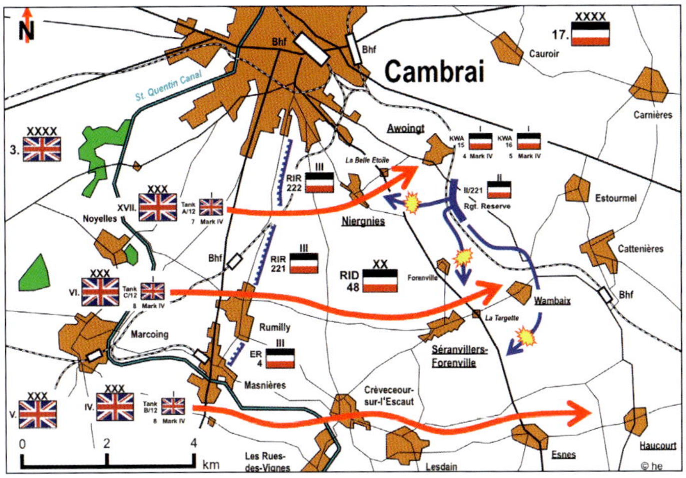

November 1918: Die Panzergefechte bei Niergnies und Séranvillers. (Skizze: Autor)

Die Abteilungen waren in und um Charleroi, dem logistischen Mittelpunkt der deutschen Panzertruppe an der Westfront, stationiert. Um das Material zu schonen und Treibstoff zu sparen, wurden die Kampfwagen mit der Eisenbahn in die Nähe der Einsatzräume gefahren.

Von dort aus sollten sie als Hilfswaffe der Infanterie feindliche Maschinengewehr- und Widerstandsnester niederkämpfen sowie Schützengräben aufrollen. Zur Erfüllung dieser Aufgaben sollten die Abteilungen geschlossen eingesetzt werden.

MANGELNDE ERFAHRUNGEN

Aber wegen der geringen Anzahl an Kampfwagen wurden diese in kleineren Gruppen oder nur einzeln einer Division oder einem Regiment zugeteilt. Diese Zersplitterung der Kräfte, das fehlende Einsatzkonzept und der Mangel an Erfahrung brachten zu Beginn nur wenig Erfolg.

Von Januar bis Ende Februar 1918 wurden die drei mit dem deutschen A7V ausgerüstete Sturm-Panzerkraftwagen-Abteilungen Nr. 1 bis Nr. 3 und ab März die sechs Abteilungen Nr. 11 bis Nr. 16, ausgerüstet mit den Beutepanzern, gebildet.

ERSTE EINSÄTZE

Alle Abteilungen wurden in Charleroi aufgestellt und die zwei ersten Abteilungen, Nr. 11 und Nr. 12, waren Mitte März 1918 einsatzbereit. Im Rahmen der deutschen Frühjahrsoffensive erfolgten, nur wenige Tage später und ohne grosse Ausbildung, die ersten Einsätze im Raum St. Quentin. Beide Abteilungen wurden je einer Infanterie-Division unterstellt und hatten, weil der Boden im Einsatzraum versumpft war und sich die Kampfwagen schon bald festfuhren, nur wenig Erfolg.

Mitte April war die Bayerische Sturm-Panzerkraftwagen-Abteilung Nr. 13 einsatzbereit. Diese Abteilung ist ein Unikum in der deutschen Militärgeschichte, denn ausser Preussen stellte nur noch Bayern eine eigene Panzerwagenabteilung! Sie wurde der 52. Infanterie-Division zugeteilt und erlebte ihre Feuertaufe im Rahmen der Blücher-Offensive Ende Mai 1918.

Die Abteilung Nr. 14 wurde am 7. Mai 1918 einsatzbereit gemeldet. Auch sie wurde nur wenige Tage später und mit mässigem Erfolg am Chemin des Dames, einem markanten Höhenzug im Norden Frankreichs, eingesetzt.

Die letzten zwei Sturm-Panzerkraftwagen-Abteilungen, Nr. 15 und Nr. 16, waren am 28. August 1918 einsatzbereit. Beide Abteilungen kamen im Oktober bei Gegenstössen südlich von Cambrai zum Einsatz und dabei trafen die deutschen Beutepanzer auf britische Tanks vom gleichen Baumuster.

ZWEITE SCHLACHT BEI CAMBRAI

Im Rahmen der Hunderttageoffensive kam es am 8. und 9. Oktober 1918 im Raum Cambrai zu einer zweiten Schlacht. Unter Marschall Foch griffen drei britische und eine französische Armee an und erzwangen einen rund 65 km breiten Durchbruch durch die deutsche Siegfried-Linie.

Die britischen Verbände wurden dabei durch sechs Tank-Bataillone des Royal-Tank-Corps unterstützt, von denen fünf nördlich und ein Bataillon südlich der Stadt eingesetzt worden sind. Dort hatte die 3. Britische Armee den Auftrag, in einer ersten Phase bis an die Bahnlinie Cambrai-St. Quentin vorzustossen. Zu diesem Zweck mussten nebeneinander:

- im nördlichen Abschnitt das XVII. Korps, verstärkt mit der A Kompanie des 12. Tank-Bataillons, über Niergnies in den Raum Awoingt stossen;
- im Zentrum das VI. Korps, verstärkt mit der C/12 Tank-Kompanie, über Séranvillers-Forenville den Raum Wambaix gewinnen;
- im südlichen Abschnitt das IV. Korps, verstärkt mit der B/12 Tank-Kompanie, über Esnes in den Raum Haucourt vorrücken.
- Als Reserve folgte das V. Korps, ohne Tanks, hinter dem IV. Korps.

DIE VERTEIDIGER

Bei Cambrai stand mit ihrem linken Flügel die 17. Armee der Heeresgruppe Kronprinz Rupprecht. Dort hatte erst in der Nacht auf den 8. Oktober 1918 die 48. Reserve-Infanterie-Division die 3. Marine-Infanterie-Division abgelöst und die Stellungen an der Strasse zwischen der Stadt, Rumilly und Masnières übernommen. Diese bestanden nur streckenweise aus einem zusammenhängenden Graben, meist aber nur aus Granattrichtern, die zur Verteidigung eingerichtet worden waren.

Im Zentrum wurde das Reserve-Infanterie-Regiment 221 (RIR 221) eingesetzt, nördlich das RIR 222 und südlich das Ersatz-Regiment 4. Die

Regimentsreserve schanzte sich hinter dem Bahndamm südlich von Awoingt ein. In der Ortschaft hatten bereits eine Nacht früher die Sturm-Panzerkraftwagen-Abteilung Nr. 15 mit vier und die Abteilung Nr. 16 mit fünf Beutepanzern ihren Bereitschaftsraum bezogen.

«Männlicher» Mark IV Beutepanzer im Herbst 1918 in Charleroi. (Bild: Bayerisches Kriegsarchiv, München)

BRITISCHE ATTACKE ...

Am 8. Oktober begann um 5.30 Uhr das britische Vorbereitungsfeuer.

- Eine Stunde später überschritt im nördlichen Abschnitt das XVII. Korps, unterstützt von noch fünf Mark IV Tanks der A/12 Kp, die Ablauflinie.
- Bereits auf der Annäherung waren zwei der sieben zugeteilten Tanks ausgefallen: L8 (female) wurde von einer Nebelgranate der eigenen Artillerie getroffen. L11 (f) blieb mit Getriebeschaden beim Bahnhof von Rumilly liegen.
- Wenig später schoss ein deutsches Feldgeschütz L7 (f) ab.
- Trotz diesen Ausfällen waren die deutschen Stellungen an der Strasse von Cambrai nach Rumilly mit Hilfe der Tanks um 6 Uhr in britischer Hand.
- Etwas schwieriger gestaltete sich die Einnahme von Niergnies, aber um 8 Uhr war die Ortschaft mit Unterstützung der Tanks L9 (male) von Second Lieutenant Carmichael und L16 (m) von Captain Roe ebenfalls erobert.

... UND DEUTSCHER GEGENANGRIFF

Eine halbe Stunde später erfolgte der deutsche Gegenangriff.

- Major Gluszewski, der Kommandant des Reserve-Inf-Rgt 221, führte von Awoingt her den Gegenangriff der mit zwei Beutepanzer der Abteilung Nr. 15 verstärkten Reserve auf Niergnies.
- Das britische Sperrfeuer und die Nebelgranaten der Angreifer verminderten wegen Rauch und Staub die Sicht für beide Seiten.
- Als die britischen Panzerkommandanten die vertrauten Silhouetten, die sich von Osten her annäherten, erkannten, hielten sie die schwarzen Ungetüme für eigene Tanks, die von einem tieferen Einbruch zurückkehrten.

DISTANZ: 50 METER

Der Kompaniechef, Captain Roe, erkannte als erster den Irrtum und eröffnete auf eine Entfernung von nur noch 50 Metern das Feuer mit den 6-Pfünder-Kanonen seines Tanks L16 auf den führenden deutschen Beutepanzer 218 von Oberleutnant Heusser. Die Granate traf das Fahrwerk, setzte aber den deutschen Mark IV Tank nicht ausser Gefecht.

Nun erwiderte Heusser das Feuer mit seinen 57mm-Kanonen und setzte mit zwei Treffern den Tank von Capt. Roe ausser Gefecht. Roe und ein Teil seiner Besatzung konnten ausbooten und wurden von Lieutenant Warsap, der mit seinem L9 (m) Feuerschutz bot, aufgenommen.

Es folgte das Duell zwischen Warsap und Heusser, das die Deutschen zu ihren Gunsten entschieden. Obwohl Warsaps Tank Feuer fing gelang es der Besatzung, auszubooten und den eigenen Tank zu sprengen.

TREFFER IN DEN TREIBSTOFFTANK

Auch Second Lieutenant de la Mare, der Kdt des L12 (m), hielt den Beutepanzer 218 für einen eigenen Tank. Daher wurde auch er von Oberleutnant Heusser abgeschossen. Der einzig verbliebene Tank L6 (f) von Second Lieutenant Wrigth zog sich, unter dem Beschuss von deutschen Mauser-Tankgewehren und nach einem Treffer am Kühler, zurück. In diesem Moment entdeckte der Zugführer, Second Lieutenant Martell, der im gleichen Tank sass, ein von einem britischen Offizier erbeutetes deutsches Feldgeschütz.

Martell verliess mit einem Teil der Besatzung den Tank, brachte das Feldgeschütz in Stellung, eröffnete das Feuer auf die Beutepanzer und setzte mit einem Treffer in den Treibstofftank den Kampfwagen 219 von Oberleutnant Paul ausser Gefecht.

MG-NESTER ZERSTÖRT

Noch vor dem Zielwechsel der Briten, zog sich Heusser mit seinem Beutepanzer 218 zurück. Im mittleren Abschnitt hatten das VI. britische Korps gegen 7 Uhr den südlichen Teil von Séranvillers und La Targette eingenommen. Auch hier war bereits auf der Annäherung ein Mark IV ausgefallen und der Tank von Lieutenant Ransley wurde – nachdem er deutsche Maschinengewehrnester zum Schweigen gebracht hatte – von einem deutschen Feldgeschütz abgeschossen.

Gegen 8.30 Uhr kam im Raum Séranvillers ein weiterer, ebenfalls mit zwei Beutepanzern der Abteilung 15 unterstützter Gegenangriff der Deutschen zum Tragen. Auch hier war die Sicht durch das britische Sperrfeuer und die Nebelgranaten der Angreifer beeinträchtigt. Second Lieutenant

Walters, der Kdt des L54 (female), erkannte als erster die zwei ebenfalls nur mit Maschinengewehren bewaffneten Beutepanzer 134 und 138 der Abteilung Nr. 15 und eröffnete das Feuer auf die Deutschen.

MASCHINENGEWEHRE AUSGEFALLEN

Nachdem der Beutepanzer von Oberleutnant Semmler von einer britischen Mörsergranate getroffen wurde und im Panzerwagen 138 alle Maschinengewehre ausgefallen waren, zogen sich die zwei beschädigten Beutepanzer zurück. Zusammen mit der britischen Infanterie erreichten die Tanks L45 (male) von Second Lieutenant Clark und L49 (m) von Second Lieutenant Sherratt die von Bäumen gesäumte Strasse von Cambrai nach Esnes. Dort stiessen sie auf die zwei Beutepanzer von Oberleutnant Lueg und Oberleutnant von Alten der Abteilung Nr. 16.

Die Briten eröffneten das Feuer mit ihren 6-Pfünder-Kanonen auf eine Distanz von etwa 300 Metern und setzten die nur mit Maschinengewehren bewaffneten deutschen Kampfwagen sofort ausser Gefecht. Der dritte, ebenfalls nur mit Maschinengewehren bewaffnete Mark IV von Oberleutnant Hoffmann wurde von den Briten nicht entdeckt und entkam.

NEUSEELÄNDER STOSSEN VOR

Im südlichen Abschnitt war das IV. Korps, unterstützt durch acht Mark IV Tanks der B/12 Kompanie, um 7.30 Uhr tief in den Abschnitt des Ersatzregimentes 4 eingebrochen und über Crèveceour bis Lesdain vorgestossen. Gegen 9. 30 Uhr nahm die Neuseeländer Division den Angriff wieder auf und eroberte die Ortschaft Esnes.

Erbeutete Mark IV Tanks auf dem Transport nach Charleroi. (Bild: Bayerisches Kriegsarchiv, München)

Ein deutscher Gegenstoss, unterstützt durch die zwei männlichen Beutepanzer der Abteilung 16, wurde zurückgeschlagen ohne dass es dabei zu Ausfällen kam.

Der entscheidende Durchbruch gelang den Briten in der südlichen Nachbardivision. Dort war der Einbruch so tief, dass er nicht mehr durch Gegenangriffe bereinigt werden konnte. Daher zogen sich die deutschen Divisionen in der folgenden Nacht in die Siegfried III Stellungen zurück und am 9. Oktober war Cambrai von den Alliierten zurückerobert.

NUR EINE FRAGE DER ZEIT

Im Frühjahr 1918 war die deutsche Industrie nicht mehr in der Lage gewesen, genügend Panzer zu produzieren. Weil zu diesem Zeitpunkt zahlreiche britische Mark IV Tanks in deutsche Hände gefallen waren, beschloss das Kriegsministerium, aus diesen eigene Abteilungen aufzustellen.

Die Beutepanzer wurden mit deutschem Hoheitszeichen versehen, von deutschen Besatzungen übernommen und gegen die ehemaligen Besitzer wieder ins Gefecht geführt.

Es war daher nur eine Frage der Zeit, bis die britischen Tanks auf deutsche Beutepanzer stossen würden und das geschah am 8. Oktober 1918 südlich von Cambrai. Dort kam es zu den einzigen Gefechten zwischen britischen Mark IV Tanks und deutschen Beutepanzern vom gleichen Baumuster und dabei haben sich die deutschen Panzerbesatzungen trotz mangelnder Erfahrung gut geschlagen.

Die Misserfolge der deutschen Gegenangriffe waren nicht auf den Einsatz der Beutepanzer, sondern auf den Ausfall der deutschen Führer zurückzuführen. Der Kommandant der Reserve, Hauptmann Kohlrausch, wurde mit drei weiteren Kompaniechefs verwundet vom Gefechtsfeld getragen und mit dem Regimentsstab war die Verbindung verloren gegangen. Dieser war, mit seinem Kommandanten, Major Gluszewski, in vorderster Linie mitgestürmt und wurde als Stab gefangen genommen.

INNERE UNRUHEN

Anfang November 1918 waren die Einsätze der deutschen Sturm-Panzerkraftwagen-Abteilungen an der Westfront abgeschlossen und die Verlegung aller deutschen Kampfwagen nach Wiesbaden wurde eingeleitet. Wegen der inneren Unruhen in Deutschland wurden Mitte November alle Abteilungen aufgelöst oder als Freiwilligenformationen neu aufgestellt.

Gemäss dem Friedensvertrag von Versailles sollen im Juli 1920 in nur drei Tagen alle übrig gebliebenen Panzerwagen den Siegermächten übergeben oder zerstört worden sein.

Persönlichkeit: Jean Baptiste Eugène Estienne – Der Vater der französischen Panzerwaffe

Stefan Bühler

Jean Baptiste Eugène Estienne wurde am 7. November 1860 als Sohn eines Notars und einer Hausfrau in Condé-en-Barrois (heute Les Hauts-de-Chée) im Bezirk Meuse im Nordosten Frankreichs geboren. 1880 wurde Estienne in die École Polytechnique, die französische Militärakademie, aufgenommen, welche er 1882 mit mässigem Erfolg abschloss (131. von 205 Absolventen seines Jahrganges). Er zeigte schon früh eine mathematische Begabung und gewann 1882 den nationalen Mathematikwettbewerb, daneben interessierte er sich für Philosophie, seine wahre Leidenschaft war jedoch das antike Griechenland.

Nach dem Abschluss an der École Polytechnique trat er 1883 als Leutnant in die französische Armee ein und diente ab 1884 bei der Artillerie. Am 14. Oktober 1885 heiratete er Camille Jacquot. Neben seinem Dienst in der Armee studierte er Ballistik und veröffentlichte 1890 sein erstes Buch, «Erreurs d'observation» (Beobachtungsfehler), das sich mit der Einführung moderner Methoden des indirekten Feuers beschäftigte. 1891 wurde er zum Hauptmann des 1. Artillerieregiments befördert und begann sogleich in seiner Werkstatt in Bourges mit der Entwicklung von Telemetrieinstrumenten, um seine Theorien in die Praxis umzusetzen. 1895 folgte sein zweites Buch «L'Art de conjecturer» (Die Kunst der Vermutungen).

1902 wurde er als Batteriekommandant in das 19. Artillerieregiments versetzt, setzte seine theoretische Arbeit in Paris aber fort. Er entwickelte verschiedene Präzisionsinstrumente wie zur Entfernungsmessung und förderte die Nutzung der Telefontechnik zur Übermittlung von (Feuer-) Korrekturdaten. Neben diesen Arbeiten veröffentlichte er 1906 noch eine mathematische Studie über den «Satz von Pascal». 1907 wurde er zum Direktor der «École de l'artillerie» in Grenoble ernannt und veröffentlichte sein drittes Buch «Les forces morales à la guerre» (Moralische Kräfte im Krieg).

General Jean-Baptiste Etienne (1860 – 1936). (Bild: Wikipedia)

Estienne galt zu dieser Zeit bereits als einer der kompetentesten und fortschrittlichen Offiziere. Das General Jean Jules Brun ihm 1909 – unter gleichzeitiger Beförderung zum Oberstleutnant das Kommando über den militärischen Flugdienst (Service de l'aviation militaire) in Reims übertrug, dessen Hauptaufgabe die Lenkung des Artilleriefeuers war, war der konsequente und logische Schritt. Beim Ausbruch des Ersten Weltkriegs wurde Estienne zum Kommandeur (Chef de Korps) des 22. Artillerieregiments ernannt, welches Teil der 6. Infanteriedivision unter General Philippe Pétain war. Estienne kombinierte meisterhaft das indirekte Feuer der Artillerie mit den Beobachtungsmitteln der Flugzeuge und beeindruckte bei der Schlacht von Charleroi (Schlacht bei Namur) seine Vorgesetzten wie auch den Gegner. Am 25. August 1914 erklärte er den Offizieren seines Regiments: «Messieurs, la victoire appartiendra dans cette guerre à celui des deux belligérants qui parviendra le premier à placer un canon de 75 sur une voiture capable de se mouvoir en tout terrain.» Im Sommer 1915 erfuhr Estienne, dass der Ingenieur Eugène Brillié bei der Firma Schneider mit der Entwicklung eines Fahrzeugs zur Überwindung von Stacheldrahtsperren auf Basis des englischen Holt Raupentraktors begonnen hat («Tracteur blindé et armé»). Überzeugt von der militärischen Zukunft dieser Konstruktion konnte er mit General Joseph Joffre einen starken Unterstützer seiner Pläne zur Schaffung von eigenständigen Panzereinheiten gewinnen.

Trotz des eher mässigen Erfolgs löste der erste britische Panzerangriff eine Euphorie aus, welche die Entwicklung der französischen Panzertruppen merkbar beschleunigte. Am 30. September 1916 wurde Estienne zum Kommandant der Spezialartillerie ernannt und am 17. Oktober 1916 zum Brigadegeneral befördert. Im November beantragte er den Bau von 1.000 leichten Maschinengewehrpanzern, was jedoch vom Inspektor des Automobildienstes abgelehnt wurde; durch die Beharrlichkeit von Estienne wurde am 22. Februar 1917 der Bau von immerhin 150 Fahrzeugen bewilligt. Mit der Unterstützung des neuen Oberbefehlshabers der französischen Armee, General Philippe Pétain, gelang im Juni 1917 schliesslich der Durchbruch: die Industrie wurde mit der Fertigung von 150 Saint-Chamond, 600 Schneider CA und 3500 Renault FT beauftragt. Während des Krieges wurden unter der Führung von Estienne siebzehn Gruppen mit je 15 Schneider CA und zwölf Gruppen mit je 15 Saint-Chamond sowie drei Regimenter Renault FT aufgestellt.

Am 2. August 1918 wurde Estienne zum Kommandanten der Ehrenlegion ernannt und am 23. Dezember 1918 zum Generalmajor befördert. Nach dem Krieg behielt Estienne das Kommando über die Spezialartillerie, ab 1920 über die nun der Infanterie unterstellten Panzereinheiten. Auf einer Konferenz in Brüssel forderte er 1921 eine 100.000 Mann starke Truppe mit 4.000 Panzern und 8.000 Unterstützungsfahrzeugen, die französische Militärführung glaubte aber weiterhin an eine statische Kriegführung, bei welcher die Infanterie die Hauptlast des Kampfes trug und ignorierte seinen Appell.

Am 7. November 1922 wurde Estienne in den Ruhestand verabschiedet, übernahm jedoch die Leitung der neu geschaffenen Generaldirektion für Panzerforschung. Er zog sich schliesslich 1933 an die Côte d'Azur in Nizza zurück, 1934 wurde er noch mit dem Grosskreuz der Ehrenlegion ausgezeichnet. Er starb 1936 im Krankenhaus von Val-de-Grâce und wurde auf dem Friedhof von Cimiez in Nizza bestattet.

Bis zu seinem Lebensende kritisierte Estienne die Idee, Panzer zur Unterstützung der Infanterie einzusetzen. Sein Einsatz für die Entwicklung der Panzertruppe in Frankreich brachte ihm den inoffiziellen Titel «Père des chars» (Vater der Panzer) ein.

Panzer Char Schneider CA1 am Chemin des Dames. 1. Französischer Tank im Ersten Weltkrieg. (Bild: Sammlung Lenzin)

Meilensteine der Panzerentwicklung: Der französische Renault FT

Stefan Bühler

Bereits im Dezember 1915 hat der französische Artillerieoffizier Jean Baptiste Eugène Estienne einen leichten Kampfwagen zur Unterstützung der Infanterie gefordert. Der Auftrag wurde jedoch von Louis Renault vorerst abgelehnt, weil die Firma mit anderen Kriegsaufträgen voll ausgelastet war und die Konstrukteure keine Erfahrung mit Gleiskettenfahrzeugen hatte. Erst nach einer erneuten Anfrage begann Mitte des Jahres 1916 bei Renault die Entwicklung des FT (im dazugehörigen Betriebshandbuch von Renault als Char d'Assault 18 Chevaux bzw. Kampfpanzer 18 Pferdestärken bezeichnet), dessen Prototyp im Februar 1917 auf dem Truppenübungsplatz Champlieu vorgestellt werden konnte (daher auch der Name FT-17, wobei 17 für das Einführungsjahr steht).

Der Renault FT war der erste Kampfwagen mit einem um 360° schwenkbaren Turm und konnte mit seinen Waffen in alle Richtungen wirken. Es wurden zwei verschiedene Versionen des Kampfwagens gebaut: Der Renault FT mit Maschinengewehrbewaffnung verfügte über ein 8 mm Hotchkiss M1914, der Renault FT mit Kanonenbewaffnung verfügte über eine 37 mm Puteaux SA 18 L21,6.

Das kleine Fahrzeug wurde zur Erfolgsgeschichte. Die wöchentlichen Produktionszahlen lagen bisweilen bei 75 Fahrzeugen, bis zum November 1918 wurden 3177 Renault FT produziert. Zwischen 1917 und 1919 wurden insgesamt 7.800 Renault FT bestellt (60% mit Kanonenbewaffnung, 30% mit Maschinengewehrbewaffnung und 10% als Funkpanzerwagen), wovon tatsächlich 4.516 ausgeliefert wurden, davon 200 Renault TSF (Télégraphie Sans Fil bzw. Funkpanzerwagen) und 40 Renault FT BS (Sturmgeschütz mit 75 mm Kanone vom Typ Blockhaus-Schneider).

Renault lieferte während dem Krieg auch 144 Renault FT an die Amerikanische Armee in Frankreich. Weitere 4.400 Fahrzeuge sollten in den Vereinigten Staaten in Lizenz nachgebaut werden, wovon tatsächlich 952 Exemplare unter der Bezeichnung M1917 produziert wurden (374 mit 37 mm Kanone M1916, 526 mit Maschinengewehr Browning M1919 und 50 Funkpanzerwagen).

Panzer Renault FT-17 – Vormarsch durch Stacheldraht, Schlacht bei Amiens, August 1918. (Bild: Alamy)

Ab 1919 wurde der Renault FT in Russland in Nishni Nowgorod (damals Gorki) als Russki Reno in Lizenz nachgebaut. Das Fahrzeug verfügte neben der 37 mm Kanone über ein Maschinengewehr. Total wurden für die russische Armee 15 Russki Reno gefertigt.

1919 verkaufte Frankreich 13 Renault FT nach Japan, wo sie unter der Bezeichnung Type 79 Kō-gata geführt wurden. Mitte der 1920er Jahre wurden die Bewaffnung auf das japanische 6.5 mm Maschinengewehr Typ 3 bzw. das 37 mm Infanteriegeschütz Typ 11 umgestellt.

Ab 1921 wurde der Renault FT in Italien als Fiat 3000 in Lizenz nachgebaut. In der Version A (L5/21) verfügte das Fahrzeug über zwei 6.5 mm Maschinengewehre, in der Version B (L5/30) über eine 37 mm Kanone und zwei 8 mm Maschinengewehre. Total wurden für die italienische Armee etwa 150 Fiat 3000 gefertigt.

Ab 1931 wurden 1.580 Renault FT der französischen Armee auf den Stand FT modifié 31 mit einem 7.5 mm Maschinengewehr vom Typ Reibel umgerüstet.

TECHNIK

Der Renault FT verfügte über einen 4-Zylinder-Otto-Motor (Renault, 39 PS), wodurch das 5,8 t schwere Fahrzeug eine spezifische Leistung von 6 PS/t und eine Höchstgeschwindigkeit von 8 km/h erreichte. Der Motor, das Getriebe und der Kraftstofftank (100 l) waren im Heck untergebracht. Der Antrieb erfolgte über das ebenfalls hinten gelegene Antriebsrad, zusätzlich wurde die Kette vorne mit einem grossen Führungsrad (Holzrad mit Stahlbelag) und, dazwischen, mit neun kleinen Laufrädern auf vier gefederten Drehgestellen sowie sechs Stützrollen geführt. Der Fahrer war vorne mittig in der Wanne, der Fahrzeugkommandant (gleichzeitig der Richtschütze) im ebenfalls vorne gelegenen Turm untergebracht. Da der Kampfwagen während der Erprobung aufgrund der Kopflastigkeit regelmässig in Senken und Gräben stecken blieb, wurde am Heck ein (für den Transport abnehmbarer) Ausleger angebracht, um ein befriedigendes Fahrverhalten zu erreichen.

Die Panzerung des Renault FT bestand frontal und seitlich aus 16 mm (22 mm beim Berliet-Turm) starken Stahlplatten, die Bodenplatte war 6 mm und die Dachplatte 8 mm stark. Im Vergleich zu seinem Gewicht war der Kampfwagen relativ stark gepanzert und konnte mit der deutschen 7.92 mm x 57 SmK nicht durchschlagen werden – die Verluste waren vor allem auf Treffer durch die deutsche Feldartillerie zurückzuführen.

Die Version mit Maschinengewehrbewaffnung verfügte über ein 8 mm Hotchkiss M1914 (4.800 Schuss), welches ab 1931 durch ein 7.5 mm Reibel (3.600 Schuss Weichkern, 450 Schuss Hartkern) ersetzt wurde. Bei der Version mit Kanonenbewaffnung war eine 37 mm L21 Kurzrohrkanone vom Typ Puteaux SA 18 eingebaut (200 Sprenggeschosse, 25 Panzergeschosse, 12 Schrapnellgeschosse). Die maximale Einsatzdistanz der Kanone lag bei 2.400 m mit den Sprenggeschossen und bei 400 m mit den Schrapnellen (Kartätschen). Durch zwei Öffnungen im Turm konnte der Kommandant im Nahkampf seine Pistole aus dem Fahrzeug heraus einsetzen.

EINSATZ

Die Renault FT wurden in Bataillonen à drei Kompanien zu je 25 Fahrzeugen (15 mit Kanonenbewaffnung, 10 mit Maschinengewehrbewaffnung) und einem Renault TSF (Funkpanzerwagen) zusammengefasst. Drei Bataillone bildeten ein Regiment, von denen sieben aufgestellt wurden.

Die Feuertaufe hatte der Renault FT am 31. Mai 1918 bei Ploisy. 30 Renault FT griffen an der Strasse Soissons – Paris in mehreren Wellen die deutsche 9. Infanterie- und die 14. Reservedivision an. Aufgrund der kleinen Silhouette wurden die Kampfwagen sehr spät aufgeklärt und konnten durch die deutsche Artillerie nicht mehr effektiv bekämpft werden, weshalb der französische Einbruch, mit drei abgeschossenen Renault FT, gelang.

Im Juni 1918 wurden bei der Verteidigung des Waldes von Villiers Cotterêts westlich von Soissons zwei komplette Panzerregimenter mit 180 Renault FT eingesetzt und Mitte Juli 1918 wurden durch Gruppen à 15

Allgemeine Daten	
Einführung	1917
Besatzung	2
Länge	4,03 m
Breite	1,74 m
Höhe	2,14 m
Gefechtsgewicht	6.500 kg
Bewaffnung	
Primärwaffe	8 mm Hotchkiss M1914 MG (4.800 Schuss)
Alternativwaffe	37 mm L21,6 Puteaux SA 18 (237 Schuss)
Schutz	
Panzerung	16–22 mm, Stahl
Mobilität	
Motor	4-Zylinder, Benzin, Renault, 29 kW (39 PS)
Getriebe	Renault (4 V, 1 R)
Spezifische Leistung	4,4 kW/t (6,0 PS/t)
Geschwindigkeit	8 km/h
Reichweite	60 km
Bodenfreiheit	0,41 m
Waten	0,70 m
Hindernis	0,60 m
Graben	1,80 m
Steigfähigkeit	100%

bis 45 Renault FT des Panzerregiments 501 erfolgreiche Gegenangriffe bei der Verteidigung gegen deutsche Angriffe am Surmelinbach durchgeführt. Nachdem die letzten deutschen Vorstösse beiderseits Reims gescheitert waren, holten die Alliierten mit der französischen 6. und 10. Armee am 18. Juli 1918 zur Gegenoffensive aus – für die Operation wurden 486 Renault FT bereitgestellt, wovon bis zum Ausklang der Kämpfe 215 Kampfwagen verloren gingen. Die wendigen Renault FT waren sehr erfolgreich in der beweglichen Kampfführung (sofern sie denn durch die Kommandanten entsprechend eingesetzt wurden), aber für das Durchbrechen einer starken Verteidigung waren sie zu leicht, zu klein und zu schwach bewaffnet, weshalb sie gegen Kriegsende durch schwerere Durchbruchswagen (u.a. 100 von Grossbritannien gelieferte Mark V*) ersetzt wurden.

Im Polnisch-Sowjetischen Krieg (1920) wurde der Renault FT auf der polnischen Seite eingesetzt, wo sich jedoch im Bewegungskrieg die geringe Geschwindigkeit nachteilig auswirkte und die Kampfwagen folglich nur mässig erfolgreich waren. Zu Beginn des Zweiten Weltkriegs waren noch ungefähr 2.700 Renault FT bei der französischen Armee vorhanden, davon 534 bei Einsatzverbänden, der Rest in Ausbildungseinheiten oder in einem Depot eingelagert. Sie waren den deutschen Panzern völlig unterlegen. Während dem Westfeldzug 1940 erbeutete die Wehrmacht 1.704 Renault FT, von denen zwischen 500 und 600 Fahrzeuge generalüberholt und als Panzerkampfwagen 17R 730(f) wieder in Dienst gestellt wurden. Sie wurden durch Wehrmacht und Waffen-SS in den besetzten Gebieten für Sicherungsaufgaben eingesetzt, ebenfalls wurden zahlreiche Türme von nicht instandgesetzten Panzern in den Bunkeranlagen des Atlantikwalls verbaut.

FAZIT

Der Renault FT war der erste Panzer mit einem 360° drehbaren bewaffneten Turm und lieferte damit das Grundkonzept des modernen Kampfpanzers. Trotz der vergleichsweise schwachen Bewaffnung konnten die französischen Kampfwagen durch einen massierten und vor allem beweglich geführten Einsatz den deutschen Truppen grosse Verluste zufügen und lieferten einen ersten Vorgeschmack auf den kommenden Bewegungskrieg.

Renault FT-17. (Bild: Alamy)

1918: Wende an der Westfront – Die Tankschlacht bei Amiens

Marc Lenzin

Die Schlacht bei Amiens gilt als eine der folgenreichsten Offensiven im Ersten Weltkrieg. Den Alliierten gelangen tiefe Einbrüche in die deutschen Frontlinien und, erstmalig in der Kriegsgeschichte, spielte der Verbund der Waffensysteme der Infanterie, der mechanisierten Verbände und der Luftwaffe den entscheidenden Faktor für den Sieg. Dabei überzeugten Tanks nicht nur als Begleitschutz der Infanterie, sondern als wirkliche Durchbruchswaffe von Fronten.

AUSGANGSLAGE

Nach den Misserfolgen der Frühjahrsoffensiven im Jahre 1918 zerschlugen sich die Hoffnungen der deutschen Heeresleitung unter General Hindenburg und General Ludendorff. Weder die grossangelegte Michael-Offensive auf den Schlachtfeldern an der Somme noch die vierte Flandernschlacht im Frontabschnitt Ypern erbrachten entscheidende Durchbrüche. Die Angriffstruppen verbuchten zwar beachtliche Geländegewinne, doch eine Vorentscheidung, den Krieg zu Gunsten der Mittelmächte zu wenden, schien verpasst.

Anders als die Entente, die auf frische Kräfte aus den Vereinigten Staaten zählen konnte, war die deutsche Armee nicht mehr in der Lage, ihre Verluste zu ersetzen. Im Gegenteil, Geländegewinne und dadurch längere Frontabschnitte, banden mehr Verbände, auch die wenigen Reserven.

Sich der zunehmend drückenden Überlegenheit bewusst, befahl General Foch, Oberbefehlshaber der alliierten Streitkräfte, im Juli 1918 die Generäle der verbündeten Armeen, Pétain, Haig und Pershing, in sein Quartier nach Schloss Bombon bei Mélun. Er unterbreitete ihnen die Absicht, dass eine Reihe starker Schläge an allen Frontabschnitten notwendig sei, um den Gegner zurückzudrängen, zu zermürben und schlussendlich entscheidend zu schlagen.

AUFTAKT IN AMIENS

Der Auftakt sollte am Fluss der Somme, bei Amiens, einer Ortschaft westlich von St. Quentin, durch die Briten erfolgen. Im Rahmen der Michael-Offensive im Frühjahr 1918 stoppten britische und ausstralische Verbände den deutschen Vormarsch vor Amiens. Es entstand eine 32 Kilometer lange Frontlinie von Albert über Villers-Bretonneux nach Moreuil. Dabei baute die deutsche Armee Amiens zu einer wichtigen Versorgungsdrehscheibe aus.

Diese wenig befestigte und schwach verteidigte Frontlinie gehörte östlich zum deutschen Heeresabschnitt Kronprinz Ruprecht von Bayern. Die Front um Amiens besetzten die zehn Infanterie-Divisionen der 2. Armee unter General von der Marwitz.

DER DEUTSCHE BEFEHLSHABER

General von der Marwitz, geboren 1856 in Klein Norsin, war ein preussischer General der Kavallerie. Im Ersten Weltkrieg übernahm Marwitz, nach Kommandierungen an der Ostfront, Ende 1916 das Kommando über die 2. Armee. Nach dem deutschen Rückzug auf die Hindenburg-Linie im Frühjahr 1917, wehrte von der Marwitz im November gleichen Jahres bei der Schlacht von Cambrai den ersten britischen Tankangriff erfolgreich ab.

General Georg von der Marwitz (1856 - 1929) Bild: Alamy Limited

Die Seite westlich von Amiens lag im Frontbereich der britischen 4. Armee. Deren Oberbefehlshaber, General Rawlinson, geboren 1864 in Trent Manor bei Dorset, trat nach Ausbildung in Sandhurst dem King Royal Rifle Corps bei.
Er übernahm nach Ausbruch des Ersten Weltkrieges das britische VI. Korps und kämpfte in den Flandernschlachten. Als Befehlshaber der 4. Armee führte er seine Truppen im Sommer 1916 in der Schlacht an der Somme.

RAWLINSONS AUFTRAG

- In einer ersten Phase die von Deutschen besetzte Eisenbahnverbindung Paris – Amiens befreien, die Versorgung sicherstellen und die Verteidigungsgräben der Stadt Amiens im Rücken der deutschen Frontlinie zurückzugewinnen.
- In einer zweiten Phase die deutsche Frontlinie Morlancourt – Mericourt – Caix durchbrechen und zur Verteidigungslinie ausbauen. Dabei sollte Artillerie den Vorstoss vorbereiten und Tanks die entscheidenden Durchbrüche erzwingen.
- Die französische 1. Armee unterstützt den Angriff durch einen Stoss in den Raum Moreuil, deckt dabei die rechte Flanke der britischen

43

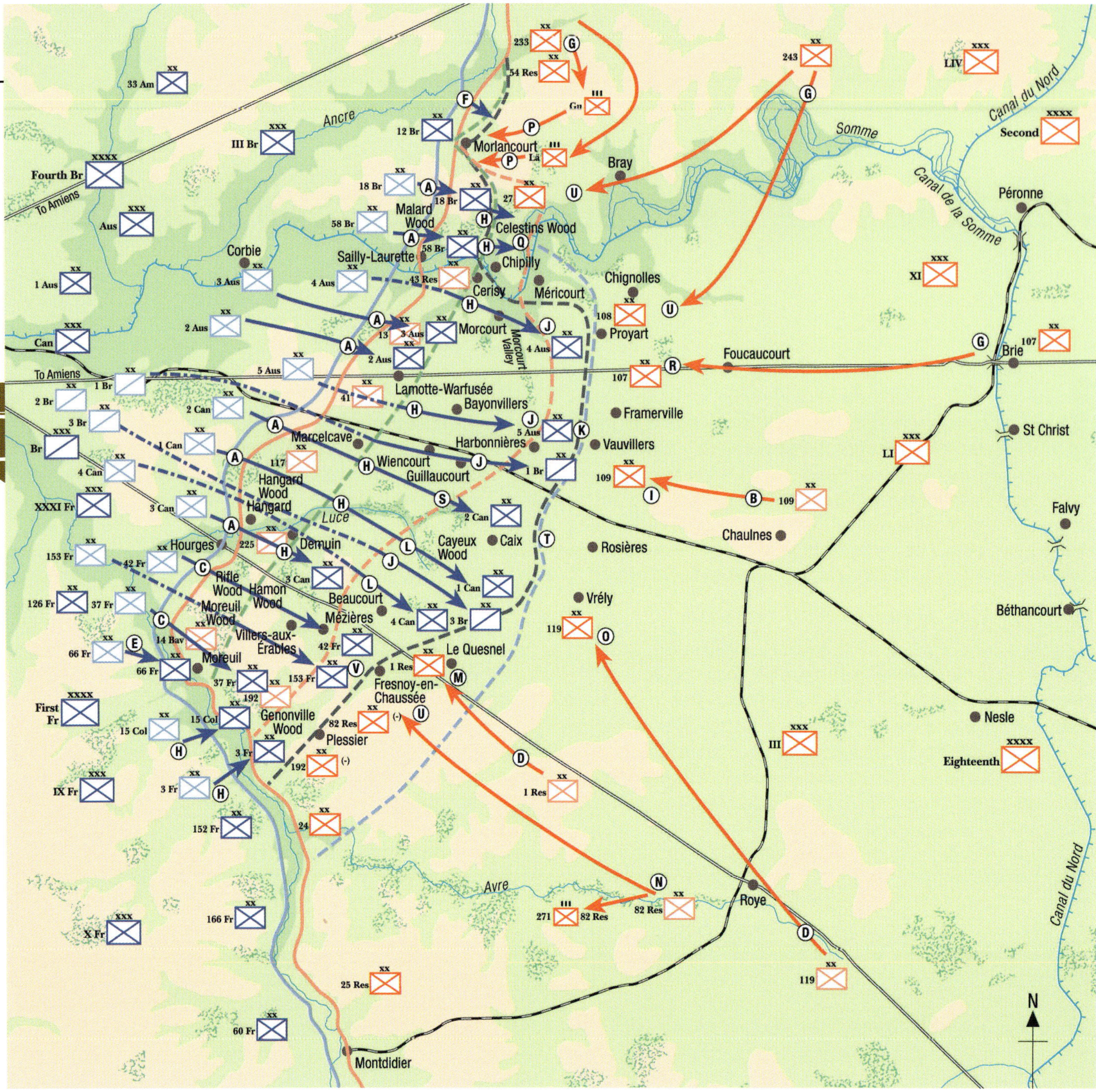

Karte Schlacht bei Amiens, 8. August 1918 (Entente: BLAU, Mittelmächte: ROT). (Bild: Osprey Publishing)

4. Armee und verhindert einen Ausbruch des Gegners nach Süden in den Raum des Flusses Avre.

Der britische Plan sah den Kampf der verbundenen Waffen vor: Mit rollender Artillerie, mit Tanks für Frontdurchbrüche, mit der Infanterie fürs Durchstossen und der Unterstützung durch Kampfflugzeuge. Dabei sollte der Angriffsschwung hoch sein, um dem Gegner das Nachführen von Reserven gegen die Einbruchstellen zu verunmöglichen.

Das alliierte Oberkommando legte den 8. August 1918 als Tag des Angriffes fest.

BEZUG DER ANGRIFFSGRUNDSTELLUNG

Die britischen und französischen Verbände bezogen die Angriffsgrundstellung:

- Im nördlichen Sektor das britische III. Korps (General Butler) mit der 12.,18., 47. und 58. Infanterie-Division, verstärkt mit dem 10. Tank-Bataillon, auf der Linie Morlancourt – Malard Wood – Sailly Laurette
- Im Mittelabschnitt das australische Korps (General Monash) mit 4 Infanterie-Divisionen und der 5. Tank-Brigade auf der Linie Hamel – Villers-Bretonneux

Tank Mark V, 5. Tank-Brigade auf dem Vormarsch Richtung Villers-Bretonneux, August 1918. (Bild: Alamy Limited)

- Im südlichen Sektor das kanadische Korps (General Currie) mit 3 Infanterie-Divisionen und der 4. Tank-Brigade, im Raum Hangard
- Südlich Hangard, die französische 1. Armee (General Debeney) mit 5 Infanterie-Divisionen, im Raume Moreuil.
- In Reserve zurückgestaffelt weitere 9 Infanterie-Divisionen, dabei auch eine mit amerikanischen Truppen.

Somit standen 10 deutschen insgesamt 25 alliierte Divisionen gegenüber. Dazu 3.050 Artilleriegeschütze sowie 1.900 Flugzeuge in Bereitschaft. Rawlinson plante einen erstmaligen mechanisierten Angriff und zog dazu die rund 600 verfügbaren britischen Tanks zusammen.

TANKS ALS DURCHBRUCHSWAFFE

Für den Angriff auf befestigte Stellungen setzten die Briten auf eine überarbeitete Version des Tanks Mark IV: Den Mark V. Ihm fiel die Hauptaufgabe zu, die deutschen Schützengräben zu überrollen und der Infanterie den Einbruch in die Frontlinie ohne längere Artillerie-Vorbereitung zu ermöglichen.

Der Tank Mark V, bewaffnet mit zwei leichten Kanonen Kaliber 57 und vier Maschinengewehren (Männlicher Typ) oder mit sechs Maschinengewehren (Weiblicher Typ), hatte eine Höchstgeschwindigkeit von 6,5 km/h und vollgetankt eine Reichweite von 40 Kilometern. Ein Offizier und sieben Mann Besatzung bedienten den Stahlkoloss, welcher acht Meter Länge und ein Gewicht von 29 Tonnen aufwies.

Der Tank Mark V Star war zwei Meter länger als der Tank Mark V und dadurch befähigt, breitere Gräben zu überschreiten. Aber auch weniger wendig und schwerfälliger und daher feindlichem Feuer mehr preisgegeben. Neben der Besatzung konnte der Mark V bis 24 Soldaten transportieren. Er kann daher als erster Schützenpanzer der Welt bezeichnet werden. Die Möglichkeit, rasch Truppen an die Front zu verschieben, scheiterte aber kläglich. Beissende Abgase im Innenraum, ohrenbetäubender Motorenlärm und ständiges Schwanken verunmöglichten einen sicheren Mannschaftstransport.

General Henry Rawlinson (1864 – 1925). (Bild: Alamy Limited)

Das neuste Tankmodell der britischen Kriegsindustrie stellte der Mark A Whippet (Windhund) dar. Er war mit 13 km/h wesentlich schneller und mit 6 Metern auch kürzer als die Tanks Mark V und dafür vorgesehen, mit seinen Maschinengewehren bereits durchbrochene Stellungen zu halten und zu verteidigen.

Die deutschen Verbände, anders als in den Vorjahren, stellten sich wenig eindrücklich auf: Abgekämpfte Infanterie, ohne Tankwaffe, die Luftwaffe zahlenmässig unterlegen und keine nennenswerten Reserven.

DIE SCHLACHT

Nebel lag über dem Sommegebiet als am frühen Morgen des 8. August 1918 um 05.20 Uhr an der ganzen Front der Armee von der Marwitz ein anwachsendes Trommelfeuer mit Blitz und Donner aus Tausenden von Geschützen auf die Linien der Deutschen einsetzte.

Die Witterungsbedingungen begünstigten den Einsatz der Tankwaffe: Trockener, gut befahrbarer Boden und dichter Nebel. Die eingeschränkte Sicht liess den Verteidigern keine Chance, die Angreifer wirkungsvoll zu bekämpfen. Die Feuerwalze, bestehend aus rollender Artillerie und vorpreschenden Tanks, betäubte die vorderste Abwehrlinie der Deutschen. Im Brennpunkt bei Villers-Bretonneux schwiegen schon nach einer Stunde alle Batterien der deutschen 41. Infanterie-Division.

Die von allen Seiten überfallenen Grabenbesatzungen leisteten zähen, aber zuletzt erfolglosen Widerstand. Tanks überrollten die Schützengräben, bekämpften MG-Nester und feuerten aus allen Rohren. Die Infanterie des Verteidigers konnte mit ihrer Munition den Stahlkolossen kaum etwas anhaben, die Geschosse der Gewehre und MG's prallten meist wirkungslos an den Panzerplatten ab. Der alliierte Angriff traf die deutsche Verteidigungslinie mit Wucht und völlig überraschend.

In dieser ersten Angriffsphase, mit der britischen 18. und 58. Infanterie-Division, der australischen 2. und 3. Infanterie-Division sowie drei kanadischen Divisionen in Front, gelangen tiefe Einbrüche bis weit hinter die deutschen Linien. Dabei gerieten nebst zahlreichen Soldaten auch ahnungslose Divisionsstäbe in ihren Quartieren in Gefangenschaft.

Nachdem sich der Nebel lichtete, bearbeiteten Kampfflugzeuge im Tiefflug die MG-Nester und unterstützen den Vormarsch der nachrückenden Infanterie. Die deutschen Truppen fanden sich im drückenden Abwehrkampf gegen Infanterie und Tanks. Es gelang dem Verteidiger, trotz Trommelfeuer der Artillerie, zahlreiche Tanks abzuschiessen und zu zerstören. Auf einem der deutschen Divisionsabschnitte von vier Kilometer Breite blieben 43 Tanks zerschossen liegen.

Tank Mark V (Male), weltweit noch zehn Exemplare vorhanden, ausgestellt im Tank Museum in Dorset, England. (Bild: Alamy Limited)

Auch das Artilleriefeuer der französischen 1. Armee erreichte eine bisher noch nicht erlebte Heftigkeit und zertrümmerte das deutsche Verteidigungssystem im Süden Amiens innert wenigen Stunden.

Den alliierten Truppen gelangen am ersten Kampftag Einbrüche bis weit hinter die deutschen Linien. Auf der Achse Morcourt – Harbonniers – Fresnoy – Contoire reorganisierten sich die Briten für die nächste Kampfphase.

Wegen abgeschnittenen Verbindungen erreichten die deutsche Heeresleitung nur bruchstückhafte Informationen von den Frontverbänden. General Ludendorff, geschockt von grossen Geländeverlusten, sprach vom schwärzesten Tag des deutschen Heeres in der Geschichte des Krieges. Seine Aussage bezog sich nicht nur auf die Einbrüche an der Front, sondern auch dem Verlust der Moral und Kampfgeist seiner Truppen. Zahlreiche Verbände kapitulierten und ergaben sich kampflos. Trotz ungünstiger Lageentwicklung forderte Ludendorff rasche Gegenstösse.

Unterdessen setzte Rawlinson den Vormarsch seiner 4. Armee Richtung Osten weiter fort. Die Angriffe sollten wieder durch Tanks ihren Aufschwung erhalten. An den darauffolgenden Tagen eroberten die Alliierten weitere Geländeabschnitte, doch der Schwung des ersten Kampftages konnte nicht aufrechterhalten werden. Tanks fielen, durch technische Ausfälle oder durch Treffer von Geschützen, vermehrt aus. Auch Nachschubprobleme an den Frontabschnitten lahmten den Angriff. Auf der Frontlinie Mericourt – Vauvillers – Le Quesneul kam die britische 4. Armee zum Stehen.

Die französische 1. Armee setzte ihre Angriffe südlich Moreuil mit artilleristischer Wucht weiter fort. Am Abend stoppte aber auch deren Vormarsch auf der Linie Laboissière – Marest.

Am 12. August 1918 brach die deutsche Front vor Amiens zusammen und Rawlinson stellte die Kampfhandlungen ein. Seine Truppen waren erschöpft, und die schwere Artillerie vermochte den schnellen Vorstössen nicht mehr folgen.

Innerhalb von drei Tagen verloren in Amiens die deutschen Verbände mehr als 48.000 Soldaten, davon gehen 30.000 in Gefangenschaft. Die Armee des Kaisers büsste ausserdem grosse Mengen an Material und mehr als die Hälfte ihrer Artillerie ein. Die Ausfälle der Alliierten war weitaus geringer und lag bei 9.000 Soldaten. Auf der 32 Kilometer langen Frontlinie gelang den Alliierten ein eindrücklicher 12 Kilometer tiefen Einbruch. Dazu das Zerschlagen von acht der zehn deutschen Divisionen.

SCHLUSSBEMERKUNGEN

Der alliierte Erfolg basierte auf dem Element der Überraschung, der ständigen Bewegung und dem Verbund aller eingesetzten Waffensysteme. Dazu kam die Kriegsmüdigkeit und nachlassende Kampfmoral der deutschen Truppen. Die hohen Gefangenenzahlen – ca. 60 Prozent der deutschen Verluste – weisen auf den Umstand hin, dass sich die Soldaten lieber dem Feind ergaben, als sinnlos bis zur letzten Patrone zu kämpfen.

Eine wesentliche Rolle spielte der Masseneinsatz von Tanks, durch welchen die Infanterie geschützt schneller vorrücken konnte. Das neue Kampfmittel ersetzte die zeitraubenden Vorbereitungen für das bis ins Kleinste zu regelnde Artilleriefeuer. Erstmalig ermöglichten Tanks die starren Frontlinien aufzubrechen. Feuer gab es genug, der Tank brachte Bewegung. Die Stahlkolosse sollten bei künftigen Operationen im Ersten Weltkrieg eine entscheidende Rolle einnehmen. Es begann eine neue Ära der Kriegsführung.

Dass der Gegner nicht energischer nachrückte und die Offensive zu einem operativen Durchbruch ausweitete, erleichterte die deutsche Führung. Dennoch, der Vorteil der Freiheit und der Initiative des Handelns fiel endgültig den Alliierten zu. Es sollte nur eine kurze Verschnaufspause geben.
Foch, gestärkt durch den Sieg bei Amiens, rief im September 1918 all seine Verbände auf zur Hundert-Tage-Offensive (Grande Offensive).

Die an mehreren Frontabschnitten gleichzeitig vorgetragenen Kampfoperationen, auf dem Somme Schlachtfeld, am Frontvorsprung St. Mihiel südlich Verdun und bei der Öffnung der Versorgungslinie Sedan an der Maas in den Argonnen, unterstützten Tank-Verbände und trugen massgeblich zum Durchbruch und Sieg der Kämpfe bei.

Trotz Rückzug der deutschen Armee auf die Hindenburg-Linie, warteten Hindenburg und Ludendorff bis sie die militärischen Konsequenzen aus den Niederlagen zogen. Erst im November 1918 schwiegen die Waffen.

1918: Die Offensive von St.Mihiel – Der Paukenschlag der 1. US-Armee

Marc Lenzin

An der Westfront zogen 1918 düstere Wolken auf. Nach dem Scheitern der «MICHAEL»-Offensive und dem Rückschlag in der 2. Marne-Schlacht, waren die Mittelmächte erschöpft. Verluste wurden nicht mehr ausgeglichen. Die deutsche Heeresleitung unter Generalfeldmarschall von Hindenburg und General Ludendorff erfuhr eine Hiobsbotschaft nach der anderen.

Die deutschen Fehlschläge bildeten den Auftakt zum Entscheidungskampf im Westen. Im August 1918 befahl der Oberbefehlshaber der alliierten Streitkräfte in Frankreich, General Foch, die Offensive der «HUNDERT TAGE».

Die Alliierten griffen auf unverbrauchte Kräfte aus den USA zurück, mit einer grossen Zahl Tanks stand ihnen eine durchschlagsfähige Waffe zur Verfügung.

ALLIIERTE SUCHEN ENTSCHEIDUNG

Die Absicht lautete:

- Zwischen Arras und St. Quentin, dem Somme-Schlachtfeld, sollten die französischen und britischen Verbände die deutschen Verteidigungsstellungen ins Hinterland zurückstossen.
- Gleichzeitig sollte südlich von Verdun, zwischen Maas und Mosel, die neugebildete 1. US-Armee unter General Pershing den stark befestigten Frontbogen von St.Mihiel räumen.

DER FRONTBOGEN VON ST. MIHIEL

Bereits im Herbst 1914 scheiterte die Wehrmacht mehrmals daran, die Festung Verdun aus den Argonnen und aus Richtung Metz einzuschliessen. Der französische Widerstand zwang die deutschen Truppen aufs westliche Maasufer zurück.

Die neue Frontlinie, die Siegfried-Stellung, verlief südlich Verdun von Les Eparges durch St.Mihiel bis nach Pont-à-Mousson und blockierte die Eisenbahnverbindung und damit die wichtige Versorgungslinie von Paris nach Nancy.

Aus Bewegungs- wurde Stellungskrieg. Es entstand der Frontbogen von St.Mihiel.

Amerikanisches Kriegsdenkmal «Butte de Montsec», bei Thiaucourt, zum Gedenken an die gefallenen US-Soldaten in der Offensive von St.Mihiel. (Bild: Sammlung Lenzin)

TIEF GESTAFFELTES DISPOSITIV

Der Abschnitt von St.Mihiel gehörte zur Heeresgruppe des Generals von Gallwitz. Im Frontbogen installierten sich acht Infanterie-Divisionen und vier in Reserve.

Ein tief gestaffeltes Abwehrdispositiv mit Schützengräben, Stacheldraht und Maschinengewehrnestern sollte jegliches Durchdringen verhindern. Die deutsche Heeresleitung rückte vom Plan ab, aus St.Mihiel erneut offensiv zu werden. Vielmehr hielt man diese Frontlinie in dem Glauben aufrecht, französische Kräfte zu binden, um Handlungsfreiheit an anderen Fronten zu gewinnen.

DIE USA LANDEN IN FRANKREICH

Ab Herbst 1917 landeten amerikanische Soldaten auf dem europäischen Festland, formierten Divisionen und unterstützten die abgekämpften alliierten Truppen – so an Frontlücken bei Cantigny, Belleau Wood und Chateau-Thierry.

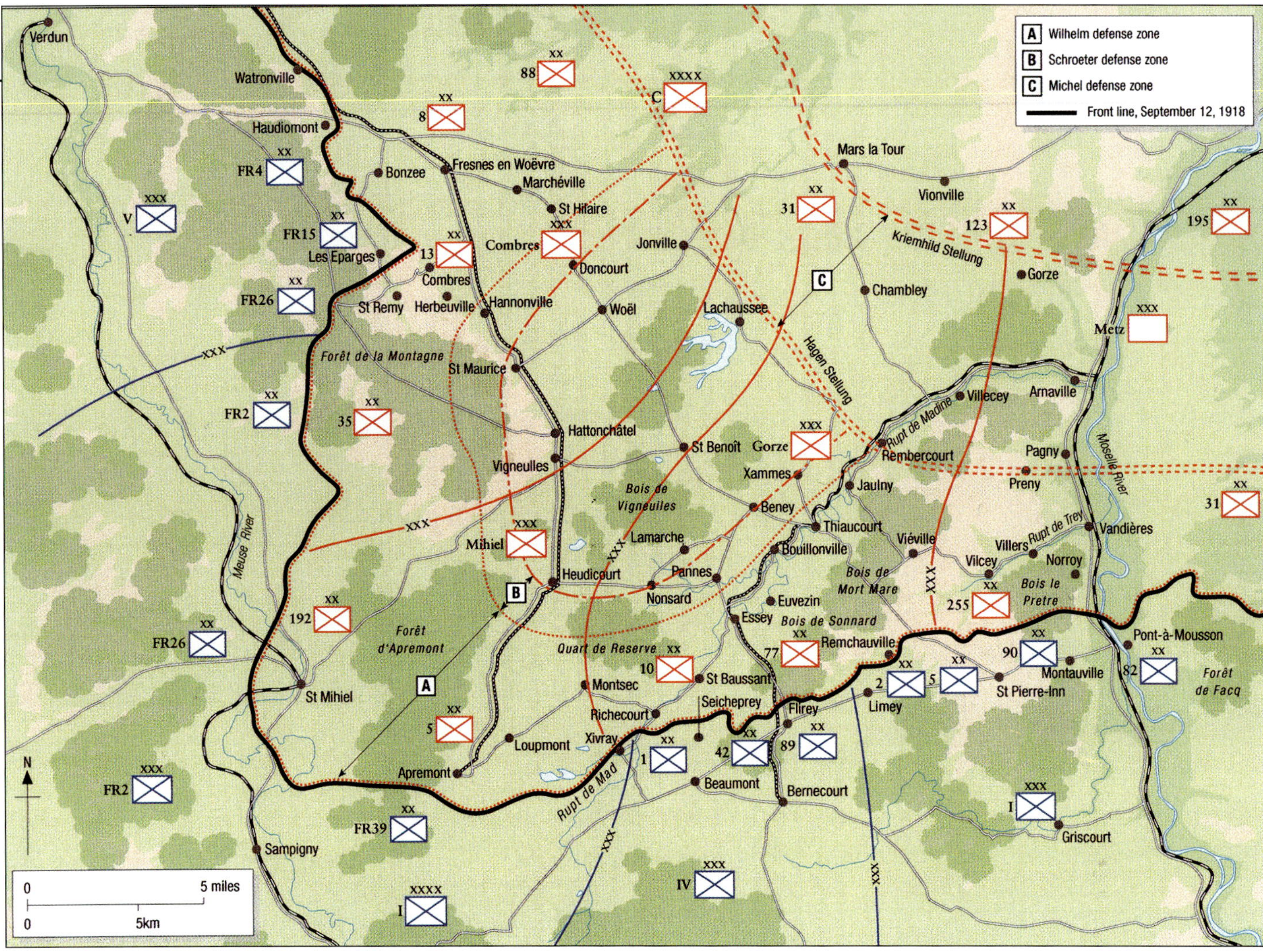

Angriffsgrundstellung 12. September 1918 (Entente: BLAU, Mittelmächte: ROT). (Bild: Osprey Publishing)

Pershing drängte den Oberbefehlshaber, seine Truppen nicht zersplittert einzusetzen. Auf der alliierten Konferenz vom 24. Juli 1918 entschied Foch, eine selbständige US-Armee sollte den Frontbogen von St.Mihiel angreifen und räumen.

PERSHING UND MARSHALL

Pershing, ex-Absolvent und Lehrer der Militärakademie West Point, formierte die 1. US-Armee. Seinen Stabschef, George C. Marshall, beauftragte er mit der Ausarbeitung der Angriffsplanung. Die Absicht war,

- in einer ersten Phase mit dem I. US-Korps (General Liggett) mit vier Infanterie-Divisionen und dem IV. US-Korps (General Dickmann) mit drei Infanterie-Divisionen von der südlichen Angriffsgrundstellung zwischen Xivray und Pont-à-Mousson her gegen das Angriffsziel Vigneulles–Thiaucourt–Norroy nördlich vorzustossen und den Gegner zu zerschlagen.
- Gleichzeitig mit dem V. US-Korps (General Cameron) mit drei Infanterie-Divisionen aus Westen aus der Angriffsgrundstellung Les Eparges durch die Cotes Lorraines zu stossen bis ins Angriffsziel Fresnes-en-Woevre–Hannonville, um den Gegner zu umfassen und zu vernichten.
- In einer zweiten Phase mit dem II. Franz. Korps (General Blondlat) mit drei Infanterie-Divisionen aus südwestlicher Richtung die Verbindung beider Angriffsgruppen sichern, die Keilspitze bei St.Mihiel eindrücken, den Gegner zurückdrängen und den Geländeraum säubern.
- Artilleriegeschütze sollten den Angriff einleiten, Luftgeschwader den Vormarsch unterstützen.

DER EINSATZ VON TANKS

Als Angriffstag wurde der 12. September 1918 festgelegt. Den acht deutschen Infanterie-Divisionen standen dreizehn alliierte Divisionen gegenüber. Weiter unterstellte Foch der 1. US-Armee 17 Artillerie-Regimenter und einige schwerkalibrige Artillerie-Abteilungen, zusammen rund 2.500 Geschütze. Kräfteverhältnis: 1:6.

Pershing meldete dem Oberkommando den dringenden Bedarf an Tanks, da die Amerikaner noch nicht über eigenes Material verfügten. Der Einsatz von Tanks sollte die Infanterie im Vorstoss schützen, Schneisen in die Stacheldrahthindernisse schlagen sowie die MG-Nester ausheben.

Foch bewilligte die Unterstellung von 300 Tanks, Modell Renault FT17 aus französischer Produktion. Dieser leichte Tank wog 6,7 Tonnen, die Reichweite betrug 60 Kilometer und die Höchstgeschwindigkeit 12 km/h. Die Kanone hatte ein Kaliber von 3,7 cm.

PATTON FÜHRT TANKBRIGADE

Pershing bildete die 1. US-Tankbrigade und übertrug die Führung George S. Patton, einem damals noch unbekannten Kommandanten. Patton, geboren 1885 in San Gabriel in Kalifornien, graduierte in West Point und kämpfte als junger Hauptmann an der mexikanischen Grenze gegen Aufständige unter Führung Pancho Villas.

1917 bat er Pershing um eine Versetzung an die Westfront, wurde zum Oberstleutnant befördert und bildete erste Panzerfahrer aus. Die neuformierte Tank-Brigade wurde dem IV. US-Korps unterstellt und sollte die 1. und 42. Division im Vormarsch unterstützen.

2 UHR: ARTILLERIESCHLAG

Die Nacht zum 12. September 1918 war finster, beherrscht von strömendem Regen und heftigen Winden. Pershing befahl den Artillerieschlag um 2 Uhr morgens. Der Granathagel verteilte sich mit unerhörter Heftigkeit auf die vorderen Stellungen, weiter tragende Geschütze erreichten Vororte bis nach Metz. Tiefe Granatlöcher und geknickte Bäume sperrten die Wege.

Panzer Renault FT17 mit 37-mm-Kanone, 326. Tank-Bataillon, I. US Tank-Brigade, auf dem Vormarsch Richtung Nonsard, 12. September 1918. (Bild: Alamy Limited)

Munitionsdepots flogen in die Luft. Die Nachrichtenmittel versagten. Der Angriff traf die unvorbereiteten deutschen Truppen mit voller Wucht. Kommandanten erteilten erste Rückzugsbefehle.

6 UHR: INFANTERIE GREIFT AN

Die Fliegergeschwader griffen im Tiefflug mit Bomben und MG-Feuer an und richteten am nachdrücklichsten bei den sich im Rückzug befindlichen Kolonnen eine erschreckende Desorganisation an.

Der infanteristische Angriff, unterstützt durch die Tanks, erfolgte um 6 Uhr. Bald gelang es den Amerikanern die MG-Nester und Besatzungen der Schützengräben der ersten Frontlinie zu überwältigen.

Nach dem ersten Kampftag erreichten alle US-Divisionen ihr vorgegebenes Ziel. Das südlich gelegene IV. US-Korps reorganisierte im Zwischenziel auf der Höhe Nonsard–Thiaucourt–Vieville.

Das westlich einfallende V. US-Korps stiess bis auf die Combres-Höhen vor, wurde aber verzögert durch die zähe deutsche 13. Infanterie-Division.

DEUTSCHE ZIEHEN RESERVE VOR

Das südwestlich gelegene II. Franz. Korps räumte nach erfolgreichem Artillerieschlag das westliche Maas-Ufer, stiess durch St-Mihiel und griff weiter Richtung Vigneulles an. Die deutsche Heeresleitung sah sich gezwungen, die Reserven in die Schlacht zu werfen: Die 31. und die sächsische 123. Infanterie-Division verschoben sich Richtung Thiaucourt.

Ihr Anmarsch gestaltete sich schwierig, da Strassen durch zurückflutende Kolonnen verstopft wurden.

Für den zweiten Kampftag befahl Pershing dem IV. und V. US-Korps
- weiter vorzustossen,
- sich bei Vigneulles zu vereinigen, den Ostausgang des Frontbogens zu schliessen
- und den Rückzug des Gegner abzuschneiden.

GALLWITZ BEFIEHLT RÜCKZUG

Das weiter östlich gelegene I. US-Korps sollte weiter nördlich vorstossen und beidseitig der Mosel gewaltsam aufklären. Die Artillerie blieb weiterhin aktiv und folgte den Divisionen, soweit es die Wegverhältnisse erlaubten.

Die noch manövrierfähigen Tanks kämpften weiterhin gegen die feindlichen Widerstandsnester, erlitten aber zahlreiche technische Ausfälle. Die Frontlinie lag nach dem zweiten Kampftag bei Herbeuville–Hattonchatel–Thiaucourt–Norroy.

Verzweiflung machte sich bei der deutschen Heeresleitung breit, und General Gallwitz befahl den Rückzug an allen Frontabschnitten.

BIS ZUR ERSCHÖPFUNG

Der dritte Kampftag verlangte gewaltsame Aufklärung bis zur Siegried-Stellung, um dann nach kurzer Artillerievorbereitung und unter Mitwirkung von Tanks die gegnerische Frontlinie zu überschreiten und den Gegner vollends zu zerschlagen.

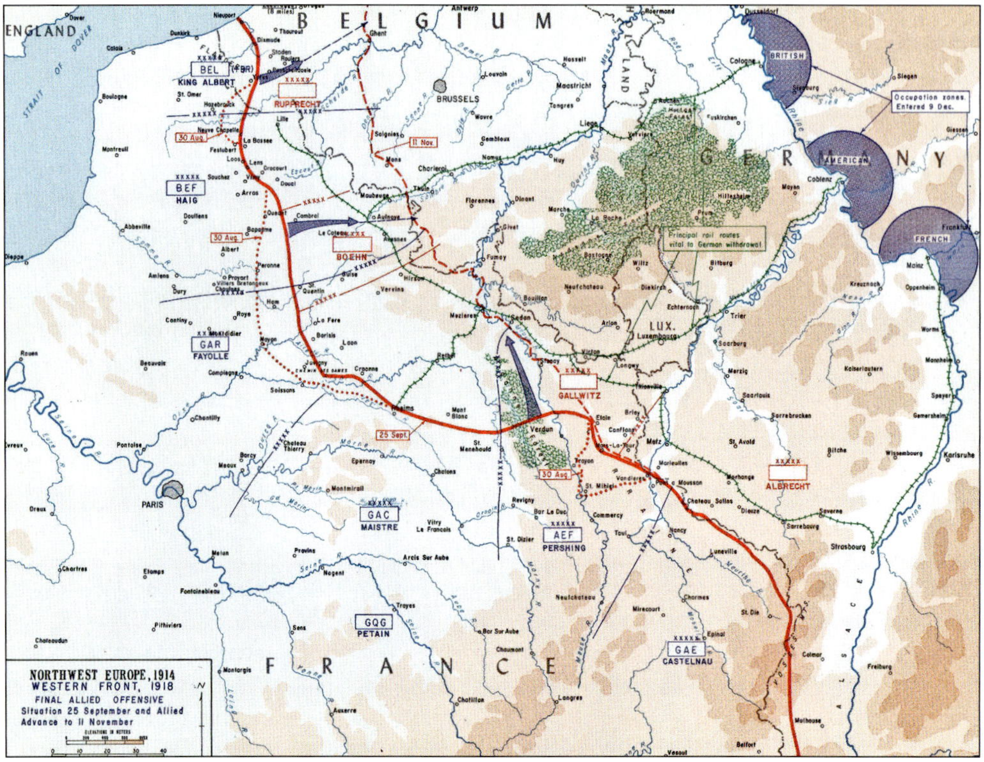

Die letzten Offensiven der Alliierten vom 25. September bis zum 11. November 1918. (Bild: Emerson)

Bedingt durch die enorme Verkürzung der Frontlinie stabilisierte sich die deutsche Verteidigung kurzfristig. Sie kämpfte erbittert gegen die vorrückenden alliierten Truppen. Die deutschen Batterien versuchten den Vorstoss aufzuhalten. Die gegnerische Artillerie zwang die Deutschen zu vielen Stellungswechseln, was deren Feuerkraft verminderte. Ermüdung machte sich auf deutscher Seite breit, Munition und Verpflegung wurden knapp. Die Kampfkraft nützte sich rasch ab.

Die Waffen schwiegen am Abend des 15. September 1918. Mehr als 16.000 deutsche Soldaten gingen in Gefangenschaft. Erbeutet wurden nebst 500 Geschützen und 750 MG auch zahlreiche Munition und Ausrüstungsgegenstände.

PARIS–NANCY WIEDER OFFEN

Die deutsche Heeresführung verschmerzte den Geländeverlust, da sich die Frontlinie verkürzte und weniger Truppen band. Dagegen rissen die neuerlichen Verluste an Mensch und Material eine grosse Lücke und waren nicht mehr zu ersetzen.

Für die Entente war die Öffnung des Frontbogens von St.Mihiel ein strategischer Vorteil. Der Auftrag, die Eisenbahnlinie Paris–Nancy wieder frei zu machen sowie die Frontlinie um Metz zu sichern, war erfüllt und schuf optimale Bedingungen für weitere Offensiven in den Raum der Maas-Argonnen. Mindenstens ebenso gross war der psychologische Erfolg der Offensive. Die 1. US-Armee erkämpfte den ersten Sieg auf europäischem Festland, bewies damit die Kampftüchtigkeit ihrer Truppen und die erfolgreiche Führung der Kommandanten der noch jungen Armee.

PATTON: FÜHRUNG VON VORN

Und Patton? Er überzeugte mit konsequenter Führung von vorne. Er bewies, dass der Einsatz von Tanks als Begleitung und Schutz der Infanterie auch in schwierigem Gelände und unter schlechten Wetterbedingungen den Erfolg einer begrenzten Operation massgeblich beeinflusst, ja sogar entscheiden kann.

Den Panzerangriff perfektionierte er im Zweiten Weltkrieg in der Schlacht von Falaise (Normandie) und gegen die Ardennen-Offensive.

1941: Die Schlacht um Moskau – Wie Schukow die Wehrmacht schlug

Peter Forster

Der Stuttgarter Anwalt Dr. Wolfgang Würtz war ein gediegener Mann. Er bestand den Zweiten Weltkrieg als Artillerieoffizier in Panzerregimenten – und sprach selten davon. Einmal berichtete er einem kleinen Kreis von der Schlacht um Moskau im Dezember 1941. Er gehörte zu General Hoths Panzergruppe 3, die operativ der 9. Armee unterstellt war. Sie drang von Nordwesten her auf das russische Macht- und Kraftzentrum zu. Meinen bescheidenen Notizen von jenem Gespräch mit Wolfgang Würtz entnehme ich Schlüsselpunkte:

- «Die Wehrmacht war dem russischen Winter nicht gewachsen. 30° unter Null und keine Winteruniform.
- Stalin erschlug uns mit seinen T-34 und den Siberiaken. Die Panzer teils weiss getarnt, die sibirischen Bataillone weiss gekleidet, auf Skiern.
- Wüst überdehnte Hitler unsere Kraft. Viele von uns standen vom Mai 1940 ununterbrochen an im Kampf. Als wir Moskau in Sichtweite hatten, waren wir zu Tode erschöpft. Bock und Hoth wollten den geordneten Rückzug auf vernünftige Rückfallstellungen. Aber Hitler gab verbrecherische Haltebefehle. Viele erfroren.
- In unseren Köpfen wurde Moskau zur Wende. Von jener Dezemberwoche an glaubten wir nicht mehr an ein gutes Ende. Wir verloren Vertrauen in die oberste Führung.»

AUSGANGSLAGE

Der sowjetische Durchbruch vom 5./6. Dezember 1941 kam so jäh, dass ihm die angeschlagene, schlecht informierte Wehrmacht unmöglich standhalten konnte. Die Vorgeschichte begann im Spätsommer jenes Jahres mit einem zähen, verdeckten Konflikt zwischen Hitler und Generaloberst Franz Halder, dem Generalstabschef des Heeres. Dem «Führer»ging es im Weltanschauungskrieg politisch und ideologisch um Raumgewinn, um Prestige, um Propaganda-Erfolge. Er forcierte die Flügel der Heeresgruppe Mitte. Halder dagegen, als bayerischer Generalstabsoffizier alter Schule, bündelte die Kräfte, namentlich die starken Panzergruppen 3, 4 und 2 zu einem zentralen Stoss auf Moskau.

Auch im sowjetischen Lager wogen die Vormonate schwer. Der allmächtige Stalin und die Rote Armee begannen sich von den Sommer-Niederlagen zu erholen. Sie erkannten die kapitale Gefahr, die ihrer Hauptstadt von den deutschen Panzern drohte. Stalin zog junge, unbelastete, unverbrauchte Offiziere nach. Die Stavka, der Generalstab der Streitkräfte, befahl ganze Armeen nach vorn und stellte Division um Division neu auf. Das Schwergewicht lag auf Panzerverbänden mit ihren T-26 und dem „revolutionären» T-34. Eine Phalanx unerhörten Ausmasses sollte Moskau halten.

Am 1. Dezember notierte Franz Halder: «Ein äusserst schwieriger Tag». Halders Hauptquartier lag bei Angerburg in Ostpreussen und trug den Code «MAUERWALD". Von Hitlers vorgeschobenem HQ, der 30 Kilometer entfernten «WOLFSSCHANZE»bei Rastenburg, war ein Telegramm eingetroffen: «Feldmarschall Rundstedt, Befehlshaber Heeresgruppe Süd, ist abgesetzt. Panzer verstärken Front vor Rostow». Rundstedt hatte es gewagt, dem «Führer» zu widersprechen. Das III. Panzerkorps hatte Rostow am Don verloren; zum ersten Mal musste die Wehrmacht an der Ostfront eine Stadt taktisch preisgeben. Rostow wog jedoch weniger schwer als Moskau.

Operativ liefen in Moskau Strassen und Eisenbahnen konzentrisch zusammen – ein Netz, das es der Armee erlaubte, auch Grosse Verbände zeitgerecht aus dem unendlich weiten Land an die Front zu verschieben.

Dementsprechend führte Fedor von Bock, ein General in der preussischen Offizierstradition, den weitaus stärksten Grossverband der Wehrmacht. Er ging auf einer Front von 740 Kilometern vor – das entsprach fast den 750 Kilometern, die 1916 Erich von Falkenhayns gesamte Westfront umfasst hatte. Bocks Heeresgruppe Mitte zählte 75 Divisionen.

Von Nord nach Süd liess Bock vor Moskau die 9. Armee unter Generaloberst Adolf Strauss, die 4. Armee unter Feldmarschall Günther von Kluge und die 2. Armee unter Generaloberst Maximilian von Weichs aufmarschieren. Den Kern bildeten Panzerkräfte:

- die Panzergruppe 3 unter Generaloberst Hermann Hoth;
- die Panzergruppe 4 unter Generaloberst Erich Hoepner;
- die 2. Panzerarmee unter Generaloberst Heinz Guderian.

Unterstützung aus der Luft kam von Teilen der Luftflotte 4 (Generaloberst Alexander Löhr). Hitler hatte am 15. November die Luftflotte 2 (Feldmarschall Albert Kesselring) nach Italien abgezogen. Die Luftflotte 4 diente erstaunlicherweise zwei Herren. Formell unterstellt blieb sie der Heeresgruppe Süd.

KÄLTE MACHT DEM FUNK DEN GARAUS

Bock hatte sein HQ in Smolensk an der 390 Kilometer langen «Rollbahn» nach Moskau aufgeschlagen. Am ersten Dezembertag kamen die Panzergruppen 3 und 4 dem Kreml am nächsten. Das V. Armeekorps unter dem General der Infanterie Richard Ruoff und das XXXXVI. motorisierte Armeekorps des Generalobersten Heinrich von Vietinghoff standen noch einen knappen Tagesmarsch vor Moskau. Schiesskommandanten der Artillerie beobachteten, wo und wie in der Stadt ihre Granaten einschlugen. Die vordersten Panzeroffiziere sahen in den Ferngläsern die Umrisse des Kremls.

Allein Hitler und die Wehrmacht hatten die Rechnung ohne den russischen Winter gemacht. Fünf Monate und zehn Tage nach dem Überfall auf die Sowjetunion waren die deutschen Angriffsspitzen ausgelaugt. Die Panzerverbände hatten im Kampf, in Staub, Schlamm und Eis empfindliche Ausfälle erlitten. Vor Moskau sank das Thermometer auf bis auf minus 40°. Der Dilettant und Rechthaber Hitler hatte im Oktober die Lieferung von Winteruniformen verboten. Mehr Landser erfroren als dass sie im Feuer fielen. Gegen Stalins Frost waren sie nicht gerüstet:

- Die Eiseskälte machte dem deutschen Funk den Garaus. Selbst im schweren Gefecht mussten die Truppenführer auf Telefon und Meldeläufer zurückgreifen.
- Karabiner, Maschinengewehre und -pistolen stiegen bei 30° minus aus.
- Die Infanterie war mit Gepäck Hunderte Kilometer marschiert. Die Knobelbecher der Landser waren ausgelatscht, zerschlissen, kaputt.

VON SIBIRIEN UND FERNOST

Drückender noch lastete auf den Deutschen das Gespenst der Niederlage. Sie waren vom Erfolg verwöhnt, von Siegen berauscht gewesen. Vor Moskau mussten sie erkennen: Der Feind leistete erbitterten Widerstand, er hatte aus Fehlern gelernt.

Wohl hatte er mit Blut bezahlt und eine siebenstellige Zahl Soldaten verloren. Aber jetzt verteidigte er mit allem, was er hatte, die eigene Hauptstadt.

Und vor allem: Der Gegner war weder geschlagen noch zerstört. Im Gegenteil: Er zog aus der Tiefe des Raumes Reserve um Reserve an die Front. Er füllte vermeintlich zerstörte Verbände wieder auf und stabilisierte die Hauptkampflinie. Als Fedor von Bock sein Unternehmen «TAIFUN»»mit der Einnahme Moskaus vollenden wollte, hatte die Stavka die Abwehr um 291 Grosse Verbände verstärkt:

- 70 Divisionen hatte sie aus Sibirien herangeschafft,
- 27 Divisionen aus Fernost nach Moskau transportiert,
- 194 Divisionen neu aufgestellt.

Alles in allem ein kolossaler Kraftakt, den die neue, dynamische Führung vollbracht hatte! Ihm setzte die Wehrmacht keine gleichwertige Kraft entgegen. Und den Nachrichtenoffizieren der Aufklärung «Fremde Heere Ost» war der gegnerische Aufmarsch verborgen geblieben. Sie wussten

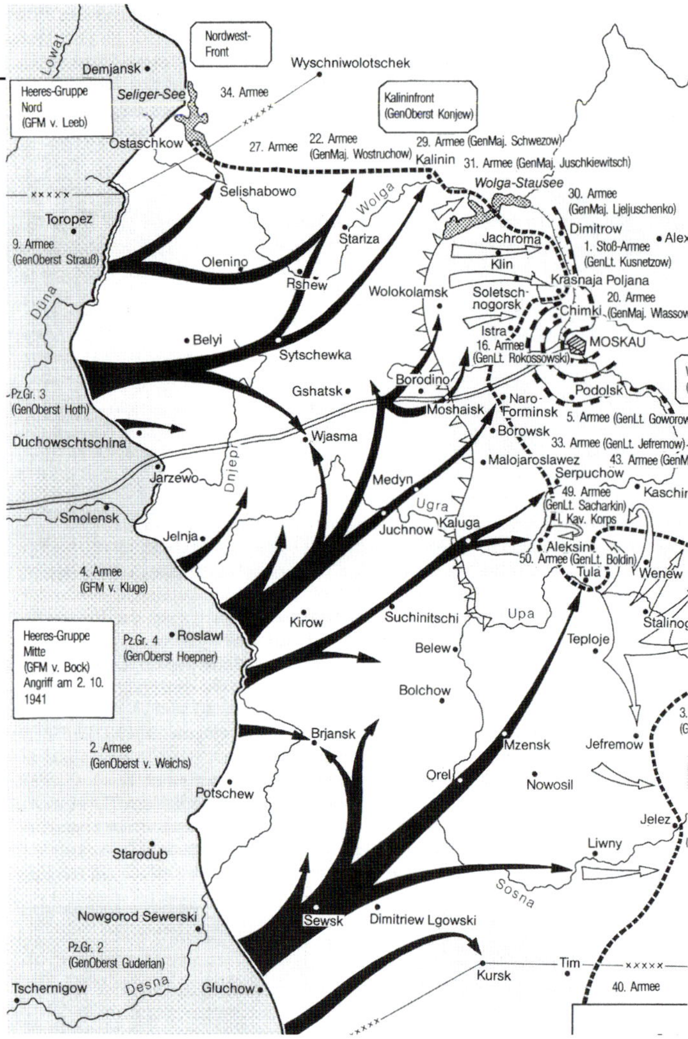

Karte Vorstoss der Wehrmacht bis zur ersten Moskauer Verteidigungslinie, November 1941. (Bild: Wikipedia)

nur: In ihren eigenen Divisionen, auch in der Heeresgruppe Mitte, waren die Bestände auf die Hälfte abgesunken.

DIE GROSSE «SÄUBERUNG»

Dass der Kraftakt gelang, war alles andere als selbstverständlich. Denn das Verhältnis zwischen dem allgewaltigen Stalin und seinen Generalen war – gelinde gesagt – komplex. Die Einschätzung «ambivalent» trifft den Nagel auf den Kopf. Stalin war erfüllt von krankhaftem Misstrauen, Paranoia, Starrsinn: letztlich vom egoistischen, kalten Machtkalkül. Vier Jahre vor Hitlers Überfall hatte er fast die ganze militärische Führung seiner Arbeiter- und Bauernarmee umgebracht. Wie der Teufel das Weihwasser fürchtete Stalin Offiziere, die ihre Prägung noch in der «bourgeoisen» Armee des Zaren erhalten hatten.

GESCHEIT, ENERGISCH, RÜCKSICHTSLOS

Stalin nahm gut 40-Jährige nach. Sein Urvertrauen schenkte er dem Kommandanten der zentralen Westfront, den Bauernsohn Georgi Schukow: Der General strotzte vor Energie und besass einen überragenden Intellekt. Von 1918–1920 hatte er sich als Kavallerieoffizier ausgezeich-

General Georgi K. Schukow (Bild: Wikipedia)

net. Den Offensivdrang der Reitertruppe bewahrte er sich zeitlebens. Für den Panzeroffizier hiess die Parole: „Attacke!« Schukows Doktrin wurzelte in Clausewitzens Diktum: «Angriff ist die beste Verteidigung". Ebenso kannte er Graf Schlieffens Plan zum Ersten Weltkrieg und die französische offensive à l'outrance.

Stalin wurde 1939 in der Mongolei auf Schukow aufmerksam. Am Fluss Charkin Gol bereitete der Kommandant des 57. Korps den Japanern ein klassisches Cannae. Früh verband er Infanterie und Kavallerie mit Panzern, Artillerie und Luftwaffe. Er umstellte und zerstörte eine ganze feindliche Division. Von da an redete er in der Roten Armee den Angriffen in die Tiefe des Raumes das Wort. Für den Sieg am Charkin Gol erhielt er den Titel Held der Sowjetunion.

Im düsteren Herbst 1941 übertrug Stalin dem aufsteigenden Schukow einen Auftrag, der zunächst nach Abwehr aussah. Der Gewaltherrscher traute nur Schukow die Verteidigung von Moskau zu.
In Leningrad hatte Schukow die Stadt vor dem Fall gerettet. Nach der Übernahme der Westfront organisierte er diese innert Tagen zweckmässig.

Im hinhaltenden Kampf gegen Fedor von Bock bewies er taktisches Geschick. Er schindete die Zeit heraus, die Stalin brauchte, um das Abwehrdispositiv vor Moskau zu stärken. Im Willen, dem deutschen Invasoren die Stirn zu bieten, kannte Schukow keine Gnade. In panischer Angst flüchteten die Befehlshaber zweier Divisionen. Schukow liess sie festnehmen und auf der Stelle erschiessen – ganz nach Stalins Gusto.

STAVKA PLANT GEGENOFFENSIVE

Unter strenger Geheimhaltung plante die sowjetische Führung die Gegenoffensive. Will heissen: Die Stavka rüstete nicht nur zur Abwehr vor Moskau; sie traf vielmehr auch alle Vorkehrungen, mit Panzern aus der Defensive zum Gegenangriff überzugehen. Stalin wollte an der Ostfront das Blatt erstmals wenden. Als der deutsche Angriffsschwung erlahmte, gliederte die Stavka ihre Kräfte in drei Fronten, die alle verteidigen und zum Gegenschlag antreten konnten. Von Nord nach Süd hielten sich zur Panzeroffensive aus der Nachhand bereit:

Panzerkampfwagen III (PzKpfw III) auf dem Vormarsch, November 1941. (Bild: Wikipedia)

- Die Kalininer Front unter Armeegeneral Iwan Konew;
- Die Westfront unter Armeegeneral Georgi Schukow;
- Die Südwestfront unter Marschall Semen Timoschenko.

Wie die Ordre de bataille zeigt, befehligte Schukow die stärkste der drei Fronten:

- Im Norden führte Konew an der Kalininer Front von West nach Ost gegenüber der deutschen 9. Armee (mit Hoths Panzergruppe 3) die 22., 29., 31. und 30. Armee.
- Im Zentrum befehligte Schukow von Nord nach Süd in Front die 20., 16., 5., 33., 43., 49. und 50. Armee. In zweiter Staffel behielt er die 1. Stossarmee, die 20., 26. und 10. Armee für den Gegenangriff in seiner Hand. Vor Moskau hatte er es mit der deutschen 4. Armee mit Hoepners Panzergruppe 4 zu tun, welch letztere an der Hauptachse angriff – entlang der gefrorenen, tückischen «Rollbahn» Smolensk–Moskau.
- Timoschenkos Südwestfront umfasste in Front die 3. und 13. Armee. In der Nachhand behielt der Marschall für den Panzerangriff die 61. Armee. Sein direkter Gegner war Guderian mit der 2. Panzerarmee.

1.524 STATT 1.435 MILLIMETER

Derweil blieb der deutsche Vormarsch stecken. In Angerburg musste Generaloberst Halder zur Kenntnis nehmen: Von den Panzern der Heeresgruppe Mitte waren gerade noch 34% einsatzbereit. 23% wurden in Deutschland repariert. Die anderen waren zerstört. Eine hohe Ausfallquote meldeten auch die Transportkolonnen. Als mangelhaft erwies sich auf der langen Linie ebenso die Versorgung mit Treibstoff. Bocks Heeresgruppe hatte ihre Vorräte fast aufgebraucht. Die Rote Armee hinterliess auf ihrem Rückzug «verbrannte Erde": Sie sprengte Schienen und zündete Depots an.
Wo deutsche Züge noch fuhren, bot die russische Breitspur von 1'524 Millimetern ein zusätzliches Problem: Sie passte nicht zur europäischen Normalspur von 1'435 Millimetern. Für die Wehrmacht standen die Vorzeichen schlecht. Ein russischer Offizier schrieb in sein Tagebuch: «Es ist eiskalt. Die Deutschen haben nur dünne Sommeruniformen. Die meisten haben erfrorene Beine. Schaust du auf deinen Gegner, erfasst dich Mitleid. Was für eine Grausamkeit, eine Armee in diesem Zustand Krieg führen zu lassen».

Demgegenüber hatte die Rote Armee ihre Sturmtruppen gut gerüstet. Die sibirischen Divisionen trugen wattierte Jacken mit weissen Tarnüberzügen und preschten auf Skiern lautlos vor. Eines der raren Bilder vom sowjetischen Vorstoss zeigt einen Kampfpanzer, der am Turm weiss getarnte Grenadiere mitführt. Rechts vom T-26 greifen sibirische Skisoldaten an, im Hintergrund stösst eine ganze Kompanie vor. Im Gegensatz zu den Sowjets hoben sich die dunklen, feldgrauen Uniformen der Deutschen von den Schneefeldern ab – leicht erkennbare Ziele für die feindlichen Yak-Jäger und Schturmowik-Schlachtflieger.

Anfang Dezember trat Feldmarschall Kluges 4. Armee zum letzten Sturm auf Moskau an. Der eisige Wind peitschte Schneewehen übers Land. Die Deutschen kämpften mit letzter Kraft gegen die Natur und den Feind. Gegen die zäh verteidigende 33. Sowjetarmee erreichten sie die Strasse Smolensk–Moskau. Doch im Schneesturm blieb der Angriff liegen. Georgi Schukow warf Kluges Verband alles entgegen, was er mobilisieren konnte. Die schnelle 32. Schützendivision schloss die Lücken.

Bocks Unternehmen «TAIFUN» erlahmte in Schlagdistanz vor Moskau. Auch die Kampfpanzer kamen nicht mehr voran. Die Operation «BARBAROSSA» erlitt einen jähen Rückschlag. Und nachts bezog die Rote Armee gedeckt die Angriffsgrundstellung zur Gegenoperation «KUTUSOW". Sie trug den Namen des Marschalls Michail Kutusow, der 1812 Napoleon I. bei Borodino in die Falle gelockt und dann geschlagen hatte.

5. DEZEMBER 1941, 3 UHR, AN DER WOLGA

Den Gegenschlag eröffneten am 5. Dezember 1941 um 3 Uhr die beiden Armeen der linken Kalininer Front. Ihre Offensive begann mit einem Trommelfeuer auf die feindlichen Stellungen. Die 31. und 29. Armee brachen gegen die schwach besetzte deutsche Front als erste durch. Die Wolga war gefroren. Konew drang über den Strom in den deutschen Frontbogen ein. Am 6. Dezember zogen beide Flügel der Westfront mit ganzer Kraft nach – wieder eingeleitet vom Feuer der starken Artillerie. Unterstützt wurde Schukows Front von der rechten, der nördlichen Flanke der Südwestfront.

Auch die 1. Stossarmee, die 20., 16., 5., 33., 43. und 49. Armee erzielten Geländegewinne. Aus der zweiten Staffel rückten die 26., 10. und 61. Armee durch die Breschen vor, die die erste Staffel geschlagen hatte.

Aus der Hinterhand setzte Marschall Schukow nordwärts Tula Generalmajor Lew Dowatows 2. Gardekavalleriekorps auf die Deutschen an. Donatows Panzer und Kosakenpferde überwanden den Schnee und holten in den Verwehungen die feindliche Fussinfanterie ein. Feldmarschall Kluges Landser brachen vor Kälte und Erschöpfung zusammen. In der 23. Infanteriedivision schrieb ein Gefreiter seiner Frau: «Ich kann Dir nicht schildern, was das heisst. Erstens der Schneesturm; und zweitens der Russe mit seinen Panzern und Rossen». Auf breiter Front führten die Sowjets ihren neuen Tank, den T-34, ins Treffen. Der T-34, in der Folge oft als «Jahrhundertpanzer» gelobt, kam dank breiten Ketten mit Schnee und Eis gut zurecht. Die deutschen Kampfwagen I und II versagten den Dienst. In der Luft erlangten sowjetische Piloten erstmals die Oberhand. Ihre robusten, zweckmässigen Flugzeuge trotzten dem Winter. Des Gegners Luftflotte 4 blieb im Frost teils am Boden sitzen.

Generalfeldmarschall Fedor von Bock (Bild: Alamy)

Im Süden nahmen sich die 50. und die 3. Armee die deutsche 2. Panzerarmee vor. Die T-26-, T-34- und KV-1-Tanks sollten Generaloberst Guderian einkesseln. Aber der Panzergeneral par excellence zog den Kopf noch einmal aus der Schlinge. Dezimiert krebste Guderians Verband 80 Kilometer zurück. Der überragende Taktiker hatte seine Panzerarmee noch einmal gerettet. Doch zwischen ihm und der Nachbartruppe riss eine 175 Kilometer breite Lücke auf. So schlecht stand es gesamthaft auf Fedor von Bocks rechtem Flügel, dass der Generaloberst an einen eigenen Gegenangriff nicht denken konnte.

«DER DEUTSCHE SOLDAT GEHT NICHT KAPUTT»

Am 9. Dezember bat Bock den Generalstabschef Halder am Telefon um Ersatz. Halder wiegelte ab. Bock solle zuerst seine Etappe «durchkämmen". Der Frontkommandant erwiderte:
«Das tue ich mit allen mir zu Gebote stehenden Mitteln; es wird alles durchgekämmt». Halder schneidend: «Wir müssen nun hoffen, dass unsere Armee die Angriffe der Russen mit letzter Kraft noch aushält. Ich nehme an, das dauert noch bis Mitte oder Ende des Monats. Dann wird es ruhiger». Bock: «Dann ist unsere Armee kaputt»! Halder: «Der deutsche Soldat geht nicht kaputt»!

Auch in der Roten Armee war nicht alles Gold, was glänzte. Auf taktischer Stufe fehlte den Kommandanten die Erfahrung in der Offensive. An den ersten Angriffstagen attackierten sie die deutschen Widerstandsnester frontal. Vor allem aus Dörfern leistete der Gegner aus Stützpunkten zähen Widerstand. Marschall Schukow konnte nicht mehr zusehen, wie beste Angreifer verbluteten, statt dass sie tief in die Flanken oder gar den Rücken des Gegners vorstiessen. Er richtete einen Befehl an alle Truppenführer und verbot frontales Anrennen. Explizit untersagte er sinn- und phantasieloses Vorrücken entlang der Strassen; denn das führe zu unnötigen Opfern. Als die Sowjets flexibler attackierten, kamen sie wieder zügig voran.
«KUTUSOW» wurde zum Erfolg. Ende Jahr war die Rote Armee auf einer Breite von fast 500 Kilometern um 80 bis 150 Kilometer nach Westen vorgestossen.

Tobruk fällt – Rommels grösster Triumph

Marc Lenzin

Nach der Niederlage der italienischen Streitkräfte in Libyen im Winter 1940/41 durch die britische 8. Armee, entsandte Hitler Sperrverbände auf den nordafrikanischen Kontinent – Die Geburtsstunde des Deutschen Afrika-Korps. Unter der Führung von Generalleutnant Erwin Rommel traf dieser hochbewegliche und inzwischen ruhmreiche Panzer-Verband die Briten wie ein Schock. Nach zahlreichen Offensiven stand Rommel vor den Toren Tobruks. Er wusste, diese Festung ist das Einfallstor nach Ägypten und setzte zum entscheidenden Feldzug an.

VERLUSTREICHE OFFENSIVEN

Seit dem Frühjahr 1941 versuchten die Achsenmächte die Vertreibung der Briten aus der Cyrenaika (Gebiet im Osten Libyens) mit der Einnahme der Hafenstadt zu krönen. Doch Rommels überhastete Unternehmen, die Festung in der Mamarica in einem Zuge zu überrennen, brach der Wüstenfuchs im Herbst 1941 ab. Tobruk schien mit improvisierten Überraschungsangriffen nicht zu unterwerfen. Für einen koordinierten, mit schweren Waffen geführten Angriff, fehlten Rommel Truppen und Material. Die britischen Gegenoffensiven (Operation BATTLEAXE und CRUSADER) im Herbst 1941 drängten das Afrika-Korps bis auf El Agheila zurück.

DIE FESTUNG TOBRUK

Im Jahre 1911 entrissen die Italiener den Türken Tripolis und die Cyrenaika. Tobruk war seither Zentrum der Kolonialisierung Nordafrikas und während den Abessinien-Spannungen 1935/36 zu einer Festung ausgebaut worden. Ein äusserer Verteidigungssring bestehend aus Bunkeranlagen, Panzergräben, Stacheldrahthindernissen und einem weitreichenden Minenfeld schützte das Hafenbassin. Zahlreiche MG- und Pak-Stellungen, eingelassen im inneren Ring, verteidigten Angriffe von See- wie auch von Landseite. Tobruk bot sich als Festung von beachtlicher Defensivkraft.

Im Januar 1942 führte Rommel überraschend aus der Stellung bei El Agheila eine Offensive und drängte die Briten wieder aus der Cyrenaika. 60 Kilometer westlich vor Tobruk kam der Wüstenkrieg zum Stehen. Auf der Höhe Gazala, zwischen Via Balbia und Bir Hacheim, entstand eine neue Frontlinie.

Auf nach Tobruk! Generaloberst Erwin Rommel, Juni 1942. (Bild: Bundesarchiv Koblenz)

DIE BRITISCHE VERTEIDIGUNGSSTELLUNG

Rund um den Perimeter Gazala – Bir Hacheim – Tobruk erstellten die Briten ein tiefgestaffeltes Verteidigungsdispositiv mit Stützpunkten, Bunkern, Minenfeldern und Geschützstellungen.

Die britische 8. Armee, kommandiert von Generalleutnant Niel Ritchie, bezog an der Gazala-Linie die Verteidigungsstellung:

- Das XIII. Korps (Gen Gott) im nördlichen Abschnitt bei der Via Balbia mit der südafr. 1. Infanterie-Division, der britischen 50. Infanterie-Division sowie der südafr. 2. Infanterie-Division (Gen Klopper) bei Tobruk.
- Das XXX. Korps (Gen Norrie) im südlichen Abschnitt mit der britischen 1. und 7. Panzer-Division.
- Die freifranzösische 1. Brigade, verstärkt mit zwei Bataillonen Fremdenlegionäre, bei Bir Hacheim.

DIE BRITISCHE PANZERWAFFE

Insgesamt verfügten die Briten über 125.000 Mann und 850 Panzer. Die Panzertypen bestanden mehrheitlich aus Produktion vor dem Zweiten Weltkrieg:

- Der leichte Panzer Mk VI Crusader I und II zählte zum Rückgrat der britischen Panzerwaffe, bestückt mit einer 4 cm-Kanone, schwach gepanzert.
- Der leichte Panzer Matilda II, als Infanterie-Unterstützung eingesetzt, bewaffnet mit einem Vickers-MG Kaliber 7, erreichte eine Höchstgeschwindigkeit von 15 km/h, ebenfalls nur schwach gepanzert.
- Der mittelschwere Panzer M3 Grant, aus amerikanischer Produktion, wies eine 7,5 cm-Kanone sowie eine 3,7 cm-Kanone auf. Sein Gefechtsgewicht betrug 29 Tonnen, hatte eine Panzerung von bis 50 mm und eine Höchstgeschwindigkeit von 40 km/h.

Mit dem Grant trat erstmals ein den deutschen mittelschweren Panzern ebenbürtiger Gegner auf. Nachteilig erwies sich im Wüstenkrieg allerdings der Einbau der Hauptkanone in der Wanne und der Sekundärbewaffnung im Turm.

ROMMELS ABSICHT

Rommel, inzwischen zum Generalobersten befördert, nutzte die Kampfpause an der Gazala-Linie, seine Kampfidee zu überdenken und die abgekämpften Verbände zu reorganisieren. Dabei vereinigte er die italienischen und deutschen Divisionen zur Panzerarmee Afrika.

Seine Absicht war:

- mit einer Angriffsgruppe die Briten an der Gazala-Linie im Norden zu binden
- mit einer zweiten Angriffsgruppe in einer ersten Phase die britischen Verteidigungslinien bei Bir Hacheim im Süden zu umfassen und Nachschub der Briten im Raum Acroma zu unterbrechen.
- in einer zweiten Phase Gegner im Raum Bir el Hamel – Knightsbridge – El Aden zu vernichten.
- in einer dritten Phase die stehende Front vor Tobruk zu durchbrechen und die Festung einzunehmen.

Rommel verfügte über italienische leichte Panzer Typ M13/40, die schwach bewaffnet und nur leicht gepanzert waren. Das Rückgrat bildeten die mittelschweren Panzer Typ III, von denen einige mit der verbesserten 5 cm-Langrohrkanone bestückt waren. Im weiteren nur wenige schwere Panzer vom Typ IV mit 7,5 cm-Kanonen - ingesamt rund 550 Panzer.

Das Kräfteverhältnis betrug 6:9 bei Panzern und 5:8 bei der Artillerie - zu Ungunsten der Achsenmächte. Die Luftstreitkräfte hielten sich in etwa die Waage. Aus Erfahrungen beurteilte Rommel den Kräfteansatz auf seine bewegliche Kampfführung als tragbar.

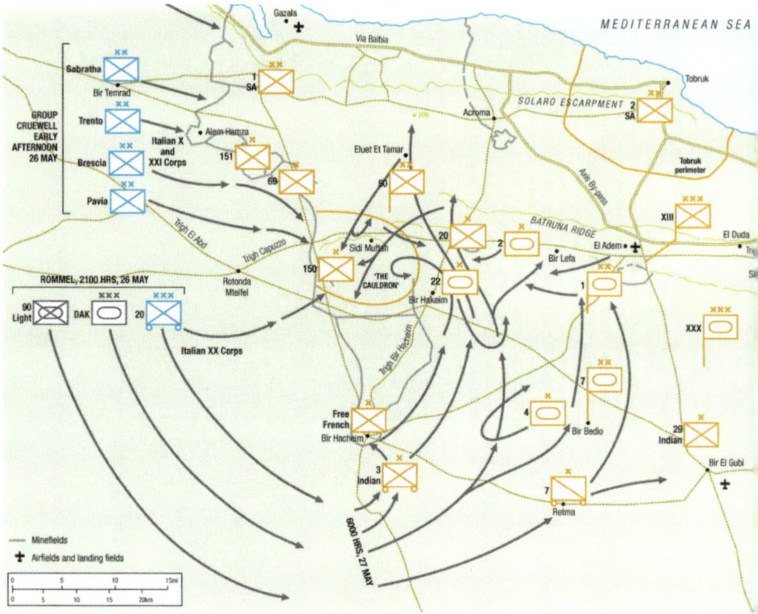

Karte: Die Schlacht von Gazala, Operation THESEUS, Mai - Juni 1942. (Bild: Osprey Publishing)

ROMMEL BEZOG DIE ANGRIFFSGRUNDSTELLUNG WIE FOLGT:

- Angriffsgruppe Crüwell im Norden mit dem italienischen XXI. Korps (Gen Navarini) mit den Panzer-Divisionen «Trento» und «Sabratha» und dem italienischen X. Korps (Gen Gioda) mit der Infanterie-Division «Pavia» und der Panzer-Division «Brescia».
- Das Afrika-Korps (Gen Nehring) im Süden mit der 15. Panzer-Division (Gen v. Vaerst), der 21. Panzer-Division (Gen v. Bismarck), der leichten 90. Infanterie-Division (Gen Kleeman) sowie den beiden italienischen Divisionen «Ariete» (Gen de Stefanis) und «Trieste» (Gen La Ferla).

ERFOLGSVERSPRECHENDE ERÖFFNUNG

Mit dem Angriff der Gruppe Crüwell auf den nördlichen Abschnitt der Gazala-Linie, löste Rommel am 26. Mai 1942 die Operation mit dem hehren Decknamen THESEUS aus. Die Briten, in der Auffassung dies sei der lang erwartete Schlag, konzentrierten einen beträchtlichen Teil ihrer Kräfte im nördlichen Frontabschnitt.

In der Nacht auf den 27. Mai stiess das Afrika-Korps in den südlichen Frontabschnitt, um die Gazala-Linie überraschend zu umfassen. Im Verlaufe des Morgens vernichtete die 21. Panzer-Division die indische 3. Brigade südlich von Bir Hacheim, zwang die 15. Panzer-Division die britische 4. Panzer-Brigade zum Rückzug auf El Adem, während die leichte 90. Division die britische 7. Brigade in die Flucht schlug. Die Division «Trieste» stiess auf die britische 150. Brigade und erlitt erhebliche Verluste.

Lagebesprechung, General N. Ritchie (mit Pfeife), links von ihm: General Norrie, rechts von ihm: General Gott, Mai 1942. (Bild: Imperial War Museum)

ERSTER RÜCKSCHLAG

Im nördlichen Abschnitt griffen am 29. Mai die italienischen Divisionen «Trento» und «Sabratha» die südafr. 1. Division an und fügten ihr grosse Verluste zu. In diesen verwirrenden Kämpfen geriet General Crüwell in Gefangenschaft und Rommels Stabschef, General Gause, fiel schwer verwundet aus. Ein Schlag für den Wüstenfuchs, dass zwei seiner erfahrensten Offiziere gerade jetzt ausfielen. Im Süden stiess Rommel auf unerwartet heftigen Widerstand und brach am 30. Mai weitere Angriffe ab. Westlich von Knightsbridge, einem Beduinenpfad, reorganisierte er die 15. und 21. Panzer-Division sowie die Division «Ariete» und bezog Verteidigungsstellungen.

Rommel, der zeitweilig auch die Führung der Angriffsgruppe Crüwell übernahm, forderte durch seine Verteidigung Ritchie heraus, anzugreifen und seine Panzer gegen die Igelstellung zu verschwenden. Dieses Ablenkungsmanöver ermöglichte einen Angriff gegen die britische 150. Brigade um einen Korridor für den Nachschub zu öffnen. Ritchie sah seine Chance gekommen, wenn er ausreichend Panzer konzentriere, Rommels Panzerarmee zu vernichten. Doch er führte den Gegenangriff wenig energisch, ohne Konzentration der Kräfte und zu spät aus.

Am 1. Juni 1942 brachte der von Stuka-Kräften unterstützte Angriff auf die 150. Brigade Erfolg. Diese wurde aufgerieben und büsste 3.000 Gefangene, 90 Panzer und 100 Geschütze ein.

AUFBRUCH DER GAZALA-STELLUNG

Rommel gelang es, die Gazala-Linie aufzubrechen und sicherte die Nachschubverbindung für Munition, Wasser und Proviant für die Fortsetzung der Offensive. Nun sollte das Fort Bir Hacheim fallen – die südlichste Stellung der Gazala-Linie und ein Schlüsselgelände der britischen Verteidigung.

Das Fort war besetzt durch eine frei-französische Brigade (General König). Ein loser Verband aus ehemaligen Soldaten der regulären, französischen Streitkräfte, Fremdenlegionären und Freiwilligen. Nach erneutem Stuka-Angriff setzte Rommel die 15. Panzer-Division südlich und die 21. Panzer-Division nördlich in Marsch. Dabei hielt er eine Kampfgruppe als Reserve, die den Gegner im Rücken fassen sollte, um den Ausbruch nach Osten zu verhindern.

Nach zäher Verteidigung und heldenhaftem Widerstand fiel am 10. Juni 1942 Bir Hacheim. Wiederum gelang den Briten der Entsatz nicht, da die Mehrheit der Verbände in Gefechte im nördlichen Abschnitt der Gazala-Linie gebunden oder in Tobruk standen.

Nach dem Fall von Bir Hacheim reorganisierte Rommel und stiess weiter nördlich. Auf der Achse Knightsbridge – El Adem trafen die Panzerverbände erneut aufeinander - und es gelang, die zwei britischen Panzer-Divisionen zu zerschlagen. Verzweifelt versuchte Ritchie seine Verbände im Raum von Acroma zur Verteidigungsstellung zusammenzuziehen. Unerbittlich setzte die Panzerarmee Afrika den Vorstoss fort, kämpfte sich weiter bis zur Küste vor, schnitt die britische 50. Division ab und zwang die südafr. 1. Division zur Flucht aus der Gazala-Linie.

In den nachfolgenden Tagen entriss Rommel den Briten die Stützpunkte El Duda, Acroma, Sidi Rezegh und El Adem und stand am 16. Juni 1942 vor den Stellungen Tobruks.

Deutscher Panzer III Ausf. H, 15. Panzer-Division, auf dem Vormarsch Richtung Bir Hacheim, Mai 1942. (Bild: Alamy)

RÜCKZUG DER BRITISCHEN 8. ARMEE

Angesichts der Gefahr der Vernichtung der gesamten britischen 8. Armee blies Ritchie zum Rückzug an die ägyptische Grenze. Der tägliche Kampf gegen einen übermächtigen Gegner, unzureichender Nachschub, sengende Hitze und beissender Staub zwangen ihn zu diesem für die britische Armeeführung nicht erfreulichen Entschluss. Churchill tobte und befahl, Tobruk um jeden Preis zu halten.

Rommel packte die erneute Gelegenheit, nach zahlreichen Rückschlägen im Jahre 1941, Tobruk zu nehmen. Die Besatzung der Festung bestand aus der südafr. 2. Infanterie-Division, der indischen 11. Brigade und zahlreichen aufgeriebenen Einzelverbänden aus der Gazala-Stellung. Dem Oberbefehlshaber General Klopper standen 25.000 Mann Kampftruppen und 10.000 Mann Versorgungstruppen zur Verfügung. Die Verteidigungsringe bargen zahlreiche Mängel: defekte Drahthindernisse, lückenhafte Minenfelder und schlecht gewartete Geschütze.

TOBRUK

Der Wüstenfuchs begann den Angriff mit einer Täuschung des Gegners: Er führte seine Offensivverbände in östlicher Richtung an Tobruk vorbei und liess die Briten im Glauben, er wolle die 8. Armee Richtung ägyptische Grenze verfolgen. Am Abend des 19. Juni 1942 drehte er die Marschrichtung und kehrte während der Nacht an den Festungsring von Tobruk zurück.

Bei Tagesanbruch des 20. Juni 1942 befahl Rommel Angriff: im Südwesten sollte das mit Panzer verstärkte italienische XXI. Korps Täuschungsangriffe ausführen, während ein Stuka-Angriff auf die schwächste Stelle des Festungsringes im Südosten wirken sollte. Die Bombardierung schlug eine Schneise der Zerstörung in den Verteidigungsstreifen, beschädigte Feuerstellungen und sprengte den Grossteil der Minen. Die verteidigende indische 11. Brigade wurde völlig überrascht.

Gegen acht Uhr hatten die beiden parallel angreifenden Panzer-Divisionen einen zwei Kilometer tiefen Einbruch erzielt. Pioniere füllten die Panzergräben, während der Wüstenfuchs die Division «Ariete» nachzog. Unter dem Schutz von schwerer Artillerie, setzten die deutschen Verbände zum Sturmangriff auf die Festung an. Der britische Widerstand schien zwecklos, und bis zum Einbruch der Dunkelheit befand sich die Mehrheit des Festungsgebietes in deutscher Hand.

General Kloppers Führungszentrale erlitt zahlreiche Treffer. Dabei rissen die Kommunikations-Verbindungen, der Befehlsapparat fiel aus, die Führung paralysiert. Klopper sah sich nicht mehr befähigt, auf das Kampfgeschehen entscheidenden Einfluss zu nehmen.

Am Abend waren 25.000 Gefangene eingebracht, der Rest der Briten zog sich in die Kernfestung zurück und kapitulierte am nächsten Morgen. Fünf Generäle und weitere 10.000 britische Soldaten marschierten in Gefangenschaft.

Panzer M3 Grant, 1. Panzer-Division, auf dem Vormarsch Richtung Bir Lefa, Juni 1942 Bild: Alamy

ROMMELS FÜHRUNGSLEISTUNG

Mit ihrem grössten Sieg im Wüstenkrieg vernichteten die Achsenmächte die Hälfte der britischen 8. Armee. Insgesamt verlor Ritchie über 50.000 Mann und 500 Panzer.

Der Erfolg der Offensive bei Gazala beruhte auf der herausragenden Führerleistung Rommels. Er war überall, leitete wichtige Aktionen selbst, täuschte den Gegner und riss die Truppe durch Führung von vorne mit.

Aus seinen Afrika-Memoiren «Krieg ohne Hass» treffend zitiert: «Durch Zusammenfassung aller Waffen einen Schwerpunkt bilden, dort einen Durchbruch erzwingen, nach allen Seiten aufrollen und blitzartig, ehe der Gegner reagiert, ins Innere vorstossen».

Als am 22. Juni 1942, einen Tag nach dem Fall Tobruks, Hitler telegrafisch Rommel zum jüngsten Generalfeldmarschall der Wehrmacht beförderte, hatte die Panzerarmee Afrika ihren Vormarsch nach Ägypten und die Verfolgung der britischen 8. Armee bereits wieder aufgenommen.

Der Wüstenfuchs stellte einmal mehr Ehrgeiz vor Vernunft und drängte seine Panzerarmee über 500 Kilometer Richtung Osten. Erst bei einem Engnis, 90 Kilometer vor Alexandria, stoppten die Briten den triumphalen Feldzug Rommels in Nordafrika – bei El Alamein.

Montgomery gegen Rommel: Die Schlacht von el-Alamein

Peter Forster

In der denkwürdigen Schlacht von el-Alamein rang vom 23. Oktober bis 4. November 1942 die britische 8. Armee die deutsche Panzerarmee Afrika nieder. Feldmarschall Rommel verfehlte sein Ziel, ins Nildelta durchzubrechen und an den Suezkanal vorzustossen. General Montgomery erwarb unsterblichen Ruhm: Er hielt dem Empire den Wasserweg nach Indien offen. Churchill schrieb: «Vor Alamein errangen wir keinen Sieg. Nach Alamein erlitten wir nie mehr eine Niederlage.»

Rommel hatte im Sommer 1942 die Briten tief nach Ägypten hinein vor sich hergetrieben. Hitler fabulierte schon von einer Zangenoffensive auf das britische Empire: Rommel sollte an den Suezkanal durchstossen, und vom Sinai her würde die Wehrmacht die Zange schliessen.

GEGEN DEN WÜSTENFUCHS

Churchill erkannte die Gefahr, die der Schlagader seines Reiches drohte. Er ernannte Bernard Montgomery zum Kommandanten der 8. Armee: Der zähe, listenreiche Montgomery – Monty – sollte dem Wüstenfuchs Rommel Paroli bieten.

Generalfeldmarschall Erwin Rommel (Mitte), Stabschef Oberst i Gst Fritz Bayerlein (1.v.r.) mit deutschen und italienischen Offizieren. (Bild: Deutsches Bundesarchiv)

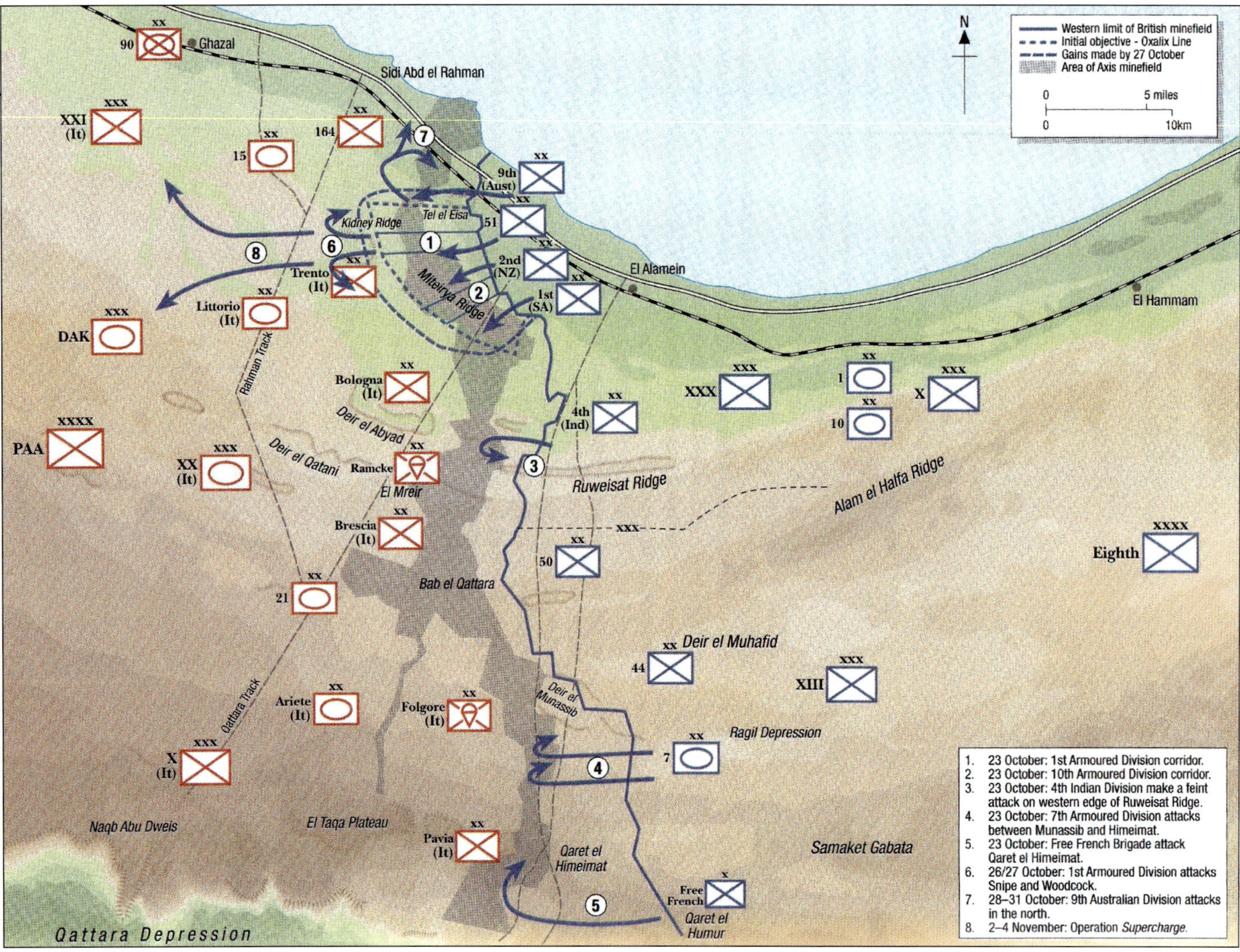

Zweite Schlacht von el-Alamein 1942, Operation Lightfoot und Supercharge. Es fehlen mehrere Verbände von Italien. (Bild: Osprey Publishing)

Als die Afrika-Armee el-Alamein, 100 Kilometer vor Alexandria, in Besitz nahm, befand sich die Wehrmacht auf der Höhe ihres Ruhmes. Im Westen stand sie am Atlantik, im Norden in Narvik, an der Wolga in Stalingrad und im Kaukasus am Terek, am Fluss zum Kaspischen Meer.

DER NACHSCHUB STOCKT

Doch in Russland und Nordafrika überdehnte Hitler die Fronten. Rommel litt unter dem stockenden Nachschub und begab sich zur Pflege nach Deutschland. Die Royal Air Force versenkte im Mittelmeer gegnerische Tanker. Mehrmals musste das Afrikakorps Vorstösse abbrechen, weil den Panzern der Treibstoff ausgegangen war.

Zudem litten die Deutschen unter mangelhafter Verpflegung. Als Montgomery bei el-Alamein die letzte Sperre aufgebaut hatte und Rommels Attacken aufliefen, erlitten die Deutschen und die verbündeten Italiener Verluste. Zur Entscheidungsschlacht traten sie reduziert an.

General Harold Alexander, der britische Befehlshaber Nahost, stärkte die 8. Armee. Er führte ihr Truppen und Panzer zu. Montgomerys Streitmacht trat zum grossen Show-down aufgefüllt an.

8. ARMEE UMFASST DREI CORPS

In November gliederte Montgomery die 8. Armee in drei Corps. Zum Detail übernehmen wir Churchills ordre de bataille:

- In der Rückhand behielt Monty im Osten das X. Panzercorps (Lumsden) mit den Pz Div 1 und 10.
- An der Küste hielt das XXX. Corps (Leese) die Front mit Australiens 9., Neuseelands 2., Südafrikas 1. Indiens 4. und der 51. Div.
- Gegen Süden behauptete das XIII. Corps (Horrocks) die Front: Ihre Abschnitte hielten von Nord nach Süd: die 50. Div, die 44. Div, die 7. Pz Div und Frankreichs Brigade.

ROMMELS DEUTSCHE TRUPPEN...

Rommels Stellvertreter war General Stumme, ein treuer Verwalter. Er befehligte an Armeetruppen die beiden Leichten Afrika Divisionen

Panzersoldaten im Turm eines Panzer III, im Hintergrund ein brennender alliierter LKW, Nordafrika 1942. (Bild: Deutsches Bundesarchiv)

90 (General Strecker) und 164 (General Lungershausen) plus den Fallschirmverband, der den Namen des Kommandanten, des Generals Ramcke, trug.

Das Afrikakorps stand unter dem Befehl von Ritter von Thoma. Es bestand aus den Pz Div 15 und 21, die je umfassten:

- ein Panzerregiment,
- ein Panzergrenadierregiment,
- ein Artillerieregiment,
- ein Panzerabwehrbataillon,
- ein Geniebataillon.

...UND ITALIENS AFRIKA-ARMEE

Nominell führte Marschall Ettore Bastico Italiens Afrika-Armee. Er behielt zwei Verbände unter seinem Kommando: die 16. Motorisierte Division Pistoia und die 136. Inf Div Giovani Fascisti, genannt auch «Mussolinis Jungen». Auf dem Papier befehligte Bastico zudem drei Korps:

- Das XX. Panzerkorps (de Stephanis) mit der 132. Pz Div Ariete (Arena); der 133. Pz Div Littorio (Bitossi); der 101. Mot Div Trieste (La Ferla).
- Das XXI. Korps (Navarini) mit der 102. Mot Div Trento (Masina) und der 25. Inf Div Bologna (Gloria).
- Das X. Korps (Nebba): 185. Fsch Div Folgore (Frattini); Inf Div 27 Brescia (Brunetti) und 17 Pavia (Scattaglia).

KORSETTSTANGEN

Rein nummerisch führte Rommel vier Divisionen ins Gefecht, Bastico zehn. Aber in der Sahara war Division nicht gleich Division. «Mussolinis Jungen» bestanden gerade einmal aus zwei Bataillonen, so tapfer sich die jungen Faschisten auch schlugen – wie auch die «Schwarzhemden» der Division Folgore furchtlos kämpften.

Rommel jedenfalls traute den Verbündeten nie ganz. Er zog ihnen Korsettstangen ein. Zwischen Basticos Regimentern placierte er deutsche Bataillone, die den langen Frontabschnitt der italienischen Korps sta-

General Bernard L. Montgomery beobachtet den Vormarsch der 8. Armee, Nordafrika, November 1942. (Bild: Wikipedia)

bilisieren sollten. Wie sich in der Schlacht herausstellte, half diese Massnahme bei der Infanterie wenig.

Rommels Geheimdienst lieferte am 23. Oktober 1942 ein diffuses Lagebild. Oberst Büchting, der Nachrichtenchef, sagte wohl den Zeitpunkt der feindlichen Offensive richtig voraus: in den ersten Abendstunden, noch vor Mitternacht.

FALSCHE PROGNOSE

Aber er irrte sich in der Stossrichtung. Sie erwarteten den Angriff an der ganzen Front und legten Stumme nahe, seine Divisionen von der Küste bis zur Kantarasenke gleichmässig zu verteilen.

Der Aufmarsch Montgomerys führte zum Schluss, die 8. Armee werden auf mehreren Achsen frontal angreifen:

- Im Norden zwischen der Küste und dem Ruweisatrücken.
- Durch die Lücke zwischen Ruweisat und der Munassibsenke.
- In einer weiteren Lücke zwischen Munassib und dem Himeimatrücken.
- Zwischen Himeimat und der unwegsamen, ungangbaren Kantarasenke.

OPERATION «LIGHTFOOT»

Bernard Montgomery begann die Operation «LIGHTFOOT» mit einem gewaltigen Artillerieschlag. Von 20.40 bis 21 Uhr legten mehr als 1.000 Rohre die gegnerische Artillerie in Schutt und Asche. Obwohl die Deutschen starke Batterien mitgeführt hatten, fiel fortan das Konterbatteriefeuer schwach aus.

Dann verlegte Montgomery die Feuerwalze auf die gegnerische Infanterie.

- Von 21.25 Uhr an ging ein Trommelfeuer aus gut 500 Rohren über der italienischen Südfront nieder.

- Um 21.40 Uhr nahmen nochmals rund 500 Geschütze den Feuerkampf gegen Stummes im Norden eingegrabene Divisionen auf.
- Volle fünfeinhalb Stunden lagen Deutsche und Italiener unter Feuer.

HAUPTSTOSS IM NORDEN

Den eigentlichen Durchbruch suchte Montgomery im Norden, wo er geballte Kräfte ansetzte Er strafte den deutschen Geheimdienst Lügen und konzentrierte seinen Hauptstoss auf die Front zwischen dem Meer und Ruweisat.

- Das erklärte Ziel war es, den Feind zu zerschlagen und ihm jegliche Offensivkraft zu nehmen.
- Sollte der Gegner gegen Westen ausbrechen, hiess es die Verfolgung aufnehmen, den Feind einkreisen und auf der Flucht zerstören.
- Von Ruweisat aus führte die indische 4. Division zur Täuschung Ablenkungsangriffe. Die südafrikanische 1. Division hielt ihren Frontvorsprung.
- Südlich von Munassib griffen die 7. Pz Div und die 44. Div an, doch nicht mit der Masse und Intensität der Verbände im Norden. Sie banden italienische Verbände, die den Deutschen am ersten Schlachttag an der Hauptfront nicht zu Hilfe eilten.

DEN GEGNER VERNICHTEN

Montgomery hatte seiner Truppe eingeprägt: «Diese Schlacht wird zum Wendepunkt des Krieges. Entscheiden werden unser Siegeswille und die Moral. Es gibt keine Kleintaktik, es geht darum, den Gegner zu vernichten. Die Deutschen sind gute Soldaten. Es gibt nur einen Weg, sie zu schlagen – wir töten sie im Gefecht.»

Derart motiviert, schlugen die Briten, Australier und Neuseeländer Breschen in die Minenfelder. Sie zerschlugen Rommels Befestigungen im Norden und öffneten dem X. Panzercorps Korridore. General Leese, der Kommandant des XXX. Corps, meldete: «Passagen mehrere Kilometer breit offen.»

GENERAL STUMME GEFALLEN

Das war für General Lumsden, den Chef des X. Korps, das Zeichen zum Zuschlagen. «Zip»– und er liess die 1. und die 10. Panzerdivision von der Leine.

Deren amerikanischen Grant- und Sherman-Panzer rissen noch mehr Lücken in Rommels Abwehrdispositiv. Fürwahr: Montgomery nutzte die Vollmondnacht zum 24. Oktober voll und ganz!

In der kurzen Dämmerung erkannte General Stumme das Ausmass des feindlichen Einbruchs. Verzweifelt eilte er mit seinem Nachrichtenoffizier, Oberst Büchting, an die Front – todesmutig ohne Eskorte und ohne Funkwagen. Stumme und Büchting fielen; der eine brach tot zusammen, den anderen traf ein Kopfschuss.

In höchster Not übernahm der Stabschef, Siegfried Westphal, das Kommando; und nur für Stunden sprang dann General Ritter von Thoma ein.

ROMMEL EILT ZURÜCK

Die Hiobsbotschaften erreichten Hitler. Der Diktator befahl Rommel, sofort nach Afrika zurückzukehren. Der Feldmarschall flog über Rom nach Afrika, übernahm das Kommando am 25. Oktober aber erst am Abend wieder – zu spät.

Der Feldherr stellte rasch fest: Montgomery suchte die Entscheidung, den Durchbruch in die Kyrenaika, im Nordabschnitt. Noch hielten dort namentlich die Deutschen starke Widerstandsnester.

Montgomery rief die Corps- und Divisionschefs nachts zu einer neuen Befehlsausgabe zusammen. Als Hindernis identifizierte er den Kidneyrücken, hinter dem die 15. Panzerdivision mit Panzern der Typen III und IV lauerte. Der Chef der 8. Armee, unermüdlich wie gewohnt, befahl:

- den Pz Div 1 und 10, in erster Priorität Kidney zu nehmen;
- dem XIII. Korps, in zweiter Priorität die gegnerischen Attacken einzudämmen und somit die 7. Division zu schonen, um sie für die Entscheidung intakt zu halten;
- der Royal Air Force, die Verteidiger der Achsenstaaten niederzumachen.

FRONTAL IM ALTEN STIL

Tage lang tobte die Schlacht um Kidney. Rommel hatte die 21. Panzerdivision, auch sie mit Tanks vom Typ III und IV, nach vorne gezogen. Seine beiden stärksten Grossverbände waren noch imstande, Gegenangriffe zu führen.

General Alexander sandte Churchill ein Telegramm: «Am 27. Oktober griff der Gegner fünfmal in altem Stil an – frontal mit allen noch intakten Panzern. Wir leisteten erbitterten Widerstand und behaupteten Kidney. Der Feind erlitt schwere Verluste, unsere Panzer litten nur wenig.»

GEWALTSAME AUFKLÄRUNG

Am 28. Oktober liess Rommel am Morgen nochmals gewaltsam aufklären. Er suchte Schwachstellen und die genauen Standorte der gegnerischen Panzerabwehr. Gegen Abend bezogen die 15., die 21. und die Ariete-Panzerdivision zum letzten Mal ihre Angriffsgrundstellung mit geballer Kraft.

Rommel wollte die im Westen untergehende Sonne nutzen: Sie sollte den Gegner blenden. Doch dazu kam es nicht mehr: Die Bomber der britisch-amerikanischen Desert Air Force flogen einen zweieinhalbstündigen Einsatz gegen die Feindpanzer. Im Erdkampf luden sie über 80 Tonnen Bomben über der Streitmacht der Achsenmächte ab.

Churchill konstatierte: «Rommels Angriff war zerschlagen, ehe er sich zu formieren vermochte.»

OPERATION «SUPERCHARGE»

Von den Bodentruppen hob Churchill die australische 9. Division hervor, die «mit ihrem grandiosen, unter ständigem heftigem Beschuss errungenen Durchbruch die ganze Schlacht» zu Gunsten des Empire gewendet habe.

Vor der abschliessenden Operation «SUPERCHARGE» zog Montgomery die Befehlshaber der Grossen Verbände erneut zu einem Rapport zusammen. Er trug dem Zustand seiner Divisionen und Brigaden Rechnung, als er den Befehl erliess:

- Den finalen Durchbruch entlang der Küste erzielen Neuseelands 2. Division, die Infanteriebrigaden 151 und 152 und die 9. Panzerbrigade.
- Die 7. Panzerdivision, die 51. Infanteriedivision und eine Brigade der 44. Division bilden einen starken Eingreifverband in Montgomerys Hand.
- Die 1. Panzerdivision, die auf Kidney die Bürde getragen hatte, wird aus der Front gezogen, entlastet und aufgefrischt.
- «SUPERCHARGE» setzt am 2. November um 1 Uhr mit dem Trommelfeuer von 300 Kanonen ein.

DETAILLIERTER MINENPLAN

Die Australier nahmen zwei deutsche Offiziere gefangen, die den Verlegeplan des riesigen Minenfeldes zwischen Meer und Kantara auf sich trugen. Von da an kannten die Alliierten die Gefahren und Schwachstellen des Hindernisses im Detail.

Das Versagen des deutschen Nachschubs schwächte Rommel. Er kündigte dem Oberkommando der Wehrmacht an, er werde die Schlacht ohne Treibstoff und Munition abbrechen. Seinen Bataillonen fiel es immer schwerer, ihre Beweglichkeit im Bewegungsgefecht auszuspielen.

Die Operation «SUPERCHARGE» geriet Montgomery zur Zermürbungsschlacht, die er in Anbetracht seiner nummerischen Stärke gewann. In der Nacht zum 3. November ordnete Rommel den Rückzug auf den Ort Fuka an, gut 100 Kilometer westlich von el-Alamein auf halbem Weg zum Stützpunkt Marsa Matruh.

MIT GEZOGENER WAFFE

Im Lager der Achse kam es zu wüstem Streit um die wenigen noch intakten Lastwagen. Deutsche zwangen Italiener mit blanker Waffe, Fahrzeuge herauszurücken.

Die Infanteristen der Divisionen Trieste bis Pavia gingen in Gefangenschaft: Rund 30.000 Italiener und viel wertvolle Beute fielen der 8. Armee in die Hand. Gegen Mittag befahl Hitler Rommel, den deutschen Rückzug abzublasen: «Ihrer Truppe können Sie keinen anderen Weg zeigen als den zum Siege oder zum Tode.»

Das war der Bruch zwischen dem Diktator und seinem Lieblingsgeneral. Rommel verstand den irren Befehl des Wahnsinnigen nicht. Dennoch hielt er, gegen seinen militärischen Instinkt, den deutschen Rückzug an. Die weitgehend immobilen Italiener liess er gewähren.

STOSS DURCH DIE LÜCKE

Horrocks XIII. Corps stiess durch die so entstandene Lücke zügig vor. Lumsdens X. Corps kämpfte die Küstenachse frei. General Ritter von Thoma ergab sich mit neun italienischen Generalen den 10th Hussars.

Rommels Resttruppe stand kurz vor der Einschliessung, als am 6. November heftiger, schwerer Regen einsetzte. Über Fuka rettete sich Rommel nach Marsa Matruh und über die libysche Grenze. Nun trieb Montgomery die Deutschen vor sich her; aber ganz kreiste er sie nicht ein.

Am 13. November fiel Tobruk, am 20. Benghazi, der Hauptort der Kyrenaika. Tripoli, die Kapitale des Landes, wurde am 23. Januar 1943 erobert. Für die 1770 Kilometer der libyschen Küsten hatte Montgomery gegen Rommels geordneten Rückzug gut zwei Monate gebraucht.

Am 7. Mai 1943 kapitulierte die Afrika-Armee mit 275.000 Mann in Tunis. Churchill verglich el-Alamein mit der Schlacht von Cambrai im November 1917: «Wer immer der Stärkere war, musste den Durchbruch frontal erzwingen.»

In dieser Hinsicht seien die Briten am gleichen Punkt gestanden wie in den Schlachten an der Westfront 1917/18: mit kurzen Verbindungen für den Angreifer, der massierten Artillerie, dem Trommelfeuer und dem Einbruch der Panzer.»

Dem Feldherrn Montgomery und dessen Chef Alexander stellt Churchill ein gutes Zeugnis aus. Montgomery sei «ein Artilleur par excellence. Wie Napoleon wisse er: Kanonen bringen Soldaten um.»

ROMMEL VOR MONTGOMERY?

Schlechter kommt Montgomery bei Antony Beever weg: «Der Sieg von el-Alamein war kein Geniestreich. Der Entscheid, den stärksten Abschnitt der Front anzugreifen, muss als fragwürdig bewertet werden.»

Freundlicher urteilt Liddell Hart. Er attestiert Montgomery kluge Entscheide, Beweglichkeit und die Kraft, eine geschlagene Armee wieder aufzurichten.

In den Olymp der grossen Panzergenerale in Fort Knox schaffte es jedoch der Verlierer: Erwin Rommel. Montgomery bleibt dort, wie Guderian, Sharon und Dayan, aussen vor.

Britischer Panzer M3 Grant passiert einen zerstörten deutschen leichten Panzer I, Nordafrika 1942. (Bild: Alamy)

Persönlichkeit: Vladimir Kiriakovič Triandafillov – Der Vater der sowjetischen operativen Kunst

Stefan Bühler

Vladimir Kiriakovič Triandafillov wurde am 14. März 1894 als Sohn von pontosgriechischen Eltern, welche vor den türkischen Ausschreitungen nach Russland geflohen waren, in Magaračik, einem kleinen Dorf in der transkaukasischen Provinz Kars des Russischen Reiches (Magaračik bzw. Mağaracık liegt auf dem Staatsgebiet der heutigen Türkei) geboren.

Nach seinem Schulabschluss 1914 in Moskau wurde er in die Armee einberufen und im Februar 1915 als Soldat an die Südwestfront (Westukraine – Südpolen) geschickt. Aufgrund guter Leistungen wurde er zurück nach Moskau geschickt, wo er noch im November 1915 die militärische Weiterbildung zum Praporschtschik (entspricht etwa dem Rang eines Hauptfeldwebels) erfolgreich abschloss, bevor er wieder an die Südwestfront entsandt wurde. Zu Beginn der Oktoberrevolution 1917 bekleidete er bereits den Rang eines Stabs-Kapitan (Stabs-Hauptmann) und kommandierte das 6. Finnische Schützenregiment.

Am 1. Juni 1918 trat Triandafillov in die Rote Arbeiter- und Bauernarmee (RKKA) ein, im Mai 1919 wurde er Mitglied der Kommunistischen Partei. Am 20. Juni 1919 wurde er zum Bataillonskommandeur ernannt, im September 1919 zur Ausbildung an die Militärakademie der RKKA abkommandiert. Während der Ausbildung kämpfte er als Kommandeur in der 27. und 41. Schützendivision für die kommunistischen Bolschewiki u.a. an der Uralfront gegen den Kosakenführer Alexander Iljič Dutov sowie an der Süd- bzw. Südwestfront gegen zwei Kommandeure der Weissen Armee, Anton Ivanovič Denikin und Pjotr Nikolajewič Wrangel. Am 15. April 1923 schloss Triandafillov die Ausbildung an der Militärakademie mit herausragenden Ergebnissen ab und wurde daraufhin in den Generalstab der Roten Armee abkommandiert, wo er zuerst als Chef der Operativen Abteilung und später als Chef der Operativen Führung des Generalstabes eingesetzt war. 1928 wurde er zum stellvertretenden Chef des Generalstabes ernannt, vom 19. November 1929 bis 15. Oktober 1930 war er Kommandeur des 2. Schützenkorps und kehrte dann wieder auf seinen alten Posten im Generalstab zurück.

Wladimir Kiriakowitsch Triandafillow (1894 – 1931). (Bild: Wikipedia)

Vladimir Kiriakovič Triandafillov starb am 12. Juli 1931 im Alter von 37 Jahren bei einem Flugzeugabsturz und wurde in der Nekropole der Kremlmauer in Moskau begraben.

WERKE

Vladimir Kiriakovič Triandafillov war Autor von zwei grundlegenden militärischen Lehrwerken: dem 1926 publizierten «Umfang der Operationen moderner Armeen» (Размах операций современных армий) und dem 1929 publizierten «Merkmale der Operationen moderner Armeen» (Характер операций современных армий). In diesen zwei Arbeiten legte er die Grundlagen für die «Theorie der tiefen Militäroperationen», welche zum Ziel hatte, den Gegner gleichzeitig in seiner gesamten Tiefe anzugreifen, um sein Verteidigungsdispositiv zu lähmen bzw. zu zerschlagen und anschliessend mit hochmobilen Formationen (sprich: mechanisierten Verbänden bzw. Panzerverbänden) die verbleibende Verteidigung zu durchbrechen und eine Reorganisation bzw. einen Wiederaufbau zu verhindern.

Die Qualität von Triandafillovs Arbeiten wurde erst im Zweiten Weltkrieg erkannt, als der spätere Generalstabschef der Roten Armee, Marschall und Verteidigungsminister der Sowjetunion, Georgi Konstantinovič Shukov, erklärte, dass seine eigenen Erfolge in den Schlachten um Moskau, Stalingrad und Berlin auf das genaue Befolgen von Triandafillovs Doktrin zurückzuführen seien. Dies brachte ihm postum den inoffiziellen Titel «Vater der sowjetischen operativen Kunst» ein.

Panzer vor Kursk – Operation Zitadelle

Marc Lenzin

Ostfront 1943. Demoralisierte Soldaten, schwierige Wetterverhältnisse, höchste logistische Herausforderungen, Niederlage in der Schlacht vor Moskau und das Debakel in Stalingrad. Auf der 2.500 Kilometer langen Frontlinie von Rostow im Süden bis Leningrad im Norden standen den geschwächten, deutschen Heeresgruppen (Nord, Mitte, Süd) mehr als 400 Divisionen der sowjetischen Armee gegenüber. Der Feldzug der deutschen Wehrmacht entwickelte sich zur zermürbenden Abnützungsschlacht.

Entgegen Hitlers Befehl plante Generalfeldmarschall Erich von Manstein, Befehlshaber der Heeresgruppe Süd, mittels eines taktischen Rückzuges die sowjetischen Kräfte im Süden der Woronescher Front im Raum Charkow in eine Falle zu locken und zu vernichten. Er verstärkte die SS-Panzer-Divisionen mit schweren Panzern vom Typ VI «Tiger» und griff an.

Die sowjetische 6. Armee wurde völlig überrascht, eingekesselt und aufgerieben und sammelte sich im Frontbogen von Kursk zur Reorganisation. Mit dieser Offensive gelang es der deutschen Wehrmacht, die Ostfront wieder einigermassen zu stabilisieren.

WARUM KURSK?

Beflügelt durch den Triumph von Charkow und das Erstarken der deutschen Panzerwaffe erkannte Hitler die einmalige Chance, im Russlandfeldzug die Wende zu erzwingen. Manstein arbeitete bereits an einem

Panzer V «Panther» Ausf A, SS Panzergrenadier-Division «Das Reich», Ostfront, 1943. (Bild: Archiv Tank Museum Bovington)

Plan für eine Offensive im Raum Kursk, die den hehren Decknamen «Zitadelle» erhielt.

Der Bogen von Kursk, eine Ausbuchtung der Frontlinie ähnlich einem Balkon, lag zwischen Orel und Belgorod. Dieser Frontbogen war 250 Kilometer breit und 160 Kilometer tief, würde nach Beseitigung die neue Frontlinie massgeblich verkürzen und bedeutet ein Freiwerden von 20 deutschen Divisionen für andere Frontabschnitte.

Ein Sieg bei Kursk würde das Tor zum Kaukasus öffnen und der Welt zeigen, dass die deutsche Wehrmacht trotz zahlreichen Rückschlägen noch immer stark ist.

NEUE PANZER

Der Auftritt des sowjetischen Panzers T-34 war ein Schock. Seine Kanone durchschlug seitlich und frontal jeden deutschen Panzer vom Typ III und IV. Die deutsche Panzerindustrie war gefordert und entwickelte innert kürzester Zeit neue, schlagkräftigere Modelle.

Da war zunächst der mittelschwere Panzer V «Panther». Knapp 45 Tonnen schwer, mit einer schräggestellten Frontpanzerung und einer Höchstgeschwindigkeit von 46 km/h. Seine grosskalibrige Kanone durchschlug frontal jede Panzerung bis 2.000 Meter, und seine Geländegängigkeit machte den «Panther» wohl zum besten Panzer der deutschen Wehrmacht. Aber die technischen Qualitäten hatten ihren Preis: Zeitraubende Produktion sowie komplexe Technik erzeugten zahlreiche Ausfälle, teils bevor der Panzer überhaupt die Front erreichte.

Trotz der Kampfkraft des «Panthers» blieb sein Ruf stets im Schatten eines noch stärkeren Stahlkolosses: Der Panzer VI «Tiger». Kaum ein anderer Panzer wuchs derart zur Legende empor. Starke Panzerung, schlagkräftige 8,8-cm-Kanone und das fortschrittlichste Fahrwerk liessen den Panzer als ein Wunderwerk deutscher Ingenieurskunst in die Geschichte eingehen. Aber auch er hatte Schwächen, war nicht sehr zuverlässig, zu schwer, sodass die Geländegängigkeit zu wünschen übrig liess, und nachteilig angeordnete Panzerung.

MANSTEINS ABSICHT

Mansteins Plan sah vor, in einer ersten Phase aus dem Bereitstellungsraum Orel mit der 9. Armee (Heeresgruppe Mitte) unter Führung von Generaloberst Walter Model mit drei Panzerkorps die Front im Norden auf einer Breite von 50 Kilometern zu durchbrechen, Gegner zu vernichten und weiter nach Kursk zu stossen.

Gleichzeitig sollte unter Führung Mansteins (Heeresgruppe Süd) aus dem Bereitstellungsraum Charkow mit der 4. Panzerarmee und einer Armeeabteilung der Panzertruppe «Kempf» die Front auf einer Breite von 80 Kilometern durchstossen und im Südteil des Kursker Frontbogens Gegner vernichtet werden. Zur 4. Panzerarmee unter Generaloberst Hermann Hoth gehörten ein Armeekorps und zwei Panzerkorps, unter anderem das schwere SS-Panzerkorps mit den Panzergrenadier-Divisionen «Leibstandarte», «Das Reich» und «Totenkopf».

In einer zweiten Phase sollten sich Teile der 4. Panzerarmee Mansteins mit Teilen der 9. Armee Models im Raum Kursk vereinen und die eingekesselten Truppen im Frontbogen vernichten.

DAS SOWJETISCHE DISPOSITIV

Die oberste sowjetische Heeresführung erwog eher eine defensive Strategie. Die deutsche Armee sollte im Abwehrkampf stark dezimiert und ausgeblutet werden, um anschliessend selber eine grossangelegte Gegenoffensive auszulösen.

Ein tiefgestaffeltes, dichtes Verteidigungssystem mit Schützengräben, Panzerabwehrstellungen, Minenfeldern und MG-Nestern wurde im Raum Kursk installiert. Diese Stellungen wurden im Norden der Brjansker Front unter Führung General Rokossovskij mit fünf Schützenarmeen, einer Panzerarmee, einer Fliegerarmee und zwei Panzerkorps gesichert.

Im Südabschnitt standen im Gebiet der Woronescher Front in Richtung Kursk drei Schützenarmeen unter Führung General Watutin bereit. Dazu kamen zwei Gardearmeen, eine Panzerarmee, eine Fliegerarmee und zwei Panzerkorps.

Die Heeresführung installierte ausserdem hinter der Kursker Front ein umfassendes Reserve-Element: die Steppe Front. Geführt von General Konjew, bestand diese aus zwei Gardearmeen, drei Schützenarmeen und zwei Panzerkorps. Sie hatte den Auftrag, durchgebrochene Kräfte in der Tiefe des Raumes zu vernichten sowie sich bereitzuhalten, als Schwergewicht zugunsten Südabschnitt oder Nordabschnitt eingesetzt zu werden. Die deutsche Wehrmacht traf damit auf das umfassendste jemals errichtete Verteidigungssystem der Roten Armee.

VERZÖGERUNG WEGEN HITLER

Im Generalstab Hitlers wurden Zweifel zum Unternehmen «Zitadelle» geäussert. Generaloberst Guderian, Generalinspektor der Panzertruppen, wies darauf hin, dass beim neuen Panzer V «Panther» zahlreiche technische Probleme noch nicht behoben wurden und ein Einsatz verfrüht wäre. Doch Manstein appellierte, der Angriff müsse möglichst rasch erfolgen noch bevor die Sowjets losschlagen. Zudem solle der Schwung nach der erfolgreichen Schlacht bei Charkow ausgenutzt werden.

Kurt Zeitzler, Generalstabschef des Heeres, hielt an der Durchführung fest, befürwortete aber die Verschiebung in der Absicht, zusätzlich produzierte «Tiger»- und «Panther»-Einheiten an die Front schicken zu können. Sollten diese verstärkten Panzereinheiten doch der Schlüssel für einen erfolgreichen Angriff darstellen. Auch Model stellte sich gegen

Panzer VI «Tiger», Schwere Panzer-Kompanie, SS-Panzergrenadier-Division «Das Reich», Kursk, im Sommer 1943. (Bild: Archiv Tank Museum Bovington)

die Offensive und zeigte Hitler die bereits aufgeklärten Verteidigungsstellungen der Roten Armee bei Kursk. Die Sowjets seien vorgewarnt und der Überraschungseffekt somit zunichte.

Hitler liess sich dennoch von «Zitadelle» überzeugen, haderte aber mit der Festlegung des Angriffszeitpunktes. Er legte diesen auf Mai, dann nach weiterem Aufschieben auf Juni und letztendlich auf Anfang Juli fest.

DER KAMPFVERLAUF

Aufgrund der Aussage eines gefangenen deutschen Aufklärers, der Angriffszeitpunkt sei auf die Nacht vom 5. Juli festgelegt worden, entschied sich General Rokossowskij, die Artillerie unmittelbar auszulösen. Die 9. Armee Models eröffnete sofort das Gegenfeuer und griff mit drei Panzerkorps die 13. Armee sowie den rechten Flügel der östlich angrenzenden 48. Armee an. Deutsche Pioniere schlugen Gassen in das dichte Minenfeld, um Wege freizubahnen für die schweren Panzer «Tiger». Dahinter stiessen die Hauptkräfte, vor allem mittelschwere Panzer Typ III und IV, in die Tiefe nach.

Die Rote Armee stoppte den Vormarsch durch Artillerie, Panzer und Panzerabwehrkanonen. Den deutschen Panzerverbänden gelang weder ein Durchstoss nach Prochorowka noch nach Korotscha.

Im Süden verlief die Schlacht für die deutsche Armee günstiger. Manstein konzentrierte seine Streitmacht auf einer Breite von 80 Kilometern. Die Front der 6. sowjetischen Gardearmee wurde durchbrochen, und Hoths 4. Panzer-Armee drang bis 20 Kilometer in die Stellungen ein.

Im Stab des Oberbefehlshabers der Woronescherfront, General Watutin, brach Panik aus. Haltebefehle nützten nichts mehr, die deutschen Panzerverbände rückten unaufhaltsam auf Obojan vor, um sich mit der Armeeabteilung Kempf, die von Süden anrückte, zu vereinen. Die Planung sah vor, Generalleutnant Rotmistrovs heraneilende 5. Garde-Panzerarmee der Steppe Front im Raum Prochorowka zu vernichten, um Richtung Kursk weiterzustossen.

5. GARDE-PANZERARMEE

Angesichts dieser dramatischen Lage entschloss sich Rotmistrov, einen Gegenangriff zu starten, um die drohende Einschliessung von Prochorowka und den endgültigen Durchbruch der deutschen Angriffsdivisionen in ungeschützte Tiefen des Kursker Bogens zu verhindern. Am 12. Juli 1943 rollten gegen 850 sowjetische Panzer der 5. Garde-Panzerarmee den Teilen der deutschen 4. Panzerarmee Hoths entgegen, um das SS-Panzerkorps in die Zange zu nehmen und vernichtend zu schlagen.

An der entscheidenden Stelle auf der Landenge von Prochorowka stand nur eine einzige deutsche Panzerabteilung. Als der massierte sowjetische Angriff begann, stand diese Abteilung mit Panzern IV und einigen wenigen «Tigern» in defensiver Warteposition.

Das Stahlgewitter brach über die ahnungslosen Deutschen. Die feindlichen Panzer rollten rasch über den Kamm der Höhe 252 auf die deutschen Linien zu. Doch die «Tiger» hatten leichtes Spiel, konnten aus ihren Haltepositionen gezielt richten und feuern, während die mit Vollgas fahrenden sowjetischen Panzer kaum mehr als Luftlöcher schossen, um schlussendlich in den nicht aufgeklärten, eigenen Panzergraben zu krachen oder abgeschossen zu werden.

Damit wurde Prochorowka zum Debakel für die sowjetische 5. Garde-Panzerarmee. Das so legendäre Panzergefecht endete in Tat und Wahrheit mit einem überwältigenden, taktischen Abwehrsieg des SS-Panzerkorps.

Trotzdem wendete sich das Blatt endgültig gegen die Wehrmacht. Der Angriff der Armee Mansteins kam zum Erliegen, ihre Stosskraft war erschöpft. Auch Model bekundete Mühe, seine Frontlinien zu halten. Nach zahlreichen sowjetischen Gegenangriffen befanden sich die Verbände der Roten Armee wieder auf der alten Frontlinie der Ausgangslage.

Szenenwechsel: Am 10. Juli 1943 erfolgte die langerwartete, alliierte Invasion in Sizilien. Die dort stehenden italienischen und deutschen Verbände waren für jegliche Gegenwehr zu schwach. Hitler sah sich gezwungen, die Schlacht im Kursker Bogen abzubrechen und das gesamte SS-Panzerkorps von Manstein an die italienische Front zu verschieben. Die Panzerschlacht von Kursk war damit endgültig verloren.

4:1 ÜBERLEGEN

Hitler legte von vorherein fest, Unternehmen «Zitadelle» zu stoppen, falls gleichzeitig die Alliierten auf Sizilien landen und so einen Stoss in den Rücken der deutschen Ostfront vornehmen würden. Doch auch wenn keine Invasion im Süden Europas stattgefunden hätte, die Wehrmacht konnte die Panzerschlacht bei Kursk aus folgenden Gründen nicht gewinnen:

Das Verzögern des Angriffsbeginns durch Hitler. Manstein forderte, den Gegner möglichst frühzeitig, im Zustand der Schwäche, zu schlagen und plädierte für Angriff, bevor sich die Kräfte der Sowjets durch die Niederlage bei Charkow erholt hätten. So war jeder Tag für die Rote Armee ein Zeitgewinn, um den Kursker Bogen zu einer noch stärkeren Festung auszubauen.

Ein weiteres Manko bildete der Verzicht des Überraschungseffektes. Durch umfassende Aufklärung kannte die Rote Armee nicht nur die Stossrichtung des Gegners, sondern auch den Zeitpunkt der Offensive. Die Deutsche Wehrmacht traf auf einen bestens vorbereiteten Gegner.

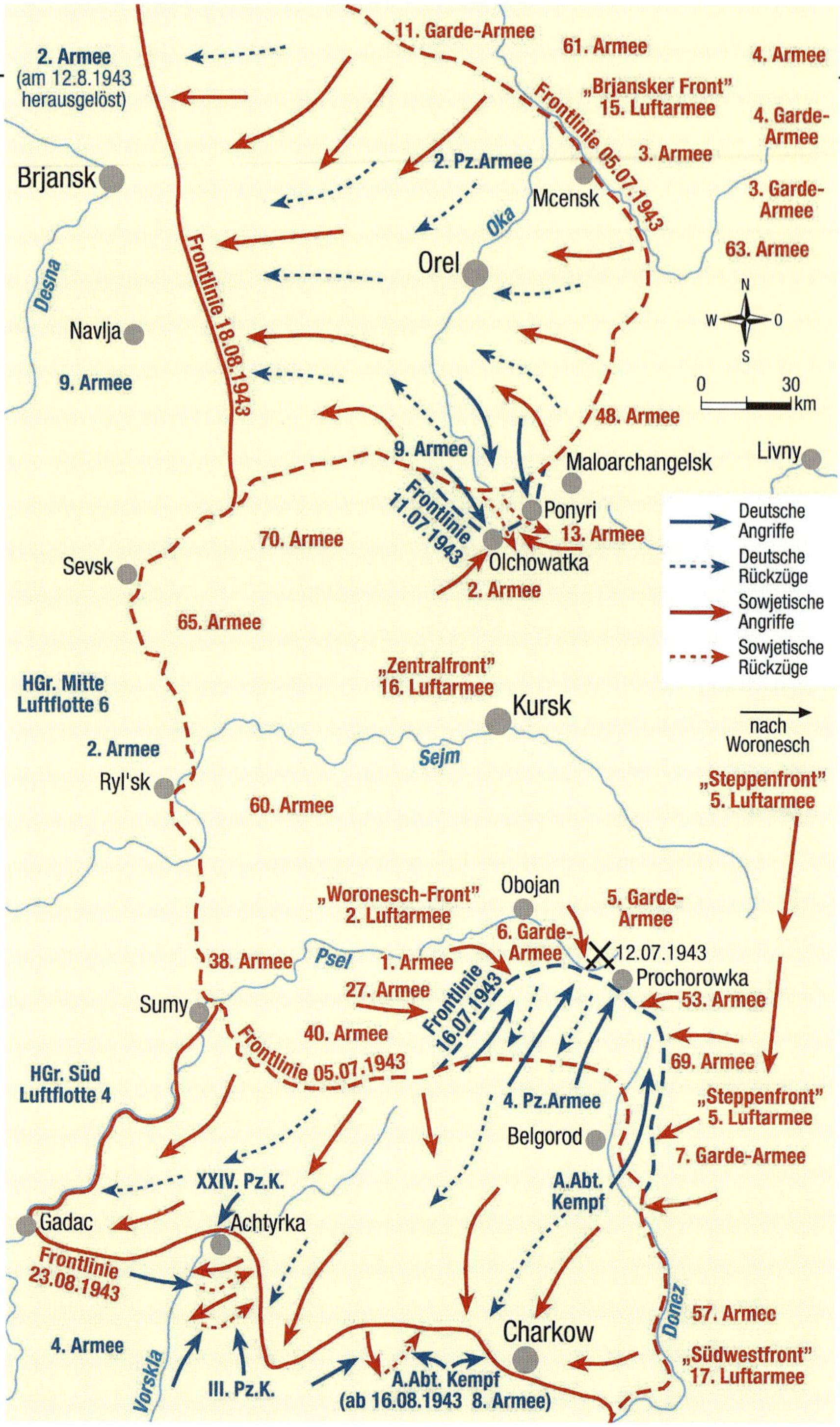

Die Schlacht von Kursk, eine der grössten Panzerschlachten der Geschichte. (Karte: 2015 KGS Kartografie und Grafik)

Die quantitative Überlegenheit der Sowjets. Die Infanterie war im Verhältnis 3:1 überlegen, die der Panzerwaffe sogar 4:1. Gleichgültig wie viele sowjetische Panzer abgeschossen wurden, es kamen immer neue nach. Zitat Mansteins aus seinem Buch «Verlorene Siege» über die unbegrenzte Regenerationsfähigkeit der Sowjets: «Wir standen in der Tat einer Hydra gegenüber, der für jeden abgeschlagenen Kopf zwei neue zu wachsen schienen.»

Die Schlacht bei Kursk gilt als grösste Panzerschlacht des Zweiten Weltkrieges. Erstmals gelang es der sowjetischen Armee, die deutschen Verbände – bei günstigen Wetterverhältnissen und in einem geradezu idealen Panzergelände – vernichtend zu schlagen. Mit diesem Sieg gingen sowohl das Übergewicht als auch die Initiative endgültig auf die Rote Armee über. Ihre Gegenoffensive stoppten sie erst im Mai 1945 in Berlin.

Meilensteine der Panzerentwicklung: Der sowjetische T-34

Stefan Bühler

Mitte der 1930er-Jahre verfügte die Rote Armee über den Infanteriepanzer T-26 und die schnellen Kavalleriepanzer der BT-Serie – beide waren sowjetische Entwicklungen ausländischer Entwürfe aus den frühen 1930er Jahren; der T-26 basierte auf dem britischen Vickers 6-Ton/Mark E, die BT-Panzer auf einem Entwurf des Amerikaners J. Walter Christie.

1937 wurde Mikhail Koshkin beauftragt, einen Ersatz für die BT-Panzer zu entwickeln. Der Prototyp dieses neuen Fahrzeugs erhielt die Bezeichnung A-20 (20 mm Frontpanzerung, 45 mm Kanone) und berücksichtigte bereits Erkenntnisse aus früheren Forschungen (Projekte BT-IS- und BT-SW-2), wie beispielsweise die rundum geneigten Panzerplatten oder den 12-Zylinder-Dieselmotor.

ANFÄLLIGE BENZINMOTOREN

Während der Schlacht am Chasansee im Juli/August 1938 und der Schlacht am Chalchin Gol im Juli/August 1939, im Grenzkrieg mit Japan, an der Grenze zur Mandschurei, setzte die Rote Armee zahlreiche Panzer gegen die Kaiserliche-japanische Armee ein. Während die Japanischen Type 95 Ha Go Leichtpanzer über Dieselmotoren verfügten, waren die sowjetischen T-26 und BT-Panzer mit Benzinmotoren aus-

Der T-34 trug entscheidend zum Sieg der roten Armee über Nazi-Deutschland bei. (Bild: Wikipedia)

Der T-34 mit der Nummer 213; man beachte das Treibstofffass rechts. (Bild: Wikipedia)

gerüstet, die durch Angriffe von japanischen Panzerabwehrtrupps mit Molotow-Cocktails in grosser Zahl in Flammen aufgingen.

Auch die mit Nieten befestigten Panzerplatten erwiesen sich als anfällig – selbst wenn die japanischen 37 mm Geschosse die Platten nicht immer durchschlugen, wurden die abgesprengten Nieten im Innenraum zu Sekundärgeschossen und verursachten entsprechende Verluste unter der Besatzung. Aufgrund der Erfahrungen aus diesen Gefechten wurde Koshkin mit der Entwicklung eines zweiten Prototypen beauftragt, dem A-32 (32 mm Frontpanzerung, 76.2 mm L10 Kanone).

1939 wurden der A-20 und der A-32 bei Versuchen in Kubinka getestet, wobei sich der A-32 als ebenso mobil erwies wie der A-20. Die Weiterentwicklung des A-32 mit einer verstärkten 45 mm Frontpanzerung und der neuen 76.2 mm L30 Kanone wurde schliesslich als T-34 (Koshkin wählte den Namen nach dem Jahr 1934, als er begann, seine Ideen über den neuen Panzer zu formulieren) zur Produktion freigegeben, die ersten beiden Prototypen verliessen im Januar 1940 die Fabrik.

Im April/Mai 1940 fuhren sie von Charkow nach Moskau zu einer Demonstration, zur Mannerheim-Linie in Finnland und über Minsk und Kiew zurück nach Charkow. Die dabei identifizierten Mängel im Antriebsstrang wurden alsbald behoben. Die ersten 400 Serienfahrzeuge des T-34 (Modell 1940) wurden ab September 1940 produziert, bevor die Produktion auf das Modell 1941 mit einer abermals verstärkten Panzerung und der durchschlagskräftigeren 76.2 mm L42 Kanone F-34 umgestellt wurde.

KONSTRUKTIONSMÄNGEL

Die sowjetischen Konstrukteure waren sich der Konstruktionsmängel des T-34 bewusst, aber die meisten Massnahmen hätten die Produktionslinien verlangsamt und wurden daher nicht umgesetzt, sofern sie nicht die Produktion vereinfachten oder zu Kosteneinsparungen führten.

Massnahmen betrafen den Einsatz von neuen Technologien wie das automatisierte Schweissen und Härten von Panzerplatten, Teilereduktionen (das Design der F-34 Kanone wurde beispielsweise von ursprünglich 861 auf 614 Teile reduziert) und vereinfachte Konstruktionen (einfachere Geometrien der Panzerplatten, weniger Schweissnähte). Über zwei Jahre hinweg wurden so die Stückkosten des T-34 von 269.500 Rubel im Jahr 1941 auf 193.000 und dann auf 135.000 reduziert.

Damit der T-34 mit den auf dem Gefechtsfeld auftauchenden deutschen Panzern (Panther und Tiger) mithalten konnte, wurde 1943 der Auftrag erteilt, eine durchschlagskräftigere Kanone in den Panzer einzubauen. Von den vier zur Verfügung stehenden Kanonen mit Kaliber 85 mm (D-5T, LB-1, S-50 und S-53) entschied man sich für die S-53, welche in einen neuen Turm (ursprünglich vorgesehen für den KW-85) integriert wurde.

SERIENFERTIGUNG AB 1944

Die Serienfertigung des T-34/85 begann im Januar 1944, aufgrund der nicht abgeschlossenen Entwicklung der S-53 mussten die ersten Modelle (Januar–März 1944) noch mit der D-5T ausgerüstet werden; nach ihrer Fertigstellung wurde sie unter der Bezeichnung SIS-S-52 als Hauptwaffe des T-34/85 aufgenommen.

In roter Farbe der Vorstoss der Roten Armee 1944, getragen vom T-34-Panzer. Zeitgenössisches Flugblatt. (Bild: Wikipedia)

Die T-34-Produktion erreichte durchschnittlich 1.300 pro Monat, das entsprach drei vollwertigen Panzerdivisionen. Während dem Zweiten Weltkrieg wurden fast 57.400 T-34 gebaut: 34.780 T-34 in mehreren Varianten mit 76.2 mm Kanonen in den Jahren 1940–1944 und weitere 22.609 des überarbeiteten T-34/85 in den Jahren 1944–1945.

Nach dem Kriegsende wurden in der Sowjetunion weitere 2701 T-34 gebaut, ab 1951 haben Polen und die Tschechoslowakei die Produktion in Lizenz wieder aufgenommen und weitere 1.380 (Polen, 1951–1955) bzw. 3.185 (Tschechoslowakei, 1951–1958) T-34/85 produziert. Die weltweite Produktion des T-34 beläuft sich auf rund 84.000 Fahrzeuge, was ihn zum meistproduzierten Panzer des Zweiten Weltkriegs und der zweitmeistproduzierten Panzer aller Zeiten macht.

12-ZYLINDER-DIESEL

Der T-34 wurde von einem 12-Zylinder-Dieselmotor (W-2-34, 500 PS) angetrieben und erreichte eine Höchstgeschwindigkeit von 53 km/h; mit 16,2 PS/t war das Fahrzeug relativ wendig. Das Fahrwerk des T-34 basierte auf der bewährten Christie-Aufhängung der BT-Panzer, die Kette war mit 56 cm relativ breit und damit der Bodendruck mit 0.64 kg/ cm^2 für einen mittelschweren Panzer verhältnismässig gering (Panzerkampfwagen IV, Ausf G, 0,82 kg/cm^2) – durch die Kombination dieser Elemente war der T-34 den deutschen Panzern im weichen, schlammigen Boden deutlich überlegen.

Ein weiterer Vorteil war in den Wintermonaten das pneumatische Motorstartsystem, welches auch unter kältesten Bedingungen zuverlässig funktionierte.

Die Front- und Seitenpanzerung betrug 45 mm, während die Heckpanzerung aus Gewichtsgründen auf 40 mm reduziert wurde; die Bodenplatte war 15 mm, die Dachplatte 20 (Wanne) bzw. 16 mm (Turm). Durch die geneigten Panzerplatten, welche erstmals beim T-34 konsequent umgesetzt wurden, konnte mit weniger Material eine grössere Durchschlagsstrecke erreicht werden, zudem prallten gegnerische Granaten bei einem entsprechenden Auftreffwinkel an der Panzerung ab, ohne einen Effekt zu erzielen. Obwohl die Konstruktion gelungen war, zeigten sich Probleme vor allem bei der Fertigung, insbesondere bei den Plattenverbindungen und den Schweissnähten, sowie der verwendeten Stahllegierungen.

WEHRMACHT BRINGT PANZER III/IV

Zu Beginn des Krieges konnte der T-34 weder durch die 3,7 cm Pak (L45), die 3,7 cm KwK 36 (L45) des Panzerkampfwagen III noch durch die 7,5 cm KwK 37 (L24) des Panzerkampfwagen IV wirksam bekämpft werden, und auch die ab 1940 beim Panzerkampfwagen III eingebaute 5 cm KwK 38 (L42) konnte dem T-34 nur an den Seiten und am Heck gefährlich werden. Erst mit der ab Frühling 1942 beim Panzerkampfwagen III, Ausf. J, eingebauten 5 cm KwK 39 (L60) und der ab Sommer 1942 beim Panzerkampfwagen IV, Ausf. F2/G, eingebauten 7,5 cm KwK 40 (L43, später L48) konnte die Wehrmacht dieses Ungleichgewicht beim Panzerduell zumindest teilweise ausgleichen.

Obwohl die Panzerung mit dem T-34/85 verstärkt wurde (Turmfront 90 mm), verlor der T-34 im weiteren Verlauf des Krieges seinen ursprünglichen Vorteil und war gegen Kriegsende den meisten deutschen Panzern deutlich unterlegen.

Der T-34/76 Modell 1940 verfügte über eine 76.2 mm L30 Kanone, ab dem Modell 1941 wurde die 76.2 mm L42 Kanone F-34 (77 Granaten) verbaut. Als Sekundärbewaffnung dienten zwei 7.62 mm Maschinengewehre vom Typ Degtjarjow DT (4.420 Schuss). Damit war der T-34 zu Kriegsbeginn weit besser bewaffnet als alle anderen Panzer.

Als Mitte 1942 die deutschen Panzer mit stärkeren Panzerungen versehen wurden, verloren die T-34 einen Teil ihres Schreckens. Deshalb wurde der T-34 ab dem Frühjahr 1944 mit der 85 mm Kanone DT-5, später SIS-S-52 (56 Granaten), ausgerüstet. Durch den grösseren Turm stieg die Besatzung von vier auf fünf Mitglieder (Kommandant, Ladeschütze, Funker, Fahrer und der neue Richtschütze), der Munitionsvorrat der Maschinengewehre wurde auf 1955 Schuss reduziert.

Mit der neuen Kanone konnte der T-34 (vor allem mit Wolframgeschossen) auch einem Tiger oder Panther wieder gefährlich werden, erreichte aber nie mehr eine Überlegenheit, wie er sie noch zu Kriegsbeginn hatte.

FUNK NUR AUF STUFE KOMPANIE

Der grosse Schwachpunkt des T-34 war seine mangelnde Führungsfähigkeit. Nur die Panzer der Kompaniekommandanten wurden aufgrund von Kosten und knapper Verfügbarkeit mit Funkgeräten ausgestattet, der Rest der Panzerbesatzungen signalisierte mit Flaggen.

Die Ausstattung mit Sichtgeräten für den Kommandant war mangelhaft (eine Kommandantenluke wurde erst mit dem Model 1943 eingeführt), auch Visierung und Entfernungsmesser der T-34 Kanone (entweder TMFD-7 oder PT-47) erlaubten bei weitem nicht die Treffergenauigkeit wie ihre deutschen Gegenstücke.

Aufgrund der Tatsache, dass der Kommandant gleichzeitig als Richtschütze agierte und sich daher nur ungenügend auf die Feuerführung konzentrieren konnte, schossen sich die Panzer eines Zuges oftmals auf das vom Zugführer markierte Ziel ein, womit der Zug die Feuerkraft von drei unabhängig arbeitenden Panzern verlor. Alle diese Punkte erschwerten die Fahrzeug- und Feuerführung erheblich, führten zu ungeordneten, wenig koordinierten Manövern und damit – trotz der technischen Überlegenheit in Mobilität, Panzerung und Feuerkraft – zu entsprechen hohen Verlusten.

PSYCHOLOGISCHER SCHOCK

Am 22. Juni 1941 startete Deutschland die Invasion der UdSSR. Die Existenz der T-34 und KV Panzer erwies sich als psychologischer Schock für die deutschen Soldaten, die erwartet hatten, einem minderwertigen Gegner gegenüberzustehen. Der T-34 war zu Beginn des Feldzuges jedem Panzer der Wehrmacht überlegen, die deutschen Panzerabwehrwaffen erwiesen sich gegen die schwere, schräge Panzerung des T-34 als weitestgehend wirkungslos – lediglich durch den Direktschuss mit 8,8 cm Flugabwehrkanonen oder 10,5 cm Feldgeschützen war der T-34 zu stoppen.

Die Rote Armee verfügte zu Beginn des Kampfhandlungen über 967 T-34 und 508 KV. Trotz der Überlegenheit im Bereich der Mobilität, Panzerung und Feuerkraft verloren die Sowjets 1941 fast 2.300 T-34. Neben der unbestrittenen taktischen und operativen Überlegenheit der Wehrmacht, hatten die neuen Panzer vor allem mit technischen Problemen zu kämpfen – mehr als 50% der Ausfälle waren auf mechanische und konstruktive Mängel, allen voran bei Kupplungen und Getriebe, zurückzuführen.

EINKESSELUNG DER 6. ARMEE

Weitere Gründe für die hohen Verluste waren der desolate Zustand der Führung (teilweise bedingt durch Stalins Säuberungen des sowjetischen Offizierskorps 1937), eine fehlende Panzertaktik, der anfäng-

Der T-34, eine der berühmtesten Kampfmaschinen der Militärgeschichte. (Bild: Wikipedia)

Plakat zum Film «T-34» des russischen Regisseurs Aleksey Sidorov. (Bild: Wikipedia)

liche Mangel an Funkgeräten und die ungenügende Ausbildung der Besatzungen. Vor allem auch aufgrund der hohen Produktionszahlen, mit denen die Verluste schnell ausgeglichen werden konnten, blieb der T-34 das Rückgrat der sowjetischen Panzertruppe und war massgeblich am sowjetischen Erfolg in der Abwehr der deutschen Sommeroffensive 1942 sowie der Einkesselung der deutschen 6. Armee in Stalingrad im Winter 1942 beteiligt.

Ab 1943 bildeten die Sowjets polnische und tschechoslowakische Exilarmeen, welche mit dem T-34 Modell 1943 ausgerüstet wurden. Der T-34 und der T-34/85 waren bis zum Kriegsende 1945 im Einsatz gegen die Wehrmacht.

Bei der Wehrmacht wurden ab Sommer 1941 auch Beutepanzer unter der Bezeichnung T-34 747(r) eingesetzt. Im Frühjahr 1943 besetzte die Waffen-SS das Traktorenwerk in Charkow, wo die Kriegsproduktion der T-34 weiterlief. Mit diesen ab Fabrik produzierten Panzern wurde unter anderem eine Abteilung der SS-Panzerdivision «Das Reich» ausgerüstet.

EINFALL IN DIE MANDSCHUREI

Kurz nach Mitternacht am 9. August 1945 fiel die Rote Armee in die Mandschurei ein. Da das Gelände als unwegsam für gepanzerte Fahrzeuge angesehen wurde, wurden die Japaner von den angreifenden T-34/85 völlig überrascht und geschlagen.

IM KOREAKRIEG

Ein Panzerbrigade der Nordkoreanischen Volksarmee mit 120 sowjetischen T-34/85 führte im Juni 1950 die Invasion Südkoreas an. Weder die durch die amerikanischen Truppen verwendeten (aus dem Zweiten Weltkrieg stammenden) 2,36 Zoll Bazookas noch die 75 mm Kanone des M24 Chaffee Leichtpanzers konnten dem T-34/85 gefährlich werden.

Erst mit der Ausrüstung der Panzereinheiten mit den amerikanischen M4 Sherman, M26 Pershing und M46 Patton bzw. den britischen Comet und Centurion sowie der Einführung der 3,5 Zoll Bazooka bei den Panzerabwehrtrupps konnten die T-34 wirkungsvoll bekämpft werden. Während der begrenzten Intervention der Volksrepublik China in Nordkorea kamen auf chinesischer Seite beim letzten grösseren Panzergefecht nochmal in geringer Zahl T-34 und IS-2 zum Einsatz. Während den Kampfhandlungen in Korea 1950–1953 wurden durch amerikanische Truppen insgesamt 97 T-34/85 abgeschossen.

IM ANGOLANISCHEN BÜRGERKRIEG

Einer der letzten modernen Konflikte, in welchem der T-34 in grösserem Umfang eingesetzt wurde, war der angolanische Bürgerkrieg. 1975 schickte die Sowjetunion im Rahmen der Unterstützung der laufenden kubanischen Militärintervention achtzig T-34/85 nach Angola, wo kubanische Panzersoldaten die angolanischen Streitkräfte am T-34 ausbildeten.

Die FAPLA (Forças Armadas de Libertação de Angola) begann am 9. Juni 1975 mit dem Einsatz von T-34/85 gegen die konkurrierenden Rebellenbewegungen UNITA (União Nacional para a Independência Total de Angola) und FNLA (Frente Nacional de Libertação de Angola). Nicht zuletzt aufgrund des militärischen Vorteils durch den Panzereinsatz setzte sich die FAPLA durch und stellte die erste Regierung des unabhängigen Angola.

Daneben wurde der T-34 seit seinem Erscheinen von den Mitgliedern des Warschauer Paktes, der Jugoslawischen Volksarmee, Ägypten, China (als Type 58 in Lizenz produziert), Finnland, Guinea, Guinea-Bissau, Jemen, Kongo, Kuba, Laos, Mali, Namibia, Nordkorea, Ukraine, Vietnam (chinesische Type 58), Syrien und Zypern eingesetzt.

FAST PERFEKTE KOMBINATION

Die Kombination von Mobilität, Schutz und Feuerkraft war beim T-34 fast perfekt gelungen: Er war bei seinem Erscheinen auch in jedem einzelnen der drei Bereiche führend, was ihn beim Ausbruch des Zweiten Weltkrieges allen Panzern der Achsenmächte und der Westalliierten überlegen machte. Ohne die eklatanten Mängel bei der Führungsfähigkeit wäre der T-34 wohl als die nahezu perfekte Panzerkonstruktion in die Geschichte eingegangen.

Persönlichkeit: Heinz Wilhelm Guderian – Der Chef der schnellen Truppen

Stefan Bühler

Heinz Wilhelm Guderian wurde am 17. Juni 1888 als Sohn des Generalleutnants Friedrich Guderian (1858-1914) und Clara (geb.) Kirchhoff (1865-1931) in Kulm, einer Kleinstadt in Westpreussen (Kulm bzw. Chełmno liegt auf dem Staatsgebiet des heutigen Polen) geboren.

Am 1. April 1901 startete Guderian seine militärische Laufbahn im Kadettenkorps in Karlsruhe, gefolgt von der Kriegsakademie in Berlin und dem Übertritt in die Armee, wo er ab Februar 1907 als Fähnrich im 10. Jägerbataillon diente. Nach der Ausbildung an der Kriegsschule in Metz wurde er 1908 zum Leutnant befördert. Am 1. Oktober 1913 heiratete er Margarete Christine Goerne, aus der Ehe gehen zwei Söhne hervor: Heinz Günther Guderian (1914–2004), Generalmajor in der Bundeswehr, und Kurt Bernhard Guderian (1918–1984), Hauptmann a D und Kaufmann.

Im Ersten Weltkrieg nahm Guderian als Nachrichtenoffizier u.a. an der Schlacht an der Marne und der Schlacht um Verdun teil. 1914 wurde er zum Oberleutnant, 1915 zum Hauptmann befördert, bekam jedoch kein Truppenkommando. 1917 wechselt Guderian in den Generalstab. Aufgrund seiner Leistungen im Ersten Weltkrieg wurde er mit dem Eisernen Kreuz 2. Klasse (19. September 1914) und 1. Klasse (18. November 1916) sowie dem Ritterkreuz 2. Klasse ausgezeichnet.

Nach dem Krieg wurde Guderian in die Reichswehr übernommen, wo er als Kompaniekommandant im 10. Jägerbataillon diente. 1927 folgte die Beförderung zum Major und die Ernennung zum Kommandant des Truppenamtes für Heerestransport, in dessen Funktion besuchte Guderian ausländische Panzereinheiten und befasste sich intensiv mit der Motorisierung der Reichswehr und der Entwicklung der Panzertaktik. Weil der Vertrag von Versaille der Reichswehr den Besitz und Einsatz

Generaloberst Heinz Wilhelm Guderian (1888 – 1954). (Bild: Wikipedia)

von Panzern verbot, führte Guderian seine Übungen in Deutschland mit Traktoren, Automobilen und Holzattrappen durch. 1931 folgte die Beförderung zum Oberstleutnant und die Ernennung zum Stabschef der Inspektion der Verkehrstruppen. 1932 wurde Guderian zum Leiter der geheimen Panzerschule Kama auf dem Staatsgebiet der Sowjetunion ernannt, wo er nun auch mit realen Panzern arbeiten konnte. 1933 folgt die Beförderung zum Oberst.

Durch seine Abhandlungen über die motorisierte Kriegsführung weckte er Hitlers Interesse an der Panzerwaffe, in dessen Auftrag Guderian ab Oktober 1935 den Aufbau von drei Panzerdivisionen in der neugeschaffenen Wehrmacht leitete. Guderian wurde das Kommando über die 2. Panzerdivision übertragen, am 1. August 1936 folge die Beförderung zum Generalmajor, am 4. Februar 1938 zum Generalleutnant unter gleichzeitiger Ernennung zum Kommandeur des XVI. Armeekorps, welchem die drei Panzerdivisionen unterstellt waren. 1937 veröffentlichte Guderian seine Grundsätze im Buch «Achtung, Panzer!». Am 20. November 1938 wurde Guderian zum General der Panzertruppe und gleichzeitig zum „Chef der Schnellen Truppen" im Oberkommando des Heeres ernannt, womit er verantwortlich war für die Aufstellung, Ausbildung, Technik und Taktik der motorisierten Einheiten der Wehrmacht.

Während des deutschen Überfalls auf Polen kommandierte Guderian das XIX. Armeekorps in der Heeresgruppe Nord. Aufgrund der hohen Mobilität der Panzereinheiten und ihrem Einsatz als geschlossen operierende Verbände wird der Polenfeldzug zu einem «Blitzkrieg», Guderian für seine Leistungen am 27. Oktober 1939 mit dem Ritterkreuz des Eisernen Kreuzes ausgezeichnet.

Guderian war massgeblich an der Ausarbeitung von Erich von Mansteins Angriffsplan «Sichelschnitt», der Westoffensive gegen Frankreich, beteiligt. Im Mai gelingt ihm mit seinem Panzerkorps der aufgrund der geografischen Bedingungen kaum für möglich gehaltene Vorstoss durch die Ardennen und damit de facto die Einkesselung eines Grossteils des französischen Heeres und des britischen Expeditionskorps. Im Juli 1940 wird Guderian zum Generaloberst befördert.

Im Juni 1941 befehligte Guderian die Panzergruppe 2 der Heeresgruppe Mitte, welche an den ersten Kesselschlachten des Krieges gegen die Sowjetunion bei Bialystok und Minsk beteiligt war. Am 17. Juli 1941 wird Guderian aufgrund seiner herausragenden Leistungen während der Schlacht bei Smolensk das Eichenlaub zum Ritterkreuz verliehen. Am 21. Dezember 1941 ordnet Guderian trotz «Halte-Befehl» Hitlers einen taktischen Rückzug an, um die Frontlinie gegen die angreifende Rote Armee zu verkürzen. Als Folge dieser Befehlsverweigerung wird er am 25. Dezember 1941 von Hitler des Kommandos enthoben.

Nach der Niederlage in Stalingrad und der sich abzeichnenden Kriegswende wurde Guderian im März 1943 reaktiviert und zum Generalinspekteur der Panzertruppen ernannt, im Juli 1944 trat er die Nachfolge des bei Hitler in Ungnade gefallenen Kurt Zeitzler als Chef des Generalstabes an. Am 28. März wurde er schliesslich wegen seinem Drängen auf einen separaten Waffenstillstand mit den Westmächten nach einer schweren Auseinandersetzung mit Hitler beurlaubt und geriet am 10. Mai 1945 in amerikanische Kriegsgefangenschaft.

Am 17. Juni 1948 wurde er aus der Kriegsgefangenschaft entlassen, 1951 veröffentlichte Guderian seine Autobiografie «Erinnerungen eines Soldaten». Er starb 1954 in Schwangau bei Füssen und wurde auf dem Friedhof in Goslar bestattet.

Guderian gilt als Vater der deutschen Panzertruppe als eigenständige Truppengattung und war – neben anderen fortschrittlich denkenden Offizieren wie Erich von Manstein und Erwin Rommel – massgeblich an den taktischen Konzepten wie dem «Gefecht der verbundenen Waffen» und der «Führung von vorne» beteiligt.

Meilensteine der Panzerentwicklung: Der deutsche Panther

Stefan Bühler

Die Entwicklung des Panther startete 1938 als Ersatz für die Panzerkampfwagen III und IV. Die ersten Anforderungen sahen einen 20 t schweren Panzer vor (VK 20 Serie), als direkte Reaktion auf die Begegnungen mit den sowjetischen T-34 und KV-1 während der Operation Barbarossa wurde das Projekt eingestellt und das geforderte Gewicht für einen neuen mittelschweren Panzer auf 30 t erhöht (VK 30 Serie). Aufgrund der technischen Auswertung von T-34 Beutepanzern wurden die offensichtlichen Vorteile des T-34 wie die geneigte Panzerung in den Anforderungskatalog übernommen und die Firmen Daimler-Benz (DB) und Maschinenfabrik Augsburg-Nürnberg (MAN) mit der Konstruktion des VK 30.02 beauftragt.

Der VK 30.02 (DB) wurde – ähnlich dem T-34 – durch einen Dieselmotor direkt am Heck angetrieben, was eine grössere Reichweite bei geringerem Verbrauch sowie eine geringeres Brandrisiko versprach. Durch die aussenliegende Blattfederaufhängung konnte die Wannenbearbeitung vereinfacht und die Silhouette um 200 mm reduziert werden. Der VK 30.02 (MAN) hingegen entsprach dem konventionellen Design mit einem im Heck verbauten Benzinmotor, aber dem vorneliegenden Antriebsrad; durch die Drehstabfeder und die unter dem Turmkorb laufende Antriebswelle hatte die MAN-Konstruktion eine grössere Silhouette. Das Laufwerk basierte auf dem Schachtellaufwerk der Firma Henschel, welches u.a. bereits beim Tiger verbaut wurde. Die beiden Konzepte wurden zwischen Januar und März 1942 intensiv überprüft, sowohl der Reichsminister für Bewaffnung und Munition, Albert Speer, als auch Adolf Hitler persönlich waren der Meinung, dass der VK 30.02 (DB) der MAN-Konstruktion technisch deutlich überlegen sei. Da der VK 30.02 (MAN) jedoch einen bereits bestehenden Turm von Rheinmetall-Borsig sowie einen nur leicht modifizierten Benzinmotor verwendete, während die DB-Konstruktion einen brandneuen Dieselmotor und Turm – mit entsprechend negativen Auswirkungen auf den Produktionsstart – erfordert hätte, entschied eine im Mai 1942 eingesetzte Sonderkommission für den MAN-Entwurf. Diese eher kurzsichtig getroffene Entscheidung sollte sich später noch negativ auswirken. Der Prototyp des VK 30.02 wurde im September 1942 nach der Prüfung in Kummersdorf offiziell abgenommen und umgehend in die Produktion überführt. Die ersten Serienfahrzeuge des Panzerkampfwagen V, dem Panther, verliessen im Dezember 1942 die Fabrikhallen – aufgrund der grossen Nachfrage wurde die Produktion auf Daimler-Benz (DB), die Maschinenfabrik Niedersachsen Hannover (MNH) und Henschel ausgedehnt. Die Produktion betrug im Jahr 1943 durchschnittlich 148, im Jahr 1944 durchschnittlich 315 Panther pro Monat, bis April 1945 wurden 5.987 Panther gebaut (davon 842 Ausf. D, 2.192 Ausf. A und 2.953 Ausf. G) – nach dem Sturmgeschütz III mit 9.408 Einheiten und dem Panzerkampfwagen IV mit 8.298 Einheiten war der Panther das am drittmeisten produzierte deutsche Panzerfahrzeug. Die Kampfkraft an der Front erreichte am 1. September 1944 mit 2.304 Panthern ihren Höhepunkt.

Schon während der Konstruktion des VK 30.02 im Jahr 1942 forderte Hitler, die Panzerung der Panther zukünftig weiter zu verstärken (100 mm Glacis, 60 mm Seite, 30 mm Dach). Die Produktion des Panther II sollte bereits im September 1943 beginnen. Am 10. Februar 1943 schlug der Chefkonstrukteur von MAN vor, den Panther II grundlegend neu zu gestalten und bewährte Komponenten aus dem Tiger wie Lenkgetriebe und Seitenvorgelege sowie die komplette Aufhängung nach den Erfahrungen an der Ostfront zu übernehmen. Eine weitere Sitzung am 17. Februar 1943 konzentrierte sich auf die gemeinsame Nutzung und Standardisierung von Komponenten zwischen dem Panther II und dem Tiger II. Die Einführung der 8,8 cm KwK 43 L71 zugunsten der be-

Allgemeine Daten	
Einführung	1943
Besatzung	5
Länge	8,86 m (Waffe 1.20)
Breite	3,42 m
Höhe	2,99 m
Gefechtsgewicht	44.800 kg
Bewaffnung	
Primärwaffe	7,5 cm KwK 42 L70 82 Schuss (Ausf G)
Alternativwaffe	2 × 7,92 mm MG 34 (4.200 Schuss)
Schutz	
Panzerung	frontal 80 – 100 mm, Stahl seitlich 40 mm, Stahl
Mobilität	
Motor	12-Zylinder, Benzin, Maybach HL230 P30, 515 kW (700 PS)
Getriebe	ZF AK7-200 (7 V, 1 R)
Spezifische Leistung	11,5 kW/t (15,6 PS/t)
Geschwindigkeit	45 km/h
Reichweite	200 km (Strasse), 100 km (Gelände)
Bodenfreiheit	0.54 m
Waten	1.90 m
Hindernis	0.90 m
Graben	2.45 m
Steigfähigkeit	70%

Panzerkampfwagen V Panther, SS-Panzer-Division Wiking, Ostfront 1944. (Bild: Deutsches Bundesarchiv)

währten 7,5 cm KwK 42 L70 wurde verworfen, wohingegen eine Reihe von neuen Motoren, darunter der Maybach HL 234 (900 PS) und der GT 101 (1.150 PS), für den Ersatz des Maybach HL 230 P30 in Betracht gezogen wurden. Die Arbeiten am Panther II wurden im Juni 1943 – noch bevor der erste Panther seine Feuertaufe erlebt hatte – in der Konzeptphase eingestellt, um die Ressourcen auf die Produktion und Optimierung des ursprünglichen Panther zur konzentrieren.

Mit der Ausf. F sollte, nach dem das Projekt Panther II begraben wurde, im Rahmen eines begrenzten Upgrades der Panther mit einem neuen Turm ausgestattet werden. Der sogenannte Schmalturm hatte eine stärkere Panzerung (120 mm Glacis, 60 mm Seite, 40 mm Dach) und war mit einer modifizierten 7,5 cm KwK 42 L70, der 7,5 cm KwK 44/1 L70, ausgerüstet. Durch die kompakte Bauform konnte trotz der stärkeren Panzerung eine Gewichtsreduktion erreicht werden. Es wurden zwar einige Prototypen des Schmalturmes produziert, diese kamen aufgrund des Kriegsendes jedoch nie zum Einsatz.

Im Jahr 1942 begannen die Entwicklungen an der E-Reihe (E-10, E-25, E-50, E-75, E-100, wobei die Zahlen der Gewichtsklasse entsprechen), mit welcher die bestehenden Panzermodelle mittelfristig ersetzt werden sollten. Durch eine Gleichteilestrategie sollten die Kosten gesenkt und die Wartungsfreundlichkeit erhöht werden. Im Rahmen dieses Projekts sollte der Panther durch den Standardpanzer E-50 abgelöst werden – geplante Änderungen waren u.a. der Ersatz der komplexen und teuren Doppeldrehstabfederung durch eine aussenliegende Tellerfederung sowie der Einsatz des für den Panther Ausf. F entwickelten Schmalturmes, allenfalls mit einer modifizierten Variante 8,8 cm KwK 43 L71. Der E-50 wurde nie gebaut.

TECHNIK

Die Mannschaft des Panther bestand aus fünf Besatzungsmitgliedern: Fahrer, Funker (gleichzeitig Bugmaschinengewehrschütze), Richtschütze, Lader und Kommandant.

Die ersten 250 Panther wurden durch den Maybach HL 210 P30 (Benzin, 12-Zylinder, 650 PS) angetrieben, ab Mai 1943 wurde der Panther mit dem stärkeren Maybach HL 230 P30 (Benzin, 12-Zylinder, 700 PS) ausgestattet und die drei einfachen Luftfilter wurden durch zwei mehrstufige Zyklonfilter ersetzt. Das durch die Zahnradfabrik Friedrichafen (ZF) gelieferte AK7-200 Getriebe (7 Vorwärtsgänge, 1 Rückwärtsgang) wurde die Leistung auf das vorne liegende Antriebsrad übertragen, der Panther erreichte damit eine Höchstgeschwindigkeit von 55 km/h. Im November 1943 wurde ein Motorsteuergerät eingesetzt, mit welchem zur Steigerung der Lebensdauer des Motors die maximale Drehzahl auf 2.500 min^{-1} und die Höchstgeschwindigkeit auf 45 km/h begrenzt wurde. Die anfänglich fehlenden Dichtungen bei den Krafstoffanschlüssen führten zum Ausdampfen des Kraftstoffes und damit zu etlichen Motorbränden, welche nur teilweise durch die im Motorraum installierte automatische Feuerlöschanlage (Bromchlordifluormethan) gelöscht werden konnten. Die effektive Kompartimentierung (Abtrennung des Motorraumes vom Kampfraum durch eine Schottwand) verhinderte jedoch in der Regel das Übertreten von Bränden in den Kampfraum.

Das Fahrwerk des Panther bestand pro Seite aus je acht gummibandagierten Laufradpaaren (86 cm Durchmesser) in Schachtelanordnung, welche über eine Doppel-Drehstabfederung mit der Wanne verbunden waren. Durch die breiten Ketten (66 cm) erreichte der Panther einen vergleichsweise niedrigen spezifischen Bodendruck von 0,85 kg/cm^2, in Kombination mit den grossen Verfahrwegen der Drehstäbe und einer optimierten Dämpfung ergab sich eine sehr gute Geländegängigkeit und hervorragende Laufeigenschaften auch bei grossen Geschwindigkeiten. Nachteilig wirkte sich die komplexe Konstruktion vor allem in der Wartung und Instandsetzung aus: in den verschachtelten Laufrädern sammelte sich Schlamm und Schnee, was neben Gefechtsschäden zum regelmässigen Verklemmen der Laufräder führte und durch Minenexplosionen beschädigte Drehstäbe konnten oftmals nur noch mit Schweissbrennern entfernt werden.

Die grösste Schwäche des Panthers war der Achsantrieb. Ursprünglich wurde gefordert, die Kraftübertragung analog dem Tiger über ein Planetengetriebe zu gewährleisten, aufgrund des Mangels an entsprechenden Verzahnungsmaschinen in Deutschland und der Tatsache, dass der Panther in Grossserie gefertigt werden sollte, wurde der Achsantrieb auf ein Doppel-Stirnradgetriebe umgestellt. Obwohl die Herstellung viel einfacher war, hatten die Doppel-Stirnräder von Natur aus eine höhere mechanische Belastung, was sie unter den hohen Drehmomentanforderung der Panther besonders anfällig machte für Ausfälle. Aufgrund der erheblichen Anzahl von Ausfällen sah sich die Wehrmacht gezwungen, den Panther über Distanzen von mehr als 100 km grundsätzlich auf der Schiene zu transportieren.

Die frontale Panzerung der Wanne war 80 mm stark und um 55° geneigt, die seitliche Panzerung musste aus Gewichtsgründen auf 40 mm, die Dachplatte der Wanne sogar auf 16 mm reduziert werden. Das Laufwerk wurde durch Kettenschürzen (5 mm) vor Panzerabwehrgewehrfeuer geschützt. Zwischen September 1943 und September 1944 wurde der Panther zum Schutz gegen Haftladungen zusätzlich mit Zimmerit beschichtet. Die Blende bestand aus einer 100 mm starken, gebogenen Panzerplatte. Diese Formgebung hatte grundsätzlich den Vorteil, dass auftreffende Geschosse abgelenkt werden konnten – dieser Umstand erwies sich allerdings dann als fatal, wenn das Geschoss nach unten in das nur schwach gepanzerte Wannendach abgelenkt wurde, wo es neben dem Fahrer und dem Funker auch das Munitionsmagazin treffen konnte. Dieser Mangel wurde ab September 1944 mit der verstärkten und im unteren Bereich abgeflachten Blende der Ausf. G behoben, allerdings wurde aufgrund der nur schrittweisen Umstellung der Produktion die alte Ausführung bis zum Kriegsende weitergeführt. Mit der Ausführung A wurde eine gegossene Kommandantenkuppel eingeführt, welche die Montage eines dritten Maschinengewehrs (oder alternativ die Nutzung des Koaxial- oder Bug-Maschinengewehrs) in der Flugabwehrrolle erlaubte.

Der Panther Ausf. D konnte den Turm mit Hilfe eines Hydraulikmotors innerhalb einer Minute um 360° drehen. Mit der Ausf. A wurde die Drehgeschwindigkeit durch Koppelung mit dem Fahrzeugmotor erhöht (46 s bei einer Motordrehzahl von 1.000 min^{-1}, nur 15 s bei 3.000 m^{-1}), was jedoch eine enge Koordination zwischen Richtschütze und Fahrer notwendig machte.

Als Hauptwaffe kam beim Panther die 7,5 cm Kampfwagenkanone KwK 42 L70 (Ausf. D/A 79 Granaten, Ausf. G 82 Granaten) zum Einsatz, welche drei Munitionssorten (75 mm x 640) verschiessen konnte: Panzergranate 39/42 (Panzersprenggeschoss), Sprenggranate 42 (Sprenggeschoss) und Panzergranate 40/42 (Hartkerngeschoss). Aufgrund der starken Treibladung und der grossen Rohrlänge erreichte die Pantherkanone sehr hohe Mündungsgeschwindigkeiten, was sich in einer stärkeren Durchschlagsleistung und – aufgrund der flacheren Trajektorie – in einem höheren Visierbereich, verglichen mit alliierten Kanonen des gleichen Kalibers, bemerkbar machte; aufgrund der höheren kinetischen Energie übertraf sie beim Einsatz von Panzerspreng- und Hartkerngeschossen sogar die Leistung der 8,8 cm KwK 36 L56 des Tiger. Als Sekundärbewaffnung dienten zwei Maschinengewehre

Panzerkampfwagen V Panther, Verladung auf Zug für Ostfront, 1944. (Bild: Deutsches Bundesarchiv)

34, welche koaxial zur Kanone bzw. vor dem Funkerarbeitsplatz im Bug untergebracht wurden. Die Ausf. D war mit einer Nebelwurfanlage ausgestattet, bei den Ausf. A und G wurde die Nahverteidigungswaffe zum Verschuss von Rauch- und Sprenggranaten eingerüstet. Ein grosser Schwachpunkt war die Munitionslagerung, da der grösste Teil der Munition in die Seitenkompartemente oberhalb der Kette eingeschoben wurde – was die sowieso schon schwach gepanzerten Seiten zum verwundbarsten Punkt des Panzers machte und bei einem Durchschuss oft zu katastrophalen Munitionsbränden führte. Da der Lader auf der rechten Turmseite untergebracht war, hatte er zudem nur Zugang zur Munition, welche auf der rechten Wannenseite gelagert war – nach dem Verschuss dieser Munition musste ummunitioniert werden, bevor der Kampf effektiv weitergeführt werden konnte.

Ab September 1944 wurden einzelne Fahrzeuge mit einem 30 cm Infrarotgerät FG 1250 auf der Kommandantenkuppel nachtkampffähig gemacht, im November 1944 gingen die ersten 63 Nachtkampf-Panther an die Truppe. Die Kampfdistanz war mit dem fahrzeugeigenen IR-Scheinwerfer auf etwa 150 m begrenzt, mit Zielbeleuchtung durch den 60 cm IR-Scheinwerfer des Sd.Kfz. 251/20 UHU konnte der Gegner unter optimalen Bedingungen sogar auf Distanzen bis 1.200 m bekämpft werden.

EINSATZ

Die Einführung des Panther in entsprechender Anzahl galt bei der obersten deutschen Heeresführung als eine notwendige Voraussetzung für den Angriff auf den sowjetischen Frontbogen um die russische Stadt Kursk im Sommer 1943, dem Unternehmen «Zitadelle». Aufgrund von technischen Problemen und der mangelhaften Verfügbarkeit wurde die Operation mehrmals verzögert, die endgültige Auslösung erfolgte am 5. Juli 1943, nur sechs Tage nach der Lieferung des letzten Panther (von 200) an die Ostfront. Wie technisch unausgereift die neuen Panzer waren, zeigte sich bereits vor dem Beginn der eigentlichen Schlacht, als 45 Panther bei ihrem Marsch in die Bereitstellungsräume, mehrheitlich aufgrund von defekten Seitenvorgelegen und Motorbränden, ausfielen. Trotz der mangelnden Zuverlässigkeit bestand der Panther seine Feuertaufe und zeigte mit 267 durch Panther vernichtete Feindpanzer eindrücklich sein Potential. Die vergleichsweise hohe Anzahl an Verlusten war vor allem darauf zurückzuführen, dass die Rote Armee aufgrund der mehrmaligen Verschiebung von «Zitadelle» genügend Zeit hatte, ihre Verteidigungsstellungen mit schweren Panzerabwehrkanonen und Minen zu verstärken. Gemäss einem deutschen Statusbericht vom 20. Juli 1943 waren zu diesem Zeitpunkt noch 41 Panther einsatzbereit, 85 reparierbar beschädigt, 16 schwer beschädigt, 56 durch gegnerischen Beschuss und zwei durch Motorbrände komplett zerstört. Infolge der sowjetischen Gegenoffensive stieg die Zahl der Ausfälle, am 11. August 1943 waren gemäss Statusbericht 156 Panther ausgefallen, nur noch 9 Panther waren voll einsatzfähig.

Obwohl sich die Wehrmacht nach der Schlacht von Kursk im permanenten Abwehrkampf gegen die nachstossenden Sowjets befand, konnte die Zahl der Panther langsam wieder aufgebaut werden. Im September 1944 wurde mit 522 (von 728) die höchste Anzahl an einsatzfähigen Panthern an der Ostfront erreicht, wo sie mehrheitlich für Gegenangriffe im Rahmen einer dynamischen Verteidigung eingesetzt wurden. Der letzte Statusbericht vom 15. März 1945 listete 740 Panther an der Ostfront auf, von denen 361 einsetzbereit waren – zu diesem Zeitpunkt war die Rote Armee bereits in Ostpreussen eingedrungen.

Zum Zeitpunkt der Invasion der Normandie im Juni 1944 waren an der Westfront lediglich zwei Panzerregimenter mit dem Panther ausgerüstet (156 Panther), welche im Zeitraum vom Juni bis August 1944 um zusätzliche sieben neu aufgestellte Panzerregimenter verstärkt wurden. Einem Statusbericht vom 30. Juli 1944 zufolge verfügten die deutschen Panzertruppen an der Westfront über 432 Panther, welche in der Folge vor allem für den Kampf gegen die anglo-kanadischen Truppen der 21. Armeegruppe um die Stadt Caen zusammen gezogen wurden.

Ein Statusbericht vom 15. Dezember 1944, dem Beginn der deutschen Ardennenoffensive, verzeichnete ein Allzeithoch von 471 Panther (davon 336 operativ) an der Westfront. Der Panther bewies einmal mehr seine Stärke im offenen Gelände, aber auch seine Verwundbarkeit bei den Nahkämpfen in den kleinen Städten der Ardennen, wo schwere Verluste zu vermelden waren. Während der Offensive gingen 198 Panther durch gegnerisches Feuer oder technische Ausfälle verloren, welche durch die mangelhafte Ausbildung der Panzerbesatzungen noch verschärft wurden.

Beim Kommandounternehmen «Greif», einer Teiloperation der Ardennenoffensive, wurden fünf Panther als amerikanische M10-Panzerjäger getarnt, um die amerikanischen Truppen zu infiltrieren. Die Panther wurden entdeckt und zerstört.

Ab 1943 wurden Panther-Türme, die meisten mit zusätzlicher Dachpanzerung gegen Artilleriefeuer, in den Befestigungen des Atlantikwalls und der Siegfriedlinie (182), der Gotischen Linie und der Hitlerlinie (48) sowie an der Ostfront (36) verbaut.

Die Rote Armee setzte einige Panther als Beutepanzer ein, aufgrund der vergleichsweise komplexen Konstruktion wurden diese Fahrzeuge aber bei einem Ausfall nicht repariert, da den Sowjets die entsprechenden Ersatzteile fehlten.

Im April 1945 erhielt Bulgarien 15 Panther aus sowjetischen Beständen (Beutepanzer), die Panzer wurden aber nur in begrenztem Umfang zur Ausbildung eingesetzt.

Im Mai 1946 wurden weitere 13 Panther aus den sowjetischen Beständen an Rumänen abgegeben, wo sie unter der Bezeichnung T-5 geführt wurden. Die Panzer waren in schlechtem Zustand und wurden 1954 verschrottet.

Frankreich rüstete unmittelbar nach dem Krieg mit 50 erbeuteten Panther zwischen 1944 und 1947 das 503. Panzerregiment und das 6. Kürassierregiment aus. Die Kanone des Panther wurde nach dem Krieg in einer modifizierten Version im AMX-13 eingesetzt.

Grossbritannien liess 1945/1946 bei der Firma MNH in Hannover noch neun Panther produzieren, welche zu Versuchszwecken nach Grossbritannien verschifft wurden.

FAZIT

Die späteren Ausführungen (A und G) des Panther waren dem T-34 und auch dem T-34/85 im Kampfwert überlegen. Neben der durchschlagskräftigen Kanone mit einer hohen Feuerrate war vor allem die – für einen mittelschweren Panzer – starke frontale Panzerung ausschlaggebend.

Das Laufwerk des Panther mit der konstruktiv sehr komplexen, aber äusserst gelungenen Federung und Dämpfung gilt als Vorreiter für die Laufwerke der Kampfpanzer nach dem Zweiten Weltkrieg und ebnete den Weg zum mittlerweile selbstverständlichen Feuerkampf aus der Bewegung.

Durchbruch in der Normandie: Die Panzerschlacht von Falaise 1944

Marc Lenzin

Juni 1944. Landung der Alliierten in der Normandie. Nach Konsolidierung der Brückenköpfe sollten der Ausbruch aus dem Landeperimeter, das Überschreiten der Seine und die Befreiung von Paris erfolgen. Aber Hitler warf seine schweren Panzerverbände an die Westfront und entfachte eine Schlacht, die im Kessel von Falaise ihren Höhepunkt fand.

Stetige Erweiterung des Aufmarschraumes, Ausbau der Häfen für Nachschub, keine Rückschläge, Angriffsschwung beibehalten. Für Feldmarschall Bernard L. Montgomery, Oberbefehlshaber der alliierten Lan-

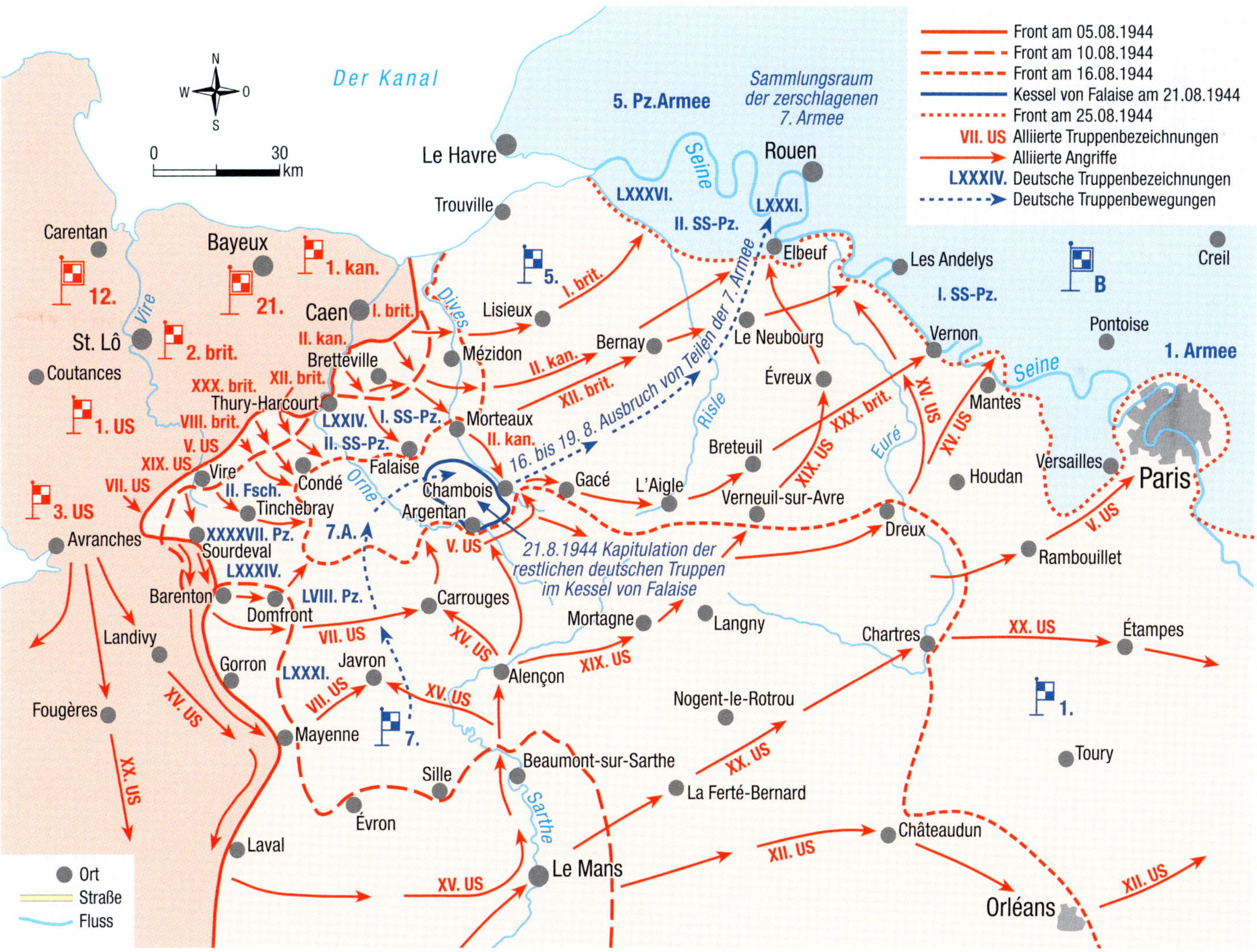

Karte Kessel von Falaise und alliierter Vormarsch. (Karte: KGS Kartografie und Grafik Schlaich)

Panzer M4 «Sherman» und Infanterie auf dem Vormarsch Richtung Caen, Normandie Juli 1944. (Bild: Imperial War Museum)

deeinheiten, entscheidende Faktoren einer erfolgreichen Offensive in der Normandie und der Befreiung von Paris.

JAHRE DER ABNUTZUNG

Nach Jahren der Abnutzung traf die deutsche Wehrmacht auf einen frischen Gegner. Die amerikanische 12. Armeegruppe (Gen. Bradley) versuchte nördlich auf die Cotentin-Halbinsel vorzustossen und die Achse Carentan–St-Lô zu durchbrechen, während die britische 21. Armeegruppe (Gfm. Montgomery) südlich aus dem Ornetal über die Frontlinie Caen–Bayeux–Villars-Bocage durchstossen wollte.

Nicht weniger als 12 deutsche Panzerdivisionen stellten sich den Alliierten entgegen und verhinderten hartnäckig den Ausbruch aus dem Brückenkopf. Sumpfgelände, langanhaltende Schlechtwetterperioden und eine von Hecken (Bocage) durchzogene Landschaft erschwerten den alliierten Vorstoss zusätzlich.

Die Frontlinien wurden erbittert gehalten, schmale Geländegewinne eroberte die Gegenseite sofort wieder zurück. Langsam wehte der Gedanke an die zermürbenden Grabenkriege aus dem Ersten Weltkrieg über den Soldaten.

HITLER – WUTENTBRANNT

Hitler, wutentbrannt über die desolate Lage der 7. Armee und der zur Unterstützung zugeteilten 5. Panzerarmee, ersetzte Oberbefehlshaber von Rundstedt kurzentschlossen durch Generalfeldmarschall von Kluge. Zur Zerschlagung des Landekopfes fasste von Kluge gemeinsam mit Erwin Rommel, Kommandeur der Heeresgruppe B, den Entschluss für eine Panzeroffensive.

DER KRÄFTEANSATZ

Die Wehrmacht installierte Reserveverbände entlang der Frontlinie: die 21. Panzer-Division im Raum Caen, die 12. SS-Panzer-Division im Raum Evreux, die 17. SS-Panzergrenadier-Division südlich der Loire sowie als Unterstützung den Eliteverband Panzer-Lehr-Division im Raum St-Lô.

Zusätzlich unterstellte schwere Panzerabteilungen sollten Durchbrüche verhindern oder verzögern.Nebst dem Einsatz des bewährten Panzers

Panzer VI «Tiger» der schweren Panzer-Abteilung 101, Normandie Juli 1944. (Bild: Deutsches Bundesarchiv)

IV und dem mittelschweren Panzer V «Panther» setzte die Wehrmacht die erstmals an der Ostfront erprobten schweren Panzer VI «Tiger» ein. Deren Auftrag war, die Frontlinien zu durchbrechen und Raum für nachrückende Verbände zu schaffen.

Der 56 t schwere «Tiger» konnte mit seiner 8,8-cm-Kanone jeden Kampfpanzer der Gegenseite durchschlagen. Doch komplizierte Bauweise, hohes Gewicht und beschränkte Reichweite reduzierten den Kampfwert dieses Stahlkolosses.

SCHWACHE PANZERUNG

Die alliierten Panzerverbände setzten auf bewährtes Material. Der amerikanische, mittelschwere Panzer M4 «Sherman» wog 32 Tonnen, war mit einer kurzen 7,5-cm-Kanone ausgerüstet, und seine Höchstgeschwindigkeit betrug 38 km/h. Mit über 50.000 Einheiten der meistproduzierte Panzer des Zweiten Weltkrieges.

Mit seiner schwachen Panzerung war er den deutschen mittelschweren und schweren Kampfpanzern unterlegen. Die Briten modifizierten die Serie M4A1 mit einer grosskalibrigen, verlängerten Kanone. Der Sherman Firefly vermochte im Direktgefecht zu bestehen; seine schwache Panzerung aber blieb weiterhin ein Nachteil.

BRÜCKENKÖPFE AUSGEDEHNT

Die Alliierten erweiterten den Brückenkopf. Die amerikanische 1. Armee (Gen. Hodges) stürmte auf Cotentin den strategischen Hafen Cherbourg und säuberte östlich die Städte Carentan und St-Lô. Südlich gelang es der britischen 2. Armee (Gen. Dempsey) und der kanadischen 1. Armee (Gen. Crerar), das Schlüsselgelände rund um die Stadt Caen zu besetzen.

Mehrmalige Haltebefehle Hitlers verzögerten die alliierten Panzer im Vormarsch, verursachten aber starke Abnützung der deutschen Verbände. Die Deutschen zogen sich aufs rechte Orne-Ufer zurück und verstärkten ihre angeschlagenen Einheiten mit Teilen der 15. Armee aus dem Raum Pas-de-Calais.

Langsam verloren deutsche Frontkommandanten die Hoffnung auf einen Endsieg. Schwer wog der Ausfall ihres Generals Erwin Rommel, der bei einem Tieffliegerangriff in der Nähe von Vimoutiers schwer verwundet wurde. Das Kommando über seine Heeresgruppe übernahm von Kluge.

HIN ZUM BEWEGUNGSKRIEG

Ende Juli 1944 erteilte Montgomery den Befehl zum Ausbruch aus dem Brückenkopf. Schiffsartillerie und schwere Jagdbomber leiteten den

Angriff ein. Die kanadische 1. Armee (Gen. Crerar) brach die Frontlinie südlich von Caen auf und stiess in Richtung Falaise.

Aber vier Panzerdivisionen, ein tiefgestaffeltes Abwehrsystem mit Panzerabwehrkanonen sowie das II. SS-Panzerkorps als Reserveelement stellten sich den Angreifern vehement entgegen. Auf der amerikanischen Seite nutzte Bradley die Gunst der Stunde und befahl die Operation «COBRA». Nebst der bestehenden 1. Armee (Gen. Hodges) formierte er die 3. Armee unter Führung des bewährten Panzergenerals George S. Patton. Das VIII. Korps setzte er auf die strategisch wichtigen Bretagne-Häfen an, während die drei übrigen Grossverbände aus Avranches östlich Richtung Le Mans vorstossen sollten.

Aber auch Bradley traf auf zähen Widerstand, vor allem durch die vereinte Kampfkraft der Panzer-Lehr- sowie 2. Panzer-Division. Während die Gefechte auf beiden Seiten tobten, traf am 7. August eine weitere Schreckensnachricht im Oberkommando der Alliierten ein.

GEGENOFFENSIVE

Die deutsche Armee plante auf der von Ost nach West verlaufenden Achse Argentan–Mortain einen umfassenden Panzergegenangriff. Hitlers Absicht war rasches Erreichen der 30 Kilometer entfernt gelegenen Bucht des Mont-Saint-Michel und den Engpass Avranches, um dadurch die Frontlinien einzudrücken und die Versorgungslinien der amerikanischen 3. Armee (Gen. Patton) abzuschneiden.

Der alliierte Vormarsch wäre des weiteren Nachschubs beraubt und böte der Wehrmacht die Chance, die übrigen Feindkräfte in den Landeköpfen zu isolieren und zu vernichten.

OPERATION «LUETTICH»

Grosse Zweifel machten sich im Führungsstab der Wehrmacht über die Operation «LUETTICH» benannte Offensive breit. Der Kommandant der 5. Panzer-Armee, Generaloberst Dietrich, gab zu bedenken, dass der Treibstoff nicht ausreiche, eine grosse Ansammlung von Panzerverbänden ein lohnendes Ziel für die feindlichen Luftverbände abgäbe sowie der Abzug aus dem Schlüsselgelände Caen eine Schwächung der Abwehr darstelle.

Auch von Kluge war nicht überzeugt, ordnete aber auf Hitlers Befehl am 7. August 1944 den Angriff mit fünf Panzerdivisionen an. Aufgrund des Überraschungseffektes und dichten Morgennebels gelang es der 2. Panzer-Division, eine Bresche in die Frontlinie zu schlagen und rund zehn Kilometer in die amerikanischen Sektoren vorzustossen. Der Hauptstoss traf die überraschte amerikanische 30. Infanterie-Division mit voller Wucht. Doch bald lichtete sich der Morgennebel und die deutschen, in Kolonne formierten Panzerverbände gaben ein lohnendes Ziel für die alliierte Luftwaffe.

Jagdbomber mit Kanonen und Panzerabwehrraketen stiegen auf und vernichteten binnen weniger Stunden über 100 Panzer. Keinem der am Morgen zur Unterstützung der Angriffsspitzen gestarteten 300 deutschen Jäger gelang es, über dem Kampfraum zu erscheinen. Alle waren vorher in Luftkämpfe verwickelt worden.

ÜBERMACHT DER JAGDBOMBER

Der Fehlschlag war nicht mehr zu leugnen, Hitler hatte in Mortain seine letzte Karte gezogen und verloren. Alle deutschen Versuche, den Feind im Landekopf einzuschliessen oder am Ausbruch zu hindern, scheiterten an der Übermacht der Jagdbomber und der effektiv eingesetzten Panzerwaffe. Nach langem Abwägen erteilte Hitler den Befehl zum Rückzug und suchte einen Sündenbock für das Versagen der Heeresgruppe B. Er ersetzte von Kluge durch seinen an der Ostfront bewährten «Feuerwehrchef» Generalfeldmarschall Walter Model. Für die sich abzeichnende Niederlage in der Normandie übernahm von Kluge die Verantwortung und schied am 17. August 1944 freiwillig aus dem Leben.

IM KESSEL VON FALAISE

Montgomery und Bradley realisierten, dass ihnen die fehlgeschlagene Operation «LUETTICH» die Chance bot, die deutschen Panzerverbände zwischen Mortain und Argentan im Kessel von Falaise zu umfassen, einzuschliessen und zu vernichten:

- Die Absicht war, mit der britischen 2. Armee (Lt.Gen. Dempsey) und der kanadischen 1. Armee (Lt.Gen. Crerar) den deutschen Riegel südlich Caen aufzubrechen und Falaise in Besitz zu nehmen.
- Gleichzeitig sollte die amerikanische 5. Panzer-Division – verstärkt mit der französischen 2. Panzer-Division (Gen. Leclerc) – aus dem Raum Le Mans nach Norden abdrehen und sich mit Montgomerys Divisionen vereinen.

FÜRCHTERLICHES BLUTBAD

Nun waren im Kessel von Falaise die deutsche 7. Armee, Verbände der 5. Panzerarmee und zehn Infanteriedivisionen mit insgesamt 150.000 Mann eingeschlossen. Den alliierten Fliegern boten sich lohnende Angriffsziele. Zahlreiche Fliegerverbände hämmerten unaufhörlich auf die deutschen Panzer- und Infanterieverbände. Ein unglaubliches Blutbad wurde angerichtet.

Bedingt durch einen umstrittenen Haltebefehl Bradleys vor Argentan, entstand eine schmale Lücke zwischen dem von den Polen der 1. Panzer-Division (Maj. Gen. Maczek) besetzten Mt.Ormel und St-Léonard an der Dives. Eine willkommene Gelegenheit für die Wehrmacht, Teile ihrer Truppen ans Ostufer der Seine zu entsetzen.

POLEN KÄMPFEN HEROISCH

Am 19. August 1944 trafen bei Chambois die vorstossenden Panzerspitzen der Kanadier und Amerikaner endlich zusammen. Die deutschen

Die Statue steht in Front vor dem Memorial Caen (Museum). Sie ist einem berühmten Bild der Agentur Associated Press von der Victory Parade 1945 in New York nachgebildet.

Panzerverbände holten zum letzten ernsthaften Versuch aus, den Kessel zu durchbrechen, um die eingeschlossenen Truppen zu retten.

Die 5. Panzerarmee sollte eine Bresche schlagen, während Elemente des II. SS-Panzerkorps, das sich ausserhalb der Tasche befand, die Ortschaften Trun und Chambois angriff. Gleichzeitig versuchten die 2. SS-Panzer-Division, die 116. Panzer-Division und die 9. Panzer-Division aus dem Kessel in Richtung Osten zu entkommen. Doch die 1. polnische Panzer-Division mit 80 Panzern hielt tapfer die Stellung und führte einen heroischen Abwehrkampf um die Höhe 262 und den Mt.Ormel.

TASCHE VON MORTAIN-FALAISE

Am 21. August wurde die Tasche von Mortain-Falaise, nach einer Reihe von Missverständnissen in der alliierten Führung, endgültig geschlossen. Die Vereinigung der Verbände war geglückt, rasch stiessen die Panzerverbände – am Schluss dann an der Spitze Franzosen – über die Seine und befreiten Paris.

Nur 20.000 Mann mit wenigen Panzern gelang der Ausbruch. 220 Panzer, 990 Geschütze und Sturmgeschütze und über 7.000 Kraftfahrzeuge musste die Wehrmacht im Kessel zurücklassen.

50.000 deutsche Soldaten in Gefangenschaft und mehrere 10.000 Tote waren die Bilanz. Die Wehrmacht erholte sich nicht mehr von der Niederlage.

STALINGRAD DER NORMANDIE

Die Kesselschlacht von Falaise wird auch als das Stalingrad der Normandie bezeichnet – ein Meisterstück der operativen Planung, aber fehlerhaft und inkonsequent in der taktischen Umsetzung. Bis heute umstritten ist der Entscheid Bradleys, den Vormarsch Pattons kurz vor Argentan zu stoppen. So entstand eine Lücke von 15 Kilometern im Kessel, die dem Grossteil der deutschen Verbände die Absetzung östlich über die Seine ermöglichte.

Bradley argumentierte später, dass zu rasches Vorstossen seine Flanken exponiert hätte, Argentan sich schon im britischen Sektor befand und dass er das Risiko, direkt auf die sich zurückziehenden Verbände zu stossen, vermeiden wollte.

HITLERS RÜCKZUGSBEFEHL

Tatsache ist, dass Hitler erst am 16. August den Befehl zum Rückzug aus dem Kessel von Falaise gab. Pattons Panzer erreichten am 12. August Argentan. Genug Zeit also, die Tasche zu schliessen und die deutschen Truppen zu vernichten.

So aber trafen Montgomery und Model zu einer weiteren Panzerschlacht aufeinander: Ende 1944 in den Ardennen!

Entscheidung im Westen: Pattons Panzerschlacht 1944

Marc Lenzin

Nach dem Zusammenbruch der Heeresgruppen an der Ostfront und der verlorenen Schlacht um Frankreich war die Wehrmacht Ende 1944 an allen Fronten in die Verteidigung gedrängt. Dennoch ungebrochen und siegessicher rief Hitler geheim auf zur entscheidenden Offensive im Westen. Die berühmte Ardennenoffensive wird an den amerikanischen Akademien heute noch als Beispiel für einen überraschenden Überfall mit starken Panzerkräften gelehrt.

Der alliierte Vormarsch in Westeuropa stockte. Der Durchbruch in der Normandie, der Rückschlag in Arnheim und das Gemetzel im Hürtgenwald setzten den Alliierten zu. Truppe und Material waren strapaziert.

EISENHOWER: ANGRIFF

General Eisenhower, Befehlshaber der Streitkräfte in Europa und Befürworter des stetigen Angriffs, befahl die 21. Armeegruppe unter Montgomery weiter Richtung Antwerpen und die 12. Armeegruppe unter Bradley mit einem zweigeteilten Stoss Richtung Metz und Ruhrgebiet.

Die alliierten Divisionen verteilten sich entlang einer 800 Kilometer breiten Frontlinie, die im Norden am Rheinufer begann und bis zur Schweizer Grenze reichte.

Die Frontüberdehnung forderte die Versorgung, dünnte die alliierten Linien aus und schuf wenig Raum für Reserven. Der Ardennenabschnitt wurde vernachlässigt und mit vier Infanterie-Divisionen der 1. US-Armee nur schwach besetzt.

GROSSANGELEGTE OFFENSIVE

Hitler beabsichtigte, mit einer grossangelegten Offensive das Schicksal Deutschlands abzuwenden und die Initiative zurückzugewinnen. Im September 1944 legte er seine Kampfidee dem Generalstab vor: die Frontlinie zwischen Monschau und Echternach zu durchstossen und rasch die Maas zu überschreiten.

Ziel der Offensive sei der Hafen von Antwerpen, eine wichtige Logistikbasis der Alliierten. Dabei würden die englische 21. Armeegruppe sowie die südlich im Raum Aachen kämpfende 1. und 9. US-Armee voneinander abgeschnitten – ideale Ausgangslage für die Zerschlagung von 25 alliierten Divisionen. Der Durchbruch bedeute eine Verkürzung der Frontlinien und ein Freiwerden von dringend benötigten Divisionen an der Ostfront. Zwei nebeneinander eingesetzte Panzerarmeen sollten die Hauptoffensive tragen. Das bewaldete Eifelgebiet in den Ardennen wäre geeignet, um unbemerkt Bereitstellungsräume zu beziehen. Der Angriffszeitpunkt sollte in einer Schlechtwetterperiode stattfinden, um die drückende Luftüberlegenheit der Alliierten zu unterlaufen.

ERSCHÖPFTE DEUTSCHE TRUPPE

Hitlers Generäle hegten Zweifel am Erfolg der Offensive. Der Oberbefehlshaber West, Generalfeldmarschall von Rundstedt, bemerkte die Mängel des unzureichenden Materials und der erschöpften Truppe. Generaloberst Guderian protestierte heftigst, da die Offensive in der Eifel den Abwehrkampf im Osten vernachlässigte.

Generalfeldmarschall Model, der die Offensive kommandieren sollte, begrüsste die Initiative, arbeitete aber eine kleinere Variante aus. Er beschränkte sich auf das Ostufer der Maas, um mit einer Umfassung die alliierten Verbände im Raum Aachen–Verviers zu zerschlagen. Scharf wies Hitler alle Alternativen zurück und beauftragte die Generäle Keitel und Jodl mit der Ausarbeitung der Planung.

ZIEL DER OFFENSIVE: ANTWERPEN

Die 6. SS-Panzer-Armee (Gen. Dietrich) sollte nach Durchbruch Monschau und Losheim die Maas nördlich von Lüttich überschreiten und weiter über Albertkanal ins Angriffsziel Antwerpen stossen. Die 5. Panzer-Armee (Gen. von Manteuffel) sollte die Maas südlich von Lüttich überschreiten und auf der Achse Brüssel–Antwerpen den Stoss der 6. SS-Panzer-Armee unterstützen. Die 7. Armee (Gen. Brandenberger) hatte den Frontkeil der beiden Panzerarmeen nach Süden abzuschirmen.

Die angreifenden Truppen umfassten 200.000 Soldaten, etwa 1.000 Panzer sowie 1.600 Artilleriegeschütze. Beide Panzerarmeen verfügten über neun kampfstarke Panzerdivisionen. Viele der damals besten Kampfpanzer kamen zum Einsatz, wie der bewährte Panzer V «Panther» mit seiner überlangen 7,5-cm-Kanone sowie der gefürchtete Panzer VI «Tiger». Zwei Panzerbataillone wurden mit dem schwersten jemals im Zweiten Weltkrieg eingesetzten Panzer ausgerüstet: mit dem Tiger II, auch als Königstiger bekannt.

DIE WEHRMACHT SCHLÄGT LOS

Dieser Stahlkoloss, bestückt mit einer schweren 8,8-cm-Kanone, wog 70 Tonnen. Auf der Gegenseite stand die 1. US-Armee (Gen. Hodges) mit lediglich 83.000 Soldaten, etwa 420 Panzern und 500 Geschützen.

Die Begegnung von Bastogne: Die Generäle Eisenhower, Bradley und Patton. (Bild: Alamy Limited)

Am 16. Dezember 1944, 05.30 Uhr, löste Model das Unternehmen «WACHT AM RHEIN» aus. Unter Anwendung verschiedener Angriffsverfahren – bei der 6. SS-Panzer-Armee nach kurzem Artillerieschlag – bei der 5. Panzer-Armee mit infiltrierenden Sturmkompanien, trafen sie auf einen völlig überraschten Gegner.

Die 6. SS-Panzer-Armee brach mit schweren Panzerabteilungen die Frontlinien Richtung Westen auf. Da die Gegenseite gleichzeitig einen Angriff befahl, trafen die Panzerverbände unaufhaltsam aufeinander. Weder die Zwischenziele Monschau noch Elsenborn konnten genommen werden. Erfolgreicher unterwegs war die 5. Panzer-Armee. Ihr gelangen der Durchbruch und das Schlagen von Behelfsbrücken bei Dasburg und Gemünd, um rasch über die Our zu setzen. Der 7. Armee, ohne Panzerdivisionen bestückt, blieb der Einbruch versagt.

Die Gegenseite versuchte, die Frontlinien zu halten und forderte Verstärkung an. Im Norden von der 9. US-Armee (Gen. Simpson) die 7. Panzerdivision und im Süden von der 3. US-Armee (Gen. Patton) die 10. Panzerdivision, die den Abschnitt Echternach gegen den Einbruch der 7. Armee aufhalten sollte. Mit einer tollkühnen Vorausaktion besetzte die 101. US-Luftlandedivision den Verkehrsknotenpunkt Bastogne.

Starker Schneefall setzte ein. Vorteil für den Vorstoss, da keine Angriffe aus der Luft zu befürchten waren. Nachteil für die schweren Panzer-

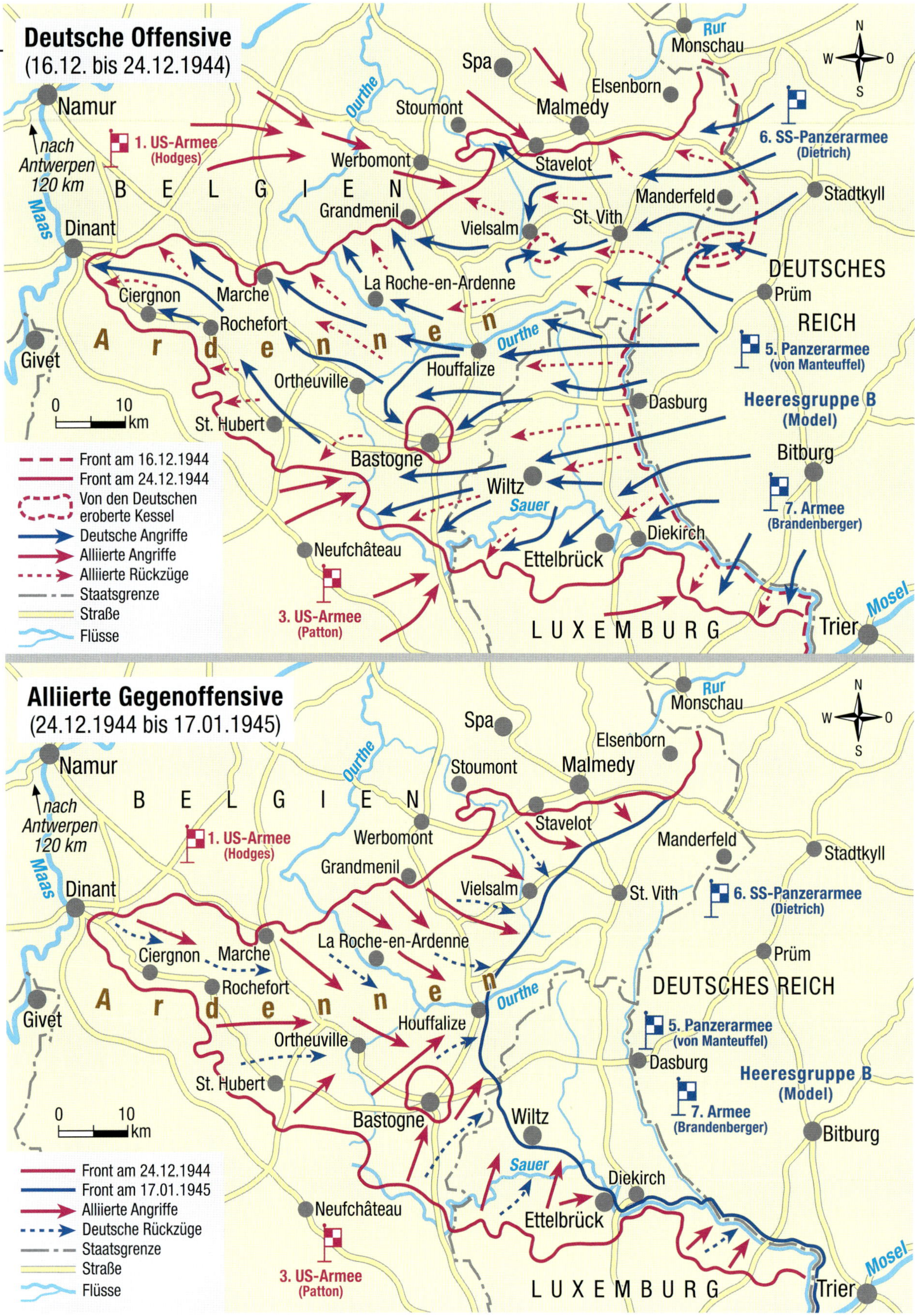

Die Ardennen-offensive 1944/45. (Karte: KGS)

Panzer M4 Sherman, 11. Britische Panzer-Division auf dem Vormarsch Richtung Bastogne, Dezember 1944. (Bild: Alamy)

verbände, die bei den schwierigen Geländeverhältnissen nur langsam vorankamen.

BRADLEY BENÖTIGT UNTERSTÜTZUNG

Mittlerweile erkannte Eisenhower, dass die betroffene 12. Armeegruppe unter Bradley nicht mehr Herr der Lage war und dringend Unterstützung benötigte. Er teilte das Schlachtfeld auf. Südlich führte Bradley. Im nördlichen Sektor unterstellte er zwei US-Armeen direkt der 21. Armeegruppe unter Montgomery. Alle alliierten Streitkräfte konzentrierten sich nun auf den Abwehrkampf in den Ardennen.

Die 1. SS-Panzer-Division wurde im Zwischenziel Stavelot zurückgeworfen. Die 5. Panzer-Armee führte den Angriff auf St. Vith fort, hatte aber wegen Verschlammung des Geländes Mühe, ihre Artillerie in Stellung zu bringen. Der Vorstoss nach Bastogne verlangsamte sich ebenfalls, da die Versorgungslinien unterbrochen wurden.

Auf der Gegenseite bemühte sich Montgomery, mit der 1. US Armee (Gen. Hodges) nördlich eine zusammenhängende Frontlinie St.Vith–Houffalize–Bastogne herzustellen. Südlich stoppte General Patton mit der 3. US-Armee die Offensive ins Saarland. Er wendete seine Panzerdivisionen um 90 Grad, um aus Süden in die Flanke der deutschen Verbände vor Bastogne zu stossen.

PLÖTZLICH BESSERES WETTER

Im Norden festigte die 1. US-Armee die Frontlinie. 4 Panzerdivisionen und 11 Infanteriedivisionen traten entschlossen den Verbänden der 6. SS-Panzer-Armee entgegen. Gleichzeitig kämpften sich Pattons Verbände durch die Abwehr der 7. Armee.

Hartnäckig hielt die 101. Luftlandedivision Bastogne. Kapitulationsaufforderungen beantwortete ihr Befehlshaber General McAuliffe mit Nuts (Unsinn).

DER HIMMEL KLART AUF

Erstmalige Wetterbesserung ermöglichte alliierte Luftangriffe auf die Versorgungslinien. Unaufhörliches Hämmern der Jagdbomber dezimierte die Versorgungskolonnen der Deutschen. Treibstoffmangel stellte sich ein. Strassen wurden verstopft durch zerstörte Panzer.

Die 6. SS-Panzer-Armee, im weiteren Vorstoss ausgebremst, unterstellte als Flankenschutz das II. SS-Panzerkorps der 5. Panzer-Armee. Nur mit Mühe hielt die 7. Armee die Front gegen Pattons Armee.

An Weihnachten kam die Offensive endgültig zum Erliegen. Weitere Wetterverbesserungen ermöglichten den Masseneinsatz der alliierten Luftwaffe. Die Frontlinien wurden abgeriegelt, die Versorgungswege gekappt, alle deutschen Verbände waren im Verteidigungsmodus.

BASTOGNE HALTEN

Einzig der Kampf um Bastogne entbrannte weiter. Model teilte dem «Führer» das Scheitern der Offensive mit und verlangte Rückzug aller Truppen. Hitler lehnte im Starrsinn ab und befahl Halten um jeden Preis. Nach erbittertem Kampf brachen Pattons Panzerdivisionen den Belagerungsring um Bastogne am 26. Dezember auf. Eine sinnlose Schlacht um die Stadt entbrannte, die erst am 8. Januar 1945 auf Befehl Hitlers aufgegeben wurde. Er zog alle SS-Panzer-Divisionen zur Auffrischung ab und verschob sie an die Ostfront.

Am 16. Januar 1945, genau einen Monat nach Auslösen der Offensive, trafen die von Norden und Süden angreifenden alliierten Verbände bei Houffalize zusammen und zwangen die Wehrmacht zurück in ihre Ausgangsstellungen. Die Ardennenoffensive war geschlagen.

NIEDERLAGE IN FREMDEM LAND

Die Wehrmacht verlor ihre letzte Schlacht auf fremdem Territorium. Auch die Alliierten erlitten einen verheerenden Rückschlag. Der Verlust von über 75.000 alliierten Soldaten wog schwer. Schon einmal besessenes Gelände musste mühsam zurückerobert werden und verzögerte die Befreiung Westeuropas. Aus operativer Sicht verhinderte die erfolgreiche Verteidigung der Flanken Elsenborner Hügel im Norden und Diekirch im Süden eine Erweiterung der deutschen Front. Dadurch verengte sich der deutsche Vormarsch und liess die Flanken ungeschützt. Der Durchbruch Pattons 3. US-Armee war die Folge.

Der Einsatz der Panzerwaffe erfolgte unter winterlichen Verhältnissen. Trotz bewusst gewählter Schlechtwetterperiode zwang es die Panzerverbände auf Nebenwege, da die Haupteinfallsachsen von den Alliierten längst gesperrt waren.

Die schweren Panzer kamen bald ins Stocken, Ausfälle häuften sich, Achsen verstopften und gaben so lohnende Ziele für die alliierte Luftwaffe ab. Eine Analyse des Geländes und klare Trennung in Infanterie- und Panzergelände hätte sich hier aufge-drängt.

KONZENTRATION DER KRÄFTE

Auch der Grundsatz der Konzentration der Kräfte wurde verletzt. Nach dem frühen Erlahmen des Angriffschwungs der 6. SS-Panzer-Armee hätte Hitler das II. SS-Panzerkorps frühzeitig aus der Unterstellung ablösen müssen, um den raschen Vorstoss der 5. Panzer-Armee zu unterstützen. Diese von Model wiederholt beantragte Massnahme verneinte Hitler vehement, waren doch Prestige bei der Partei und seine Abneigung gegenüber «Generälen» vorrangig.

Ein Sieg für die Wehrmacht in den Ardennen hätte den Ausgang des Krieges, rückblickend gesehen, auch nicht ändern können. Entscheidend war vielmehr, dass die letzten operativen Reserven der Wehrmacht verschwendet wurden, während an der Ostfront die russische Winteroffensive mit aller Wucht bis vor die Tore Berlins durchbrach.

Models Heeresgruppe B wurde nach dem Scheitern in den Ardennen im Frühjahr 1945 vollständig im Ruhrkessel aufgerieben und zerschlagen. Model selber wählte den Freitod. Eine Kapitulation vor Bradley und Montgomery waren für ihn unvorstellbar.

PATTONS STERNSTUNDE?

Patton starb Ende 1945 noch vor seiner Rückkehr in die USA an den Folgen eines Autounfalls. Mit dem Entlastungsstoss seiner 3. Armee nach Bastogne wurde er längst zur Legende.

Ob dies seine Sternstunde gewesen war oder nicht, mag dahingestellt sein, er selbst aber war davon überzeugt, dass Gott ihn eigens für diese Gelegenheit aufgespart hätte.

Panzer VI «Königstiger», Schwere SS-Panzer-Abteilung 501, im Vorstoss nördlich St.Vith mit Fallschirmgrenadieren, Dez. 1944. (Bild: Alamy)

Persönlichkeit: Patton – Soldat und General

Marc Lenzin

George S. Patton, impulsiver und eigenwilliger amerikanischer Vier Sterne-General, der sich zum Feldherrn berufen fühlte, tief religiös und den Gefallenen seiner Armeen nachtrauerte, führte im Zweiten Weltkrieg mit grosser Energie seine Verbände von Nordafrika nach Sizilien, durch die Normandie bis vor die Tore Berlins. Er galt als einer der grössten Panzerführer der Militärgeschichte.

VIELSEITIGER CHARAKTER

Ein Mann mit vielseitigem Charakter, in erster Linie ein Schauspieler, aber auch ein unbequemer Untergebener und ein Original. Schon von Kindesbeinen an vom Ehrgeiz getrieben, einmal ein erfolgreicher Feldherr zu werden. Begeistert verschlang er Bücher über Kriegsgeschichte, zierte seine Posen als hartgesottener Soldat und war doch im Herzen weich und gutmütig.

General Omar N. Bradley, Heeresgruppenführer in der Endschlacht um Europa, zitierte Patton im Vorwort zu dem Buch «Before the Colours Fade: Portrait of a Soldier, George S. Patton»: «Ein Führer muss nach seinen Erfolgen beurteilt werden. Patton war bestimmt ein erfolgreicher General auf dem Schlachtfeld mit diesem sechsten Sinn, Situationen, die sich entwickelten, vorauszusehen und das zu veranlassen, was erforderlich war, sie zu meistern». Bewiesen im kühnen Vormarsch durch Metz während den Kämpfen im Elsass und Lothringen oder dem meisterlichen Durchbruch nach Bastogne während der Ardennenschlacht.

HERKUNFT

Patton, geboren 1885 in San Gabriel, Kalifornien, stammte aus einer Offiziers-Familie mit schottisch-irischer Herkunft. Sein Grossvater führte ein Infanterie-Regiment im Sezessionskrieg auf der Seite der Konföderierten und wurde in der Schlacht bei Opequon tödlich verwundet. Sein Grossonkel, ebenfalls Oberst, starb 1863 in der Schlacht bei Gettysburg.

Die militärische Laufbahn Pattons verlief, wie sein Charakter, ungewöhnlich. Seinen ersten Einsatz erlebte der junge Kavallerieleutnant während der amerikanisch-mexikanischen Grenzunruhen im Jahre 1916 als Adjutant General Pershings. Patton schoss den Führer der Leibgarde Pancho Villas, Oberst Julio Cardenas nach einem Feuergefecht mit seinem Colt nieder. So entstand seine Vorliebe für Revolver. Seitdem trug er, nicht ganz reglementskonform, einen mit Elfenbeingriffen versehenen Colt Single Action Army.

General George Smith Patton jr. (1885 – 1945). (Bild: Wikipedia)

«Es sind die unbekannten Führer, die untersten Grade, die letzten Endes das Wesentliche dazu beitragen einen Krieg zu gewinnen.»

General George S. Patton

ERSTE PANZER-BRIGADE

Nach dem Eintritt der Vereinigten Staaten in den Ersten Weltkrieg folgte Patton 1917 General Pershing, dem Oberbefehlshaber des US Expeditionskorps, auf den europäischen Kriegsschauplatz. Nach Beförderung zum Obersten, bildete er Panzertruppen aus und formierte die erste Panzer-Brigade der Kriegsgeschichte, bestückt mit Renault FT Tanks aus französischer Produktion. In der Offensive bei St. Mihiel im September 1918 bewies Patton seine Qualifikation zum Panzerführer: Der 1. US Panzer-Brigade, unterstellt der 42. Infanterie-Division, gelangen entscheidende Durchbrüche der Frontlinie bei Montsec - Nonsard - Thiaucourt.

Seine Entschlossenheit und unaufhörlicher Drang von vorne zu führen, endete mit einer schweren Verwundung in der Maas-Argonnen Offensive. Nur dreissig Meter vor einer deutschen Stellung erfasste ihn ein Maschinengewehr und er stürzte in einen Granattrichter. Den Waffenstillstand im November 1918 erlebte er aus einem Lazareth in Verdun.

LEGENDE

Kampferfahrungen an vorderster Linie während des Ersten Weltkrieges sollten für Patton Fundament und Quelle seines künftigen soldatischen Führertums sein. Der sich anbahnende Zweite Weltkrieg gab Patton Aufschwung und er hielt zündende Reden über die Wirkungskraft der Panzerwaffe. Dabei gebrauchte er vielfach die Bezeichnung «Blood and Guts» - Blut und Eingeweide. Der Anfang einer Legendenbildung rund um seine Persönlichkeit.

Die Befreiung von Bastogne: General Patton and General McAuliffe, Dezember 1944. (Bild: Alamy)

Im Zweiten Weltkrieg betrat Patton die Bühne 1942 als Kommandeur der Invasionstruppen an der Westküste Marokkos. Im Juli 1943 landete er an der Spitze der 7. US Armee in Sizilien. Bereits im August befand sich Patton auf dem Weg über Trapani, Palermo und Cefalu nach Messina. Gemeinsam mit der britischen 8. Armee unter General Montgomery stand der Befreiung Italiens nichts mehr im Wege.

NORMANDIE

Juni 1944. Nach der Landung der Invasionstruppen in der Normandie, weitete sich der mit grössten Anstrengungen und Opfern eroberte alliierte Landeperimeter bis Ende Juli 1944 von Caen bis Avranches aus. Der weitere Durchbruch erfolgte im Norden durch die 21. Heeresgruppe unter Montgomery und im Süden durch die 12. Heeresgruppe mit der 1. und 3. US-Armee unter Bradley. Dabei sollte Patton das Kommando über die 3. US-Armee übernehmen.

Patton führte mit der ihm eigenen Energie und Dynamik seine Truppen in den Kampf, räumte die Halbinsel von Brest, durchbrach die deutsche Abwehrfront im Elsass und Lothringen und wälzte seine Armee auf einer Front von 100 km Breite quer durch Frankreich.

ARDENNEN

Schon im November 1944 rechnete Patton mit der Möglichkeit einer deutschen Offensive in den Ardennen. Hitler's Absicht war in einem grossangelegten Angriff mit zwei Panzer-Armeen den verteidigungsschwachen Sektor der 1. US-Armee zu überrumpeln, sie von den Briten zu trennen und bis zum Kanal durchzustossen. Unter der Führung Generals Models erfolgte die Ardennen-Offensive für das alliierte Oberkommando völlig überraschend. Eisenhower warf auf das strategisch wichtige Strassenkreuz in Bastogne die 101. US-Luftlande-Division, welche von der Panzer-Lehr-Division sofort eingekreist und zur Kapitulation aufgefordert wurde.

BASTOGNE

Patton stoppte den Vormarsch seiner 3. US-Armee durch Metz, machte eine Linksdrehung und stiess aus Süden Richtung Ardennen vor, durchbrach die Frontlinie um Bastogne und befreite die eingeschlossene 101. Luftlande-Division, während Montgomery die Initiative im Norden ergriff und einen konzentrierten Angriff auf die Frontlinie Houffalize – La Gleize einleitete. Die Ardennenschlacht war geschlagen, Pattons Entsatz schrieb Kriegsgeschichte.

Der weitere Verlauf ist bekannt: Anfangs Januar 1945 brach er den Widerstand der deutschen 5. Panzer-Armee, setzte im März über den Rhein an und befahl den Stoss nach Frankfurt, als im Mai die Kapitulation Deutschlands erfolgte.

Sein Wunsch, in der letzten Schlacht durch die letzte Kugel zu sterben, erfüllte sich nicht. Am 9. Dezember 1945 stiess sein Stabswagen auf der Autobahn Frankfurt-Mannheim mit einem amerikanischen Lastwagen zusammen. Patton erlitt schwere Verletzungen, denen er am 21. Dezember erlag. Er kehrte nicht in sein Vaterland zurück. Pattons letzte Ruhestätte ist der Soldatenfriedhof seiner 3. US-Armee in Hamm in Luxenburg.

1950–1953: Das Ringen um Korea – Der Panzerkampf im Kalten Krieg

Marc Lenzin

6. Juni 1950. Mit einer Panzerbrigade in Front überschritten sieben nordkoreanische Infanteriedivisionen überraschend den 38. Breitengrad und drangen tief in den südkoreanischen Raum ein. Dem Präsidenten Truman stockte der Atem, in Seoul wurde Botschaftspersonal evakuiert und die amerikanische 8. Armee in Alarmbereitschaft versetzt. Es entbrannte der Koreakrieg und damit der erste Schlagabtausch zwischen amerikanischen und sowjetischen Kampfpanzern.

Präsident Kim Il-sung's North Korean Peoples Army (NKPA) war nicht aufzuhalten: Die 105. Panzerbrigade passierte den Imjin-Fluss und durchbrach die Verteidigungslinie der schwach gerüsteten südkoreanischen Infanterie. Am 28. Juni 1950 fiel Seoul, wenige Tage später Incheon, der wichtigste Flottenstützpunkt. Aufgeriebene südkoreanische Truppen zogen sich südlich über den Naktong-Fluss in den Raum Pusan zurück.

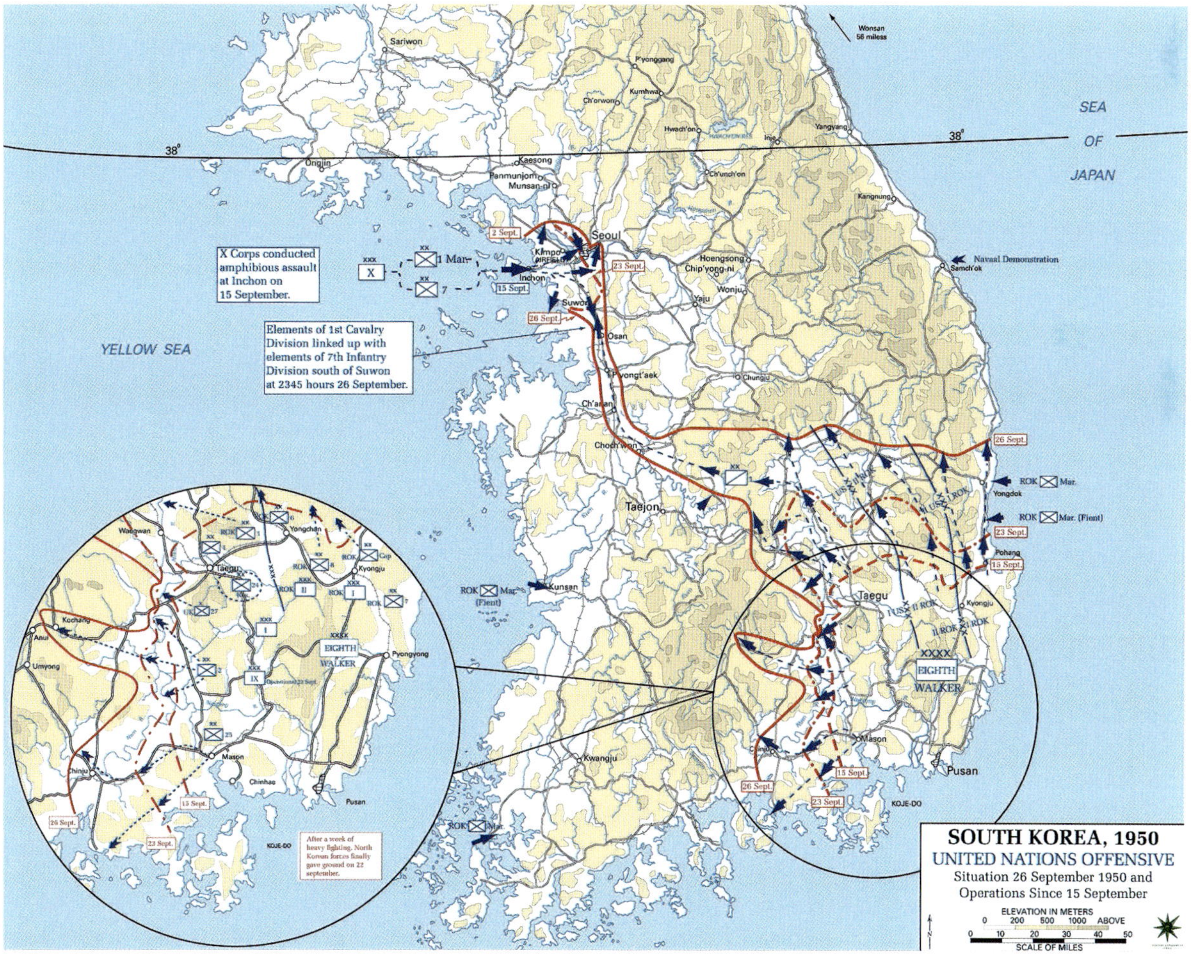

Koreakrieg, Ausbruch aus dem Pusan Perimeter und Landung in Incheon, 1950. (Karte: US Military Academy Department of History)

APPELL AN DIE UNO

Der südkoreanische Präsident, Syngman Rhee, appellierte an die Vereinten Nationen und bat um Unterstützung. General MacArthur, Oberbefehlshaber der amerikanischen Truppen im Pazifik, autorisierte die Verlegung der 8. US-Armee (Gen. Walker) nach Südkorea.

Erste Einheiten der 24. Infanteriedivision landeten wenige Tage später in Pusan. Ihr Befehlshaber, General Dean, befahl dem 1. Infanteriebataillon (Oberstlt Smith) die sofortige Aufnahme der Kampfhandlungen.

Im Raum Osan brachen am 5. Juli 1950 die ersten Gefechte der Taskforce Smith gegen die vorstossenden Verbände der NKPA aus. Die amerikanischen leichten Panzer M-24 Chaffee kämpften gegen die mittelschweren Panzer T-34/85 aus sowjetischer Produktion – mit wenig Erfolg.

Trotz hohen Verlusten verzögerte die Aktion den NKPA-Vorstoss und ermöglichte die Landung der 2. und 25. Infanteriedivision und von fünf Panzerbataillonen in Pusan. Der Nachschub bestand aus teils veralteten Panzerbeständen aus dem letzten Weltkrieg: mittelschwere M4 Sherman, M-26 Pershing und wenige schwere M-46.

PANZERENTWICKLUNG NACH 1945

Die Auffassungen über den Kampfwert von Kampfpanzern im künftigen Gefecht waren trotz der grossen Erfolge im Zweiten Weltkrieg keineswegs einhellig positiv:

- Das Hohlladungsprinzip mit seiner panzerbrechenden Wirkung hielt in wachsendem Mass auch bei Raketen, Flugkörpern und Panzernahkampfwaffen Einzug.
- Enorme Wirkungsmöglichkeiten stellten die Frage nach dem Grad des Schutzes durch mehr oder weniger dicke Panzerplatten in ein neues Licht.
- Die Industrie war gefordert, den Kampfwert zu erhöhen und neuste technische Errungenschaften in die Stahlkolosse zu verbauen.

DER SCHWERE STALIN-PANZER

Die Sowjets blieben der bewährten Bauweise des mittelschweren Kampfpanzers T-34 treu und ersetzten die 7-cm-Kanone durch ein Modell mit Kaliber 85. Weiterentwicklungen erfuhr auch der schwere Panzer JS-2 Josef Stalin mit besser gepanzertem Geschützturm, stärkerer Motorisierung und einer Kanone mit Kaliber 122 zur Serie JS-3.

Die amerikanische Panzerindustrie entwickelte den M-26 Pershing bei Motorenleistung, Panzerung und Bewaffnung weiter zum schweren M-46. In der mittelschweren Klasse verbesserten kleine Modifikationen den bewährten M4 Sherman zum Typ M4A3. Die leichte Klasse besetzte der M-24 Chaffee, vielfach auch als Aufklärer eingesetzt.

BRITEN BRINGEN DEN CENTURION

Nebst den mittelschweren Panzern Cromwell und Comet produzierten die Briten einen schweren Kampfpanzer, der wirklich als neuartig bezeichnet werden kann: den Centurion – entwickelt während des Zweiten Weltkrieges als Antwort auf den deutschen Kampfpanzer VI Tiger.

Der Stahlgigant wog 55 Tonnen, war angetrieben durch einen 635-PS-Motor von Rolls-Royce und bestückt mit einer Kanone vom Kaliber 105. In den späten fünfziger und sechziger Jahren war er nicht nur die Standardwaffe der Briten.

Er stand auch in Schweden (Strv 81), der Schweiz (Panzer 55/Centurion Mk V, Panzer 57/Centurion Mk VII), in den Niederlanden und in Dänemark im Dienst.

LANDUNG IN INCHEON

Doch zurück nach Korea. MacArthurs Plan überzeugte Präsident Truman und die Joint Chiefs: Der geniale Stratege wollte nordkoreanische Truppen im Raum Seoul binden, mittels einer Umfassung im südkoreanischen Raum einkesseln und vernichten. Dazu mobilisierte er das X. Korps und weitere Verbände der 8. Armee.
Die Absicht war,

- in der Phase 1 mit der 1. Marinedivision und der 7. Infanteriedivision des X. Korps amphibisch im Hafenbecken von Incheon zu landen, einen Brückenkopf zu bilden und den Flughafen Kimpo vor Seoul einzunehmen,
- in der Phase 2 östlich vorzustossen, um Seoul zu befreien und mit der 2. und 25. Inf Div aus dem Raum Pusan auf zwei Achsen nördlich vorzurücken, um den Gegner vor Seoul zu binden.
- Die dritte Phase sah das Vereinigen der beiden grossen Verbände und das Zurückschlagen der NKPA über den 38. Breitengrad vor.

BRILLANTER PLAN

So brillant der Plan auch war, er barg viele Risiken, nämlich schwieriges Gelände, logistische Herausforderungen und schwer einschätzbarer Gegner.

In den frühen Morgenstunden des 13. September 1950 löste MacArthur die Operation «CHROMITE» aus. Trotz schwerer Flut und schwierigen Landebedingungen setzte die 1. Marinedivision, unterstützt vom 1. Panzerbataillon, an Land. Den Vormarsch sicherte die 7. Infanteriedivison mit dem 73. Panzerbataillon. Rasch besetzten die amerikanischen Truppen den Flughafen Kimpo, passierten den Han-River und setzten zum Stoss nach Seoul an.

Die Amerikaner trafen auf erbitterten, zähen Widerstand der NKPA: Beinahe alle Häuser waren besetzt, Strassenzüge vermint, es gab Tanksperren, panzerbrechende Waffen, Scharfschützen auf den Dächern.

Die Pershings krachten durch die Barrikaden, die amerikanischen Infanteristen säuberten Haus um Haus.

AUSBRUCH AUS DEM PERIMETER

Während der Kampf in Seoul tobte, befahl General Walker der 2. und 25. Inf Div den Ausbruch aus dem Pusan-Perimeter. Walker traf auf wenig Widerstand südlich Seouls. Am 26. September vereinten sich die Spitzenkompanien der beiden Verbände nördlich Osans. Seoul wurde befreit, und das südkoreanische Sternenbanner wehte über dem Regierungsgebäude.

MacArthur nahm den Angriffsschwung auf, überschritt rasch den 38. Breitengrad, besetzte Pyongyang und passierte das Chosin-Reservoir im Norden Koreas. Doch der Vormarsch forderte die amerikanischen Truppen. Schlecht besetzte Strassen erschwerten die Verbindungen, das Einsetzen des Winters setzte der Moral der Soldaten zu, und die Versorgung aus Pusan wurde zur logistischen Herkulesaufgabe.

CHINA GREIFT EIN

MacArthur plante die Frontlinie nördlich des Yalu-Flusses an der Grenze zu China. Den Eintritt der Chinesen in die Kampfhandlungen wollte er vermeiden. Mao Tse-tung duldete ein vereintes Korea unter amerikanischem Einfluss nicht.

Das schwach gerüstete China drängte Stalin um materielle Unterstützung. Der aber war an einem direkten Kräftemessen mit den USA nicht interessiert. Doch sicherte er die Unterstützung mit einer MIG-15-Flugstaffel und zehn sowjetischen Panzerregimentern zu. Darunter, nebst Panzer T-34/85, auch schwere Kampfpanzer JS-4, die modernste Panzerwaffe der Sowjets.

Panzer M-26 Pershing, 1. Marine Division, Ausbruch aus der chinesischen Umfassung beim Chosin Reservoir, Dezember 1950. (Bild: Alamy Limited)

PANZER EINGEGRABEN

Mao setzte die 13. Armeegruppe zum Stoss in Richtung Yalu in Bewegung. Gleichzeitig griff die 42. Chinesische Armee das Marinekorps im Raum Chosin-Reservoir im Osten Koreas an. Die 8. Armee wurde auf den Verteidigungsgürtel rund um Pyongyang zurückgedrängt. Es folgten die verlustreichsten Panzergefechte seit Kriegsbeginn. An der Frontlinie um den 38. Breitengrad erschöpften sich Angriffe und Gegenangriffe.

Geländebedingt setzten die amerikanischen Truppen die mechanisierten Verbände nur noch statisch ein, wobei Panzer einfach eingegraben wurden.

MACARTHUR FORDERT ATOMSCHLAG

MacArthur forderte einen Atomschlag, um Interventionen der Chinesen ein für alle Mal zu beenden. Truman lehnte rigoros ab und ersetzte seinen legendären, zuletzt aber umstrittenen Oberbefehlshaber durch General Matthew B. Ridgway.

Im Mai 1951 stoppte die amerikanische Regierung weitere Angriffe. Die Amerikaner spielten ihre Luftüberlegenheit aus und bombardierten die nächsten zwei Jahre Nordkorea flächendeckend.

Sie warfen deutlich mehr Bomben ab als im Zweiten Weltkrieg und selbst mehr als später in Vietnam. Da im Gegensatz zu Vietnam der Norden Koreas über Ballungszentren und Industrie verfügte, waren die Bombenangriffe effizienter. Dennoch erreichten sie keinen strategischen Vorteil.

Fast genauso lange wie die Bombardements und die ständigen Kämpfe dauerten die Verhandlungen über einen Waffenstillstand. Dieser wurde im Juni 1953 geschlossen und fixierte den Status quo ante, inklusive einer demilitarisierten Zone entlang des 38. Breitengrads, der von Nord- und Südkorea, den UN und den Amerikanern gemeinsam «verteidigt» wurde und bis heute wird.

Mit dem Waffenstillstand, dem bis heute kein Friedensvertrag folgte, endete der Koreakrieg.

Die Effektivität der Panzerwaffe im Koreakrieg beurteilte ein Bericht von Operation Research der amerikanischen Armor School in Fort Benning von 1990.

Die Beurteilung der Geländegängigkeit für mechanisierte Verbände nur nach Karte erwies sich oft als trügerisch, weil Höhenunterschiede unterschätzt und eingezeichnete Strassen schlecht passierbar waren, da es sich meist um Sumpf- oder Sandboden handelte.

ANDAUERNDE NACHTATTACKEN

Gegnerische Stellungen am Hinterhang wurden meist so bekämpft, dass die Infanterie über die Höhenzüge vorging und die Panzer durch weiträumige Umgehungen in den Rücken der Verteidiger gelangten, sie dort mit Feuer niederhielten und der Infanterie den Weg öffneten.

Die andauernden Nachtangriffe der Nordkoreaner zwangen die Panzerverbände, sich während der Dunkelheit innerhalb der infanteristischen Sicherung aufzuhalten, um nicht durch die Panzer-Jagdpatrouillen angefallen zu werden.

Sie erhöhten ihre Wirkung gegen Nachtangriffe im Laufe der Zeit beträchtlich, indem sie bei Tag ihr Dispositiv bezogen, sich einschossen und einen Plan für den nächtlichen Feuerkampf festlegten.

MANGELHAFTER FUNK

Die Funkverbindungen zwischen den Kampfverbänden waren unbefriedigend, bedingt durch zahlreiche Ausfälle der Mittel und mangelhafte Ausbildung.

Basierend auf Anpassungsfähigkeit, Beweglichkeit und geringen Verlustraten manövrierten der leichte M-24 Chaffee und der mittelschwere M4 Sherman am idealsten im anspruchsvollen Terrain.

Der Kampfpanzer M-26 Pershing, wohl sehr effektiv in Panzerung und Bewaffnung, stellte hohe Anforderungen an die Wartung. Die technischen Ausfälle waren erschreckend hoch und die Instandhaltung mangels Ersatzteilen erschwert. Die Hauptlast aller Gefechte fiel dank klarer Überlegenheit in Panzerung und Bewaffnung gegenüber dem sowjetischen T34/85 dem schweren M-46 zu. Später weiterentwickelt zum sehr bewährten Typ M-48, stand er bis in die späten 90er Jahre in verschiedenen Ländern im Einsatz.

EFFEKTIV: DER CENTURION

Der vermutlich effektivste Kampfpanzer im Koreakrieg war der britische Centurion. Erst seit 1951 auf dem Gefechtsfeld aktiv, erwies er sich überlegen durch seine Beweglichkeit und starke Motorisierung. Sein Potential konnte nicht stärker ausgeschöpft werden, da sich der Koreakrieg schon in der Schlussphase befand, als er ins Geschehen eingriff.

Erst später bewies er seinen Gefechtswert: 1967, in Israel während des Sechs-Tage-Krieges. Auch wenn Korea aus Sicht des Geländes die grossen Panzerschlachten des Zweiten Weltkrieges nicht zuliess, entschied doch die Panzerwaffe massgeblich alle Gefechte. Und Lehren für mechanisierte Verbände aus dem Koreakrieg haben noch heute ihre Gültigkeit.

Panzer Centurion Mk 5 Sho't, israelische Militärparade, im Hintergrund Ministerpräsident Eshkol und Generalstabschef Rabin, Tel Aviv 1965. (Bild: IDF)

Meilensteine der Panzerentwicklung: Der britische Centurion

Stefan Bühler

Die Entwicklung des Centurion startete bereits 1943 als A41 Cruiser und war die geplante britische Antwort auf die deutschen Panther und Tiger. Die ersten sechs Prototypen des Centurion Mk 1 erreichten Belgien aber erst im Mai 1945 – nach der Kapitulation des Dritten Reiches.

Die ursprünglichen Anforderungen sahen den Einbau der bewährten Ordnance QF 17-Pounder (76 mm) vor, bei einer Gewichtsvorgabe von 40 t sollte die frontale Turmpanzerung einen wirksamen Schutz gegen einen direkten Treffer der deutschen 8,8 cm Munition und die Wanne gegen die Explosion einer Panzerabwehrmine bieten. Eine hohe Höchstgeschwindigkeit wurde als unwichtig erachtet, die Mobilität sollte etwa derjenigen des A34 Comet entsprechen – der leistungsschwache Rolls Roys Benzinmotor und der hohe Kraftstoffverbrauch in Kombination mit der geringen Höchstgeschwindigkeit sollte in der Folgen dann auch einer der wesentlichen Mängel der ansonsten fortschrittlichen Konstruktion werden.

Das von Associated Equipment Company (AEC) gebaute Mockup wurde im Mai 1944 besichtigt, anschliessend wurden zwanzig Prototypen in verschiedenen Konfigurationen bestellt: zehn mit einer QF 17-Pounder und einer 20 mm Polsten Maschinenkanone, fünf mit einer QF 17-Pounder und einem koaxialen Maschinengewehr, fünf mit einer modernisierten QF 17-Pounder (77 mm HV) und einem Bug-Maschinengewehr.

Nach dem Ende des Kriegs gingen die Entwicklungsarbeiten weiter, die Serienproduktion des Centurion begann im November 1945 mit einem

Auftrag von 800 Fahrzeugen, im Dezember 1946 wurde der Centurion Mk 1/Mk 2 beim britischen 5. Royal Tank Regiment offiziell in Dienst gestellt. Kurz nach der Einführung beendete Royal Ordnance die Entwicklung an der QF 20-Pounder (84 mm), welche zusammen mit einem koaxialen .30 Besa Maschinengewehr in einen komplett gegossenen Turm eingebaut wurde. Der neue Centurion Mk 3, der ab 1948 produziert wurde, verfügte ausserdem über einen verbesserten Motor und – als erster Panzer in der Geschichte – über eine vollstabilisierte Waffenanlage, welche es der Besatzung ermöglichte, aus der Fahrt präzise zu schiessen und damit die Gefechtsleistung drastisch zu erhöhen. Eine weitere Steigerung der Kampfwertes wurde in der Version Mk 5/2 (der Mk 4 wurde nie in Serie gebaut) mit der Einführung der Royal Ordnance 105 mm L7 erreicht.

Die Entwicklungsarbeiten am Centurion Mk 7 wurden 1953 abgeschlossen. Ein Nachteil der früheren Versionen war die auf ungefähr 100 km begrenzte Reichweite (Strasse). Mit dem Mk 7 wurde ein dritter Kraftstofftank in der Wanne integriert, womit die Reichweite auf 150 km erhöht werden konnte. Mit dem Mk 8 bis Mk 13 kam es nur noch zu unwesentlichen Änderungen und Optimierungen, welche vor allem die Panzerung und die Nachtkampfausrüstung betrafen. Ab 1962 wurde der Centurion in den britischen Streitkräften vom Chieftain abgelöst.

In vielen anderen Staaten wurde der Centurion unabhängig von Grossbritannien weiterentwickelt und teilweise bis in die Gegenwart eingesetzt.

Die Schweiz führte 1956/57 den Centurion Mk 3 (100 Fahrzeuge) unter der Bezeichnung Panzer 55 ein, gefolgt 1958 und 1960 von weiteren 100 Centurion Mk 7 aus Grossbritannien und 1960 nochmal von 100 Centurion Mk 5 aus Südafrika, welche unter der Bezeichnung Panzer 57 geführt wurden.

Die Niederlande wurden zwischen 1953 und 1956 durch Grossbritannien mit 592 Centurion Mk 3 ausgerüstet (später nachgerüstet auf Mk 5), welche im Rahmen des Mutual Defence Assistance Act durch die USA finanziert wurden. 1959/60 wurden 70 Centurion Mk 7 aus dem Vereinigten Königreich geliefert, welche dort noch als Kriegsreserven gelagert und nun entsorgt bzw. zu einem symbolischen Preis weiterverkauft wurden. Zwischen 1960 und 1972 wurden 343 Mk 5 und 19 Mk 7 mit 105 mm Kanonen auf den Stand Mk 5/2 bzw. Mk 7/2 gebracht.

Schweden kaufte zwischen 1953 und 1955 240 Centurion (80 Centurion Mk 3, 160 Centurion Mk 5). Die Instrumentierung wurde auf das metrische System umgestellt und die Funkgeräte durch schwedische Versionen ausgetauscht, das Fahrzeug erhielt die Bezeichnung Stridsvagn 81. 1958 wurden eine weitere Charge von 110 Centurion Mk 10 mit der neuen 105 mm Kanone unter der Bezeichnung Stridsvagn 101 eingeführt, die Stridsvagn 81 wurden zwischen 1964 und 1966 ebenfalls auf das grössere Kaliber umgerüstet (Stridsvagn 102). 1980 wurden die Stridsvagn 101 und 102 im Rahmen des REMO-Programms (Renovation/Modification) u.a. mit neuen Ziel- und Nachtsichtgeräten, Laserentfernungsmessern, verbesserter Kanonenstabilisierung und Reaktivpanzerung aufgerüstet (neue Bezeichnungen 101R und 102R), zudem wurde bei den Stridsvagn 102R die Frontpanzerung auf den Stand des 101R gebracht. Schliesslich wurden 80 Stridsvagn 102 mit dem Antrieb des israelischen Sho't Kal ausgerüstet und erhielten die Bezeichnung Stridsvagn 104.

Allgemeine Daten	
Einführung	1946
Besatzung	4
Länge	7,82 m
Breite	3,39 m
Höhe	3,01 m
Gefechtsgewicht	51.800 kg
Bewaffnung	
Primärwaffe	105 mm L7 Royal Ordnance (ab Mk 5/2) 64 Schuss
Alternativwaffen	12,7 mm Browning 600 Schuss 2 × 7,62 mm Browning 4.750 Schuss Nebelwurfanlage 12 Granaten
Schutz	
Panzerung	frontal 120-195 mm, Stahl seitlich 38-51 mm, Stahl
Mobilität	
Motor	12-Zylinder, Benzin, Rolls-Royce Meteor Mk 4 B1, 485 kW (650 PS)
Getriebe	Merrit-Brown Z51R Mk F (5 V, 2 R)
Spezifische Leistung	9,4 kW/t (12,5 PS/t)
Geschwindigkeit	35 km/h
Reichweite	150 km (Strasse), 100 km (Gelände)
Bodenfreiheit	0,51 m
Waten	1,20 m
Hindernis	0,90 m
Graben	3,35 m
Steigfähigkeit	60%

Dänemark setzte den Centurion Mk V ein, 106 Fahrzeuge wurden 1964 auf den Stand Mk 5/2 mit der 105 mm Kanone und einem deutschen 7.62 mm Maschinengewehr Mg 3 (anstelle des Browning) aufgerüstet. 1985 erfolgte ein weiteres Upgrade auf den Stand Mk 5/2 DK mit einem Laserentfernungsmesser und einer neuen Nachtsichtausrüstung.

Der Centurion wurde 1959 mit der Royal Ordnance 105 mm L7 (analog Centurion Mk 5/2) unter der Bezeichnung Sho't Meteor bei den Israel Defence Forces (IDF) eingeführt. Alle Sho't wurden zwischen 1970 bis

1974 mit dem effizienteren Continental AVDS-1790-2A Dieselmotor, der ebenfalls beim M48 und M60 Patton verbaut wurde, und einem Allison CD850-6 Getriebe ausgerüstet – dies hatte eine Erhöhung der hinteren Wannenabdeckung zur Folge. Die aktualisierte Version trug den Namen Sho't Kal; sie wurde gefolgt von drei weiterentwickelten Subversionen mit den Bezeichnungen Bet, Gimel und Dalet. Die Anpassungen beinhalteten u.a. eine verstärkte Panzerung, eine neue Waffennachführanlage (Turmdrehmechanismus, Geschützstabilisator) mit einem modernen Feuerleitsystem, ein schweres .50 Maschinengewehr, eine höhere Munitions- und Kraftstoffkapazität, ein überarbeitetes Feuerlöschsystem und Aufhängepunkte für das optionale Anbringen der Blazer Reaktivpanzerung.

Jordanien kaufte zwischen 1954 und 1956 die ersten 50 Centurion Mk 3+, bis zum Sechstagekrieg 1967 hatte die jordanische Armee 90 Centurion im Einsatz, welche aber zu einem grossen Teil im Kampf zerstört oder von der IDF als Beutefahrzeuge übernommen wurden. Nach dem Krieg wurde die jordanische Armee wieder bewaffnet und 1970 weitere Centurion gekauft, 1972 wurden alle Fahrzeuge auf die 105 mm Kanonen umgerüstet. In den Jahren 1982 bis 1985 wurden 293 Centurion mit dem Dieselmotor und dem Getriebe des amerikanischen M60A1 Patton, dem belgischen SABCA-Feuerleitsystem (Laserentfernungsmesser und passives Nachtvisier für den Richtschützen), dem elektrohydraulischen Turmantriebs- und Stabilisierungssystem Cadillac Gage und einer neuen hydropneumatischen Aufhängung von Teledyne Continental (anstelle Horstmann) ausgestattet. Die modernisierten Fahrzeuge erhielten die Bezeichnung Tariq und waren bis Ende der 1990er Jahre im Einsatz.

Indien war der erste Betreiber des Centurion (Mk 3 und Mk 7) in Asien, ersetzte diese jedoch ab 1965 sukzessive durch den Vijayanta (basierend auf dem britischen Vickers Mk I).

Singapur kaufte 1975 von Indien 63 Centurion Mk 3 und Mk 7, gefolgt 1995 von weiteren ehemaligen Sho't aus Israel. Mit israelischer Unterstützung wurden die Fahrzeuge mit der Bezeichnung Tempest, analog dem Sho't Kal, mit einer durchschlagskräftigeren Hauptwaffe und Dieselmotoren ausgerüstet.

Südafrika bestellt 1953 203 Centurion Mk 3, die Panzer wurden zwischen 1955 und 1958 in Dienst gestellt. Nach dem Rückzug Südafrikas aus dem Commonwealth 1961 verlagerten sich die Prioritäten auf eine nationale Rüstungsbeschaffung und somit eine Reduktion der Abhängigkeit von traditionellen Lieferanten wie dem Vereinigten Königreich. 100 Centurion Mk 3 wurden an die Schweiz verkauft, die restlichen Fahrzeuge aufgrund von Wartungsproblemen, welche durch Teileknappheit und Tendenz zu Überhitzung von Baugruppen im afrikanischen Klima noch verschärft wurden, weitestgehend in die Reserve verbannt. 1972 wurde ein Teil der Flotte mit Motoren und Getrieben von M48 Patton ausgerüstet, die als Skoikaan bezeichneten Versionen erwiesen sich aufgrund des hohen Kraftstoffverbrauchs und der geringen Reichweite als unbeliebt bei der Truppe. Aufgrund der Erfahrungen im angolanischen Bürgerkrieg 1975 wurden die Kampfpanzer für Südafrika plötzlich wieder wichtig – durch den Kauf von überzähligen Centurion-Wannen aus Jordanien und Indien wurde die Flotte wieder auf ihre ursprüngliche Grösse gebracht (die Resulution 418 des UN Sicherheitsrates verhängte ein Waffenembargo gegen Südafrika, weshalb keine Panzertürme gekauft werden konnten). Die südafrikanische Olifant Manufacturing Company (OMC) erhielt daraufhin den Auftrag, die Centurion zu modernisieren und wieder einsatzbereit zu machen.

Die 1985 unter der Bezeichnung Olifant Mk 1A bei der südafrikanischen Panzertruppe eingeführten Fahrzeuge waren mit einem neuen Continental Turbo-Dieselmotor und dem Getriebe des M60 Patton sowie der südafrikanischen Variante des Royal Ordnance L7 105 mm Kanone ausgestattet. 1991 wurde der Olifant Mk 1A durch die Version Mk 1B mit einer wesentlich verstärkten Panzerung, einem leistungsfähigeren Motor, eine Drehstabfederung und einem neuen Minenschutz ersetzt. Der Olifant Mk 2 erschien 1998 und wurde mit einem komplett umkonstruierten Turm mit Kompositpanzerung, einem modernen Feuerleitsystem, einem leistungsfähigeren Motor und einer 120 mm Glattrohrkanone ausgerüstet.

Weitere Betreiber des Centurion waren Ägypten, Australien, Irak, Kanada (347 Mk 5 und Mk 11), Kuwait, Libanon, Neuseeland (12), Österreich und Somalia (30).

Zwischen 1946 und 1962 wurden 4.423 Centurion (Mk 1 bis Mk 13 und ausländische Varianten) produziert.

TECHNIK

Die Mannschaft des Centurion bestand aus vier Besatzungsmitgliedern: Fahrer, Richtschütze, Lader und Kommandant.

Im Vergleich zum Comet wurde beim Centurion die Wanne verlängert und ein zusätzliches sechstes Laufrad eingbracht, die Christie-Aufhängung mit vertikalen Federn wurde durch eine Horstmann-Aufhängung mit drei horizontal gefederten, aussenliegenden Zweirad-Drehgestellen ersetzt – so wurde auf Kosten der Fahrqualität die Wartungsfreundlichkeit verbessert und der Instandsetzungsaufwand bei Minenschäden deutlich reduziert.

Der im Heck verbaute 12-Zylinder-Benzinmotor (Rover Meteor, Mk 4 B1) leistete 650 PS, womit der Panzer bei einem Gefechtsgewicht von 51,8 Tonnen eine Leistung von 12,5 PS/t erreichte und damit verhältnismässig schlecht motorisiert war. Im Gelände erreichte der Centurion eine Geschwindigkeit von 20 km/h, auf der Strasse 35 km/h. Die Mk 1 bis

Mk 6 verfügten über einen Tankinhalt von lediglich 546 Litern, weshalb die Einsatzreichweite auf 50 km Gelände bzw. 80 km Strasse begrenzt war. Mit dem Mk 7 erhielt der Centurion einen dritten Nischentank im Heck, wodurch die Einsatzreichweite immerhin auf 100 km Gelände bzw. 150 km Strasse erhöht wurde. Zusätzlich zum Hauptmotor verfügte der Centurion über einen 4-Zylinder-Hilfsmotor (Morris USHNM, A 41 Mk 2A/1) mit einer Leistung von 16 PS.

Das Getriebe (Merrit-Brown, Z51R) verfügte über 5 Vorwärts- und 2 Rückwärtsgänge, die Kraftübertragung erfolgte mittels mechanischer Überlagerungslenkung.

Bei der israelischen Version Sho't Kal wurde ein 12-Zylinder-Dieselmotor (Continental, AVDS-1790-2A) mit einer Leistung von 750 PS verbaut, das Getriebe (Allison CD 850-6) verfügte im Gegensatz zum ursprünglichen Centurion jedoch nur über 2 Vorwärtsgänge und einen Rückwärtsgang.

Die Prototypen des ursprünglichen Centurion Mk 1 hatten eine geneigte, 76 mm starke Glacisplatte, die Turmfront war mit 152 mm gut gepanzert. Mit dem Mk 2 wurde die Glacis auf 118 mm sowie Seite und Heck von 38 mm auf 51 mm verstärkt. Mit dem Mk 5/1 wurde die Panzerung noch einmal verstärkt. Zum Eigenschutz war der Centurion mit einer Nebelwurfanlage ausgestattet. Der isrealische Sho't Kal konnte bei Bedarf mit Blazer Reaktivschutzmodulen ausgerüstet werden.

Der Mk1 war mit einer Ordnance Quick-Fire 17-Pounder (76.2 mm) ausgerüstet, welche Spreng- und unterkalibrige Wuchtmunition im Kaliber 76.2 mm x 583 R mit einer effektiven Einsatzdistanz von 1.500 m verschiessen konnte. Koaxial war eine 20 mm Polston Maschinenkanone (polnische Kopie der 20 mm Oerlikon, 450 Schuss pro Minute) mit einer effektiven Einsatzdistanz von 1.000 m eingebracht. Zur Infanteriebekämpfung diente ein Besa Maschinengewehr (7.92 mm x 57, 500-800 Schuss pro Minute). Mit dem Mk 2 wurde schliesslich die Hauptwaffe

Israelischer Panzer Centurion Sho't auf den Golan Höhen, im Hintergrund der schneebedeckte Mount Hermon. (Bild: IDF)

mit einer Vollstabilisierung versehen und die 20 mm Maschinenkanone durch ein koaxiales .30 Besa Maschinengewehr ersetzt. Der Mk 3 erhielt eine etwas stärkere Ordnance Quick-Fire 20-Pounder (84 mm x 618 R).

Mit der Version Mk 5 wurden die Besa Maschinengewehre durch zwei .30 Browning Maschinengewehre (einmal koaxial, einmal auf der Kommandantenkuppel) ersetzt, mit der Version Mk 5/1 wurde eine verstärkte Glacisplatte verbaut. Mit dem Mk 5/2 kam die Umrüstung auf die deutlich stärkere Royal Ordnance 105 mm L7, wodurch sich die effektive Einsatzdistanz auf 1.800 m erhöhte. Ab dem Mk 6 wurde noch ein .50 Browning Maschinengewehr mit einer der Hauptwaffe vergleichbaren Ballistik eingeführt, um die Waffenanlage vor dem Einsatz der Hauptwaffe auf das Ziel einschiessen und damit Munition sparen zu können; mit Hilfe der ebenfalls beim Mk 6 eingeführten Infrarot-Ausstattung war der Centurion beschränkt Nachtkampffähig.

EINSATZ

Seine Feuertaufe erlebte der Centurion im Koreakrieg. Am 14. November 1950 landeten die 8. Königlichen Irischen Husaren der Britischen Armee mit drei Staffeln à je 20 Centurion Mk 3 in Pusan. Während der Schlacht am Imjin im April 1951 deckten diese Centurion mit einem Verlust von lediglich fünf Panzern den Rückzug der britischen 29. Infanteriebrigade, während der Schlacht am Samichon 1953 hatten die Centurion eine wichtige Rolle bei der Abwehr chinesischer Angriffe auf die UN-Stellungen. Der Centurion erwies sich den chinesischen und nordkoreanischen T-34 als weit überlegen.

Während der Suez-Krise landete am 6. November 1956 das britische 6. Königliche Panzerregiment, ausgerüstet mit dem Centurion, in Port Said. Aufgrund des schnellen, entschlossenen Vorstosses mit den Panzern wurde die ägyptische Armee, welche mit T-34 und SU-100 ausgerüstet war, zum Rückzug gezwungen, was den Kolonialmächten vorerst die Kontrolle über den Suez-Kanal sicherte.

Während dem Zweiten Indisch-Pakistanischen Krieg (Zweiter Kaschmirkrieg) 1965 wurden die in vier Panzerregimentern gegliederten indischen Centurion Mk 7 unter anderem in den Schlachten von Assal Uttar, Khem Karan, Phillora und Chawinda eingesetzt und erwiesen sich den pakistanischen M47 und M48 Patton technisch als überlegen. Indien setzte seine Centurion auch im Dritten Indisch-Pakistanischen Krieg (Bangladesch-Krieg) 1971 erfolgreich ein.

Im Sechstagekrieg vom 5.-10. Juni 1967 kämpften total 293 Centurion im Verbund mit M50 Sherman, kampfwertgesteigerten M51 Super Sherman und AMX-13 der Israel Defence Forces erfolgreich gegen ägyptische T-34/85 und die moderneren T-54/T-55, gegen jordanische M47 und M48 Patton und gegen syrische (nach 1945 gelieferte) Panzer IV. Sowohl Ägypten als auch Jordanien verfügten ebenfalls über den Centurion, aufgrund der ungenügenden Ausbildung der Besatzungen und einem mangelhaften taktischen Einsatz wurden alle 30 ägyptischen Panzer zerstört sowie 30 von 90 jordanischen Panzern durch die IDF erbeutet.

Nachdem die leicht gepanzerten M113A1 nicht in der Lage waren, sich durch den dichten Dschungel Vietnams zu kämpfen, beschloss die australische Regierung unter Kritik des Parlaments, eine Staffel Centurion (C-Staffel, 1. Gepanzertes Regiment, III Corps) nach Nui Dat zu schicken, wo die Fahrzeuge am 24. Februar 1968 ankamen. Die Kampfbeladung betrug 62 Granaten für die Hauptwaffe (Ordnance QF 20 Pounder, 84 mm), 4.000 Schuss .50 Kaliber und 9.000 .30 Kaliber für die Maschinengewehre. Während der sechswöchigen Schlacht von Coral-Balmoral (12. Mai – 6. Juni 1968) zwischen der 1. Australischen Task Force und der nordvietnamesischen 7. Division vernichteten die 20 australischen Centurion 267 gegnerische Fahrzeuge. Zwischen 1968 und 1972 hat die 1. Australische Task Force 58 Centurion in Vietnam eingesetzt, davon wurden 42 im Kampf beschädigt (6 davon nicht mehr reparierbar) und zwei Besatzungsmitglieder wurden getötet.

Der israelische Sho't Kal erhielt seinen legendären Ruf in der Schlacht im «Tal der Tränen» während dem Jom-Kippur-Krieg 1973. 105 Sho't Kal der 7. Panzerbrigade und 20 Sho't (Centurion Mk 5/2) der 188. Brigade stoppten den Vormarsch von etwa 500 syrischen T-55 und T-62. Während dem ganzen Krieg wurden 1.063 israelische Panzer und 2.250 arabische Panzer beschädigt oder zerstört; zum Ausgleich der Verluste lieferten die USA nach dem Krieg 200 M48 und M60 und das Vereinigte Königreich 400 Centurion an Israel.

Sho't Kal mit Blazer-Reaktivpanzerung waren auch stark an der Invasion des Libanon 1982 beteiligt. Panzer der 460. Brigade stiessen in Jezzine auf die vorstossenden syrischen Panzerverbände. Beim folgenden Panzergefecht wurden mehrere syrische T-62 zerstört, die israelischen Truppen verloren 8 Sho't, konnten das Gefecht aber für sich entscheiden. Südafrika setzte den Olifant in verschiedenen Versionen im angolanischen Bürgerkrieg (1975-2002) ein. In der Schlacht von Cuito Cuanavale am 14. Februar 1988 wurde im Rahmen einer begrenzten Offensive gegen die angolanischen Stellungen ein südafrikanisches Panzerbataillon eingesetzt, die 40 Olifanten konnten jedoch keinen entscheidenden Einbruch erzielen.

FAZIT

Der 1945 eingeführte Centurion gilt wegen seiner mehrfach verstärkten Panzerung, der verhältnismässig guten Bewaffnung und der modernen Feuerleitanlage als einer der erfolgreichsten Nachkriegspanzer und stand u.a. Pate bei der Konstruktion des israelischen Merkava. Mit dem südafrikanischen Olifant Mk 2 steht der modernste im Wesentlichen auf dem Centurion basierende Kampfpanzer über 75 Jahre nach Projektbeginn immer noch im Einsatz.

Vietnamkrieg – Panzereinsatz vor Saigon

Marc Lenzin

Mit der Niederlage der Franzosen 1954 im Kessel von Dien Bien Phu und Teilung Vietnams entlang des 17. Breitengrads stand der Konflikt in Südostasien im Zentrum der Supermächte. Der Norden unter Führung Ho Chi Minhs erhöhte den Druck auf die südvietnamesische Regierung und befahl die NVA (North Vietnamese Army) und Truppen des Vietcong in den Süden. Bald standen Teile des Landes unter der Kontrolle der Kommunisten. Die amerikanische Regierung schickte Militärberater und erste Panzerfahrzeuge.

ESKALATION

1963 schrieb der schwelende Konflikt erneut Schlagzeilen. Bei Ap Bau Bang, 80 Kilometer südöstlich von Saigon (heute Ho-Chi-Minh-Stadt), trafen Verbände der südvietnamesischen Armee (ARVN – Army of the Republic of Vietnam) auf Truppen der 9. Division des Vietcong. Trotz Unterstützung durch Militärberater, Einsatz von Artillerie und Schützenpanzer vom Typ M113 APC (Armored Personnel Carrier) unterlag die mangelhaft ausgebildete südvietnamesische Armee der Guerillataktik des Vietcong.

Aber erst mit dem Zwischenfall im Golf von Tonking im August 1964, wo das amerikanische Kriegschiff USS Maddox sich mit nordvietnamesischen Patrouillenbooten in Gefechte verwickelte, eskalierte die Situation im langgestreckten Küstenstaat in Südostasien. Der amerikanische Präsident Lyndon B. Johnson befahl die Verlegung der 9. US-Marinebrigade nach Da Nang und ernannte General William Westmoreland als Oberbefehlshaber der amerikanischen Streitkräfte in Vietnam.

Westmoreland - geboren 1914 in Spartanburg, South Carolina und West Point Absolvent, amtete während des Zweiten Weltkriegs als Kommandant des 34. Artilleriebataillon in Tunesien und später als Stabschef der 9. Infanteriedivision in Sizilien. Nach dem Koreakrieg befehligte er die legendäre 101. US-Luftlandedivision.

Rasch folgten erste Offensivaktionen und eine Erhöhung des Kontingents auf 184.000 Soldaten. Zur Unterstützung der Infanterie stand der Einsatz der Panzerwaffe zur Debatte. Truppen geschützt in M113 APC an ihre Einsatzorte zu verlegen, verliefen erfolgsversprechend. Nun sollten auch Kampfpanzer die Gefechte unterstützen und den Widerstand der Nordvietnamesen brechen. Ihr Einsatz war aber umstritten.

Panzer M48A3 Patton, 1. Panzerbataillon, 69. Mechanisierte Brigade, nahe Pleiku, März 1966. (Bild: Wikipedia)

ANSPRUCHSVOLLES GELÄNDE

Die schwierigen Erfahrungen aus Korea, wo saisonale Winde, monsunartige Regenfälle, dichter Dschungel und bergiges Hinterland das Verschieben von Panzer auf Strassen und im Gelände erschwerten, erzeugten Zweifel beim Oberkommando. Wies Vietnam doch ähnliches Gelände und Wetterverhältnisse auf.

Trotz Bedenken befahl Westmoreland den Panzereinsatz. Im Juli 1965 verschiffte das 3. Panzerbataillon mit schweren Panzer M48A3 Patton des 1. US-Marine-Korps nach Vietnam.

Es folgten erste Kampfeinsätze, wie Operation Starlite im August 1965: Während das 1. Vietcong-Regiment den Flughafen Chu Lai nahe Da Nang angriff, setzten drei US-Infanteriebataillone mit unterstellten Panzerkompanien aus dem 3. Panzerbataillon zum Gegenangriff an.

Der Kampf blieb kurz und heftig: Die US-Marines drängten den Vietcong ins Landesinnere, auf dem Gefechtsfeld blieben sieben zerstörte M48A3 zurück.

Kampfhandlungen mit Panzerunterstützung zeigten eindrückliche Vorteile: Effektiv im Durchbruch durch Dschungelgelände und Schutz der Infanterie und Besatzungen vor feindlichem Feuer und vor Minen-Einwirkung.

BEWÄHRTES MATERIAL

Westmoreland fand sich bestätigt, die Panzerwaffe im eskalierenden Konflikt einzusetzen und führte weitere mechanisierte Verbände nach Südostasien. Dabei setzten die Amerikaner auf bewährtes Material:

Der schwere Panzer M48A3 Patton wog 45 Tonnen, war bestückt mit einer 90-mm-Kanone, mit modifiziertem, neu eliptischen Turm, einer Panzerung bis 18 cm, einer Höchstgeschwindigkeit von 48 km/h (Strasse) und einer Reichweite von 480 Kilometer. Das Modell A3 verfügte zudem über einen stärkeren Dieselmotor, der bei Treffern weniger rasch Feuer fing als der Benzinmotor und so dem Eigenschutz der Besatzung diente. Weitere Modifikationen am A3 waren ein am Turm angebrachtes Maschinengewehr, eine verbesserte Funkausrüstung sowie ein Suchscheinwerfer.

Auch der mittelschwere Panzer M41 Walker fand als Ersatz für die betagten M24 Chaffee und M3/M5 Stuart Verwendung. Der Walker war als wendiger Panzer konzipiert, wog 23 Tonnen, erreichte mit einem 6-Zylinder Benzinmotor eine Höchstgeschwindigkeit von 72 km/h (Strasse) und eine Reichweite von 160 Kilometern. Als Bewaffnung diente eine 76-mm-Kanone und zwei Maschinengewehre.

Im Weiteren setzten die Amerikaner auch den leichten Aufklärungspanzer M551 Sheridan ein. Dieser wog 15 Tonnen, und ein 6-Zylinder Dieselmotor erlaubte eine Höchstgeschwindigkeit von 69 km/h (Strasse) bei einer Reichweite von 560 Kilometern. Mit einem achsparallelen 7,62-mm- und einem 12,7-mm-Maschinengewehr, einer Kanone mit 152-mm Kaliber und der Möglichkeit zum Abfeuern von Lenkflugkörper (PAL) führte der Sheridan ein beachtliches Waffenarsenal mit. Er sollte sich vor allem im Kampf im überbauten Gebiet bewähren.

PANZER DER NORDVIETNAMESISCHEN ARMEE

Die nordvietnamesische Armee rüstete ihre mechanisierten Streitkräfte mit Panzer sowjetischer Herkunft auf:

Der leichte PT-76 war ein sogenannter Schwimm-Panzer, bewaffnet mit einer 76-mm-Kanone und einem 7,62-mm-Maschinengewehr. Seine spezielle Fähigkeit zu waten und zu schwimmen dienten vor allem der Flussübersetzung.

Als Nachfolger des T-34/85 setzte die NVA auch den mittelschweren Panzer T-54 ein, bewaffnet mit einer 100-mm-Kanone und zwei 7,62-mm beziehungsweise einem 12,7-mm-Maschinengewehr. Der 36 Tonnen schwere Stahlkoloss, ausgerüstet mit einem Dieselmotor, erreichte eine Höchstgeschwindigkeit von 48 km/h (Strasse) und eine Reichweite von 500 Kilometern.

EINSATZARTEN

Westmoreland befahl, künftige infanteristische Einsätze sollten wenn immer möglich von mechanisierten Elementen begleitet werden. Die gemeinsamen Einsatzarten umfassten dabei

- «Search and Destroy»: Lokalisieren und Zerstören von feindlichen Stützpunkten, Entwenden von Nachschub, Munition und Treibstoff.

- «Clear and Hold»: Vertreiben von feindlichen Truppen aus definierten Gebieten mit anschliessendem Säubern.

- «Security»: Sichern von Strassen für Nachschub und Begleitschutz für Konvois.

TET-OFFENSIVE

Anfangs 1968 befahlen Ho Chi Minh und sein Verteidigungsminister General Vo Nguyen Giap die Tet-Offensive. In der Neujahrsnacht fielen ohne jegliche Vorwarnung sieben nordvietnamesische Divisionen und 70.000 Soldaten des Vietcong in fünf der sechs grössten Städte Südvietnams sowie in zahlreiche amerikanische Militärbasen ein. In der alten Kaiserstadt Hue besetzte der Vietcong Regierungsgebäude, und in Saigon drang ein Selbstmordkommando bis auf das Gelände der amerikanischen Botschaft vor.

Panzer M41A3 Walker, in Feuerstellung im Distrikt Cholon, Saigon, Tet-Offensive, Juni 1968. (Bild: Alamy)

M113 APC, Vormarsch durch Distrikt Cholon, Saigon, Tet-Offensive, Juli 1968. (Bild: Alamy)

Von links General Forsythe, Kdt 1. Kavallerie-Divison, General Abrams, Oberbefehlshaber der US-Streitkräfte in Vietnam, Phuoc Vinh, 1968. (Bild: Alamy)

Die überraschten amerikanischen Verbände schlugen mit ihrer technischen und materiellen Überlegenheit zurück. Dabei sollte mit Unterstützung von Artillerie, flächendeckendem Bombardement und Einsatz von Napalm auch der Nachschub über den Ho Chi Minh Pfad aus dem Norden unterbunden werden.

Während der Tet-Offensive setzte der Norden erstmals die Panzerwaffe ein: Auf einem strategischen Hochplateau westlich von Hue in der Quang Tri Provinz lagen die Marine Corps Camps Lang Vei und Khe Sanh. Besetzt durch das 26. und Teile des 9. US-Marine-Regiment mit taktischem Auftrag, die Grenze zu Laos zu überwachen und gegnerische Infiltration zu bekämpfen.

Anfangs Februar 1968 brachen nach schwerem Artilleriefeuer Panzer PT-76 des nordvietnamesischen 66. Regiment in das Camp Lang Vei ein. Dieses stand bald von allen Seiten unter Feuer. Die US-Marines sahen sich eingeschlossen und konnten nur lufttransportiert ins benachbarte Camp Khe Sanh entsetzen. Die Amerikaner erlitten erhebliche Verluste und das Camp Lang Vei fiel in die Hand der NVA.

Die Tet-Offensive eskalierte weiter, Westmoreland tobte und forderte Kernwaffeneinsatz und die Ausweitung des Krieges auf das angrenzende Laos und Kambodscha. Präsident Lyndon B. Johnson aber sah den Rückhalt in der amerikanischen Bevölkerung schwinden, versprach Deeskalation, bot erste Friedensverhandlungen an und setzte Westmoreland ab.

ABRAMS ÜBERNIMMT

Im Juni 1968 übernahm General Creighton W. Abrams das Oberkommando der Truppen in Vietnam. Geboren 1914 in Springfield, Massachusetts, errang er Popularität als Kommandant des 37. US-Panzerbataillons während den Normandie-Offensiven im Zweiten Weltkrieg. Nach dem Koreakrieg befehligte er nebst Funktionen als Stabschef unterandere die 3. US-Panzerdivision.

EINZIGES TANK GEGEN TANK-GEFECHT

Im März 1969 erfolgte das erste und einzige Gefecht Tank gegen Tank: Südlich von Saigon besetzte das 1. Panzerbataillon der 69. Mechanisierten Brigade die wichtige Verbindungsader zwischen Dak To und Ben Het. Ihr Auftrag: Unterbinden von Nachschub über den Ho Chi Minh Pfad und Gegner am Ausbrechen nach Laos verhindern.

Aufklärungselemente meldeten feindliche Panzer im Anmarsch. Bald bestrich Minenwerferfeuer die Stellungen der Amerikaner. Die Nachtsichtgeräte erkannten keinen Feind. Da tauchte ein gegnerischer Panzerzug mit PT-76 auf, gefolgt von Mannschaftstransportern mit absitzenden Infanteristen. Kompanie B des 1. Panzerbataillon unter Hauptmann Stovall brachte seine M48A3 in Feuerstellung.

Rasch zog Stovall Reservelemente nach und begann die gegnerischen Panzer zu bekämpfen. Das Feuer war intensiv - und erst der nächste Morgen zeigte das Ausmass dieses Panzerdirektgefechts. Mehrere PT-

76 lagen ausgebrannt vor dem Lager, B Kompanie zählte zahlreiche Tote und Verletzte und den Ausfall einiger M48A3. Ermittlungen ergaben keine weiteren Hinweise auf den überraschend eingefallenen Gegner. Vermutlich rechnete die NVA nicht mit derart heftigem Gegenfeuer.

Der Panzerkampf im Raum Ben Het läutete eine neue Phase der Kriegführung ein: In allen Gefechten musste nun mit der Panzerwaffe des NVA gerechnet werden.

VIETNAMISIERUNG DES KRIEGES

Ende 1969 stieg der öffentliche Druck auf Präsident Nixon, den aussichtslosen Krieg in Südostasien zu beenden. Die Regierung begann mit dem Abzug der amerikanischen Truppen und setzte weitere Friedensverhandlungen an. Die südvietnamesische Armee übernahm das zurückgelassene Waffenarsenal, darunter auch die Panzerflotte und führte den Kampf gegen die NVA weiter. Es begann die «Vietnamisierung des Krieges».

Die so erstarkte nordvietnamesische Führung befahl 1972 einen weiteren Schlag gegen den Süden: Die Oster-Offensive. Nicht weniger als drei Panzerregimenter mit 600 Panzern in Front, gefolgt von 120.000 Soldaten drangen in fünf Provinzen ein, besetzten grosse Teile des zentralen Hochlands und stiessen bis 70 Kilometer vor Saigon. Die Absicht war, drei der vier strategischen US-Militärregionen (MR I-III) anzugreifen und zu besetzen. Die Panzerwaffe sollte dabei das zentrale Kampfelement sein und Entscheidungen erzwingen.

Die Militärregion I, gelegen rund um die Provinzhauptstadt Quang Tri, griffen drei Infanteriedivisionen mit 150 Panzern längs der nordwestlichen Landesgrenze an. Die Abwehr erfolgte durch Teile der neugebildeten 1. Panzerbrigade mit vier Kompanien M41A3. Nach beachtlichen Anfangserfolgen sah sich der südvietnamesische Kampfverband der drückenden Übermacht der Panzer T-54 unterlegen. Zahlreiche M41A3 wurden zerstört, Quang Tri fiel nach vier Wochen erbittertem Kampf.

Den verlustreichsten Kampf fochten die Kriegsparteien in der Militärregion II aus. In die Gebiete rund um Kontum und Pleiku brach die NVA mit 50.000 Soldaten und drei Kompanien T-54 ein. Die südvietnamesische Armee konnte der Übermacht nur die 14. und 19. Panzerkompanie aus dem Raum Ben Het entgegenstellen. Auch diese Schlacht endete mit einer Niederlage, und die gesamte Region fiel in die Hände der Kommunisten.

Auch die Militärregion III im Raum Loc Ninh erlitt einen Kollaps als Nordvietnamesen mit zwei Panzerbataillonen auf eine südvietnamesische Panzerbrigade stiessen.
Dem Gegner gelang aus grosser Distanz mit T-54 den verzweifelten Widerstand der nur schwach gepanzerten M41A3 zu brechen.

Siegessicher gibt sich General Vo Nguyen Giap, Verteidigungsminister der NVA, während einer Pressekonferenz, 1969. (Bild: Wikipedia)

Der Norden besetzte grosse Teile Südvietnams und setzte zum entscheidenden Schlag auf Saigon an. Die Amerikaner zogen ihre letzten Truppen ab und räumten die Botschaft im April 1975. Bald flatterte das nordvietnamesische Banner über der Stadt Saigon.

ERKENNTNISSE

Konklusionen aus dem Bericht über den Einsatz der Panzerwaffe in Vietnam aus dem Jahre 1977 von General Donn Starry, welcher in diesem Krieg die 11. Mechanisierte Brigade führte:

- Wenig Erfahrung, wie Infanterie mit der Panzertruppe interagieren sollte. Meist wurde bei den statischen Verbänden nicht verstanden, dass Mobilität der Panzertruppe bestes Ass ist.

- Vielfach stellten die Kommandanten die unterstellten Panzerverbände statisch auf Logistikstützpunkte, auf Brücken und auf Strassenknoten. Ein Leichtes für den Angreifer, den Gegner zu umfassen und von mehreren Seiten überraschend zu bekämpfen.

- Auch wurden Panzerverbände vielfach in kleinere Kampfgruppen aufgeteilt, was der Konzentration des Feuers und der Einheitlichkeit der Aktion widersprach.

Gerade in den Gefechten während der Tet- und Osteroffensive zeigte sich, dass meist der Angreifer dominierte und dem Angegriffenen schwere Verluste zufügte. Dies bedeutet, dass Taktik und geschickter Einsatz der Panzerwaffe als entscheidender Faktor vor der Technologie zu werten ist.

Noch heute sind Erinnerungen an Panzer in Vietnam präsent. Einige gut erhaltene Exemplare fanden ihren Platz in Museen, andere blieben auf dem Gefechtsfeld in eher desolatem Zustand zurück. Es sind und bleiben Zeugen für die Nachwelt eines weniger bekannten Kapitels der Geschichte der Panzerwaffe.

1967: Sechs-Tage-Krieg – Der Feldzug im Sinai

Marc Lenzin

1967. Die arabischen Staaten erhöhten den Druck auf Israel. Ägyptens Präsident Gamal Abd el-Nasser forderte den unverzüglichen Abzug der UNO-Kräfte aus dem Gaza-Streifen und sperrte den Golf von Akaba, die wichtigste Versorgungsader Israels. Einheiten der ägyptischen Armee passierten den Suezkanal und bezogen Stellungen im Sinai. Jordanien und Syrien verschoben Infanterie und Panzer an die israelische Grenze.

Es drohte die Vernichtung Israels, wenn sich die umliegenden Staaten zu einem Kriegsbündnis zusammenschliessen und gleichzeitig den noch jungen Staat angreifen würden. Weder von den USA noch den Vereinten Nationen war Hilfe zu erwarten, die Strasse von Tiran zu deblockieren. Stimmen wurden laut, dass Israel den Alleingang wagen müsse.

LEGENDE MOSHE DAYAN

In der israelischen Bevölkerung wuchs Angst und Unruhe. Der Druck auf Premier Levi Eschkol stieg. Die Nation forderte einen starken Befehlshaber. Jemanden, den sie kannten und vertrauten. Eschkol ernannte Ende Mai 1967 Moshe Dayan zum Verteidigungsminister. Schon während der Suez-Krise 1956 geehrt als erfolgreicher Befehlshaber, galt er längst als Legende.

Die politischen Bemühungen zur Entschärfung des Konfliktes scheiterten. Dayan entschloss sich zum Präventivschlag. In Erwartung einer sofortigen Reaktion Syriens, Jordaniens und möglicherweise auch Libanons, war seine Absicht, die Ägypter mit aller Kraft anzugreifen und zurückzuschlagen.

Da israelisches Territorium für bewegliche Kriegsführung begrenzt ist, sollte ein Ausfall in den Sinai stattfinden. Um Überlegenheit am Boden zu erringen, strebte Dayan die Beherrschung des Luftraumes an.

Israel Tal (1924-2010). (Bild: Wikipedia)

Moshe Dayan (1915–1981). (Bild: Wikipedia)

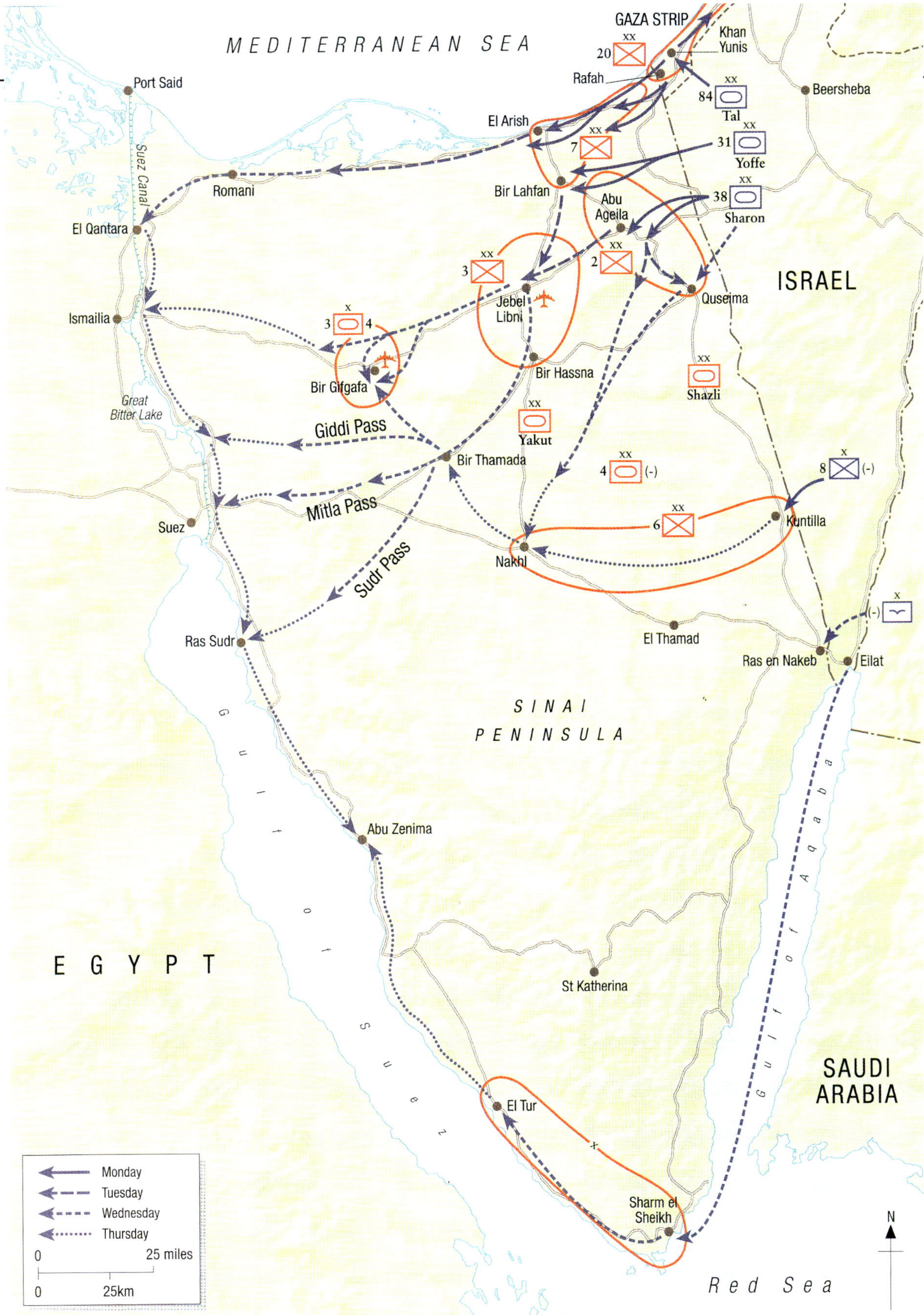

Feldzug im Sinai, 5.–10. Juni 1967, Israel Blau, Ägypten Rot. (Bild: Osprey Publishing)

Panzer M4 «Sherman», modifizierte Version mit 105-mm-Kanone, 14. Panzer-Brigade (Ugda Sharon), Verschiebung Richtung Abu Ageila, 5. Juni 1967. (Bild: Wikipedia)

DER LUFTSCHLAG

5. Juni 1967, 07.45 Uhr. Dayan löste die Operation «FOCUS» aus. Israelische Mirage 111C und Fouga Magister überraschten die arabischen Truppen und bombardierten Flugplätze, Flugabwehrstellungen und Radaranlagen gleichzeitig in Ägypten, Syrien und Jordanien. Bis zum späten Abend vernichteten die Israelis die Mehrheit der arabischen Luftwaffe, vornehmlich MiG-Kampfflugzeuge aus sowjetischer Produktion. Maschinen, die zu den modernsten der Welt gehörten, lagen als brennende Wracks am Boden.

NASSER TOBT

Nasser tobte und befahl seinem Kommandeur der Sinai Front, General Abd el Murtagi, die Verschiebung von weiteren Divisionen an die israelisch-ägyptische Front:

- Die 2. Infanterie-Division in den Raum Abu Ageila,
- die 3. Infanterie-Division in den Abschnitt Jebel Libni,
- die 4. Panzer-Division zwischen Bir Gifgafa und Bir Thamada
- und die 6. Infanterie-Division zwischen Nakhl und El Kuntilla.
- Bereits stationiert waren die 20. Infanterie-Division der Palästinensischen Befreiungsarmee im Gazastreifen
- und die 7. Infanterie-Division zwischen Rafah und El Arish.

RABIN SETZT DREI DIVISIONEN EIN

Für die Offensive im Sinai setzte der israelische Generalstabschef Rabin drei Divisionen in Marsch.

- Die 84. Division kommandierte Israel Tal, bekannt als Begründer der israelischen Panzerkriegsdoktrin.
- Avraham Yoffe, aus der Reserve reaktiviert, übernahm das Kommando der 31. Division.
- Den Befehl über die 38. Division führte Ariel Sharon, kriegserfahren von 1948/49 und vom Suezkrieg von 1956 (Landung auf dem Mitlapass).

SINAI = RIESIGER SANDKASTEN

Die Sinai-Halbinsel sollte also die Entscheidung bringen. Eine aus Sandmeeren, Dünen und unfruchtbaren Gebirgsketten bestehende Einöde. Bereits 1956 tobte hier ein Krieg um die Vorherrschaft am Suezkanal. Jetzt sollte es zu einem noch heftigeren Zusammenstoss zwischen den Streitkräften des Zionismus und denen des arabischen Nationalismus kommen.

Die ägyptische Armee galt, nach der US-Armee, als bestgerüstete der Welt. Jede Divison bestand aus drei Infanterie-, einem Artillerie- und einem Panzer-Regiment. Die zur damaligen Zeit stärksten Kampfpanzer aus sowjetischer Produktion formierten die ägyptischen Verbände:

- mittelschwere Panzer T-54/55, wendig und mit leistungsfähiger 100-mm-Kanone bestückt
- sowie der 47 Tonnen schwere Kampfpanzer JS-3 «Josef Stalin» mit 122-mm-Kanone.

KAMFVERBAND PANZERBRIGADE

Grundeinheit der israelischen Armee ist die Panzerbrigade. Selbständige Kampfverbände mit Panzer- und Artillerieabteilungen sowie eigenen Stabs-, Pionier- und Logistikeinheiten. Jede israelische Division, auch Ugda genannt, besteht aus zwei bis drei derartigen Kampfverbänden. Das Panzermaterial war aus amerikanischer Produktion

- der modernisierte M4 Sherman mit verstärkter 105-mm-Kanone,
- der M-48 Patton,
- britische Centurions
- sowie französische AMX-13.

RABINS ABSICHT

Die Analyse der ägyptischen Bereitstellungsräume ergab günstige Bedingungen für Angriff wie auch für Verteidigung. Im Falle Angriff stossen die Ägypter mit der 6. Infanterie-Division ostwärts durch den Negev, schneiden die Versorgung aus Eilat ab und verbinden sich mit Truppen Jordaniens. Im Falle Verteidigung blockieren die ägyptischen Verbände mit tief gestaffelten Abwehrstellungen sämtliche Hauptvorstosslinien durch die Wüste. Rabins Absicht war

- in einer ersten Phase Durchbruch nördlich mit der Division Tal durch die ägyptischen Verteidigungslinien im Gazastreifen und südlich mit der Division Yoffe bei Rafah und El Arish.
- In einer zweiten Phase Vorstoss mit der Division Sharon bis zu den Gebirgszügen östlich des Suezkanals, um Rückzugswege der ägyptischen Armee abzuriegeln.
- In einer dritten Phase die Vernichtung der ägyptischen Streitkräfte.

MIT GEBALLTER FAUST

Tal wusste: Wollte er den Krieg gewinnen, musste die erste Schlacht siegreich sein. Die Panzerwaffe sollte daher wie eine geballte Faust eingesetzt werden. Sein Aufruf an die Truppe war unmissverständlich: «Durchkommen oder sterben.»

Der Feldzug im Sinai begann unter heftigstem Artilleriefeuer auf die Stellungen der ägyptischen 7. und 20. Infanterie-Division. Wuchtig durchbrach die erste Panzerbrigade die Stellungen der Palästinenser, nahm Khan Yunis und setzte in westlicher Richtung weiter nach Scheich Suefab, wo sie auf Widerstand stiess.

Gleichzeitig verschob Tal seine zweite Panzerbrigade mittels Umfassung hinter die feindlichen Linien von Rafah um Artillerie-Stellungen zu bekämpfen. Allerdings verfehlte diese die südlichste ägyptische Brigade wegen dem Gelände und wurde bald im Rücken überrascht. Es entbrannte eine heftige Panzerschlacht.

Tal beorderte ein in Reserve gehaltenes Panzerbataillon, um die südliche Brigade zu entlasten. Der Durchbruch zum eingeschlossenen Verband gelang, die Israeli überwältigten die ägyptische Brigade.

Während Tal den Durchbruch westlich nach El Arish erzwang. um die ägyptische 7. Division endgültig auszuschalten, setzte sich die 31. Division von General Yoffe in Marsch in Richtung Bir Lahfan. Ihr Auftrag lautete, die Achse nördlich Abu Ageila - Jebel Libni abzuriegeln, um zu verhindern, dass Teile aus der südlich gelegenen ägyptischen 3. Division ihre Truppen in El Arish verstärkten.

ÄGYPTENS SPERRRIEGEL

Tatsächlich setzte sich ein ägyptisches Panzerbataillon in Richtung El Arish ab und wurde im Sperrriegel von Yoffes Brigade in heftige Kämpfe verwickelt. Am nächsten Morgen gelang der Division Tal die Einnahme von El Arish. Teile seiner Division vereinigten sich in Jebel Libni mit den Truppen Yoffes. Das Zwischenziel, der Durchbruch einer Verteidigungslinie, war erreicht.

Der Durchbruch und die Einnahme der zweiten Verteidigungslinie fielen Sharons 38. Division zu: Abu Ageila. Besetzt durch die ägyptische 2. Infanterie-Divison, blockierte diese die Hauptvorstosslinie in den Sinai und bestand aus einer Verteidigungsstellung mit tief gestaffelten Gräben, zahlreichen Minenfeldern, Panzerabwehrgeschützen und Artillerie. An den Flanken lagen schwere Panzerverbände.

Sharon legte seinen Kampfplan nur wenige Tage vor dem Angriff vor. Heftiges Artilleriefeuer leitete den Angriff ein, und die Panzer-Brigaden brachen mit voller Wucht durch die ägyptischen Stellungen. Die Ägypter wehrten sich verbissen. Sie liessen die israelischen Truppen bis kurz vor ihre Stellungen vordringen und eröffneten aus ihren Panzern, teilweise eingegraben bis zum Turm, aus nächster Nähe das Feuer. Mit wenig Erfolg.

DIE SCHLACHT UM MITLA

Die ägyptische Verteidigung unterlag der Wucht der durchstossenden, schweren Centurion-Panzer. Keine 24 Stunden später meldete Sharon die Einnahme der Festung und den Durchbruch durch die zweite Verteidigungslinie. Rabin legte die nächste Phase fest: Tal sollte nördlich durch Bir Gifgafa und Yoffe auf einer südlichen Route durch Bir Thamada zum Mitla-Pass vorstossen, den Feind dort einkesseln und deren Rückzug vereiteln. Mitla war das Schlüsselgelände zum Suezkanal.

Mit zwei Panzerbataillonen in Front stiess Yoffes erste Panzerbrigade Richtung Mitla vor. Er wurde bald unter schwerstes Feuer genommen und zog die zweite Panzerbrigade rasch nach.

Es entbrannte die Schlacht um den Mitla Pass. Die ägyptischen Verbände strömten in das Tal und mussten verzweifelt feststellen, dass der Ausgang abgeriegelt und zur tödlichen Falle wurde.

Gleichzeitig liess Tal zwei Panzerbataillone vor Bir Gifgafa Stellung beziehen, um die Strasse nördlich vom Mitla Pass von Bir Thamada nach Ismailia zu blockieren. Jeder Fluchtweg war nun abgeriegelt.

Rabin setzte die verbleibenden Verbände im Sinai zum finalen Stoss an. Panikartig ergriffen die ägyptischen Soldaten die Flucht und setzten Richtung Kanal ab. Am 8. Juni erreichten die Spitzenverbände der Israeli den Kanal von Suez. Die Schlacht war geschlagen – ein Triumph im Zeichen des Davidsterns.

KLASSISCHE DOKTRIN

Kampfidee und Ausführung entsprachen der klassischen Doktrin des Panzerkampfes: Durchbruch der Verteidigungslinien, Durchstossen in die Tiefe, Einkreisung und Vernichtung. Das konsequente Führen der Offiziere von vorne beeinflusste entscheidend das Gefecht.

Israelische Panzerkommandanten führten oftmals, selbst unter heftigstem Beschuss, mit offenem Turm, um bessere Sicht über das Gefechtsfeld zu haben. Dadurch stieg die Ausfallquote der Kommandaten im Vergleich zu den Gesamtverlusten erheblich.

Wo israelische Spitzenpanzer in Minenfeldern liegen blieben, bahnten die nächsten Fahrzeuge ohne Zeitverluste neue Wege. Die Säuberung feindlicher Stellungen erfolgte später.

Ariel Sharon (1928–2014). (Bild: Wikipedia)

Avraham Yoffe (1913–1983). (Bild: Wikipedia)

Entscheidend war die rasche Besitznahme der Verkehrsknotenpunkte und Schlüsselgelände um Kontrolle über den Raum zu gewinnen. Die Waffenwirkung des Panzermaterials ist unterschiedlich zu beurteilen:

- Der französische Leichtpanzer AMX-13 mit 75-mm-Kanone unterlag den russischen Kampfpanzern. Dieses Ungenügen war den Israeli bekannt, daher bekämpfte der AMX primär infanteristische Ziele.
- Der M4 Sherman bewährte sich wegen seiner Beweglichkeit in beinahe unpassierbarem Gelände.
- Der mittelschwere M-48 Patton zeigte sich dem T54/55 in Panzerung und Wirkung der Kanone überlegen. Auch aus flachem Auftreffwinkel bohrten sich die Panzerkerngeschosse durch den Stahl.
- Der schwere Centurion erwarb sich einen ausgezeichneten Ruf. Die zusätzlichen 20 Tonnen Stahl wurden geschätzt, wie auch die Kanone, die sich durch Präzision und Reichweite auszeichnete.

LEHRSTÜCK FÜR MODERNEN KRIEG

Präzision, Geschwindigkeit und aggressives Führungsverhalten, kombiniert mit dem Verbund aller Waffenmittel, waren die ausschlaggebenden Faktoren für den Erfolg der Israeli. Heute noch gilt der Feldzug im Sinai als Lehrstück moderner Kriegsführung.

1967: Sechs-Tage-Krieg – Kampf um Westjordanland und Golanhöhen

Marc Lenzin

Juni 1967. Israel schaltet die arabische Luftwaffe aus und erobert den Sinai. Der Präventivschlag entbrennt mit voller Wucht. Verteidigungsminister Moshe Dayan befiehlt dem Befehlshaber des Central Command, General Narkiss, vorerst keinen terrestrischen Stoss ins Westjordanland (Westbank).

Mit zwei gegnerischen Möglichkeiten sah sich Narkiss in der Westbank konfrontiert: Ein jordanischer Angriff in den israelischen Sektor westlich von Jerusalem um alle Stadtteile zu erobern. Oder ein nördlicher Durchbruch an die Küste von Netanja, um die israelischen Versorgungslinien zu unterbrechen und Nachschub für den Feldzug im Sinai zu erschweren.

GETEILTES JERUSALEM

Dayans grösste Herausforderung stellte die Stadt Jerusalem dar, der Brennpunkt seit Beginn des Nahost-Konfliktes. Von der UNO 1947 unter internationale Verwaltung gestellt und später, im Unabhängigkeitskrieg, aufgeteilt:

- Im Westen das jüdische Viertel,
- im Osten der jordanische Teil.
- Der Zugang zum Tempelberg mit der Klagemauer, dem heiligsten Ort der Stadt, blieb den Juden fortan versperrt.

JORDANIEN VERLEGT INFANTERIE

Der jordanische Generalstabschef Riadh befahl die Verschiebung der Kampfverbände in die Angriffsgrundstellungen:

- Die 25. Infanterie-Brigade in Jenin,
- die 1. Infanterie-Brigade zwischen Qalgilya und Tulkarem,
- die 2. Infanterie-Brigade in Latrun,
- weiter südlich die 29. Infanterie-Brigade in Hebron,
- die 3. Infanterie-Brigade in Jerusalem,
- die 27. Infanterie-Brigade in Jericho,
- zurückgestaffelt zwei Panzerbrigaden zur Bildung des Schwergewichts.

Die israelischen Verbände konzentrierten sich rund um Jerusalem:

- Die 16. Infanterie-Brigade und die 55. Fallschirmjäger-Brigade in der Stadt,
- westlich die 4. Infanterie- und die 10. Mech-Brigade,
- nördlich die 5. Infanterie-Brigade.
- Zur Verstärkung verschob Generalstabschef Rabin drei Brigaden aus dem Nordkommando (General Elazar) in den Raum Jenin.

HUSSEINS 29. BRIGADE GREIFT AN

Durch die dauernden Luftangriffe Israels unter Druck gesetzt, befahl Riadh Artilleriefeuer auf den jüdischen Teil Jerusalems und die Vororte von Tel Aviv.

Aber erst als Verbände der jordanischen 29. Infanterie-Brigade die Gouverneursresidenz der UN besetzten, gab es für Dayan kein Halten mehr. Er ergriff die historische Gelegenheit, Jerusalem zu erobern und die Teilung zu revidieren.

Am Morgen des 5. Juni 1967 überschritten israelische M50 Sherman einer Spitzenkompanie der 16. Infanterie-Brigade die Demarkationslinie und rückten auf die Gouverneursresidenz vor.

Die Jordanier blockierten alle Strassenzüge, verschanzten sich am Radarhügel und sperrten den Weg zum Skopus-Berg, der israelischen Enklave. Die Shermans feuerten aus kurzer Entfernung auf die jordanischen M47 Patton.

Riadh befahl die Verlegung der 60. Panzer-Brigade aus Jericho nach Jerusalem. In der Annahme eines langwierigen Kampfes führte Narkiss weitere Panzerverbände von der 10. Mech-Brigade aus Latrun in die heilige Stadt.

Israelische Centurions auf dem Vormarsch südlich Jenin, 37. Pz-Brigade, 8. Juni 1967. (Bild: Alamy Limited)

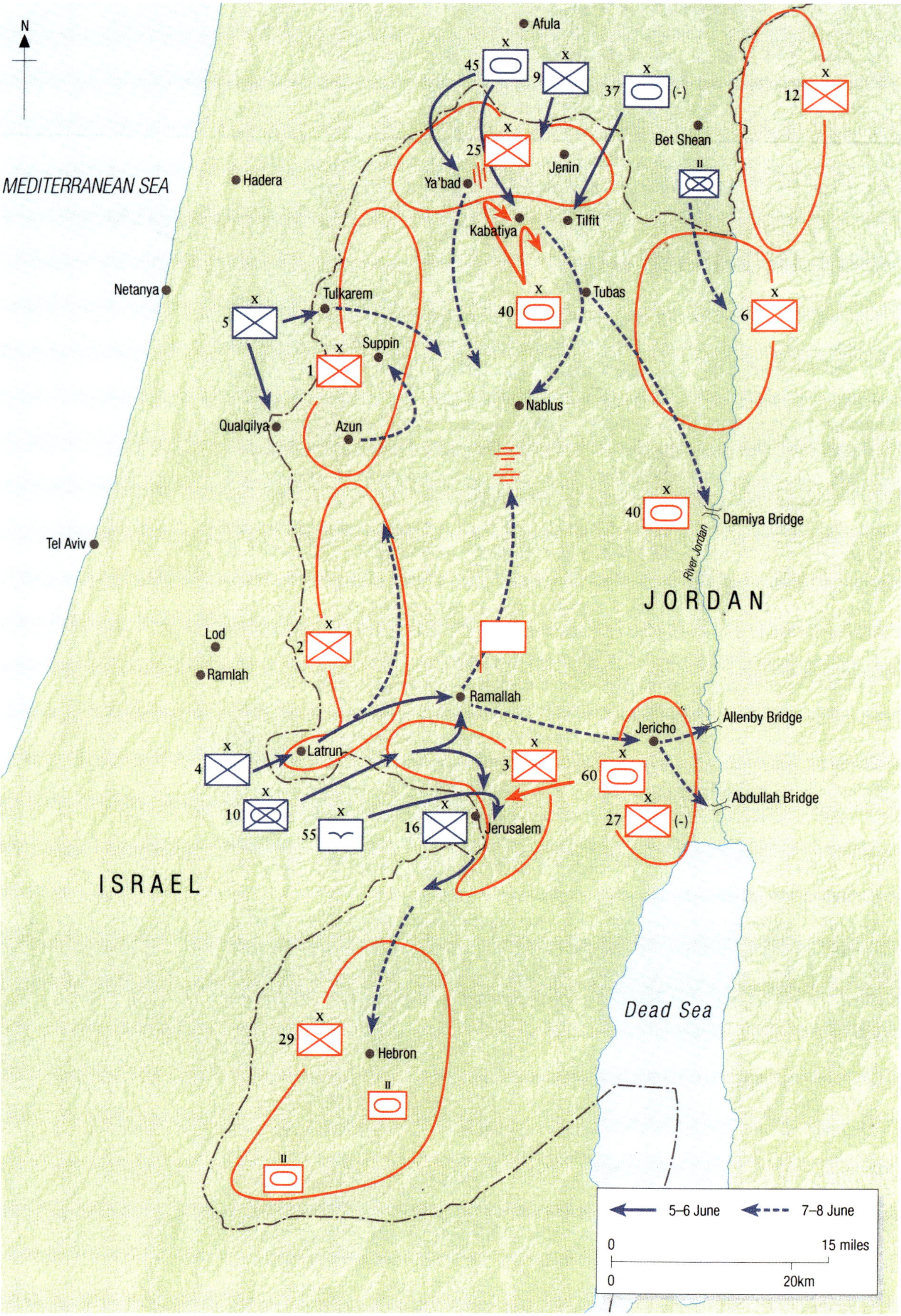

Karte Eroberung Westbank, 5.–10. Juni 1967. (Bild: Osprey Publishing)

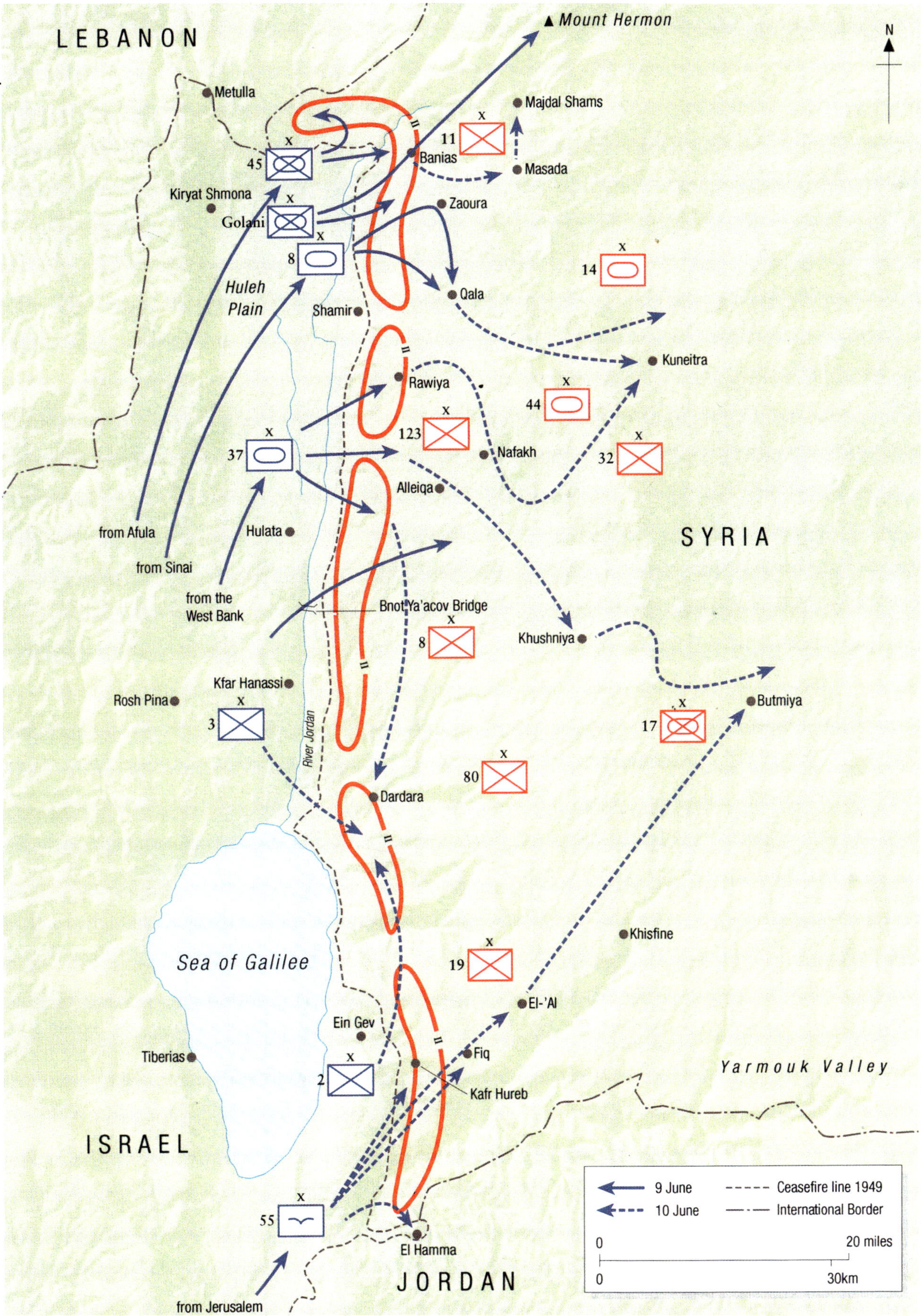

Karte Eroberung Golan-Höhen, 5.–10. Juni 1967. (Bild: Osprey Publishing)

NARKISS SPERRT ACHSEN

Um die Entlastung der jordanischen Truppen in Jerusalem zu unterbinden, befahl Narkiss nördlich den Angriff aus Jenin Richtung Nablus und gleichzeitig südlich den Ausfall Richtung Hebron.

Während die israelischen Panzerbrigaden ihren Weg zur Ramallah-Kette freikämpften, sperrten die Israeli die Achsen von Jerusalem nach Bethlehem.

Mittwoch, dritter Kampftag: Die Entscheidung um Jerusalem war in vollem Gange. In der Westbank zeichnete sich die Niederlage für die jordanischen Brigaden ab: Fast das gesamte westliche Jordanufer war in israelischer Hand und wichtige biblische Städte wie Hebron, Bethlehem und Jericho waren erobert.

KAMPF UM DIE ALTSTADT

Der Kampf um die Altstadt Jerusalems entbrannte. Die jordanische 27. Infanterie-Brigade bemannte um die Demarkationslinie alle Befestigungen und verminte Strassenzüge. Israelische Infanteristen bahnten sich mit Sprengladungen Wege frei, setzten zum Nahkampf an und säuberten Gräben und Häuser, in denen sich die jordanischen Truppen verschanzten.

Von der Infanterie nicht eingenommene Häuser zerstörten die Shermans auf kurze Distanz. Nachts beleuchteten Suchscheinwerfer die Ziele, israelische Flaggen markierten bereits eroberte Gebäude. In Kürze befanden sich Munitionshügel, Polizeischule, Rockefeller Museum und der Ölberg in israelischer Hand.

Mordechai «Motta» Gur, Befehlshaber der 55. Fallschirmjägerbrigade, befahl den Sturm aufs Löwentor und die Besetzung des Tempelbergs. Letzte jordanische Verbände zogen ab, und die Israeli legten vor der Klagemauer die Helme ab.

Bald wehte der Davidstern über der Altstadt, und Dayan sprach Siegesworte an die Adresse seiner Offiziere. Der jordanische König Hussein gestand die Niederlage ein und forderte Waffenstillstand.

AUSGANGSLAGE IM NORDEN

Die Golan-Höhen: Syriens Anspruch seit der Gründung des Staates Israel. Erreichbar nur über drei Achsen, wobei die Hauptroute seit biblischen Zeiten von Damaskus via Quncitra (der Hauptstadt der Golan-Höhen) über den Jordan bis zum Hafen von Haifa am Mittelmeer führt.

Ausgebaut zur schier uneinnehmbaren Festung: Unterirdische Bunker, tiefgestaffelte Gräben und Minenfelder erstreckten sich entlang einer Hügelkette, die 30 Kilometer vom See Genezareth nach Norden reicht und die israelischen Tiefebenen im Westen beherrscht. 250 Artilleriegeschütze und eingegrabene Panzer, aus sowjetischer Produktion, in der Lage, mehr als 10 Tonnen Granaten pro Minute abzufeuern. Sogar Panzer der Wehrmacht, Relikte aus Rommels Nordafrika-Feldzug, wurden verbaut.

SYRIEN SCHLÄGT LOS

Am 8. Juni 1967, vier Tage nach Beginn des Krieges, begann Syrien mit Artillerieschlägen vom Golan auf israelische Siedlungen. Der Druck auf die israelische Regierung, endlich zurückzuschlagen, stieg stündlich. Premier Eshkol, selber einmal Bewohner eines Kibbuzes nahe dem Jordan, zeigte Verständnis und forderte den Einsatz der Armee auch gegen Syrien.

Generalstabschef Rabin befahl die Ausarbeitung der Einsatzbefehle. Nur Dayan hielt die Brigaden im Norden zurück. Er fürchtete einen Dreifrontenkrieg und die Sowjets. Den Krieg gegen eine Supermacht wollte er tunlichst vermeiden.

Jordanischer M-47, von Truppen der israel. 45. Pz-Brigade in der Nähe von Jenin übernommen, 8. Juni 1967. (Bild: Alamy Limited)

DAS KRÄFTEVERHÄLTNIS

Fünf syrische Infanterie- und drei Panzer-Brigaden, 40.000 Mann, 260 Panzer und Artillerie standen auf den Golanhöhen. Taktisch gesehen in günstiger Position, allerdings befanden sich Truppe und Material in unzureichendem Zustand.

Der israelische Befehlshaber des Nordkommandos, General David «Dado» Elazar, brannte auf den Angriff, nachdem die Ägypter im Sinai und die Jordanier im Westjordanland den Krieg verloren hatten. Elazar verschob

- die 1. Infanterie-Brigade «Golani» sowie die 8. und 45. Panzer-Brigade in den Raum Shamir.
- Die 37. Panzer-Brigade verlegte er nördlich und die 3. Infanterie-Brigade südlich Hulata.
- Motta Gurs 55. Fallschirmjäger-Brigade, die unter General Narkiss in Jerusalem gekämpft hatte, ergänzte die Verbände.
- Insgesamt standen rund 20.000 Mann mit 250 Panzern bereit, die syrische Verteidigung zu zerschmettern.

DIE SCHLACHT UM DEN GOLAN

Am 9. Juni 1967 befahl Dayan General Elazar die Attacke auf den Golan bei Nacht. Die Absicht war in einer ersten Phase mittels Luftschlag die Artillerie-Stellungen ausschalten. In einer 2. Phase umfassende Minenräumung der Haupteinfallsachsen und mit der 8. und 45. Panzer-Brigade nördlich und der 37. Panzer-Brigade südlich die Frontlinien aufbrechen. In einer 3. Phase mit der 1. Infanterie-Brigade «Golani» durchstossen und die Golanhöhen in Besitz nehmen.

Nach Luftangriffen auf die syrische Artillerie setzte nördlich die 8. Panzer-Brigade, mit 2 Panzer-Bataillonen in Front, zum Stoss via Zaoura nach Qala an. An der Frontlinie übernahmen Bulldozer die Führung, um die Minen zu räumen und erlebten heftiges Gegenfeuer der eingegrabenen Panzer.

Inzwischen überschritt die Golani Brigade die Grenze und griff Banias an. Es folgten die verlustreichsten Auseinandersetzungen dieses Krieges. Südlich passierte die 37. Infanterie-Brigade den Jordan und griff die Syrer auf der Achse Rawiya – Nafakh – Alleiqa an.

Bis am Freitagabend durchbrachen die Israeli den nördlichen Teil der Verteidigungslinie zwischen Zaoura und Kala, eroberten einen acht Kilometer breiten Brückenkopf und standen vor den Vororten von Masada.

WIDERSTAND LÄSST NACH

In der Morgendämmerung des 10. Juni nahmen die Israeli die Offensive an allen Frontabschnitten wieder auf. Der Widerstand der Syrer erlahmte und die Israeli eroberten eine Stellung nach der andern. Am Nachmittag erreichten Shermans der Spitzenkompanien der «Golani» Brigade die Hauptstadt Quneitra. Sie fuhren in eine Geisterstadt, in der Panzer mit laufenden Motoren und eingeschalteten Funkgeräten fluchtartig verlassen worden waren.

Inzwischen brach auch der syrische Widerstand im Süden. Die Truppen entsetzten Richtung Damaskus, die Niederlage schien Tatsache zu werden. Erstmals in der 20-jährigen Geschichte Israels blickten die Siedler ohne Furcht auf die Golanhöhen.

SCHLUSSFOLGERUNGEN

Der Krieg endete am 10. Juni und gab Israel den Mythos der Unbesiegbarkeit. Israel behauptete sich als stärkste Macht im Nahen Osten. Die nüchterne Bilanz: 750 Gefallene und 2.500 verwundete Soldaten auf israelischer Seite. Die arabischen Staaten beklagten 30.000 tote Soldaten und Zivilpersonen. Gaza Streifen, Sinai Halbinsel, Altstadt von Jerusalem, Westjordanland und schliesslich die syrischen Anhöhen – beeindruckende Gebietserweiterung. Betrachtet aus einem militärstrategischen Blickwinkel, bedeutete dies ein enormer Gewinn. Pufferzonen drängten nun Kräfte zurück, die bis anhin problemlos bis zum Golan und über den Jordan zur verwundbaren «Taille» Israels hatten aufmarschieren können.

Kampfpanzer spielten, neben dem Feldzug im Sinai, auch im Kampf gegen Jordanien und Syrien eine entscheidende Rolle. Die in Jerusalem eingesetzten Shermans unterstützten die angreifenden Infanteristen teilweise im Verband, teilweise einzeln. Nach jeder Kampfphase wurde umgruppiert. Die Bedeutung des Panzers im Ortskampf wurde erneut bewiesen.

Bemerkenswert sind auch die späteren Operationen, vorallem die Nachtkämpfe in Ramallah und Jericho. Panzerbataillone durchfuhren diese Städte und feuerten nach allen Seiten, bis der feindliche Widerstand erlosch.

An der Erstürmung der Golan-Höhen ist auffallend, dass Panzer nicht erst auf dem Plateau selbst, sondern bereits im Anstieg eingesetzt wurden. Im Nordabschnitt vor allem die mittelschweren AMX-13, die die Infanterie im Vormarsch unterstützten, teils aber auch die Spitze übernahmen.

In diesem Feldzug bestätigten die Israeli alte Wahrheiten der militärischen Grundprinzipien: Schnelligkeit, Überraschung, Manövrierfähigkeit, Konzentration der Kräfte, Beherrschung des technischen Apparates, aber auch Mut, Tapferkeit und Durchhaltewillen. Was die israelische Kriegsführung im Sechs-Tage-Krieg so aussergewöhnlich machte, ist die Perfektion und Konsequenz in der Anwendung dieser Prinzipien.

Meilensteine der Panzerentwicklung: Der sowjetische T-72

Stefan Bühler

Die Entwicklung des T-72 war eine direkte Folge der Einführung des T-64. Der T-64 (Objekt 432) war ein sehr ehrgeiziges Projekt, unter der Führung von Alexander Morozov, zum Bau eines duellfähigen Kampfpanzers mit einem Gewicht von weniger als 36 Tonnen. Um dies zu erreichen musste das Kampfraumvolumen auf das notwendige Minimum reduziert werden, was in der Folge zu einer Reduktion der Besatzung auf drei Soldaten und der Einführung eines Ladeautomaten führte. Aufgrund der eingeschränkten Platzverhältnisse musste der zwar kleine, aber unzuverlässige und wartungsintenisve 5TDF-Motor (700 PS) eingebaut werden. Die Produktion des T-64 mit einer 115 mm Kanone begann 1964, aber schon zu diesem Zeitpunkt war geplant, dass mit der nächsten Version eine durchschlagskräftigere 125 mm Kanone eingeführt werden sollte. Obwohl bei der Serienproduktion des T-64 viele Probleme - u.a. mit dem Fahrwerk, dem Ladeautomaten und dem notorisch unzuverlässigen Motor - zu Tage traten, wurde durch

T-72, Tschechische Streitkräfte, 2011. (Bild: Alamy)

eine starke Lobby um den Chefkonstrukteur Morozov in Moskau verhindert, dass konkurrierende Entwicklungen zum T-64 besprochen wurden.

Aufgrund der komplizierten Konstruktion dauerte der Bau der 5TDF-Motoren fast doppelt so lange wie z.B. beim V-45, weshalb die Charkower Traktorenwerke im Kriegsfall nicht genügend Motoren für alle T-64 Produktionslinien hätten bereitstellen können. Aus diesem Grund wurde Uralwagonsawod beauftragt, den Einbau des kostengünstigeren und deutlich zuverlässigeren V-45 (780 PS) im T-64 zu prüfen - diese sogenannte "Mobilmachungsversion" sollte jedoch nur im Kriegsfall in Serie produziert werden.

1967 bildete die Uralwagonsawod die 'Sektion 520', welche die Serienproduktion des T-64 für 1970 vorbereiten sollte. Das Team stellte aber schnell fest, dass der leistungsfähigere V-45 Motor die Wanne des T-64 zu stark beanspruchte, was sich durch Rissbildung in der Struktur manifestierte. Um die Probleme mit dem Originalmodell des T-64 in den Griff zu bekommen, wurden mehrere Ideen übernommen, welche ursprünglich für eine Weiterentwicklung des T-62 vorgesehen waren: eine verstärkte Wanne mit einem weiterentwickelten Fahrwerk, ein überarbeiteter Ladeautomat mit angepasster Munitionslagerung sowie der Einbau der 125 mm Glattrohrkanone D-81 (2A26).

Der erste Prototyp mit V-45K Motor und 125 mm Kanone wurde 1968 unter der Bezeichnung 'Objekt 172' gebaut. Nach intensiven Vergleichstests mit dem mittlerweile in Charkow gebauten T-64A wurde die Konstruktion 1970 noch einmal überarbeitet. Mit dem Regierungsdekret Nr. 326-113 wurde die Serienproduktion von 'Objekt 172' ab 1. Januar 1972 bewilligt, obwohl dies bei einer Mobilmachungsversion eigentlich nicht vorgesehen war. Die erste Charge wurde ab Juli 1973 durch UKBM Nizhny Tagil noch als 'Objekt 172M' gebaut, nach einigen Modifikationen erneut getestet und schliesslich per Regierungsdekret Nr. 554-172 am 7. August 1973 als T-72 eingeführt.

Aufgrund von organisatorischen Schwierigkeiten bei der Umstellung der Produktion vom T-64 auf den T-72 wurden 1973 lediglich 30 Fahrzeuge produziert. Die Probleme setzten sich 1974 fort; bei einer staatlich geforderten Produktionsquote von 440 Fahrzeugen wurden offiziell nur 220 produzierte Fahrzeuge gemeldet, wobei tatsächlich sogar nur 150 T-72 endmontiert wurden. Erst nach erheblichen Investitionen in die Modernisierung der Fabrik und den Werkzeugbau konnte die Serienproduktion des T-72 in Nizhny Tagil beginnen, wo der Kampfpanzer bis 1992 in verschiedenen Versionen gebaut wurde.

Die erste Serienversion, der T-72 Ural wurde von 1974 bis 1979 gebaut. Mit dem T-72A (zweite Serienversion) wurden ab 1979 mehrere Detailverbesserungen eingeführt (u.a. Laser-Entfernungsmesser, modifizierte Glattrohrkanone, verbesserte Verbundpanzerung, neue Nebelwurfanlage). Ab 1985 folgte zuerst die Umstellung der Produktion auf die dritte Serienversion, den T-72B (u.a. neuer Turm, modifizierte Glattrohrkanone mit Lenkwaffenkomplex, verstärkte Wannenpanzerung, Kontakt-1 Reaktivschutzmodule), 1988 schliesslich auf die vierte und letzte sowjetische Serienversion, den T-72BM (verbesserte Verbundpanzerung, Kontakt-5 Reaktivschutzmodule).

Lizenzversionen des T-72 wurden in Polen und der Tschechoslowakei für Streitkräfte des Warschauer Pakts produziert. Obwohl diese Fahrzeuge eine höhere Herstellungsqualität aufwiesen als die Originalversion aus Nizhny Tagil, wurden sie technisch abgewertet und entsprachen nicht mehr dem Leistungsniveau des sowjetischen T-72; u.a. wurde die moderne Keramikpanzerung durch eine Stahlpanzerung ersetzt. Auch die in der Sowjetunion gefertigten Exportversionen (v.a. arabische Kunden) wurden technisch abgewertet, was sich in logistischen Problemen bemerkbar machte: viele Komponenten und Werkzeuge waren zwischen dem Originalfahrzeug und den polnischen und tschechoslowakischen T-72 sowie den sowjetischen Exportversionen nicht austauschbar.

Jugoslawien entwickelte den T-72 durch mehrere Modifikationen (u.a. neue Feuerleitanlage) zum M-84 weiter, welcher auch aktuell noch bei den ehemaligen Republiken (Kroatien, Slowenien und Serbien) im Einsatz ist. Zwischen 1984 und 1991 wurden in Jugoslawien, anschliessend zwischen 1991 und 2003 in Kroatien, insgesamt rund 650 M-84 produziert. Einziger Exportkunde war Kuwait, dessen Armee aktuell noch 149 M-84 betreibt.

Aufgrund des vom UN-Sicherheitsrat verhängten Waffenembargo kaufte der Irak in Russland einzelne Bausätze, welche anschliessend im Land endmontiert und als 'Löwe von Babylon' ('Asad Babil') bei der irakischen Armee eingeführt wurden.

Zu den moderneren Derivaten des T-72 gehört der polnische PT-91 Twardy, der kroatische M-95 Degman sowie der 2010 vorgestellte russische T-72B3, welcher das Originalfahrzeug in seiner Leistungsfähigkeit deutlich übertrifft und daher als Kampfpanzer der 3. Nachkriegsgeneration geführt wird.

Aktuelle Betreiber des T-72 sind Algerien (325), Angola (50), Armenien (101), Aserbaidschan (244), Äthiopien (215), Bulgarien (90), Jemen, Demokratische Republik Kongo (100), Georgien (100), Indien (1.950), Irak (168), Iran (480), Kasachstan (300), Kirgistan (150), Kroatien (90), Libyen, Malaysia (48), Marokko (40), Mazedonien (31), Mongolei (50), Myanmar (50), Nicaragua (20), Nigeria (43), Polen (690), Russland (2.738, weitere rund 2.000 in Reserve), Serbien (13), Slowakei (30), Sudan (70), Syrien, Tadschikistan (30), Tschechien (30), Turkmenistan (650), Uganda (10), Ukraine (100), Ungarn (30), Usbekistan (70), Venezuela (92) und Weissrussland (532).

Ehemalige Betreiber des T-72 waren Bosnien und Herzegowina (87), Deutsche Demokratische Republik, Finnland (100), Libanon (347), Kenia (469), Montenegro (129), Nordkorea (275), Rumänien (141), Südsudan (80), Vietnam (309).

Der T-72 war der am häufigsten eingesetzte Panzer des Warschauer Pakts von seiner Einführung bis zum Zusammenbruch der Sowjetunion 1991. Seit 1973 wurden über 27.000 T-72 (sowjetische/russische Originalversionen und ausländische Varianten) produziert.

Allgemeine Daten	
Einführung	1972
Besatzung	3
Länge	9,53 m (Waffe 1.20)
Breite	3,86 m
Höhe	2,20 m
Gefechtsgewicht	41.500 kg
Bewaffnung	
Primärwaffe	125 mm L48 2A46 44 Schuss
Alternativwaffen	12,7 mm NSVT 300 Schuss 7,62 mm PKT 2.000 Schuss 81 mm Nebelwurfanlage 12 Granaten
Schutz	
Panzerung	Turm frontal 380-500 mm, Stahl, später auch Keramik Wanne frontal 305-450 mm, Stahl Reaktivschutz Kontakt-1 (ab T-72B)
ABC Schutzsystem	GO-27 (Filtersystem), KUV-11-6-1S (Lüfter)
Tarnung	Rauchmaschine
Mobilität	
Motor	12-Zylinder, Diesel, V-46, 574 kW (780 PS)
Getriebe	T-72 (7 V, 1 R)
Spezifische Leistung	13,8 kW/t (19,0 PS/t)
Geschwindigkeit	60 km/h
Reichweite (mit Zusatztank)	450 km (Strasse), 300 km (Gelände) 600 km (Strasse), 400 km (Gelände)
Bodenfreiheit	0,49 m
Waten	1,20 m
Hindernis	0,85 m
Graben	2,80 m
Steigfähigkeit	60%

TECHNIK

Die Mannschaft des T-72 besteht wie beim T-64 aus drei Besatzungsmitgliedern: Fahrer, Richtschütze und Kommandant – der Ladeschütze wird durch den Ladeautomaten ersetzt. Richtschütze und Kommandant befinden sich im Turm unmittelbar über dem Karussell des Ladeautomaten, der Fahrer sitzt vorne in der Wanne. Durch die flache Konstruktion und den Ladeautomaten im Turm steht der Besatzung insgesamt sehr wenig Platz zur Verfügung.

Der T-72 und T-72A wird durch einen im Heck verbauten 12-Zylinder-Dieselmotor (V-46 bzw. später V-46-6) mit 780 PS angetrieben, womit der Panzer bei einem Gefechtsgewicht von 41,5 Tonnen eine Leistung von 18,8 PS/t erreicht und damit verhältnismässig gut motorisiert ist. Der Motor kann sowohl mit Diesel, als auch mit Benzin oder Kerosin betrieben werden. Mit der Version T-72B wurde eine weiterentwickelte Version des Motors (V-84-1) verbaut, welcher mit 840 PS eine grössere Leistung aufwies, um das (im Wesentlichen aufgrund der verstärkten Panzerung) auf knapp 45 Tonnen gestiegene Gefechtsgewicht zu kompensieren. Die erreichbare Höchstgeschwindigkeit des T-72 beträgt 60 km/h auf der Strasse, die maximale Reichweite mit den integrierten Kraftstofftanks beträgt ungefähr 450 km auf der Strasse (300 km im Gelände), mit Hilfe der Zusatztanks kann sie auf etwa 600 km auf der Strasse (400 km im Gelände) erhöht werden. Einer der wesentlichen Nachteile des T-72 ist die lange Reparatur- bzw. Austauschzeit beim Triebwerk – ein Austausch dauert ungefähr 24 Stunden (Vergleich: weniger als 1 Stunde beim Leopard 2). Dieser Umstand ist der sowjetischen Denkweise geschuldet, nach welcher beschädigte Panzer im Gefecht nicht repariert, sondern einfach durch neue Fahrzeuge der folgenden Welle ersetzt werden sollten.

In der neusten russischen Version, dem T-72B3M, wird die auch im T-90S verbaute Motorreihe (V-92 S2F) mit 1.130 PS eingesetzt, was dem Fahrzeug eine hohe spezifische Leistung von 25,1 PS/t und damit eine hervorragende Motorisierung verleiht.

Das hydraulische unterstützte Schaltgetriebe verfügt über 7 Vorwärts- und 1 Rückwärtsgang, die Kraftübertragung erfolgt mittels mechanischer Überlagerungslenkung.

Die Federung der jeweils sechs Laufrollen erfolgt über Torsionsstäbe, an der ersten, zweiten und sechsten Laufrolle sind hydraulische Stossdämpfer montiert. Mit dem T-72B wurde der maximale Federweg erhöht, was die Geländegängigkeit des Fahrzeugs weiter verbesserte.

Der ursprüngliche T-72 verfügte über eine homogene Panzerstahlstruktur (geschweisste Wanne, gegossener Turm) mit integrierter Schottpanzerung, ab 1979 wurde die Panzerung an Turm- und Wannenfront ähnlich dem T-64 mit Verbundwerkstoffen (u.a. Glasfaserverstärkte Kunststoffe, Polyurethan, Glas und Keramik) verstärkt – die zwei Zusatzpanzerungsmodule an der Turmfront brachten dem T-72A bei den amerikanischen Panzerbesatzungen den Spitznahmen «Dolly Parton» ein. Mit der Version T-72B wurde ab 1985 ein neu konstruierter Turm eingeführt, die Verbundpanzerung verbessert und der Schutz mit 227 Reaktivschutzmodulen vom Typ Kontakt-1 verstärkt, was vor allem die Leistungsfähigkeit der Panzerung gegen panzerbrechende Waffen mit Hohlladungswirkung deutlich verbesserte. 1988 wurde mit dem T-72BM die Verbundpanzerung nochmals verstärkt und die Reaktivschutzmodule gegen die neuste Generation vom Typ Kontakt-5 ausgetauscht, welche nun auch gegen Pfeilgeschosse eine höhere Wirkung zeigte.

Beim 2014 eingeführten T-72B3M wurde schliesslich die bisher modernste russische Reaktivschutztechnologie vom Typ Relikt verbaut.

Der Innenraum des T-72 ist mit einer Bleiauskleidung versehen, um die Besatzung vor radioaktiver Strahlung zu schützen. Die leistungsfähige ABC-Schutzanlage (GO-27, mit KUV-11-6-1S Belüftungsanlage), bietet Schutz gegen chemische und biologische Kampfstoffe sowie radioaktiven Staub.

Die Hauptwaffe des T-72 ist eine 125 mm L48 Glattrohrkanone 2A46 bzw. D-81TM mit Wärmeschutzhülle und Rauchabsauger, welche Spreng-, Hohlladungs- und Pfeilgeschosse mit einer effektiven Einsatzdistanz von 2.500 m verschiessen kann. Die Gefechtsbeladung beträgt 44 Schuss, wovon 22 Schuss im Ladekarussell unter dem Turm gelagert werden, der Rest an verschiedenen Plätzen im Kampfraum.

Der Ladeautomat wird elektromechanisch angetrieben und erlaubt eine theoretische Feuergeschwindigkeit von 8 Schuss pro Minute. Er gilt als sehr zuverlässig; durchschnittlich können 2.200 Ladezyklen durchlaufen werden, bevor es zu einem Ausfall kommt. Im Falle einer Beschädigung kann die Waffe durch den Kommandanten von Hand nachgeladen werden, dies reduziert jedoch die Feuergeschwindigkeit auf 1-2 Schuss pro Minute. Die Munition ist zweiteilig (Geschoss und Treibladung), der übrigbleibende metallene Hülsenboden wird nach dem Abschuss vom Ladeautomaten durch eine Luke in der Turmwand nach hinten ausgeworfen.

Mit dem T-72B wurde ab 1985 die weiterentwickelte 2A46M eingeführt, welche verglichen mit der Originalwaffe über eine höhere Lebensdauer und eine geringere Streuung verfügt, ausserdem war mit dem Lenkwaffenkomplex 9K119 Swir der Verschuss von Lenkflugkörpern auf eine Distanz bis 4.000 m möglich. Die letzte Version, die ebenfalls im T-90S verbaute 2A46M-5, wird seit 2011 beim T-72B3 verbaut und weist eine gegenüber den Vorgängerversionen verbesserte Präzision auf.

Koaxial zur Hauptkanone ist ein 7.62 mm PKT Maschinengewehr verbaut, das auf dem Turmdach montierte 12.7 mm NSWT Maschinengewehr dient dem Nahschutz und der Fliegerabwehr. Ab der Version T-72A wurde zusätzlich eine 81 mm Nebelwurfanlage 902B mit zwölf Wurfbechern eingeführt.

Das Feuerleitsystem besteht im Wesentlichen aus dem Analogrechner, der stabilisierten Optik des Richtschützen (TPD-K1 Tagsichtoptik, TPN-1-49-23 Infrarotsichtgerät) und dem Entfernungsmesser. Als Lichtquelle für die Nachtsichtoptik dient ein an der rechten Turmfront angebrachter Infrarotscheinwerfer. Die Originalversion verfügte noch über einen Schnittbildentfernungsmesser, mit der Version T-72A wurde schliesslich ein Laserentfernungsmesser (TPDK-1) eingeführt. Die Werte für Luft- und Pulvertemperatur, Luftdruck und Systemfehler sind bei Bedarf am Rechner manuell einzustellen und werden automatisch bei der Schussabgabe berücksichtigt. Ebenfalls wird die seit der letzten Entfernungsmessung zurückgelegte Strecke unter Berücksichtigung der Turmstellung automatisch verarbeitet. Die Feuerleitanlage erlaubt eine hohe Erstschusstrefferwahrscheinlichkeit bis rund 1.800 m und aus der Fahrt bei einer Eigengeschwindigkeit von etwa 25 km/h. Mit dem T-72B3 wurde ab 2011 eine neue Optik (PNM-Sosna-U) für den Richtschützen sowie der digitale Kalina-Feuerleitrechner eingeführt, womit das Feuerleitsystem eine mit westlichen modernen Kampfpanzern vergleichbare Leistungsfähigkeit aufweist.

Dem Kommandant steht eine eigene Tag- und Nachtsichtoptik mit Infrarotkanal (TKN-3) zur Verfügung. Auf der 360° drehbaren Kommandantenkuppel befindet sich ein Infrarotscheinwerfer für die Nachtsichtoptik. Der Kommandant ist in der Lage, den Turm automatisch in der Horizontalen auf seine Sichtlinie einschwenken zu lassen und damit den Richtschützen kurzzeitig zu übersteuern bzw. diesem Ziele zuzuweisen (Hunter-Killer-Fähigkeit). Mit dem T-72B3 wurde ab 2011 eine neue Optik für den Kommandanten (TKN-4SR) sowie das GLONASS-Navigationssystem eingeführt, was die Führungsfähigkeit nochmals deutlich verbesserte.

EINSATZ

Der T-72 und seine Versionen wurde weltweit in zahlreichen Kriegen und Konflikten eingesetzt, wobei es jedoch nie zu einer Duellsituation zwischen den stärker gepanzerten und technologisch weiterentwickelten sowjetischen bzw. russischen Fahrzeugversionen und einem modernen westlichen Panzermodell kam – stets waren die schwächeren Exportversionen des T-72 in die Kampfhandlungen verwickelt.

Der T-72 wurde nicht im Afghanistankrieg eingesetzt, die dort stationierte 40. Sowjetische Armee verfügte lediglich über T-55 und T-62.

Die Feuertaufe erlebte der T-72 im Ersten Golfkrieg (22. September 1980 bis 20. August 1988), wo irakische T-72 in der Nähe von Qasr-e Shirin ohne eigene Verluste insgesamt 77 iranische M47, M48 und M60 Patton zerstörten. Die T-72 wurden u.a. auch während der am 13. Juli 1982 gestarteten Operation Ramadan auf der irakischen Seite in der Verteidigung von Basra eingesetzt. Aufgrund des mehrheitlich statischen Einsatzes der irakischen Kampfpanzer konnte der T-72 jedoch keinen entscheidenden Beitrag zum Ausgang der sechswöchigen Schlacht leisten. Auch im weiteren Verlauf des Krieges wurde der T-72 durch die irakische Armee (und vereinzelt als Beutefahrzeug auch durch die iranische Revolutionsgarde) eingesetzt, jedoch ohne weitere erwähnenswerte Erfolge.

Der erste dokumentierte Kampfeinsatz des T-72 erfolgte im Libanonkrieg durch die syrische Armee gegen die Israel Defence Forces (IDF). Syrien verfügte zu diesem Zeitpunkt über rund 250 T-72 und T-72M, wovon die Mehrheit der 3. Panzerdivision zugeteilt waren. Nach dem Verlust der Kontrolle über den Luftraum und der Zerschlagung der 1. Panzerdivision in den Gefechten um Beirut, wurden die verbliebenen Fahrzeuge zusammen mit Teilen der 3. Panzerdivision in der Bekaa-Ebene zur Verteidigung der Hauptstrasse zwischen Damaskus und Beirut eingesetzt. Während dem Gefecht wurden zwischen 9 und 12 syrische T-72 durch Kampfhubschrauber und TOW-Panzerabwehrlenkwaffen zerstört, ein israelischer Merkava wurde nachweislich durch einen T-62 ausser Gefecht gesetzt. Obwohl die Einsatzberichte auf beiden Seiten – aus offensichtlich propagandistischen Motiven – von der erfolgreichen Zerstörung des syrischen T-72 durch den israelischen Merkava und umgekehrt sprechen, fehlen stichhaltige Beweise, dass es zu einem solchen Duell gekommen ist.

Der Löwe von Babylon (irakische Version des T-72) wurde auch im Zweiten Golfkrieg (Erster Irakkrieg) 1990-1991 sowie 2003 im Zweiten Irakkrieg gegen die USA-geführten Koalitionstruppen eingesetzt, war jedoch gegen die moderneren amerikanischen M1 Abrams und britischen Challenger chancenlos. Obwohl die beiden Irakkriege gerne herangezogen werden, um die vermeintliche Überlegenheit der westlichen Panzermodelle gegen den T-72 hervorzuheben, scheint eine solche Verallgemeinerung nicht ohne Weiteres angebracht. Neben dem mehrheitlich mangelhaften taktischen, da statischen Einsatz (eingegrabene Fahrzeuge dienten als Bunker) waren vor allem die verhältnismässig schwache Panzerung sowie die veralteten Zielgeräte der irakischen Version und die gegen moderne Panzerungen praktisch wirkungslose Munition (die eingesetzten 3BM9 Pfeilgeschosse waren 1962 bei der Roten Armee in Dienst gestellt und 1973 ausgemustert worden) für das schlechte Abschneiden des T-72 in den Irakkriegen verantwortlich.

Während dem Ersten Tschetschenienkrieg (Dezember 1994 bis September 1996) zwischen der Russischen Föderation und der selbsternannten Tschetschenischen Republik setzte Russland mit Masse T-72 und T-80 ein. Bereits im ersten Monat des Krieges verloren die russischen Streitkräfte 225 gepanzerte Fahrzeuge (rund 10% der eingesetzten Flotte). Die Hauptursache für dieses schlechte Abschneiden war – neben dem mangelhaften taktischen Einsatz der Fahrzeuge (die russische Panzertruppe basierte zu weiten Teilen immer noch auf der sowjetischen Einsatzdoktrin und war auf den Panzerkampf im urbanen Gelände nicht vorbereitet) – der Einsatz von gut organisierten und ausgerüsteten tschetschenischen Panzerjägertrupps, bestehend aus vier Mann mit Panzerabwehrraketen vom Typ RPG-7 oder RPG-18, einem Maschinengewehr und einem Präzisionsgewehr. Jeweils drei bis sechs dieser Trupps griffen gleichzeitig ein gepanzertes Fahrzeug an, was sich aus tschetschenischer Sicht als sehr effektiv und für die im urbanen Gelände eingeschränkt manövrierfähigen russischen Kampfpanzer gleichermassen als verheerend erwies. Der erste offiziell dokumentierte Kampfeinsatz des Lenkwaffenkomplexes 9K119 Swir durch den T-72 erfolgte im Ersten Tschetschenienkrieg, wo ein Ziel auf eine Distanz von 4000 m effektiv bekämpft wurde.

Erst im Zweiten Tschetschenienkrieg (August 1999 bis April 2009) wurde aufgrund der wiederholt schweren Verluste der russischen Panzerverbände beim Angriff auf Grosny die Panzertaktik grundlegend überarbeitet und der Schutz der Panzer durch Infanterie und Flugabwehrgeschütze, welche durch den grösseren Elevationswinkel auch in höhere Gebäudeetagen wirken konnte, deutlich verbessert - in der Folge nahmen entsprechend auch die russischen Verluste deutlich ab. In den zwei Tschetschenienkriegen kam es vereinzelt zu Duellen zwischen T-72A der Rebellen und T-72B der russischen Föderation.

Während des Kaukasuskrieges bzw. des Krieges in Südossetien (2008) setzten sowohl die georgischen als auch die russischen Streitkräfte den T-72 ein. Georgien verfügte zu Begin des Krieges über 191 T-72, davon 120 in der modernisierten Version T-72 SIM-1; in Südossetien waren zum Start der russischen Offensive 75 T-72 stationiert. In den folgenden Gefechten wurden mindestens 10 georgische T-72 zerstört, eine Mehrheit der noch einsatzfähigen Fahrzeuge wurde infolge des georgischen Rückzuges aufgegeben und durch die nachstossenden russischen Verbände erbeutet. Die russischen Truppen verloren in den Gefechten lediglich einen T-72B, einen T-72BM sowie einen T-62M.

Im syrischen Bürgerkrieg wird der T-72 seit 2011 durch die syrische Armee im grossen Rahmen eingesetzt. Während die Rebellen anfänglich gezwungen waren, die T-72 der Regierungstruppen mit veralteten (RPG-7) und unkonventionellen Sprengvorrichtungen zu anzugreifen, gelangten durch die westliche Unterstützung mehr und mehr durchschlagskräftigere Panzerabwehrwaffen wie die jugoslawische M79 Osa, die chinesische HJ-8, russische 9K111 Fagot, 9K113 Konkurs und 9K115 Metis in den Einsatzraum, wodurch die Rebellen in der Lage waren, die T-72 erfolgreich zu bekämpfen. Ab 2012 wurden zudem sowohl durch die Rebellen als auch durch die Dschihadisten mehrere T-72 erbeutet und diese ebenfalls gegen die Regierungstruppen eingesetzt.

Beim Krieg in der Ostukraine setzen die ukrainischen Regierungstruppen vor allem auf den T-80 bzw. die ukrainischen Versionen T-80U und T-84, während die Separatisten ab 2014 offenbar mit modernisierten russischen Versionen des T-72B ausgerüstet wurden. Vor dem Krieg hatte die Ukraine rund 600 T-72 gelagert, welche aufgrund der fortschreitenden Kampfhandlungen zumindest teilweise wieder reaktiviert wurden.

In den Jahrzehnten seit seiner Einführung kam der T-72 auch in weiteren Kriegen und Konflikten zum Einsatz: 1977-1978 im Ogadenkrieg

Panzer T-72B3, Militärparade St. Petersburg, Russland, Januar 2019. (Bild: Alamy)

(durch Äthiopien gegen Somalia), 1987-1990 im Bürgerkrieg in Sri Lanka (durch Indien), 1988-1994 und ab 2014 im Bergkarabachkonflikt (durch Armenien und Aserbaidschan), 1988-1993 im Bürgerkrieg in Georgien, 1992-1997 im Bürgerkrieg in Tadschikistan, 1990-2002 im Bürgerkrieg in Sierra Leone, 1991-2001 in den Konflikten auf dem Balkan, 1991-2002 im Bürgerkrieg in Algerien, 1994 im Bürgerkrieg in Ruanda (durch Uganda), ab 2011 im Bürgerkrieg in Libyen, ab 2013 im Bürgerkrieg im Südsudan und 2014-2017 im Bürgerkrieg im Irak.

FAZIT

Der T-72 vereinigte in pragmatischer Weise die Komponenten des T-54/55 (u.a. ABC-Schutzanlage), des T-62 (u.a. Glattrohrkanone) und des T-64 (u.a. Ladeautomat, Brandunterdrückungsanlage, Verbundpanzerung) in einem neuen Kampfpanzer, welcher bei seinem Erscheinen den westlichen Modellen in vielen Belangen überlegen war und aufgrund der aufwuchsfähigen Grundkonstruktion bis in die Gegenwart erfolgreich eingesetzt wird. Mit den modernisierten Versionen wie dem PT-91 (Polen), dem M-95 Degman (Kroatien), dem T-72M4CZ (Tschechien), dem T-72B3M und der weiterentwickelten T-90-Serie (Russland) wird der T-72 auch in den kommenden Jahrzehnten eine wesentliche Komponente in einigen europäischen Streitkräften darstellen.

1973: Im Tal der Tränen

Peter Forster

Am drückend heissen 6. Oktober 1973 versammelte auf dem Golan Oberst Avigdor Ben-Gal, Befehlshaber der 7. Panzerbrigade, seine Kommandanten im HQ. Die vier Oberstlt Kalahani, Haim, Oz und Ratess meldeten ihre Bataillone gefechtsbereit. «Gut», bestätigte Ben-Gal, «kommen wir zur Sache. Noch heute bricht der Krieg aus.» Alle verstummten. Ben-Gal: «Syrien greift an, am Nachmittag oder am Abend.» Wie ein Mann schauten die Bat Kdt, wie spät es war: Es war schon 10 Uhr.

Der 37-jährige Ben-Gal diente schon 1967 als Chef Operationen in der Brigade, die im Sinai bei Abu Agheila durchbrach.

DIE ZEICHEN AN DER WAND

1972 übernahm er die 7. Brigade an der Golanfront, wo er vom September 1973 an den syrischen Aufmarsch gegen Israel beobachtete. Zwei Wochen vor Kriegsausbruch warnte er vor dem gegnerischen Angriff – und wurde als «verrückt» abgetan.

Zu sehr verachtete die israelische Führung nach den triumphalen sechs Tagen im Juni 1967 die Araber – auch die Syrer, obwohl diese stets gut gekämpft und den Israeli tapfer widerstanden hatten. Doch Ben-Gal bekam Recht: Er stimmte Kalahani zu, als dieser im 77. Bat die vier Frauen evakuierte. Als Avigdor Kalahai, auch er ein Überlebender des Sechstagekriegs, zu den Kompanien fuhr, um deren Chefs zu warnen, griffen um 13.58 Uhr vier MiG-21 seinen Jeep im Tiefflug an.

Kalahani warf sich auf die dürre Golan-Erde: «Ich drückte den Kopf in den Boden, mit den Handflächen umklammerte ich den Nacken, rund herum detonierten Fliegerbomben. Ich fühlte mich gedemütigt: Syrische Piloten kreisten über dem Golan und taten, was sie wollten!»

«AUF DIE TANKS!»

Kalahani kam davon. Er rief: «Auf die Tanks» und befahl unter seinem Code: «Hier POLICEMAN, an alle: zieht die Tarnnetze ein, macht euch startbereit.»

Der 7. Brigade war der zentrale Abschnitt Kuneitra zugewiesen. Als älteste israelische Panzerbrigade, gegründet 1948, genoss sie einen legendären Ruf. 1973 waren ihre Bataillone mit Israels Schlachtross, dem Centurion, ausgerüstet.

«JUSTIERT DIE ROHRE»

Im 77. Bataillon hatte Kalahani am 5. Oktober vor der Nacht befohlen: «Der Tagesoffizier rapportiert jede Stunde, wo die Kompanien und Züge in Stellung sind. Munitioniert ordentlich auf. Der Chef Operationen markiert die Wege. Überprüft die Frequenzen. Justiert die Rohre. Verteilt 72-Stunden-Gefechtsrationen.» Seinen fünf Kompanien wies er Codes zu:

6. OKTOBER 1973, 13.58 UHR: 1.460 GEGEN 177 PANZER, 115 BATTERIEN GEGEN 11

Syrien griff am 6. Oktober 1973 an der 64 km langen Front mit fünf Divisionen an:

- *mit der 1. und der 3. Pz Div, beide mit T-54/55- und T-62-Panzern; letztere mit der 115-mm-Glattrohr-Kanone und Infrarot für den Nachtkampf.*
- *mit den Infanteriedivisionen 5, 9 und 7, alle mechanisiert mit modernen Schützenpanzern, die die UdSSR nach 1967 geliefert hatte.*

Israel verfügte nur über die verstärkte 36. Panzerdivision:

- *mit der 188. Pz Br im Süden, der 7. Pz Br im Norden, der 1. Golani Br und einem Fallschirmverband.*

Bei Kriegsausbruch war Syrien weit überlegen. Es standen sich 1.480 zu 177 Panzer gegenüber und 115 zu 11 Art Bttr. Spät mobilisierte Israels Generalstab:

- *die 240.Pz Div mit der 17. und der 679. Pz Br, die später für den Stoss nach Syrien mit zwei weiteren Brigaden verstärkt wurde;*
- *zum Aufrollen des syrischen Vorstosses im Südgolan die 146. Pz Div mit den Pz Br 4, 9, 70 und 205.*

Israel verliess sich auf die Patton-Tanks M-48 und M-60, auf den Schlachtpanzer Centurion und auf den Super-Sherman, alle mit der 105-mm-Kanone bestückt.

Zerstörter syrischer T-54/55 beim israelischen Stützpunkt 116. (Bild: IDF)

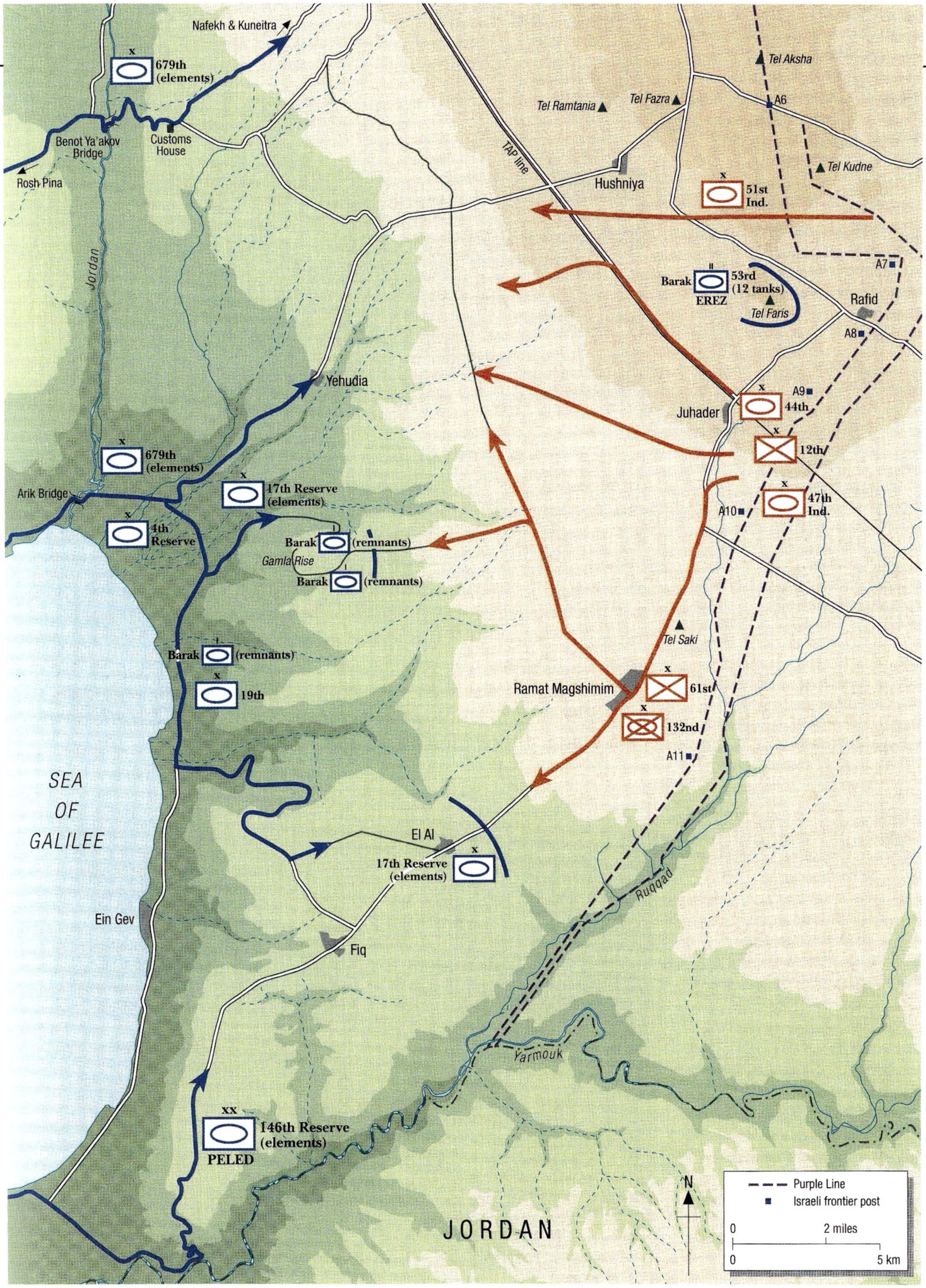

Der syrische Durchbruch im Süden 6.-8.10.1973. (Bild: Osprey Publishing)

Rechts oben der Anti-Panzergraben der Israeli auf dem Golan. Davor zerstörte syrische Panzer (Bild: IDF).

- «Yair = VESPA».
- «Menachem = ZECHAR».
- «Emmy = HOUMUS».
- «Amnon = MATRESS».
- «Zamir = TIGER».
- «Das Bat bleibt POLICEMAN».

DIE LÜCKE VON KUNEITRA

Weshalb wog Kuneitra für beide Parteien derart schwer? Für Syrien hatte die Provinzhauptstadt politischen Wert. Als der amerikanische Aussenminister Kissinger 1974 zwischen Jerusalem und Damaskus pendelte, stritten Israel und Syrien einen Monat lang um Kuneitra. Erst als Premier Golda Meïr die Stadt freigab, willigte Präsident Hafiz al-Asad in den Waffenstillstand ein.

Taktisch bildete die 7 Kilometer breite Öffnung zwischen alle den Erhebungen für die Syrer den Durchgang, durch den sie in den Kern der israelischen Abwehr stossen konnten - die Lücke von Kuneitra.

DIE STRASSE NACH DAMASKUS

Israel stufte Kuneitra militärisch hoch ein – wie die Tel, die zur Beobachtung geeigneten Fronthügel, und den Berg Hermon:

- Kuneitra beherrschte die strategische Strasse von Galiläa nach Damaskus.
- Sie beginnt tief unten am Jordan an der Brücke der Töchter Jakobs und steigt zwischen alten syrischen Minenfeldern steil zum Plateau an.
- Auch die vulkanischen Golanhöhen sind stark coupiert und von massiven schwarzen Basalt-Brocken übersät – der Schrecken aller Panzerfahrer.
- In Kuneitra schneidet die Damaskus-Strasse den Weg, den Israel baute – vom Fuss des Berges Hermon bis an den Jordan südlich vom Kinneret.
- Kuneitra kontrolliert die Strassenkreuzung, für die Israeli einfach «der Knotenpunkt», was durchaus zutrifft.
- Entlang der Strasse nach Damaskus verliefen für beide Parteien wichtige Abschnittsgrenzen.

GRABEN UND PODESTE

General Yitzhak Hofi, der Kommandant der Nordfront, kannte die Bedeutung der Kuneitra-Lücke:

- Auf dem Bustar-Grat, der den Durchgang beherrschte, liess er für die Panzer Feuerpodeste errichten.
- Quer durch das Gelände hoben die Israeli einen mehrere Meter tiefen, breiten Panzergraben aus, in dem die syrischen T-54/55 und T-62 auflaufen sollten – und aufliefen.

77. BAT: NOCH DREI EINHEITEN

Noch am 6. Oktober musste Kalahani die Kompanien Emmy und Zamir abtreten.

So bezog er in der Nacht die Stellung hinter dem Bustar-Grat nur noch mit den drei Einheiten Yair, Menahem und Amnon, denen er in dieser Abfolge die Kompanie-Abschnitte von Nord nach Süd zuwies. Yair beobachtete den syrischen Angriffsstreifen gegen Nordosten, Menahem gegen Osten und Amnon gegen Südosten.

Um 21.30 Uhr griff Sergeant Amir Bashari als erster 77-er in den Krieg ein. Er nahm syrische Panzer unter Feuer, die in Richtung Kuneitra vorrückten.

DER ERSTE GEFALLENE

Kalahani berichtet, Emmy habe ihm gefunkt: «Wir trafen Syrer auf der Tarzan-Strasse. Ich verlor mit den Tanks Verbindung. Mir scheint, B1 ist getroffen.»

Kalahani: «Wer?» Emmy: «B1, Bashari.» Kalahani: «Stimmt, B1 ist Amir.» Bashari hatte zehn Panzer abgeschossen, als sein Centurion getroffen wurde. Eine Granate schlug im Turm ein. Bashari war sofort tot und der erste, jedoch nicht der letzte Gefallene im 77. Bataillon.

Kalahani: «Emmy nahm den Lader und den Funker auf, der Fahrer flüchtete zu Fuss. Wir wussten nicht, dass ihn andere Israeli für einen Syrer hielten und anschossen. Aber sie brachten ihn ins Spital. Wir meldeten ihn lange als vermisst.»

DAYAN FORDERT RÜCKZUG

Am 24 Kilometer langen Nordabschnitt der Golanfront hielt die 7. Brigade am Yom Kippur dem syrischen Ansturm stand. Im 40 km messenden Südteil sah es für Israel böse aus. Syriens 5. Inf Div hatte die Front durchbrochen, und die 1. Pz Div stiess bis an die Krete über dem Jordantal vor.

General Dayan, der Verteidigungsminister, flog am 7. Oktober früh zu Hofi, den er erschöpft in seinem HQ antraf. Dayan hatte selber die Nerven verloren. Er stimmte Hofi zu: Israel musste den Golan räumen, um die 36. Pz Div zu retten.

ELAZAR WIDERSETZT SICH

Dieser Ansatz stiess auf den erbitterten Widerstand von Generalstabschef David Elazar. Der Panzeroffizier Elazar wusste die Div Kdt Raful Eitan und Dan Laner an seiner Seite. Beide lehnten den Rückzug ab, wie auch General Moussa Peled, dessen 146. Pz Div mobilmachte:

- Eitan vertraute darauf, dass seine Division weiter standhielt.
- Laner brannte darauf, verlorenes Terrain zurückzuholen.
- Erst recht widersetzte sich Peled: Er rückte mit frischen Truppen an und dachte schon an den Gegenangriff nach Syrien hinein.
- Elazar entschied dann für Halten und Konterangriff – gegen Rückzug.

«FEUER FREI!»

Für Ben-Gals 7. Brigade und Kalahanis 77. Bataillon bedeutete das mehrere Tage Abwehrschlacht zur Abriegelung der Kuneitra-Lücke. Un-

Israelische 175-mm-Artillerie auf dem Golan (Bild: IDF).

WARUM BLIEBEN DIE SYRER STEHEN? ISRAELS LUFTWAFFE ZERSCHLUG IHRE PANZER

Vom Südgolan sahen am Yom Kippur die vordersten Syrer auf den See Genezareth hinunter und tief nach Galiläa hinein. Der Weg hinab an den Jordan stand offen. Warum nur blieben sie gegen 18 Uhr stehen?

Am 10. Oktober führten die Israeli erstmals Korrespondenten auf den Golan. Unten am Kibbuz Ginossar ging ein bulliger israelischer Oberst in einem Platanenhain an einer improvisierten Karte auf die Frage aller Fragen ein. Er nannte drei Thesen zum Halt der Syrer:

1. hätten sie Angst vor ihrem eigenen Erfolg bekommen; sie hätten nicht geglaubt, in knapp vier Stunden so weit vorstossen zu können.

2. hätten die israelischen Infanterie-Stützpunkte 103–116 an der Front gehalten und den Angreifern den Nachschub abgeschnitten.

3. sei die israelische Luftwaffe routinemässig auf Pikett gewesen und habe rasch in den Erdkampf eingegriffen. Die neuen Jagdbomber F-4 Phantom und die Skyhawk-Erdkämpfer hätten am Yom Kippur Dutzende Panzer aufgehalten.

Wir fuhren über die Brücke der Töchter Jakobs und Nafah bis wenige Kilometer an Kuneitra heran und erkannten unzählige, oft ausgebrannte T-54/55- und T-62-Wracks mit schweren Treffern aus der Luft. Auch der Oberst gab der These 3 den Vorrang.

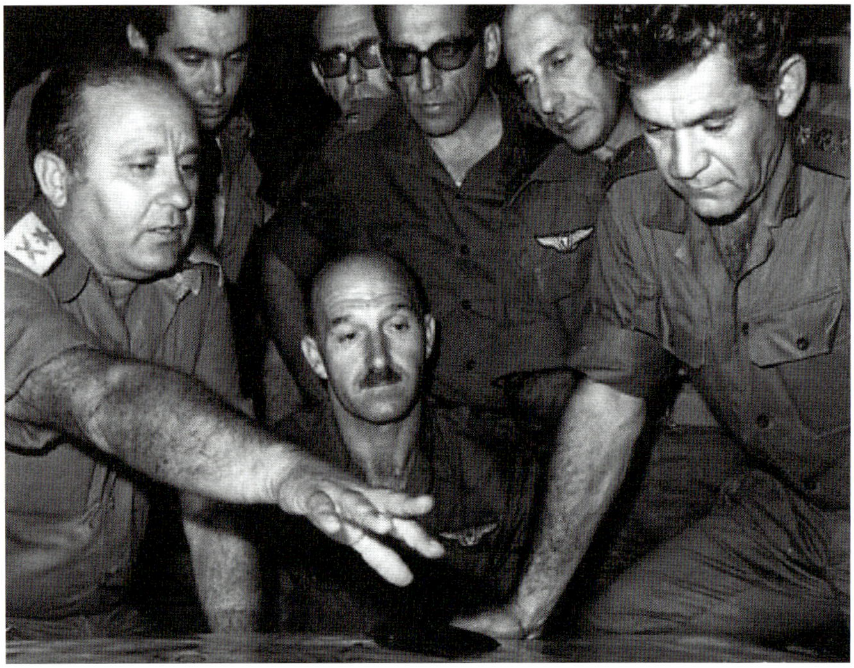

Im Israelischen Nordkommando. Links General Yofi, Kommandant der Nordfront. Rechts General David Elazar, Generalstabschef. Elazar begab sich jeden Tag an die Fronten.

Die Panzerkommandanten Avigdor Kahalani (links) und Yossi Ben-Hanan nach der Schlacht im Tal der Tränen. (Bild: IDF)

entwegt griffen die syrische 3. Pz Div und die 9. Inf Div an – so brutal die Verluste auch waren, die sie erlitten.

Das 77. Bataillon lauerte in der Nacht zum 7. Oktober in seinen stählernen Kolossen – jederzeit bereit, die Feuerpodeste auf dem Bustar-Grat zu beziehen. Als sich im Morgengrauen syrische Panzer rasch der Stadt Kuneitra näherten, erklommen die Israeli ihre Feuerstellungen.

Kalahani: «Hier POLICEMAN, Syrer in Front vor uns, Distanzen von 500 bis 1.500 Meter. Feuer frei!»

FÄSSER AUF DEN PANZERN

Sein eigener Schütze, Kilyon, schrie: «Ich habe einen, kann ich schiessen?»
«Ja, nur drauf!»
Mit der ersten Granate brachte Kilyon den T-62 zum Stehen, die Syrer rannten weg. Der zweite Schuss liess den Panzer in Flammen aufgehen – das gegnerische Bataillon führte Fässer mit Treibstoff offen auf den Kampfwagen mit.

Ben-Gal funkte: «Kalahani, was ist los?» Kalahani: «Sie greifen an.» «Brauchst Du Hilfe»? «Nein, im Moment nicht».

Doch Welle um Welle rollte heran, und alle Kompanien meldeten schwere Verluste: Die Liste der Gefallenen wurde länger und länger, der Bestand an einsatzfähigen Panzern schrumpfte zusehends.

«Kalahani, hier Ben-Gal. Berichte!» «Bin unter schwerstem Druck. Erleide massive Ausfälle. Wir halten.» «Ich sende euch Verstärkung, bring mir Eitan».

«YAIR IST GEFALLEN»

Major Eitan war in Kalahanis kleinem Stab sein Stellvertreter und Stabschef. Der Stab umfasste ausser Eitan nur Gidi (Op), Ilan (Nof), Avraham (Art), Cobi (Uem), Zeev (Mun) und Alex (Arzt): sieben Mann.

Eitan führte Verstärkung heran. Aber die nächste Hiobsbotschaft folgte auf dem Fuss. «Bataillon, Bataillon, hier ist Yairs Stellvertreter.» «Was ist?» «Yair ist tot.»

Was war geschehen? Vor Minuten nur hatte Kalahani Yairs Tank noch intakt gesehen. Eine Granate traf den Nachbarpanzer, drei Mann schafften es in Deckung. Der Fahrer jedoch war gefangen. Yair fuhr heran und lehnte sich weit aus dem Tank, um den Eingeklemmten zu befreien. Er fiel im Feuer der syrischen Artillerie.

Oberstleutnant Moshe Harel (links), Bataillonskommandant, und Oberst Ori Orr, Brigadekommandant. (Bild: IDF)

General Eitan zeichnet israelischen Panzersoldaten aus. (Bild: IDF)

Bis zum 9. Oktober rannten die Syrer in der Passage von Kuneitra an, die ihnen die Strasse zum Knotenpunkt Nafah und zur Jakobsbrücke öffnen sollte. Doch die 7. Brigade schlug alle Attacken zurück – unter schwersten Opfern.

Überhaupt erlitten die Kernverbände der 36. Pz Div unermessliche Verluste:

- Die 188. Brigade hörte im angestammten Bestand zu bestehen auf. Alle Kommandanten fielen, auch der Brigadechef Ben-Shoham.
- In der 7. Brigade mussten drei Viertel der Männer ersetzt werden, so viele fielen oder wurden schwer verwundet.

«PHASE 2 BEGINNT»

Nachdem die 205. und die 240. Division den Südgolan aufgerollt hatten, verlangten in der 7. Brigade die Bataillonskommandanten einen Tag zur Rekuperation. Allein Ben Gal beschied sie: «Phase 1 ist vorbei. Phase 2 beginnt.»

Schon in der ersten Kriegswoche nannten die Soldaten Kalahanis Sektor das Tal der Tränen. Man weiss nicht, wer den Begriff erfand. Aber er trifft zu.

EINE KLEINE ERINNERUNG

In der Nacht zum 11. Oktober kehrten wir nach Tel Aviv zurück, nachdem uns ein Oberst und ein Major vom See Genezareth an einen Punkt an der Strasse von Nafah nach Kuneitra geführt hatte, wo es dann hiess. «Bis hierher und nicht weiter – zu eurem eigenen Schutz.»

Nie vergesse ich die vielen gefallenen, teils zermalmten syrischen Soldaten. Nur ein einziges Mal, am 13. Oktober, wieder an der Nordfront, sahen wir an der Strasse Kuneitra–Damaskus israelische Gefallene, mit Wolldecken zugedeckt auf Bahren, bereit zum Rücktransport. Sonst hatten die Israeli ihre Verwundeten stets sofort geborgen und die eigenen Gefallenen vom Gefechtsfeld geräumt. Aber für die Araber reichten die Kräfte nicht auch noch.

Um 3 Uhr gab ich den ersten Frontbericht an die NZZ durch, die damals 2 x am Tag erschien. Ich schrieb, das israelische Panzerkorps habe auf dem Golan einen heldenhaften Abwehrkampf geführt. Zu diesem Wort stehe ich auch heute.

Der Autor berichtete im Oktober 1973 für die NZZ von beiden Fronten und erhielt Briefings von israelischen Presseoffizieren. Die Dialoge im vorliegenden Text stammen aus: Kalahani, Heights of Courage, Westport 1984.

1973: Iraker gegen Israeli – ihre letzte Panzerschlacht

Peter Forster

Schon plante Israels Führung im Yom-Kippur-Krieg, Syrien zu einer frühen Feuereinstellung zu zwingen – so zügig kamen am 11./12. Oktober 1973 die 36. und die 240. Panzerdivision tief im syrischen Kernland voran: in Richtung Damaskus. Da meldete ein Abhörer, der aus Irak stammte: «Im Süden von uns funkt einer nicht im syrischen Dialekt, das ist irakisches Arabisch». Sein Chef winkte ab: «Unsinn!» Der Abhörer antwortete: «Nein, ich erkenne, aus welchem Dorf er stammt.»

Die arabischen Herrscher Sadat und Asad hatten bis zu ihrem Zangenangriff vom 6. Oktober 1973 den Überfall auf Israel vor Irak geheim gehalten. Nach der Attacke im Sinai und auf dem Golan bot Bagdad Syrien sofort an, ein gepanzertes Expeditionskorps an die Front zu entsenden, verstärkt durch Gebirgstruppen aus Kurdistan.

IRANER UND KURDEN HALTEN STILL

Rasch erhielt Irak von Iran eine Stillhalte-Zusage, was dem Zweistromland die Ostflanke frei hielt.

Ebenso setzte sich Bagdad mit den unruhigen Kurden im Norden ins Einvernehmen. Israels Spezialkräfte hatten die Kurden im Guerillakrieg trainiert – in der Erwartung, dass die Kurden während eines arabisch-israelischen Krieges gegen Irak zuschlügen. In der Stunde der Wahrheit entschied sich die kurdische Führung gegen ein militärisches Abenteuer zugunsten Israels. Damit hatte Irak auch im Norden den Rücken frei.

ZWEI PANZERDIVISIONEN

Am 7. Oktober 1973 setzte Ahmed Hassan al-Bakr, General, Staatspräsident und Premier in einer Person, die 3. Panzerdivision in Marsch. Ihr erstes Ziel lautete Damaskus. Am 8. Oktober nahm dann auch die 6. Panzerdivision die 1.280 Kilometer zur syrischen Hauptstadt unter die Raupen.

Für den AMAN, Israels Armeegeheimdienst, spähten Agenten Bagdad aus. Sie meldeten die Kampfverbände, verloren sie jedoch in der Wüste aus den Augen.

Am 9./10. Oktober trafen die 3. und die 6. Division in Damaskus ein, wo ihnen das syrische Oberkommando am Abend des 11. Oktobers den Frontabschnitt und das Angriffsziel zuwies: Sie sollten den Israeli, die an diesem Tag tief auf ursyrisches Territorium vorgestossen waren, in deren südliche Flanke fallen.

GEGENANGRIFF – VERZUGSLOS

Von Damaskus verschoben die Iraker in der Nacht zum 12. Oktober in weitem Südost-Bogen unerkannt in den Raum südlich des strategischen Ortes Khan Arbane.

GENERAL RAFUL EITAN

Eitan führte 1973 die 36. Pz Div. Er hielt den Nordgolan. In Beirut befehligte er 1968 einen Commandoraid gegen den Flugplatz. Während der Aktion bestellte er an der Bar einen Kaffee – und bezahlte mit israelischen Shekel. 1982 schlugen wieder in Beirut in seinem offenen Beobachtungsposten Granaten ein. Alle duckten sich; er blieb stehen – unversehrt. (Bild: IDF)

Von den vorgelagerten Tel aus wurde die Ebene im Süden beobachtet und beherrscht. Die Tel sind erloschene Vulkankegel – wie das tückische Basaltgestein typisch für den Golan und den Hauran, die historische Landschaft, in der die Kämpfe jetzt tobten (heute überwachen UNTSO-Offiziere von den Observation Posts 56 und 62 auch die Fläche, die Syrien den Irakern als Angriffsstreifen zugewiesen hatte).

Die israelischen Streitkräfte hatten am 6./7. Oktober – zahlenmässig hoffnungslos unterlegen – den südlichen Golan verloren. Nach erfolgter Mobilmachung eroberten sie bis zum 10. Oktober alles Land zurück, das die drei syrische Mech-Inf-Divisionen 5, 7 und 9 und die zwei Panzerdivisionen 1 und 3 in der Anfangsphase besetzt hatten.

Verzugslos befahl General Yitzhak Hofi, der überlegte, präzise Kommandant der Nordfront, den Angriff auf das syrische Kernland im Hauran. Dem Generalstab in Tel Aviv ging es darum, in nordöstlicher Richtung, gegen Damaskus zu, weit vorzustossen.

KANONEN GEGEN DAMASKUS

Das Artilleriebataillon von Oberstlt Aldo Zohar sollte mit seinen M-107-Kanonen so weit vorne Stellung beziehen, dass sie die Vororte von Damaskus erreichen und den Mazeh-Flugplatz zerstören konnten. Das M-107-Bataillon setzte 18 schwere Selbstfahrlafetten mit gewaltigen, 10,6 Meter langen 175-mm-Rohren ein.

Das strategische Kalkül lag auf der Hand: Damaskus sollte bedroht und Syrien zu einer frühen Feuereinstellung gezwungen werden. Damit hätte sich die israelische Armee weitgehend auf den Sinai konzentrieren können. Dort standen auf dem Ostufer des Suezkanals immer noch fünf ägyptische verstärkte Mech-Inf-Divisionen und neu zwei Panzerdivisionen.

AUF ZWEI HAUPTACHSEN

Zwei Angriffsachsen hatte General Hofi befohlen – beide führten nach Damaskus, dem syrischen Macht- und Kraftzentrum, wo der frühere Luftwaffenkommandant Hafiz al-Asad die Operationen persönlich gerierte. Hofi legte – immer im Rahmen der israelischen Auftragstaktik – fest:

- General Raful Eitans 36. Panzerdivision, die vom 6.–8. Oktober den nördlichen Golan in heroischem Abwehrkampf gehalten hatte, sollte am Fuss des 2.814 Meter hohen Berges Hermon angreifen.
- Auf knapp halbem Weg lag auf dieser Nordachse der Ort Masraat al-Shams. Nordöstlich des Dorfe bog die Strasse in Richtung Damaskus ein.
- Der Stoss auf der zweiten Achse oblag General Dan Laners 240. Panzerdivision, die am 6./7. Oktober übel zugerichtet, dann aber aufgefrischt wurde.
- Laners Streifen folgte der Strasse Nummer 7: Sie verbindet Kuneitra, den zerstörten Golan-Hauptort, über 60 Kilometer mit Damaskus.
- In der Mitte lag die Festung Sasa: je 30 Kilometer von Kuneitra und Damaskus entfernt – Laners Angriffsziel mit Blick auf Zohars 175-mm-Kanonen.
- Als 3. Element sollte General Moussa Peleds 146. Division nachstossen, die den Südgolan zurückerobert hatte.

GOLDA MEÏRS FAUSTPFAND

In Tel Aviv und Jerusalem dachte weder die militärische noch die politische Führung an einen terrestrischen Stoss in die Innenstadt von Damaskus. Zu brutale Verluste hatte der Kleinstaat Israel mit einem Staatsvolk von damals nur drei Millionen in den ersten Kriegstagen er-

GENERAL MOUSSA PELED

Peled führte die 146. Pz Div. Er rollte die syrische Front von Süden auf und drängte den Kommandanten der Nordfront, General Hofi, Syrien unverzüglich anzugreifen. Die Hall of Fame, Fort Knox, zählt ihn mit Patton, Rommel, Abrams und Tal zu den fünf bedeutendsten Panzergenerälen der Geschichte. (Bild: IDF)

litten. Zudem hatten die arabischen Anfangserfolge den Israeli den Grössenwahn schlagartig ausgetrieben, der sie vom 10. Juni 1967 erfüllt hatte – gekoppelt mit verhängnisvoller Verachtung der Araber.

Der weisen Premierministerin Golda Meïr ging es gegen Syrien nur sekundär um militärischen Geländegewinn: Sie wollte ihrem Land primär für Verhandlungen ein diplomatisches Faustpfand sichern.

LANER: «AUF NACH KNAKER!»

Generalstabschef Elazar trug schwer am geheimdienstlichen Versagen, das viele Israeli das Leben gekostet hatte. Im Krieg behielt er kühlen Kopf. Ein Blutbad lockte ihn weder in Damaskus noch in Kairo.

Am 11. Oktober kam Israels Angriff erstaunlich gut voran. Auf der Nordachse drangen von 11 Uhr an Eitans Frontbrigaden in syrisches Territorium ein.

Hofi hatte den Angriff auf 7 Uhr angeordnet. Oberst Avigdor Ben-Gal, der Chef der 7. Panzerbrigade, überzeugte ihn jedoch davon, dass so früh die tiefe Morgensonne die israelischen Panzerschützen elend geblendet hätte. Hofi lenkte ein.

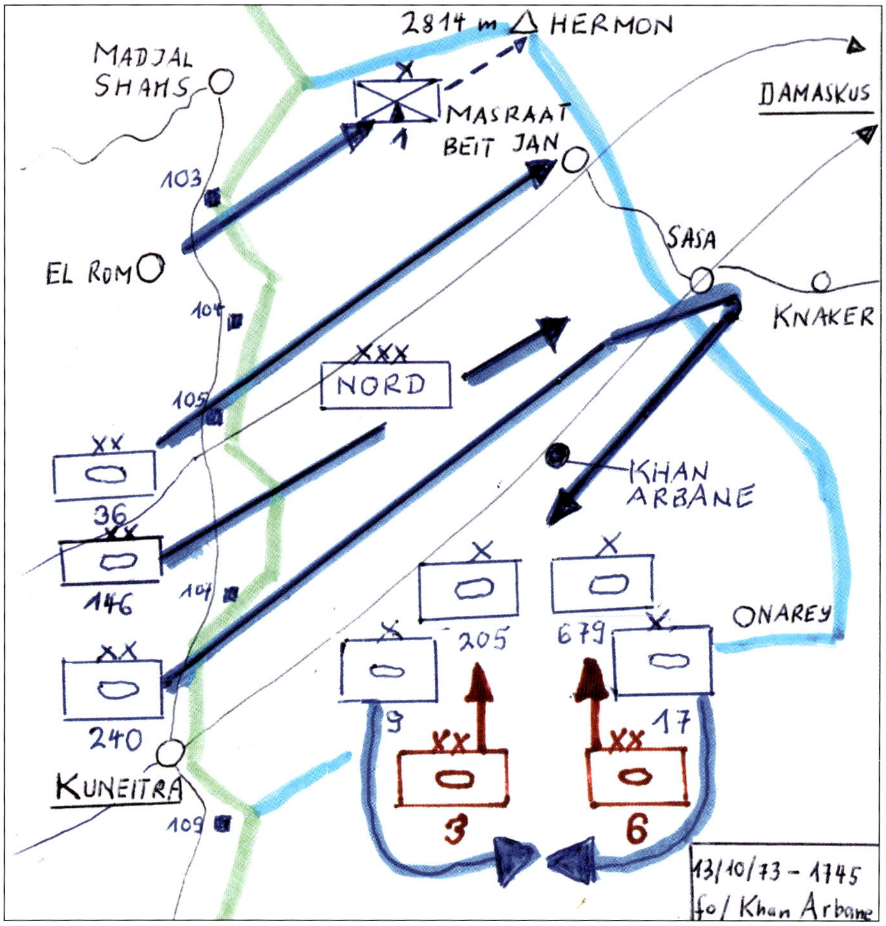

Handskizze fo., 13. Oktober 1973. Blau isr. Pz Div 240, 146, 36. Quadrate Bunker. Rot irak. Pz Div 3 und 6. Grün Front 1967. Hellblau Front 1973. Schwarz Strassen. (Skizze: Autor)

Im Süden fiel Khan Arbane. Am 12. Oktober befahl Laner den Chefs der Brigaden 17 und 9, den Obersten Ran Sarig und Mordecai Ben-Porat, den Angriff auf die Festung Knaker, Asads letzte Bastion vor Damaskus. Hinter den Spitzen liess Laner Ori Orrs 679. Brigade als drittes Element stossen. Hinter der Purpurlinie von 1967 lauerte Yossi Peleds 205. Brigade darauf, die alte Demarkationslinie zu überschreiten.

Peleds Verband sollte dann notfalls über die 30-Kilometer-Linie vor Damaskus vorstossen – für den Fall, dass Syrien trotz der 175-mm-Granaten die frühe Feuereinstellung verweigerte.

STAUBWOLKEN IM SÜDEN

Schon gaben Sarig und Ben-Porat ihre Frontmeldungen in Sichtweite von Knaker durch – zur Festung fehlten nur noch drei Kilometer. Gerade wollte Laner der 679. Brigade den Befehl zum Nachziehen erteilen, als ihn im Fernglas auf seiner offenen Südflanke riesige Staubwolken aufschreckten. Der Nachrichtendienst hatte gemeldet, dort befänden sich keine syrische Truppen. Einen Augenblick lang dachte Laner: Yossi Peleds Brigade hat weit nach Süden augeholt, um die zügig vorankommende Division zu verstärken.

ANGRIFF EINSTELLEN

Aber das Nordkommando winkte ab: «Die 205. Panzerbrigade wartet wie befohlen jenseits der Purpurlinie.» Sofort befahl Laner seinen beiden Frontbrigaden 17 und 9, den Angriff auf Knaker einzustellen. Er begründete den Befehl nicht. Sarig und Ben-Porat widersetzten sich heftig – so nahe am Ziel! Laner antwortete nur: «Ihr hört mir nicht zu. Haltet an und macht mit allen Tanks kehrt!»

Oberst Orrs 679. Brigade wurde gerade aufgetankt und aufmunitioniert. Ihr befahl Laner, am Knotenpunkt Nasey eine Stellung gegen Süden zu beziehen.

Ebenso zog Laner Peleds Brigade nach, womit die Division über die vier Panzerbrigaden 9, 17, 205 und 679 verfügte.

SANDFARBEN, NICHT GRÜN

Rasch meldeten die Frontkommandanten zwei seltsame Panzersäulen, die von Südosten her zögerlich vorrückten. Die Panzer waren komplett anders gestrichen als die syrischen: sandfarben und nicht dunkelgrün. Aber es waren Tanks sowjetischer Bauart – und somit Feinde.

Die vordersten Panzer gaben durch, dass die Angreifer im Gelände herumirrten. Offenbar bewegten sie sich auf fremdem Terrain, das sie nicht kannten – womöglich noch mit schlechten Karten.

Als die Angreifer auf 400 Meter herangerückt waren, nahm das israelische Frontbataillon den Kampf aus allen Rohren auf. Die Spitzenpanzer des kuriosen Gegners gingen in Flammen auf, weil sie Fässer voller Treibstoff auf den Tanks mitführten! Das feindliche Bataillon machte kehrt und zog sich gegen Süden zurück.

IRAKER AM FUNK!

In allen israelischen Brigade- und Bataillonsstäben dienten Nachrichtenoffiziere, deren Familien aus arabischen Ländern eingewandert waren. Wie der Abhörer, der früh Alarm geschlagen hatte, erkannten sie im gegnerischen Funk den irakischen Dialekt – und die irakische Doktrin!

Nun fiel es Laner und seinen Kommandanten wie Schuppen von den Augen: Fortan standen sie im Süden irakischen Verbänden gegenüber, die neu in den Krieg eingriffen. Erste Frontrapporte deuteten auf T-55 und T-62 hin, gut zu unterscheiden an der Mündungbremse (T-55 vorne am Rohr, T-62 versetzt in Rohrmitte).

«ANFÄNGER», «STÜMPER»

Wohl führten die irakischen Kommandanten – wie die Syrer – mit Fähnchen. Dennoch erfüllte ihr aufgeregter Funk den Äther. So gelang es den Israeli, ihre Struktur als die zwei Divisionen 3 und 6 zu identifizieren, die eine T-55, die andere T-62.

Syrien: T-55 am Fuss des Hermon. Grün, die Schutzbleche braun. Die Mündungsbremse vorne kennzeichnet den T-55 (ein weiteres Merkmal wäre das Fahrwerk). (Bild: IDF)

Irak: T-62, sandfarben gestrichen wie alle irakischen Tanks gegen Israel. (Bild: Wikipedia)

Iraks Präsident und General al-Bakr (historisches Bild auf Briefmarke). (Bild: Wikipedia)

Von der Front häuften sich über die Iraker Meldungen wie «Anfänger» oder «Stümper». Laner aber blieb vorsichtig: Er rechnete fest mit einem irakischen Angriff. Für die bedrohten Syrer drängte die Zeit, und nur zum Warten waren die Tanks nicht mehr als 1.300 Kilometer gefahren.

Am 12. Oktober bildete Laner noch vor Mitternacht eine gegen Süden offene, 7 km breite Box – mit:

- West: Ben-Porat (9. Br).
- Mitte: Peled und Orr (205./679. Br).
- Ost: Sarig (17. Br).

CANNAE IN NAHOST

Orr und Peled erhielten Befehl, die Iraker vorrücken zu lassen, bis Ben-Porat und Sarig den Angreifern in die Flanke fallen konnten – Cannae in Nahost.

Sollten die Iraker Ben-Porat und Sarig attackieren, würden diese beiden Brigaden den Feind im Süden einschliessen. Gewiss ging es Laner darum, den am 11./12. Oktober eroberten Geländevorsprung zu halten. Doch noch schwerer wog die Zerschlagung der irakischen Eindringlinge.

Am 13. Oktober griffen die irakischen Panzerdivisionen um 3.30 Uhr frontal an, wie es Laner erwartet hatte. Ihr erstes Ziel war das Super-Sherman-Bataillon von Oberstlt Benzion Padan. Die Iraker verfügten über Infrarot, die Israeli nicht.

IRAKER TAPPEN IN DIE FALLE

Padan forderte von der Artillerie Beleuchtungsfeuer an. Im Licht der Leuchtgranaten erkannten seine Panzerschützen die niedrigen Silhouetten sowjetischer Tanks. Die Israeli eröffneten das Feuer, die Iraker schossen zurück.

Doch schon der erste Schusswechsel geriet zum unechten, weil einseitigen Panzergefecht. Kein einziges irakisches Geschoss schlug in der Nähe der Israeli ein. Padan meldete: «Die schiessen in den Himmel, nur nicht auf uns.»

Eingedenk Laners Cannae-Taktik befahl Orr Padan, das Feuer einzustellen und so die Angreifer in die Falle zu locken. Nach und nach begannen sich die Iraker selber einzuschliessen. Erst in der orientalisch kurzen Morgendämmerung wurden sich die Iraker ihrer Lage bewusst:

- Vor ihnen standen Padans Super-Shermans und daneben die Centurions eines zweiten Bataillons.
- Von Osten her schloss Sarig die Zange, im Westen Ben-Porat. Die irakische Angriffsspitze war eingeschlossen und dem Untergang geweiht.

DER TÖDLICHE STOSS

Nun setzte General Laner zum tödlichen Stoss an. In einer relativ kurzen, dafür umso intensiveren Schlacht zerstörte die 240. Division das Rückgrat des irakischen Expeditionskorps, des schlecht vorbereiteten, überhastet herangeeilten Grossverbandes.

Gegen Mittag berichteten israelische Presseoffiziere an der Strasse Nummer 7 drei ausländischen Korrespondenten, die Schlacht habe keine zwei Stunden gedauert. Nach dem Krieg hielten amtliche Quellen fest, Laners Division habe in nur 90 Minuten das Gros der irakischen Angreifer zerschlagen.

RUND 60.000 IRAKER

Verzweifelt karrte die irakische Führung nun Ersatz und Verstärkung heran. Israelische Offiziere berichteten von je mehreren 100 Kampf- und Schützenpanzern, von zahlenmässig starker mechanisierter Infanterie, gut 200 Geschützen und Gebirgs- und Sondertruppen. Am Kriegsende umfasste das Expeditionskorps mit der überdehnten Logistik stolze 60.000 Mann:

- zwei Panzerdivisionen;
- zwei Infanteriebrigaden;
- eine Gebirgsbrigade;
- eine Commandobrigade;
- zwölf Artilleriebataillone.

GRANATEN AUF DAMASKUS

Dank den Panzervorstössen auf der Nordachse gelang es Oberstlt Zohar, seine 175-Millimeter-Kanonen so weit vorzuziehen, dass diese den Flugplatz von Damaskus beschiessen konnten.

In der Nacht zum 13. Oktober nahm das Bataillon die Pisten und Terminals von Mazeh unter Beschuss. Zohar war sich bewusst, dass er seine Geschütze extrem exponiert in Stellung gebracht hatte. Für alle Fälle liess er die Motoren der Selbstfahrlafetten laufen.

Am Morgen zeigten Luftbilder Treffer auf den für Syrien kritischen Flugplatz, der erheblichen Schaden genommen hatte. Militärische Ziele beschoss Israels einziges M-107-Bataillon an der Nordfront auch in frontnahen Vororten von Damaskus.

Ganz entscheidend wirkte der unvermittelte Artillerieschlag psychologisch. In der Nacht zum 14. Oktober rückte Zohar nochmals mehrere Kilometer weiter vor: Nun sollte das Bataillon fünf Kommandozentralen in Damaskus selbst zerstören; Zohar strich eines der Ziele, weil es ihm zu nahe am jüdischen Viertel lag.

MEÏRS BEFEHL ZUM RÜCKZUG

Die Geschütze waren eingerichtet, als Tel Aviv zum Rückzug blies. Golda Meïr persönlich hatte angeordnet: «Genug ist genug». Sie wusste, dass die Sowjetunion Luftlandetruppen in den höchsten Bereitschaftsgrad versetzt hatte. Ein sowjetisches Eingreifen war das Letzte, was Israel brauchen konnte.

Eitans Durchbruch und die Trefferbilder vom Mazeh-Airport erlaubten es General Hofi, ein Hauptaugenmerk auf die irakischen Verstärkungen zu richten – neben dem Auftrag, dass die 1. Golani-Gebirgsbrigade den Hermon nehmen sollte.

Bis Kriegsende griffen die Iraker an, aber die geschlossene israelische Südflanke hielt den nach wie vor unkoordinierten Attacken stand. Das Expeditionskorps erlitt Rückschlag um Rückschlag: geschuldet taktischen Fehlern, dem Ungenügen der Panzercrews und mangelnder Vertrautheit mit dem schwierigen Basaltgelände.

Am 22. Oktober willigte Syrien auf 18.52 Uhr in die Feuereinstellung ein. Im Gegensatz zur Suezfront, wo General Bren Adans 162. Division Ägyptens 3. Armee erst am 24. Oktober einschloss, schwiegen an der Nordfront die Waffen.

IRAK ENTLASTET SYRIEN…

Asad hatte seinen Verbündeten auf den 23. Oktober einen Gegenangriff angekündigt: mit seinen fünf Divisionen, den Irakern, den jordanischen Panzerbrigaden 40 und 92 – plus Detachementen aus Marokko, Saudi-Arabien und Kuwait.

Als Asad die Operation abblies, befahl al-Bakr seine Truppen enttäuscht und militärisch böse geschlagen nach Bagdad zurück. Das Expeditionskorps hatte mehrere 100 Kampfwagen verloren und bezahlte mit 278 Gefallenen einen hohen Blutzoll.

Strategisch jedoch hatten die Iraker die bedrängten Syrer in höchster Not entscheidend entlastet: Die israelische Führung musste einsehen, dass sie Asad nicht schon am 15. Oktober zur Feuereinstellung zwingen konnte. Per Tieflader verschob sie nur gerade eine einzige Brigade an die Sinaifront, nicht wie geplant ganze Divsionen.

…UND ÄGYPTEN

Das wiederum entlastete auch Präsident Sadat entscheidend. Seine Feldarmeen 2 und 3 hatten am 14. Oktober in der grössten Panzerschlacht seit Kursk 1943 fürchterliche Verluste hinnehmen müssen.

Hätte Israel die 36., 146. und 240. Division an den Kanal verlegen können, hätten Sadat, die UdSSR und die USA General Elazar nicht daran hindern können, beide ägyptischen Armeen im Sinai einzukesseln. So hätte dann Sadat die Hand nicht zum Frieden ausstrecken können.

DIE LETZTE KONFRONTATION

Irak und Israeli kreuzten nach dem Oktober 1973 bewaffnet nie wieder die Klingen. Al-Bakr verdoppelte nach dem Debakel die Zahl seiner Panzerdivisionen auf vier. Sein Nachfolger Saddam brach gegen Iran und Kuwait sinnlose Kriege vom Zaun.

1991 suchte er Israel in den Kuwaitkrieg hineinzuziehen, indem er 39 Scud-Raketen auf Tel Aviv abschiessen liess. Auf Ersuchen der USA hielt sich Israel aber aus Kampfhandlungen heraus.

Der Autor berichtete 1973 für die NZZ von beiden Fronten. Zusätzliche Quellen: Agranat-Bericht vom 2. April 1974; Herzog; Gawrich; Rabinowitz; Dunston; Parker; Elron.

1973: Kampfpanzer – Viel zu früh totgesagt

Peter Forster

Im Yom-Kippur-Krieg von 1973 verlor Israels 162. Division am 8. Oktober im Geschosshagel ägyptischer AT-3-Sagger die Hälfte ihrer Centurion und M-60. Im Norden rieben syrische RPG-7- und Sagger-Trupps zwei Panzerbrigaden auf. Prompt läutete die Weltpresse eine neue Aera ein: Sie schrieb den Kampfpanzer von einem Tag auf den anderen ab. Doch die Lehnstuhlgenerale täuschten sich: Israel stellte sofort auf den Kampf der verbundenen Waffen um – und gewann den Krieg.

Nachdem fünf ägyptische Mech-Inf-Divisionen den Suezkanal überquert hatten, suchte im Sinai die israelische 14. Panzerbrigade von Oberst Amnon Reshef von der Artilleriestrasse an den Kanal zu rasen.

AT-3 SAGGER UND RPG-7

Reshef will die 30 Kilometer in 20 Minuten bewältigt haben, was 90 km/h ergäbe. Andere Quellen nennen 30 Minuten = 60 km/h. Dritte nehmen an, dass Reshefs Panzer, so sie denn durchkamen, um die 25 Minuten brauchten.

In Tat und Wahrheit blieben die meis-ten Centurions im AT-3- und RPG-7-Feuer liegen. Erstmals in der damals 57-jährigen Panzergeschichte kam die Gefahr nicht so sehr von gegnerischen Panzern oder Panzerabwehrkanonen, sondern von Hunderten Infanterietrupps. Zuvor schon hatten mehrere Armeen Bazookas eingesetzt, aber nie in der Dichte und tödlichen Wirkung wie jetzt die Sagger und RPG.

VON DER ETAPPE ZUR FRONT

Der ägyptische Generalstab hatte die Mech-Inf-Divisionen 2, 7, 16, 18 und 19 mit immens starken Raketen- und Panzerfaust-Beständen ausgestattet. General Saad el-Shazli, der Befehlshaber, hatte befohlen, dass Etappenverbände den Fronttruppen sowjetischen Waffen zuführten:

- Alle fünf Infanteriedivisionen bekamen je 72 Sagger-Startlafetten und 535 RPG-7-Geschosse.
- Zusätzlich verfügte jede Division über 57 Panzerabwehrkanonen und 90 rückstossfreie PAK.
- Das ergab pro Division 754 Panzerabwehrwaffen – plus die Kampfpanzer T-55 und T-62, die jede Division organisch besass.

AUFRECHT IN DER LUKE

Wie in den Feldzügen von 1956 und 1967 führten die israelischen Panzerkommandanten den Kampf aufrecht in der Luke. So überblickten sie

RPG-7: Abschussvorrichtung, optisches Visier und Granate. (Bild: IDF)

Israelischer Soldat zeigt an der Golanfront erbeutete RPG-7. (Bild: IDF)

9M14 Maljutka = NATO: AT-3 Sagger. (Bild: IDF)

Der Steuerhebel der Sagger-Rakete. (Bild: IDF)

Im HQ 10: General Shazli, Präsident Sadat und Verteidigungsminister Ismail. (Bild: IDF)

das Gefechtsfeld.
Doch jetzt fielen sie reihenweise. Erst als sie sich – ungewohnt – zu ducken begannen, verloren ihre Brigaden nicht mehr so viele Chefs wie Reshefs Verband.

Nachdem Israel gut sechs Jahre zuvor, am 8. Juni 1967, das Ostufer des Suezkanals in Besitz genommen hatte, verzichtete das Südkommando darauf, den östlichen Damm zu erhöhen und zu befestigen. Das sollte sich jetzt rächen.

Von Port Said bis Suez besetzte Ägypten den Damm mit Sagger-Trupps. Die Angreifer sahen rund 4.000 Meter in die Tiefe der Sinaihalbinsel, was ihrer maximalen Wirkungsdistanz entsprach. Vorgestaffelt lauerten hinter Dünen eingegraben und gedeckt RPG-7-Schützen.

Die ersten drei Kampftage verliehen dem Panzerkampf eine neue Dimension. Die beiden letzten grossen Panzerschlachten hatten 1943 im Kurskbogen und 1944 beim alliierten Ausbruch aus der Normandie getobt. Nie wieder seither waren derart viele Kampf- und Schützenpanzer aufeinandergeprallt wie jetzt im Oktoberkrieg.

WIE IM ZEITRAFFER

Nie zuvor und nie wieder danach – auch nicht in Irak und Kuwait – erreichte der Panzerkampf die Intensität der Suez- und Golanschlachten:

- Nehmen wir nur Ägypten, Syrien und Irak, führten die Araber gut 3.400 Panzer in den Krieg; hinzu kamen im Norden Jordanien, Marokko und Kuwait.
- Israel stellte dem Zangenangriff sechs schwere Panzerdivisionen entgegen.
- Die dramatischen Gefechte spielten sich über alle Distanzen vom Nahkampf bis zu 4.000 Metern in nur 18 Tagen wie im Zeitraffer ab.
- Mitten im Krieg schlug das Pendel jäh zugunsten Israels aus.
- Derart viele neue tödliche Waffen waren nie zuvor in derart kurzer Zeit auf derart engem Raum in einem Panzerkrieg zum Einsatz gelangt.

DIE SAGGER-RAKETE REVOLUTIONIERT DAS GEFECHTSFELD

- *Hersteller Tula/Kolomna (UdSSR)*
- *Entwicklung 1961–1963*
- *0,86 m lang, 125 mm Durchmesser*
- *Gefechtsgewicht 10,9 kg*
- *Spannweite 393 mm*
- *Feststoff-Raketentriebwerk*
- *Geschwindigkeit 115 m/s*
- *Reichweite 500–4.000 m*
- *Zielortung drahtgelenkt, MCLOS*
- *Gefechtskopf 2,5-kg-Hohlladung*

MEHRERE TRUPPS – EIN ZIEL

So jäh der Sagger-Hagel die israelischen Panzerkommandanten überrascht hatte, so rasch berechneten sie dann bald die Flugzeit der Raketen – im Schnitt etwa zehn bis zwölf Sekunden, manchmal auch weniger, gelegentlich auch mehr. Nachdem sie den ersten Schreck

verarbeitet hatten, suchten die jungen Israeli den Geschossen durch Tempo und geschickte Manöver auszuweichen.
Das wiederum zwang die Araber, die Sagger gebündelt abzuschiessen. Nun kamen die tödlichen Sowjetraketen in Schwärmen daher. Wenn mehrere Trupps gleichzeitig auf einen Panzer zielten, entstand der gefürchtete Geschosshagel – und es gab kein Entrinnen!

NÄCHTLICHE RAPPORTE

In der ersten Kriegsnacht versammelten Israels Operationsoffiziere auf Stufe Bataillon und Brigade die Panzerchefs zu Rapporten, die bei notdürftigem Licht hinter Dünen und Anhöhen stattfanden.

Die israelischen Panzerkommandanten mussten ihr Gefechtsverhalten sofort umstellen, sollte ihre Truppe überleben. Die neue Botschaft lautete:

- «Sagger fliegen langsam. Das ist eure Chance.»
- «Der Gegner muss das Geschoss bis zum Schluss ins Ziel steuern. Er muss das rote Licht am Schwanz der Rakete im Auge behalten. Er ist verwundbar.»
- «Der erste von euch, der das Geschoss sieht, warnt sofort alle anderen.»
- «Meidet Dünen! Dort hocken in Löchern die Panzerfaustschützen. Die RPG-7 wirkt auf kurze Distanz»
- «Bewegt euch, wirbelt Sand auf, das tarnt euch.»

TARNUNG UND TÄUSCHUNG

Der arabischen Führung waren am 5./6. Oktober 1973 Täuschung, Tarnung und Überraschung optimal gelungen.

- 1956 im Sinaifeldzug und 1967 im Sechstagekrieg besiegte das israelische Heer den arabischen Gegner mit «artreinen» Kampfpanzer-Vorstössen in die Tiefe des Raums.
- Vom 6.–8. Oktober 1973 fügten Syriens Mech-Inf-Div 5, 7 und 9 den Israeli mit den neuen Sagger und RPG schwere Verluste bei.
- Die Pz Div 1 und 3 führten rund 400 neue Sowjetpanzer T-62 mit der 115-mm-Glattrohrkanone ins Gefecht.
- Die ägyptischen Mech-Inf-Verbände und die Pz Div am Suezkanal setzten dasselbe lethale Arsenal ein.

NACHTKAMPF IM SINAI: DER AUGENZEUGENBERICHT EINES ISRAELISCHEN PANZERMAJORS

Im Sinai berichtete ein israelischer Panzermajor über den Nachtkrieg.
«Bei Tageslicht werfen wir die Ägypter zurück. In der Nacht beginnt ihre Infanterie vorwärts zu kriechen, gedeckt von Kampfpanzern.
Wenn jeweils der Tag anbricht, stehen wir wieder dort, wo wir im Morgengrauen des Vortags gestanden hatten. Offenbar gehören die Kriechangriffe zur Taktik. Wir beobachten Schützenpanzer, manchmal auch Lastwagen, die in die Dünen zu fahren. Dort springen die Raketenschützen ab und verteilen sich in der Breite der Front. Sie suchen Deckung in Granattrichtern.
Alle paar Minuten springen sie aus ihren Deckungen und versuchen, ein paar Dutzend Meter zu gewinnen. Kurz darauf erscheinen ihre Panzer. Ich sah schon T-62 und T-54/55; wir unterscheiden sie an der Mündungsbremse und am Fahrwerk.
Die Schützen preschen mit oder hinter den Tanks vor. Sobald sie in unsere Reichweite kommen, verteilen sie sich wieder breit. Sie rücken hinter ihren Panzern einzeln oder in Trupps vor.
Dann versuchen sie uns mit Sagger-Raketen abzuschiessen, auch mit Panzerfäusten – beides gefährliche Waffen, die wir unterschätzt hatten. Manchmal greifen sie auch vor ihren Tanks an. Die Panzer schiessen Deckungsfeuer. Auch sie suchen uns das Terrain wieder abzunehmen, das wir am Tag gewonnen hatten. Sie rollen und rollen und stecken Verluste ein. Sie haben viel mehr Infanterie und auch mehr Panzer als wir.
Wir waren verwöhnt von 1967. Jetzt müssen wir lernen, dass wir die Panzergrenadiere, unsere Infanterie, die Artillerie und die Sappeure brauchen.
Wir lernen, trotz Rückschlägen weiterzukämpfen. Immer bewunderte ich die Briten und ihre 8. Armee unter Montgomery. Tag für Tag warf Rommel sie zurück; doch nie gaben sie auf, nie brachen sie entzwei.»

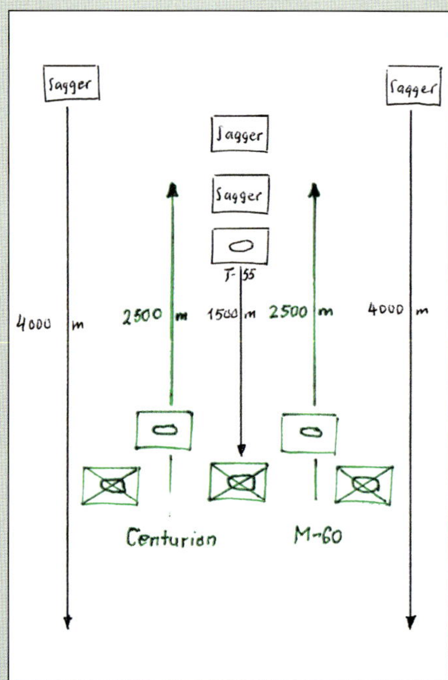

Gefechtsmässige Sinaiskizze 11.10.73. Schwarz Ägypten: Sagger (4.000 m), T-55 (1.500 m). Grün Israel (2.500 m).

DIE MYSTERIÖSE RAKETE, DIE TANKS MIT 1.000° ZERSTÖRT

Am Bittersee berichtet der Lader eines Centurion, wie er die ersten Sagger-Einschläge erlebte: «Ich bin Lader und Funker im Panzer des Kompaniechefs. Wir lernten: Der Panzer ist der Feind des Panzers. Der Feindtank ist das Ziel. Und jetzt kämpfen wir gegen Infanterie!
Mein Kommandant streckt mit dem MG Ägypgter nieder. Doch sie greifen uns in Horden an und rücken vor. Ich lade Granate um Granate – und sehe Feuer im Verschlussblock. Ich denke, ein gegnerisches Geschoss explodierte in der Mündung. Meine Arme brennen. Ich springe aus der Luke und wälze mich im Sand. Mein Panzercombi brennt.
Ich sehe Feuerbälle in der Luft. Sie tanzen auf unsere Panzer zu. Er später kapiere ich, was da los ist. Es sind Raketen, die uns töten, nicht Panzergranaten. Die Infanterie ist gefährlicher als die Tanks!
In der Panzerschule hörte ich von Raketen; aber keiner sagte uns, wie tödlich die sind. Den ganzen Tag kommen Feuerbälle aus den Dünen. Die Kameraden springen aus dem brennenden Centurion. Wir bergen noch den Frischwasserkanister, das Turm-MG, die Handgranaten und die Rauchbomben. Wir alle haben verbrannte Hände und Arme, weil wir am Combi die Ärmel aufgerollt hatten. Wir stehen unter Schock und suchen Deckung hinter der Düne. Nicht einmal den Namen der mysteriösen Rakete kennen wir. Noch wissen wir nicht, dass sie im Panzer 1.000° Hitze erzeugt, die Sys-teme zerstört und oft alle tötet. Unsere anderen Tanks haben weniger Glück.
Als es dunkel wird, schleichen wir zu unseren Linien zurück. Den Wasserkanister lassen wir stehen. Der Kommandant trägt das MG, ich die Munitionsgurten. Der Fahrer hat eine Uzi, er und der Richter halten Handgranaten bereit.
In den Dünen wimmelt es von ägyptischen Commando-Einheiten. In der Distanz erkennen wir einen Centurion, den Feuerbälle verfehlen. Die Feuer brennender Tanks erleuchten die Nacht.
Nach einem Kilometer nimmt uns ein eigener Panzer auf. Wir sind gerettet.»

GOLAN: AUF ZEHN METER

Auf dem Golan berichtet ein Panzerkommandant: «Wir bezogen Stellung an der Pipeline-Strasse. 60 Meter vor uns taucht ein Syrer-Panzer auf. Ich stehe noch im Turm.
Die Syrer sind einen Moment lang geschockt. Wir rammen ihnen ein Granate in den Turm; aber wir halten sie nicht auf. Der T-62 rast direkt auf uns zu. Zum erstenmal sehe ich einen gegnerischen Tank von so nahe. Ich sah schon Feindpanzer ein paar 100 Meter entfernt, einmal auch auf 100 Meter, für uns Panzer Auge in Auge.
Wir schiessen nochmals, der Syrer kommt näher. Die Araber schliessen die Luken und kämpfen geschützt. Zehn Meter vor uns stehen sie still. Die Luke geht auf, zwei Syrer stürzen heraus. Wir töten sie mit dem MG. Erstmals schoss ich auf Männer, die so nahe waren, dass ich ihre Gesichter erkannte.
Der Feind rollt rückwärts, als ob er unzerstörbar wäre. Wir jagen ihm eine letzte Granate in den Stahl. Er brennt und geht in die Luft.

AM FAHRENDEN ZUG

Dann aber gelang dem israelischen General Tal mitten im Krieg eine spektakuläre Anpassung der Taktik – sozusagen das Wechseln der Räder am fahrenden Zug:

- Schon am 9. Oktober rückte Israel von reinen Kampfpanzer-Operationen ab.
- Die Führung verband den Tank-Einsatz mit dem Kampf der Panzergrenadiere, der Infanterie, der Artillerie, der Genie und der Spezialtruppen.
- Bis zur Zerstörung der SAM-Stellungen hielt die Luftwaffe ihre A-4 Skyhawk und F-4 Phantom zurück, um weitere Verluste zu vermeiden.
- Erst als Bodentruppen die arabischen SAM-2, -3 und -6 zerstört hatten, spielten die israelischen Piloten ihre Überlegenheit zugunsten der verbunden kämpfenden Bodenverbände aus..
- Mit dem close air support brachten die Israeli, obwohl nummerisch unterlegen, ihre mobile Kriegskunst endlich zur Geltung. Auch Marine-Geschütze unterstützten die Heerestruppen.

Das Ringen des israelischen Panzerkorps mit den RPG-7 spielte sich auf kurze Dis-tanzen ab. Presseoffiziere berichteten damals auf dem Golan und am Suezkanal von der RPG-Visierreichweite 500 m und der effektiven Maximalreichweite 350 m.

Für die israelischen Panzersoldaten tückisch war die Taktik, dass die RPG-Schützen aus Löchern und Deckungen auftauchten und sofort angriffen.

Nach dem verlustreich errungenen Sieg über Ägypten: Die Generale Sharon (mit Verband) und Dayan auf dem Suezkanal. (Archivbilder: IDF/DoD)

Die Israeli rüsteten das Panzerkorps mit Beutepanzern aus: der T-62, den sie Tiran-6 nannten (Tiran-1 = T-54). (Bild: IDF)

DURCH 300 MM PANZERSTAHL

In Kuneitra berichtete ein israelischer Panzeroffizier, die Hohlladung durchdringe bis zu 300 mm Panzerstahl. Die Kadenz bezifferte er minimal auf vier Schuss/Minute, maximal auf sechs. Das Rohrkaliber beträgt 40 mm, dasjenige der Granate 85 mm. Mit dem optischen Visier wiegt die Waffe 6,3 Kilogramm, das Geschoss ist 2 Kilo schwer.

Die Israeli gestanden der sowjetischen RPG-7 zu, sie sei eine einfache, robuste, zuverlässige Waffe. Das Degtjarjow-Werk produzierte über 100.000 Panzerfäuste. Am Suezkanal schossen Saggerschützen Panzer auf Distanzen von 500–4.000 Metern ab. Die israelischen Panzer dagegen trafen maximal auf 2.500 Meter.

Von 2.500–4.000 Meter war Israel unterlegen. Erst als Elazar und sein Stellvertreter Tal anordneten, die Saggertruppe sei mit weitreichendem Feuer zu zerschlagen, schwang das Pendel für Israel aus.

Vom Golan und von den Sinai-Schlachten um die Chinesische Farm und Missouri sind Panzergefechte verbürgt, die auf kürzeste Distanz ausgetragen wurden, auch nachts. Freund von Feind zu unterscheiden, fiel an der verzahnten Front beiden Parteien schwer.

Auf dem Golan führte Oberstlt Avigdor Kalahani das 77. Pz Bat. Er schilderte nach der Abwehrschlacht Panzergefechte auf extrem kurze Distanz – auf wenige Meter. Das 77. Bataillon verlor in zwei Tagen drei Viertel der Männer und Tanks.

GEMÄSS SOWJETDOKTRIN

Starr operierten die Araber:

- Die ägyptischen Heerestruppen überwanden den Suezkanal nach sowjetischem Vorbild – mit der Genie und der Infanterie in erster Staffel und den Kampfpanzern in zweiter.
- Am 14. Oktober griffen im Sinai ägyptische Panzerdivisionen die Pässe Gidi und Mitla an. Sie verliessen den SAM-Schutzschild und versuchten starr vorzurücken.
- General Kalman Magens 252. Panzerdivision hatte die Attacke erwartet und zerstörte die angreifenden Grossverbände: Für Ägypten war der Krieg an der Südfront so gut wie verloren.

NUR 9° ROHRELEVATION

Die sowjetischen Panzer waren für den Einsatz in der Ebene konstruiert. Die T-54/55 und T-62 hatten niedrige Silhouetten: aber sie konnten ihre Kanonen nur um 9° nach oben und unten heben/senken.

Super-Sherman. Israel ersetzte die 75-mm-CN-Geschütze durch eine französische 105-mm-Kanone Typ D-1508 L/51. (Bild: IDF)

Die israelischen Centurion und Patton senkten ihre Kanonen tiefer. So konnten die Israeli von den Anhöhen hinunterschiessen. Die Araber konnten das Feuer nicht erwidern, weil sie unten standen und ihnen die Rohrelevation ihrer Panzer das Hinaufschiessen verunmöglichte.

ISRAEL BAUT DEN MERKAWA

Die Panzerschlacht vom 14. Oktober wurde sogleich als das grösster Aufeinanderprallen gepanzerter Kräfte seit dem Zweiten Weltkrieg klassifiziert.

In den Schlagzeilen feierte der Kampfpanzer Auferstehung; vorbei war das Gerede vom Ende der Tanks.

Alle massgeblichen Nationen zogen ihre Lehren aus der rasanten Intensität und den extremen Verlusten des Oktoberkriegs. Dem Panzerbauer Israel Tal gelang 1974 mit dem Merkawa ein grosser Wurf.

Er verband die Kampfkraft des Tanks mit der Idee, der Merkawa führe im Heck acht Panzergrenadiere mit: die direkte Konsequenz der brutalen Verluste.

CAIRO EXPRESS – über den Suezkanal

Peter Forster

Im Sommer 1973 markierte Ariel Sharon, Israels mutiger, umstrittener General, am Suezkanal mit roten Ziegeln den Ort, an dem er später den Kanal zu überqueren gedachte. Er ahnte nicht, dass er die Ziegel schon am 14. Oktober ausgraben musste. Am Tag 9 des Yom-Kippur-Kriegs öffnete er den engen Pfad zum Stoss nach Afrika. «CAIRO EXPRESS» malten die Soldaten auf ihre Centurion und «Arik, König von Israel.»

Noch weniger konnte Sharon wissen, dass die israelischen Streitkräfte im Oktober zur Operation «UNERSCHROCKENE MÄNNER» unter denkbar schlechtem Vorzeichen antreten mussten.

Noch Ende September war der jordanische König Hussein geheim nach Herzlija geflogen, wo er die Premierministerin Golda Meïr dringend vor dem kommenden arabischen Überfall warnte. Sechs Jahre lang, seit dem Drei-Fronten-Sieg im Sechstagekrieg von 1967, hatte Israel den Gegner sträflich unterschätzt.

Am 5./6. Oktober 1973 versagten der Geheimdienst, der Generalstab und die Regierung, als sie die letzten Warnungen vor dem ägyptisch-syrischen Zangenangriff nicht ernst nahmen. Als Ägypten am 6. Oktober angriff, waren die israelischen Verteidiger auch am Suezkanal hoffnungslos unterlegen. Ein einziger Verband, die 14. Panzerbrigade von

Am Suezkanal beobachtet eine am 6. Oktober 1973 mobilisierte Gruppe die Lage. (Bild: IDF)

ÄGYPTENS 2. UND 3. FELDARMEE: 5 + 4 = 9 DIVISIONEN

Die ägyptische 2. Armee umfasste:

- *Die 10. Mech Br, die 30. und 135. Inf Br in den Sümpfen am Mittelmeer.*
- *Die 18. Inf Div (+) mit der 136. Mech Inf Br und der 90. und 134.Inf Br – verstärkt durch die selbständige 15. Pz Br.*
- *Die 2. Inf Div (+) mit der 117. Mech Br, der 4. und 120. Inf Br – verstärkt durch die 24.Pz Br.*
- *Die 16. Inf Div (+) mit der 3. Mech Inf Br, der 16. und 112 Inf Br – verstärkt durch die 14. Pz Br.*
- *Die 21. Pz Div (-) mit der 1. Pz Br und der 18. Mech Br, die die 14. Pz Br der 16. Inf Div abgegeben hatte.*
- *Die 23. Pz Gren Div (-) mit der 116. und 118 Pz Gren Br, die der 2. Inf Div die 24. Pz Br abgetreten hatte.*
- *Mehrere Kampfgruppen der Saka-Spezialkräfte.*

Die 3. Armee hielt ihren kürzeren Abschnitt mit Panzer-, Infanterie- und Sondertruppen – plus der 130. amphibischen Brigade. Ihre Ordre de bataille:

- *7. Inf Div (+) mit 2 Inf Br, 8. und 11. Mech Inf Br, verstärkt durch die selbständige 25.Pz Br.*
- *4. Pz Div (-) mit 2. und 6. Pz Br, die die 3. Pz Br der 19. Inf Div abgab.*
- *6. Mech Div (-) mit der 1. und 113. Mech Br, die die 22. Pz Br ebenfalls der 7. Inf Div abgetreten hatte.*
- *Die starke 19. Inf Div (+) mit der 2. Mech Inf Br, der 5. und 7. Inf Br, verstärkt durch die 3. und 22. Pz Br.*
- *Mehrere Saka-Kampfgruppen.*

Zu den Nummern der Saka-Elitetruppe ist die Zuteilung zur 2. und 3. Feldarmee geheim. Bekannt sind nur die Nummern der fünf eingesetzten Kampfverbände: 127, 129, 136, 139 und 135.

Oberst Reshef, sollte mit ihren drei Kampfbataillonen die 162 Kilometer messende Sinaifront halten.

ZWEI VERSTÄRKTE FELDARMEEN

Nachdem die Panzerdivisionen mobilisiert worden waren, brachte Israel den ägyptischen Vorstoss zum Stehen. Doch zwei ägyptische Feldarmeen standen nun eingegraben auf dem Ostufer des Suezkanals:

ISRAEL: NUR 3 DIVISIONEN

Israel stellte den Ägyptern vom 8. Oktober an nur drei Panzerdivisionen entgegen, verstärkt durch Pz Gren, Inf, Art und Fallschirmtruppen:

- *162. Pz Div (+) unter General Bren Adan mit den Pz Br 217, 500 und 460 (letztere aus der 252. Pz Div) – plus Mech Inf Verbände und die 35. Fallschirmbrigade.*
- *143. Pz Div (+) unter General Arik Sharon mit den Pz Br 421, 600 und 14 (letztere aus der 252. Pz Div) – plus Mech Inf und die 243. Fallschirmbrigade.*
- *Die 252. Pz Div (-) unter General Albert Mandler, den am 13. Oktober General Kalman Magen ersetzte, mit der 8. und 401. Pz Br, der 11. Mech Br, der Harel Inf Br und Mech-Inf- und Fallschirm-Einheiten, minus Pz Br 14 und 460.*

- Im Norden vom Mittelmeer bis fast ans Nordende des Grossen Bittersees war es die 2. Armee unter General Saadeddin Mamoun.
- Im Süden stand die 3. Armee unter General Muhamed Wasel. Ihre nördlichste Einheit hatte sich am Grossen Bittersee südlich des alten britischen Flugfeldes Deversoir eingerichtet. Am Roten Meer hielt sich die südlichste Brigade bei der Stadt Suez bereit.
- In Kairo, im HQ 10, übersahen Generalstabschef Shazli und sein Operationschef Gamasy die Lücke zwischen der 2. und der 3. Armee.
- Sie konnten nicht wissen, dass ausgerechnet dort, an der Naht, Ariel Sharon seine Vorkehrungen getroffen hatte: Er befestigte bei den Ziegeln einen 400 Meter langen, 150 Meter breiten Hof mit hohen Wällen – das geheime Sprungbrett nach Afrika.

ZUERST INFANTERIE, DANN PANZER

Das ägyptische Vorgehen lässt unschwer die sowjetische Doktrin erkennen. Die Rote Armee besass viel Erfahrung im Überwinden von Wasserhindernissen. Ihre Instruktoren hatten die 1967 geschlagenen Ägypter wieder aufgerichtet und gelehrt:

- Überqueren einer Wasserstrasse mit der Infanterie – mit neuen Sagger-Raketen und RPG-7-Panzerbüchsen.
- Nachstossen massierter Panzerkräfte.
- Zu diesem Zweck erhielten die Infanteriedivisionen Panzerbrigaden. Die Schwächung der 21. Pz Div, der 23. Pz Gren Div, der 4. Pz Div und der 6. Pz Gren Div nahm man in Kauf.

WASELS ERSTER FEHLER

Die 3. Feldarmee schützte das Ostufer der Bitterseen mit ausgedünnten Kräften. Wasel konzentrierte seine Divisionen, die amphibische Briga-

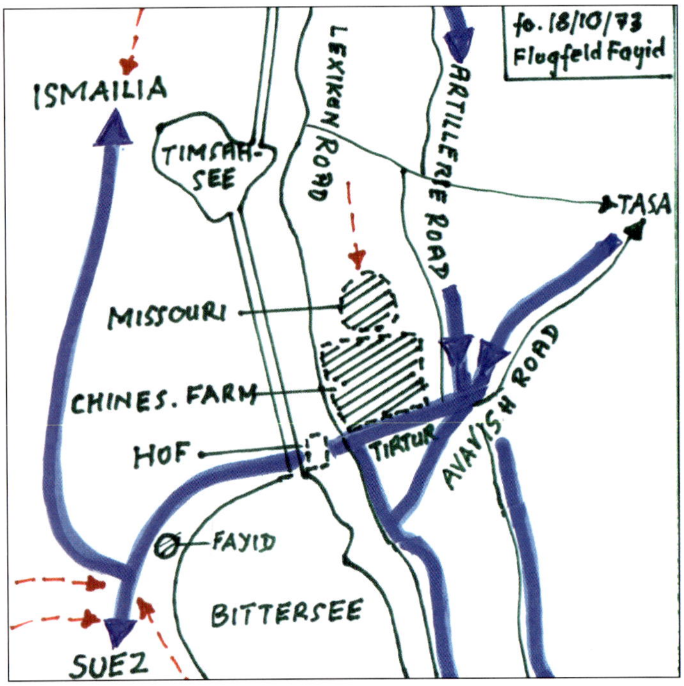

Handskizze fo. 18. Oktober. Die Kanalüberquerung mit Sharons Hof und den beiden Korridoren Akavish und Tirtur. (Skizze: Autor)

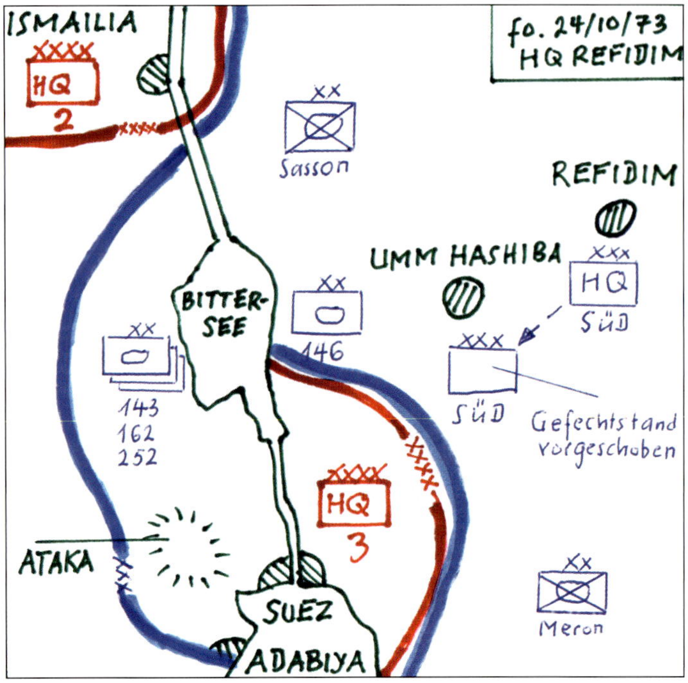

Skizze fo. Lage bei Waffenruhe 24. Oktober. Israel schliesst die 3. Armee ein. Die Feuereinstellung rettet die 2. Armee. (Skizze: Autor)

de und die Saka-Kampfgruppen auf die 28 Kanalkilometer vom Kleinen Bittersee an den Golf von Suez:

- Er traute den Israeli eine amphibische Überquerung der Bitterseen nicht zu – zu stark blieb seines Erachtens die israelische Führung ihrer terrestrischen Panzerdoktrin verhaftet.
- Shazli hatte früh befohlen, aus dem Brückenkopf müsse die 3. Armee die Pässe Gidi und Mitla nehmen, beide im Sinai-Innern – dort, wo Wasel seine Verbände ansetzen musste.
- Ägypten übersah Sharons Angriffsplan an der Naht zwischen 2. und 3. Armee – der Fehler, der den Israeli den Sieg an der Suezfront eintragen sollte.

SHARON FÜR RASCHEN ANGRIFF...

Am 8. Oktober scheiterte Generalmajor Bren Adans 162. Division mit dem Gegenangriff auf die 2. Armee. Am dritten Kriegstag entbrannte in Israels Führung der Machtkampf zwischen Front und Etappe:

- Trotz Adans Rückschlag forderte Generalmajor Sharon, der Kanal sei rasch zu überschreiten. Israel müsse nach Afrika übersetzen und dem Gegner in den Rücken fallen; ja sogar die Hauptstadt Kairo sei ins Visier zu nehmen!
- Im Südkommando hatte Generalmajor Shmuel Gonen noch im Sommer von Sharon den Befehl übernommen. Im HQ Refidim liess er Sharon auflaufen. In Tel Aviv entschied Generalstabschef David Elazar gegen Sharon.

ELAZARS ZURÜCKHALTUNG

Elazars Argumente lauteten:

- Der Generalstab schloss den ägyptischen Stoss tief bis in den Negev, ja nach Tel Aviv nicht aus!
- Elazar machten die feindlichen Sagger- und SAM-Treffer zu schaffen.
- Rasch befahl er eine radikal neue Taktik: Von da an gingen die Kampfpanzer nur noch geschützt vor. Mitten im Gefecht setzte Elazar den Kampf der verbundenen Waffen durch. Da hielt er die Kanalüberquerung für verfrüht.
- Den Ausschlag gab das Argument, Israel dürfe seine Divisionen zwischen dem Kanal und Tel Aviv für Sharons «afrikanisches Abenteuer» nicht gefährden: Der Hitzkopf müsse warten.

BAR-LEV ERSETZT GONEN

Am 10. Oktober löste im Südkommando Chaim Bar-Lev, ex-Generalstabschef und neu Handelsminister, den unglücklichen Gonen ab. Er war gegen Sharons Plan:

- Acht Kilometer östlich des Kanals verlief eine Düne, besetzt von Tausenden Sagger-Schützen. Vom Ostdamm des Kanals aus hatte der Gegner Einblick tief in die Sinaihalbinsel hinein.
- Auch wenn Israel taktisch umgestellt hatte, blieben die Sagger mit ihrer Reichweite von rund 4.000 Metern den Centurion und Patton mit Schussdistanzen von 2.500 Metern gefährlich.
- Auf dem Westufer waren die ägyptischen SAM-2-, -3- und -6-Batterien intakt. Sie deckten die Brückenköpfe.

GOLAN ZUERST, DANN SUEZ

Das bewog Elazar zum Entschluss, es sei:

- am Kanal erst anzugreifen, nachdem sich die Ägypter aus den Stellungen am Kanal vorgewagt hatten;
- der Gegner mobil in offener Feldschlacht zu zerschlagen und erst dann der Kanal zu überqueren;
- das SAM-Dispositiv zu zerstören, mit Luftüberlegenheit die 2. und 3. Armee einzuschliessen und so den Krieg an der Suezfront zu gewinnen.
- Zum Abwarten trug Elazars Entschluss bei, zuerst müsse Israel Syrien niederringen. So traf es sich gut, dass Israel am 13. Oktober seinen Keil bis 30 Kilometer vor die Tore von Damaskus vorangetrieben hatte.

Als Sharon die Befehle für den Kanalübergang ausarbeitete, griff er auf den Plan «TAUBENSCHLAG» zurück:

- Sofortiges Ausnutzen erster ägyptischer Rückschläge.
- Offenhalten der beiden Korridore Akawish und Tirtur zum Hof.
- Bereitstellung zum Übersetzen im Hof.
- Fallschirmtruppen erzwingen den Übergang auf Schlauchbooten.
- Erster Brückenkopf in Afrika = 5.000 Meter breit und 1.500 Meter tief.
- Nachführen erster Panzer auf Flossen.
- Einbau einer Unifloat-Pontonbrücke und der 180 Meter langen, 400 Tonnen schweren Rollbrücke.

Israels 180 Meter lange, 400 Tonnen schwere Rollbrücke über den Suezkanal. (Bild: IDF)

Kriegsrat: Adan (Brille), verdeckt Elazar, Bar-Lev, Dayan (Klappe), Sharon (Binde). (Bild: IDF)

IST DER KORRIDOR BREIT GENUG?

Noch einmal flammte Streit auf – zwischen Sharon einerseits und Elazar, Bar-Lev und Adan anderseits. Es ging um den Korridor, durch den Sharon die Übersetztruppe und die Brücken heranführen musste.

Sharons Stab hatte den Durchgang ausgemessen. Der General hielt die vier Kilometer zwischen der 2. und 3. Feldarmee für ausreichend – nicht so der bedächtige Bar-Lev. Ihm waren die gegnerischen Divisionen am Korridor ein Dorn im Auge. Luftbilder ergaben, dass die 2. Armee ihren südlichen Saum entlang der Tirtur-Strasse gezogen hatte, an einem der Zufahrtswege.

Ebenso zeigten die Fotos dichte ägyptische Konzentrationen in den Geländekammern, denen Sharon die Namen Missouri und Chinesische Farm gegeben hatte. Die Farm war am Ostufer der ungemütlichste Ort: eine verlassene Forschungsanstalt mit japanischen Inschriften, die man für chinesische Zeichen gehalten hatte.

Quer durch die Farm zogen sich tiefe Gräben – unüberwindbare Hindernisse für den mobilen Panzerkampf. Zudem hatten die Ägypter Aufschüttungen errichtet. Dem Denker Bar-Lev war all das nicht geheuer: Vor dem Kanalübergang wollte er zuerst Missouri und die Farm besetzen.

Bar-Lev trieb Sharon zur Weissglut, als er den Divisionen ihre Aufträge erteilte:

- Sharons Division sollte Missouri und die Farm freikämpfen und dann den Korridor offenhalten.
- Als erster Panzerverband sollte Adans Division nach Afrika übersetzen, dem Kanal entlang zum Roten Meer durchbrechen und die 3. Armee einkesseln.
- Kalman Magens Division sollte weiter westlich parallel zu Adan vorstossen
- Erst dann sollten zwei der drei Panzerbrigaden von Sharons Division übersetzen nach Ismailia marschieren, um dann die 2. Armee einzuschliessen.

1.840 ROHRE, 2.500 TANKS

Am 14. Oktober 1973 griffen die Ägypter an der Suez-Front von den Baluza-Sümpfen bis zum Roten Meer an. Nach einem 120-minütigen

SHAZLI GEGEN SADAT

Als die Israeli die 3. Armee einschlossen, wollte Generalstabschef Shazli von der 2. Armee vier Panzerbrigaden auf das Westufer zurückziehen. Präsident Sadat lehnte rundweg ab. Zur Strafe sandte er Shazli an die Front: Gamasy übernahm sein Amt.

ELAZAR GEGEN SHARON

Elazar: «Hier spricht Dado. Arik, du öffnest Tirtur, bevor du übersetzest.»
Sharon: «Tirtur? Nicht nötig!»
Elazar: «Du öffnest jetzt Tirtur».
Sharon: «Aber dann setze ich über.»
Elazar: «Das sehen wir dann. Noch geht es nicht ins Cairo Hilton.»

101: GAMASY UND TAL

Vom Kilometer 101 ist ein Dialog der Generale Gamasy und Tal verbürgt.
Gamasy (Ägypten): «Wir gewannen, wir geben kein Land mehr preis.»
Tal (Israel): «Zuerst gehen beide auf die Linien vom 5. Oktober zurück.»
Gamasy: «Zeichnen Sie auf der Karte mit Farbe ein, was Sie wollen.»
Tal: «Okay. Sie erwähnten den Weg zum Frieden. Reden Sie da auch im Namen von Präsident Sadat?»
Gamasy: «Ja, der Präsident weiss und billigt alles, was ich sage. Er denkt immer mehrere Schritte voraus.»

Artillerieschlag aus 1840 Rohren stiessen Panzer vor. Das war die Attacke, auf die Israel gewartet hatte.

2.500 Tanks prallten in der gewaltigsten Panzerschlacht seit Kursk 1943 aufeinander. Wie erwartet, behielten die Israeli die Oberhand. Als General Shazli zum Rückzug blies, lagen gut 300 zerstörte Sowjetpanzer auf dem Gefechtsfeld.

Die Israeli hatten zehn Panzer verloren; sie traten intakt zur Operation «UNERSCHROCKENE MÄNNER» an. Den Ausschlag hatten gegeben:

- Das Geschick der israelischen Kommandanten, den Kampf gegen die starr agierenden Ägypter mobil zu führen und diese mehrmals einzukreisen.
- Die israelischen Panzer waren den T-54/55 und T-62 überlegen.

Nun setzte Sharon Bar-Levs Befehl um, obwohl er ihn für verbrecherisch hielt:

- Er befahl Oberst Rawiws 600. Brigade einen Ablenkungsangriff von Nordosten auf Missouri und die Farm.
- Er schickte Oberst Reshefs 14. Brigade in den mörderischen Kampf um die Farm und Missouri .
- Die 421. Brigade von Oberst Erez hielt den Korridor offen.

MANN GEGEN MANN

Die Nacht vom 15. zum 16. Oktober wurde zu einer der denkwürdigsten Phasen in der an denkwürdigen Ereignissen überreichen Geschichte von Israels Armee.

Reshef, der später zum Kommandanten des Panzerkorps aufstieg, führte die 14. Brigade in einen Kampf von unfassbarer Brutalität. Er wollte an der Spitze der Brigade quer durch die Chinesische Farm stossen – und blieb mitten im Logistiklager einer ägyptischen Division liegen.

Amnon Reshef beschreibt den Kampf als ein Gefecht von Panzerrohr zu Panzerrohr, von Mann gegen Mann. Die Nacht war so dunkel, dass der Freund nicht den Feind und der Feind nicht den Freund erkannte. Ausgebootete Panzersoldaten rangen im Nahkampf miteinander, oft mit blanker Waffe. Gräben und Wälle verhinderten Rückzug und Flucht.

Als der Morgen graute, war die Farm von Panzerwracks übersät. Reshef hatte 128 Mann und 56 von 97 Tanks verloren. Eine Kompanie war aufgerieben worden. Ihr Kommandant drohte, Reshef zu erschiessen. Reshef gelang es, ihn zu besänftigen; nach dem Krieg wurden sie Freunde.

Trotz Reshefs Verlusten befahl Bar-Lev auch noch den Angriff auf Missouri – wieder ein Gemetzel, niederschmetternd, barbarisch, letztlich unnötig.

«ACAPULCO»: ÜBERGANG ERFOLGT

Sharon behielt Recht: Obwohl sich die Ägypter gut verschanzt hatten, taten sie der Kanalüberquerung keinen Abbruch.

Während Reshefs Brigade verblutete, sandte Sharon die ersten Fallschirmjäger über den Kanal. Im Schutz der Nacht setzten sie nach Mitternacht auf Gilowa-Schlauchbooten über. Die Boote waren hoch verwundbar; aber der Gegner schlief.

Der 16. Oktober 1973 war angebrochen, als der Zugführer, Leutnant Eli, meldete: «ACAPULCO» – Übersetzen geglückt! Als erster israelischer Soldat betrat Eli afrikanischen Boden.

Am Westufer wollte er den Sandwall überwinden; aber er stiess an eine vier Meter hohe Betonmauer – ägyptisches Handwerk. Er fackelte nicht lange, holte im Boot eine Sprengladung und riss kurzerhand eine Lücke in die Mauer. Von da an pendelten die Gilowas hin und her – unbemerkt.

Als der Tag anbrach, meldete Oberst Matt, der Kommandant der 890. Fallschirmbrigade, dem Vorgesetzten Sharon, schon befänden sich 28 Panzer aus der 421. Brigade in Afrika.

SAM-BATTERIEN ZERSTÖRT

Ohne Gegenwehr sicherte die Fallschirmelite den Brückenkopf – wie befohlen: 5.000 Meter breit, 1.500 Meter tief. Die Panzer brachen gegen Westen aus. Sie besassen entscheidende Koordinaten: Es waren die Standorte der SAM-Batterien!

In einem verheerenden Raid überraschten die Israeli die ägyptischen Flab-Einheiten, die noch immer nicht gewarnt worden waren. Schlag auf Schlag zerstörten sie die Raketenstellungen, die den israelischen Fliegern zehn Tage lang so bitter zu schaffen gemacht hatten.

Endlich operierten die F-4 Phantom, A-4H Skyhawk und Mirage-III frei. Die F-4 und die A-4H griffen in den Erdkampf ein. Die 162. und die 252. Division stiessen auf die Geneifa-Hügel am Bittersee vor.

Beide überschritten die Strasse Suez– Kairo. Adan fasste den Berg Ataka am Meer ins Visier, als die Aufklärung feststellte: «Zwischen dem Kanal und Kairo ist die ägyptische Armee ausgeschossen.»

Die 101 Kilometer in die Hauptstadt standen sperrangelweit offen! Auch wenn Panzer aufgemalt auf den Türmen die Verheissung «CAIRO EXPRESS» nach Süden trugen, stellte General Elazar kühl fest:

- Nachdem Sadat den Ernst der Lage begriffen hatte, bat er den Patron Breschnew um Hilfe: Die UNO sollte eine Feuereinstellung erzwingen.
- Für die Israeli wurde der Krieg zum Wettlauf gegen die Uhr. Namentlich der Stoss ans Rote Meer war abzuschliessen, ehe die UNO handelte.
- Der militärisch unnütze, politisch sinnlose Stoss nach Kairo hätte die Kräfte des Südkommandos verzettelt.
- Die Logistik fürchtete die überdehnte Versorgungslinie zum Nil. Der Nachschubweg mass 400 Kilometer.
- So, wie sie den Stoss nach Damaskus blockiert hatte, warnte Golda Meïr vor unnötigen Verlusten – so kurz vor dem absehbaren Kriegsende.

22. OKTOBER, 18.52 UHR

Als auch Präsident Nixon und sein Berater Kissinger auf die Feuereinstellung drängten, konnte Israel den UNO-Beschluss nicht mehr verhindern, der namentlich der militärischen Führung ungelegen kam: Schon am 22. Oktober, 16 Tage nach Yom Kippur, sollten um 18.52 Uhr an beiden Fronten die Waffen schweigen. Doch noch hatte Israel seine Ziele verfehlt:

- Auf dem 2814 Meter hohen Hermon, der die Nordfront beherrscht, hielt sich hartnäckig ein syrisches Nest.

Israel schaltete die SAM-Flab aus. Fortan griff die Luftwaffe in den Erdkampf ein. (Bild: IDF)

- Adan stand noch vor dem Golf von Suez; Sharon verharrte südlich von Ismailia am Süsswasserkanal.

EIGENWILLIGE INTERPRETATION

Die Israeli interpretierten die Anordnung der UNO eigenwillig: Der Sicherheitsrat habe nur beschlossen, das Feuer sei einzustellen, nicht aber die Bewegung. Das war falsch: Die Resolution schrieb den Parteien vor, sie hätten in den Stellungen vom 22. Oktober zu verharren. Überdies bedingte Bewegung zwingend Feuer.

So holten Fallschirmjäger am 23. Oktober den Hermon zurück, und Bren Adan stiess am 24. ans Rote Meer durch – womit er die 3. Feldarmee einschloss. So erzwang Israel unter schwersten Verlusten – 2.800 Gefallene, 8.000 Verwundete – den Sieg:

- An der Nordfront hielt die Abwehr trotz dem Fiasko von Yom Kippur. Dann warfen die 36., die 205. und die 240. Panzerdivision die Syrer zurück.
- Gegen Ägypten schlug das Pendel für die Israeli aus, als sie den Gegner in offener Feldschlacht zerschlugen.
- In Syrien hatte Israel 500 km^2 besetzt, auf dem Westufer des Kanals 1.600 km^2. Demgegenüber hielt die ägyptische 2. Feldarmee auf dem Sinai am 24. Oktober 1.200 neu errungene km^2.

AM KILOMETERSTEIN 101

Als Adans die Strasse von Suez nach Kairo überquerte, streifte er die Wegmarkierung 101 Kilometer vor der Hauptstadt.

Der Kilometerstein 101 ging in die Geschichte ein: Am 28. Oktober trafen sich ein Ägypter und ein Israeli erstmals persönlich. Die Generale Gamasy, Yariv und dann Tal leiteten den Prozess ein, der zur Freigabe des Suezkanals, zu Sadats Jerusalem-Reise und zum Frieden von Camp David 1979 führte.

Der Frieden hält. Er sichert Ägypten Amerikas Finanzhilfe. Israel schützt er im Süden: In Anbetracht der Spannungen an der Nordfront deckt die Armee den Negev nur noch schwach.

WIE WAR DAS DAMALS – IM OKTOBER 1973 AUF DEM GOLAN UND AM SUEZKANAL?

Am Sonntag, dem 7. Oktober 1973, flog ich für die NZZ in der ersten El Al nach Israel. Die Boeing war voller Soldaten. Über Zypern ging das Licht aus; am Flügel übernahmen Mirage-Jets den Schutz. Als der Flieger die Küste überquerte, sangen die Israeli die Nationalhymne. Viele überlebten die Woche nicht.

Am Golan führte uns der Presseoffizier, ein Major, zur Front – aber nur etwa 1.500 Meter zur Hauptkampflinie, näher nie. So blieben wir geschützt. Am See Genezareth schilderte ein Oberst die Lage – mit Karte 1:50.000 an einer Platane.

Am 12. bot der Major eine Suezfahrt an, bei drückender Hitze zur Lateral- und Artilleriestrasse. Aber vom 13. an war Sinai tabu; denn dort fiel nun die Entscheidung. Dafür zählten wir in Tel Aviv alle zwölf Minuten die C-5-Galaxy, die Israel mit Panzern, Geschützen, Flugzeugen, Munition und Medikamenten retteten.

Am 18. ging Afrika auf. Zuerst dem Meer entlang, dann über Atavisk in Sharons Hof; von dort ans Westufer mit üppiger Vegetation. Abdrehen nach Süden, vorbei am Flugfeld Fayid, die Piste gesäumt von Tausenden ägyptischen Gefangenen, meist sichtlich erleichtert.

Ins umkämpfte Suez war die Front verbaut. Nachts zurück über die Brücke, gegen einen MiG-Angriff geschützt vom Feuer der Flab. Am Morgen Ankunft in Tel Aviv. Dem AP-Korrespondenten sagt die Redaktion: «Wir geben dir jetzt das Pentagon, die sagen dir, was du sahst.»

Überall lagen arabische Gefallene. Israel barg die eigenen Toten rasch. Doch für Araber reichte die Zeit nicht auch noch. Am meisten tote Syrer sahen wir am fünften Kriegstag. Ausländische Reporter stahlen Munitionsreste, ja Zigaretten und Zündhölzer – für ihre Geheimdienste.

Nur einmal sahen wir gefallene Israeli, am Weg Kuneitra–Saasa: acht Fallschirmjäger, alle unter Wolldecken, sichtbar nur die dunkelroten Stiefel. Die Israeli verhinderten, dass ihre Gefallenen fotografiert oder gefilmt wurden; vor allem wegen der eigenen Bevölkerung, die auch im Krieg fremde Medien las und sah. Nie standen wir an Kreuzungen. Israel schaltete die Beobachter der arabischen Artillerie aus. Blind schossen dann namentlich die Syrer auf Kreuzungen.

Im isr. Keil nach Damaskus. Am Jeep eines Bat Kdt. (Bild: Associated Press)

1982: Beirut brennt – Die Offensive im Libanon

Marc Lenzin

Nach dem Sechs-Tage-Krieg 1967 setzten sich die aus dem Westjordanland vertriebenen Palästinenser der PLO im Südlibanon fest. Zwischen palästinensischen und israelischen Truppen entbrannte ein unerbittlicher Grenzkrieg. Mechanisierte Einfälle Israels in den Libanon, die Installation der UN-Friedenstruppe UNIFIL und die syrische Intervention brachten keine Waffenruhe. Der israelische Premier Menachem Begin verlor den Glauben an eine friedliche Lösung des Konflikts.

Im Juli 1981 trat der Wendepunkt bei einem Waffenstillstand und der Ernennung von Ariel Sharon zum Verteidigungsminister ein. Die Feuerpause hinderte die PLO keineswegs, ihre Artilleriestellungen in Grenznähe zu verstärken und dem Beschuss israelischer Siedlungen fortzufahren. Ein israelischer Vergeltungsschlag war nur noch eine Frage der Zeit. Sharon plante eine militärisch-politische Lösung im Libanon: Die Infrastruktur der PLO sollte zerstört, ihre Kommandozentrale liquidiert und die syrische Armee aus Beirut vertrieben werden. Um die Rückkehr der PLO auszuschliessen, installieren die Besatzungstruppen eine neue libanesische Regierung.

ISRAELS PANZERGENERAL TAL

Der anfängliche Rückschlag im Yom-Kippur-Krieg vom Oktober 1973 zwang die israelischen Streitkräfte zur Überarbeitung ihrer Strategie. Die Notwendigkeit des Kampfes der verbundenen Waffen (Infanterie, mechanisierte Verbände und Luftwaffe) wurde erkannt; Erfahrungen flossen direkt in die Befehlsgebung der Kader und in die Ausbildung der Soldaten ein.

Auch das Panzer-Arsenal war im Umbruch begriffen. Die veralteten Centurion aus britischer und M48 Patton aus amerikanischer Produktion wichen dem moderneren M60 (Magach). Im Oktoberkrieg 1973 bewährte sich der M60 mit seiner durchschlagsfähigen 105-mm-Kanone gegenüber ägyptischen T-54/55 und T-62 aus sowjetischer Produktion.

Dennoch, ein eigener Panzer, an die taktischen und geographischen Bedürfnisse Israels angepasst, stand schon lange auf dem Wunschzettel. Es begann die Entwicklung des Merkava (hebräisch für Streitwagen) unter Leitung des israelischen Generals Israel Tal.

1924 geboren, aufgewachsen in ei-nem Kibbuz Mahanajim im Norden von Galiläa, diente Tal jung in der britischen Armee. Er kämpfte im Unabhängigkeitskrieg 1948/49 und kommandierte eine Panzer-Division im Sechs-Tage-Krieg 1967. Tal erkannte das Potenzial von Panzerverbänden und entwickelte als Stv GSC die heute noch gültige Einsatz-Doktrin: «Panzer entscheiden den Krieg.»

REVOLUTIONÄRER MERKAVA

An erster Stelle bei der Entwicklung des Merkava sollte Schutz stehen, gefolgt von Feuerkraft und Mobilität. Tals unorthodoxes Konzept lautete:

- Motor und Betriebsstoff im Bug
- Turm und Kampfraum von hinten zugänglich
- Keine Munition im Turm gelagert
- Eignung zum Transport von Soldaten und Gerät

ATTENTAT IN LONDON

Ein 900 PS Motor sowie eine 105mm Kanone bestückten die erste Version Mk. I. Die Feuertaufe erfuhr der Merkava im Libanon-Feldzug, wo schwere syrische T-72 aus sowjetischer Produktion vor den Toren Beiruts warteten.

Am 3. Juni 1982 verübte ein palästinensischer Terrorist ein Attentat auf den israelischen Botschafter in London: Der Auslöser für erneuten Krieg im Nahen Osten. Rafael Eitan, der israelische Generalstabschef, verschob sieben Divisionen mit 75.000 Soldaten und 1.250 Panzern in die Angriffsgrundstellung und löste die Operation «PEACE FOR GALILEE» aus: die Invasion Libanons.

GENERAL EITANS ABSICHT

Eitans Absicht war, mit drei etwa gleich starken Kampfgruppen

- westlich entlang der Küste mit der 91. Division (Gen Mordechai) und amphibisch unterstützt mit der 96. Division (Gen Yaron) aus Galiläa über Tyrus, Sidon, Damour nach Beirut vorstossen, den Küstenstreifen säubern und Gegner in Beirut vernichten.
- zentral mit der 36. Division (Gen Kahalani) und der 162. Division (Gen. Einan) aus Galiläa über den Litani nach Nabatiya bis auf Höhe Beirut vorstossen und die strategische Strasse Beirut–Damaskus sperren, um den Nachschub für die syrischen Truppen aus dem Osten zu unterbinden.
- östlich mit der 252. Division (Gen Sakel) und der 90. Division (Gen Lev) vom Golan über Hasbaya bis zur Bekaa-Ebene vorstossen und Gegner im Raum Fatah-Land vernichten.

Die Karte zeigt violett Israels Invasion vom Sommer 1982. (Bild: The Map Archive)

ARAFATS DREI BRIGADEN

Jassir Arafat, der Führer der PLO, verteilte seine 25.000 Soldaten, 250 Artilleriegeschütze und 60 Panzer der Typen T-34 und T-54/55, alle aus sowjetischer Produktion, auf drei Brigaden:

- die Yarmouk-Brigade westlich auf der Achse Tyros–Sidon-Damur
- die Kastel-Brigade südlich im Raum Beaufort–Nabataya–Jezzine
- die Karameh-Brigade östlich im Raum Berg Hermon (Fatah-Land)

SYRIENS 30.000 MANN

Die syrischen Truppen mit 30.000 Soldaten, 600 Panzern, zahlreichen Artilleriestellungen und Luftabwehrlenkwaffen verteilten sich auf zwei geografische Gebiete:

- Im Westen, die 7. Infanterie-Division mit der 68. und 85. Infanterie-Brigade und der 51. Mech-Brigade
- Im Osten, im Bekaa Tal, die 1. Panzer-Division mit der 76. und 91. Panzer-Brigade, der 58. Mech-Brigade und der 62. Infanterie-Brigade

ISRAEL GREIFT AN

Der Vorstoss von Israels westlicher Kampfgruppe entlang der Küstenstrasse gelang ausserordentlich rasch. Bereits am zweiten Kampftag vereinigten sich die Verbände der 91. mit der 96. Division bei Sidon. Südlich Damour stoppten die israelischen Truppen ihren Angriff, da sich schwere PLO-Verbände in der Stadt verschanzten.

Im Mittelabschnitt stiessen die beiden Divisionen aus Galiläa bis auf die Arnoun-Berge vor und nahmen die Stadt Nabatija ein. Bei Jezzin trafen sie erstmalig auf Einheiten der syrischen 1. Panzer-Division, verstärkt durch die Kastel-Brigade der PLO. Nach heftigen Kämpfen verschob sich der Spitzenverband weiter nach Norden und erreichte das Höhengelände südöstlich von Beirut.

Eine Kampfgruppe der Golani-Brigade drehte nach Osten ein, um die stark befestigte Kreuzritterburg Beaufort einzunehmen. Von dieser Burg aus richtete die PLO jahrelang das Artilleriefeuer auf die nordisraelischen Siedlungen. Die Festung fiel in der Nacht zum 7. Juni.

DIE 90. UND 252. DIVISION

Die dritte israelische Kampfgruppe mit der 90. und 252. Division sollte von den westlichen Golan-Höhen entlang des Westabhanges des Hermon-Massives in Richtung Hasbaiya und weiter in die südliche Bekaa-Ebene vorrücken. Beide Verbände stiessen aber im Fatah-Land auf heftigsten Widerstand. Die israelischen Truppen erlitten in der Ortskämpfen erhebliche Verluste. Am dritten Kampftag verschärfte sich die Lage für die israelischen Verbände. Die Luftaufklärung meldete den Anmarsch starker syrischer Panzer-Verbände. Syriens Präsident Asad befahl, die in der Bekaa-Ebene stehenden Luftverteidigungskräfte mit zusätzlichen Batterien zu verstärken.
Es entbrannte die Schlacht um die Bekaa, die Israel nach Boden- und Luftaufklärung, dem Einsatz elektronischer Kampfmittel und dem erstmaligen Einsatz des geländegängigen Merkava für sich entschied. Etwa 200 syrische Panzer und mehrere 100 gepanzerte Fahrzeuge standen auf dem Schlachtfeld in Flammen.

Panzer Merkava, 1. Golani Panzer-Brigade, auf der Höhe der Stadt Jezzine, Juni 1982. (Bild: Imperial War Museum)

Panzer M60 (Magach) der 211. Panzer-Brigade auf dem Vormarsch in Richtung Damour, Juni 1982. (Bild: Imperial War Museum)

IM SÜDEN VON BEIRUT

Am 10. Juni stand die Spitzengruppe der westlichen Kampfgruppe im Süden von Beirut, wo sie schwere Kämpfe mit der syrischen 85. Infanterie-Brigade erwartete. Die mittlere Kampfgruppe erreichte die Ortschaft En Dara nahe der Verbindungsstrasse von Beirut nach Damaskus. Dort fanden heftige Feuergefechte mit der syrischen 62. Infanterie-Brigade statt.

Im Osten schloss die syrische 58. Mech-Brigade ein mit M60 ausgerüstetes israelisches Panzer-Bataillon in der Ortschaft Sultan Yakoub ein. Nur mit Mühe schlugen sich die Besatzungen zu den israelischen Linien durch, liessen teils jedoch ihre Panzer zurück. Israelische Kampfflugzeuge bereinigten die Situation und schossen viele syrische Panzer ab.

T-72 GEGEN MERKAVA

Die drei Kampfgruppen erreichten am fünften Tag ihre Zwischenziele und reorganisierten auf der Linie Damour–En Dara–Sultan Yakoub. Die westliche und mittlere Kampfgruppe griff südlich von Beirut an. Die östliche Kampfgruppe stiess durchs Bekaa-Tal vor und sicherte die östlichen Anhöhen, um den Einfall syrischer Kräfte ins Fatah-Land zu verhindern.

Es folgten schwerste Panzerkämpfe zwischen israelischen Merkava und syrischen T-72. Der Merkava zeigte sich im Gefecht überlegen und schoss zahlreiche T-72 ab. Die schwer angeschlagene syrische 91. Panzer-Brigade zog sich zurück.

DER ENDKAMPF UM BEIRUT

Die israelischen Verbände riegelten den westlichen und südlichen Stadtteil ab, sperrten östlich die Strasse nach Damaskus und legten Artilleriefeuer auf den nördlichen Teil der Stadt. Mit dem Erreichen der militärischen Ziele nahm Israels Stosskraft ab. Auf Gefechte folgte der Belagerungszustand. Die aufgeriebenen PLO-Kämpfer waren eingeschlossen.

Die Leiden der Zivilbevölkerung und die Verzweiflung der PLO und der Syrer führten zu politischen Verhandlungen unter starkem Einfluss der

USA. Diese bewirkten die Einstellung aller Kampfhandlungen. 15.000 PLO Kämpfer zogen auf dem Seeweg in arabische Staaten ab.

Die israelischen Verluste betrugen 370 Gefallene und 2.400 Verwundete. Mehr als 60 Panzer waren zerstört. Auf Seiten der PLO fielen mindestens 1.000 Kämpfer, 8.000 wurden gefangengenommen. Die gesamten Panzerbestände der PLO waren zerstört oder wurden erbeutet.

DIE LEHREN GEZOGEN

Die israelischen Kader zogen aus den taktischen Lehren des Yom-Kippur-Krieges 1973 die Konsequenzen und setzten diese in der Befehlsgebung im Libanon-Krieg um. Dabei realisierte Israel erstmals erfolgreich eine gemeinsame Operationsführung über alle drei Teilstreitkräfte.

- Der Panzer, eingesetzt in allen drei Kampfgruppen, bestätigte sich als zentrales Waffensystem, auch in schwer passierbarem Gelände. Dessen Einsatz ist jedoch zwecklos, wenn er nicht in konzentrierter Form zur Herbeiführung operativer Entscheidungen eingesetzt wird.
- Die Beweglichkeit ihrer Panzer im Gelände auszunutzen, war ein weiterer Erfolgsfaktor für Israel. Die Syrer tendierten dazu, aus dem Feuerhalt zu schiessen. Die Israeli waren ständig in Bewegung, sie suchten ihren Vorteil, um syrische Panzer auch in der Flanke oder gar im Rücken zu erfassen.
- Die Feuertaufe des Merkava verlief erfolgreich. Er bewährte sich durch Beweglichkeit im Gelände, hervorragenden Schutz der Panzerbesatzungen und hoher Trefferquote. Dabei zeigte sich der Merkava im Kampf überlebensfähiger als der M60 und der Centurion. Laufende Verbesserungen an Fahrwerk, Turm, Panzerung und Kanone halten bis heute an.

UND ISRAEL TAL?

General Israel Tal starb im September 2010. Er gilt als Schöpfer der israelischen Panzerwaffe und wurde mit der Entwicklung des Merkava zur Legende.

Das Panzermuseum in Fort Knox würdigt ihn neben seinem Landsmann Moshe Peled, Generalfeldmarschall Erwin Rommel, den beiden Amerikanern George Patton und Creighton Abrams als einer der fünf grössten Panzergeneräle der Geschichte.

Der Merkava (hebräisch Streitwagen), die gelungene Entwicklung von General Tal. (Bild: IDF)

Persönlichkeit: Israel Tal – Panzer waren sein Leben

Peter Forster

Der israelische Panzergeneral Israel Tal (1924–2010) erhielt als einziger Soldat den Israel-Preis, die höchste Ehrung, die sein Land jedes Jahr am Vorabend des Gründungstages vergibt. Das Panzermuseum in Fort Knox würdigt Tal mit dem Landsmann Moshe Peled, dem Deutschen Erwin Rommel und den Amerikanern George Patton und Creighton Abrams als einen der fünf grossen Panzerkommandanten der Welt.

Tal war ein kühner Troupier, hervorragender Stratege und der erfolgreichste Panzerbauer, den sein Land je hatte: Er schlug dezisive Schlachten, warnte früh vor Gefahren, erkannte Chancen und baute den Merkawa, bis heute Israels Standardtank.

SERGEANT BEI DEN BRITEN

Israel Tal wurde 1924 im Norden von Galiläa geboren. Wie viele Offiziere wuchs er in einem Kibbuz auf, in Mahanayim, unmittelbar gegenüber dem Golan.

Als Knabe überlebte er das Massaker, das Araber aus der nahen Stadt Safed in Mahanayim anrichteten.

Im Zweiten Weltkrieg schloss sich Tal in der britischen Armee der jüdischen Brigade an, deren Soldaten sich durch aussergewöhnliche Tapferkeit auszeichneten.

Tal diente den Briten als Mitrailleur auf einem Schützenpanzer. Er kämpfte gegen Rommel in Libyen und dann bis zum Kriegsende in Italien. 1945 war er Sergeant und kannte sich auch mit den britischen Vickers- und Cruiser-Tanks aus.

DIE EROBERUNG VON GALILÄA

1948 sandte ihn Israel nach Prag, wo er zu Beginn des Unabhängigkeitskrieges die ersten Panzer kaufte, derer Israel so dringend bedurfte.

Im Krieg diente er als Stellvertreter des Brigadegenerals Haim Laskow, dessen Brigade die Operationen «DEKEL» und «HIRAM» gegen erbitterten arabischen Widerstand mit Erfolg durchzog. Tal, gebürtig von Mahanayim, kannte die Nordfront wie seinen Hosensack. Die Brigade eroberte zuerst den Schlüsselort Nazareth und dann ganz Galiläa, den fruchtbarsten Landstrich Israels.

General Israel Tal, 1924–2010. (Bild: IDF)

In England studierte Tal die Panzertaktik. 1956 befehligte er im Sinai-Feldzug den Verband, der auf der Zentralachse an den Suezkanal vorstiess. Im Panzerkorps entwickelte er die Doktrin, die im Juni 1967 voll durchschlug. Daneben erwarb er sich Master-Abschlüsse in Philosophie und Staatswissenschaften.

ORDNUNG UND DISZIPLIN

Die Truppe nannte Tal «Talik». Sein gründlicher, metikulöser Einsatz wurde legendär. Von neuen Waffen kannte er jeden einzelnen Bestandteil – und er fragte bei seiner Truppe systematisch exakt diese Kenntnisse ab. Seine Soldaten vertrauten ihm selbst private Probleme an. Er half, wo er konnte.

7. Juni 1967: Israelischer Panzergrenadier im Zentrum der Stadt al-Arish. (Bild: Wikipedia)

Tal widersetzte sich dem «Laissez aller, laissez faire». Für ihn war nur eine hoch disziplinierte Armee eine gute Armee: «Ein nachlässig gekleideter Soldat wartet seinen Panzer lausig.» Verhasst waren ihm Offiziere, die er als «Ungefähr»-Männer einstufte – Schwätzer, die alles wussten, aber nur ungefähr.

Als Kommandant des Panzerkorps überzeugte er die politische Führung, dass Israel die Panzerwaffe stärken musste. Er legte die Grundlagen zum Sieg im Sechstagekrieg vom 5.–10. Juni 1967. Dank seiner Doktrin zerschlugen die israelischen Panzer im Sinai die zahlenmässig weit überlegenen Ägypter, in Jerusalem und im Westjordanland die jordanischen Panzerbrigaden 40 und 60 und auf dem Golan die syrischen T-54/55-Tanks.

TALS VIER THESEN...

Tal gründete seine Doktrin des hoch mobilen Krieges auf vier Thesen:

- Israel muss die Kampfhandlungen auf das Terrain der Araber verlegen. Der dicht besiedelte Staat meidet den Krieg im eigenen Land.
- Israel braucht qualitativ und quantitativ starke Panzerverbände, die im offenen Terrain jenseits der Landesgrenze operieren.
- Der Panzer ist keine Unterstützungswaffe, sondern die Kraft, die den terrestrischen Krieg entscheidet.
- Israel muss den Kampfwert seiner Centurion-, Patton- und Sherman-Tanks steigern und die Panzer auf den Wüstenkampf im Sinai und auf das schwierige Basalt-Gelände auf dem Golan ausrichten.

...UND KONSEQUENZEN

Daraus zog Tal vier operative Regeln:

- Der Panzer ist eine Angriffswaffe. In der Offensive entwickelt er am meisten Kraft.
- Der Panzer trägt Israels Angriffe unter allen topographischen Vorzeichen, sei es an der sandigen Süd-, der dicht besiedelten Zentral- oder der coupierten Nordfront.
- Panzer stossen derart schnell in die Tiefe des Raumes vor, dass sie nicht auf das Nachziehen anderer Truppen warten müssen.
- Alle Panzerattacken richten sich konzentriert gegen ein einziges Primärziel. Sekundärziele können vernachlässigt werden.

Vom 5.–10. Juni 1967 errang Israels Armee mit Tals Doktrin den grössten Sieg in ihrer Geschichte. In sechs Tagen nahm sie den Sinai, die Oststadt von Jerusalem, das Westjordanland und den Golan in Besitz. Am 4. Juni umfasste Israels Territorium rund 20.000 km^2, am 10. 70.000 km^2.

UGDA TAL = 84. PANZERDIVISION

Tal selber kommandierte im Krieg eine Ugda. Die Ugda war damals eine verstärkte Division. Tals Ugda, die massiv verstärkte 84. Panzerdivision, umfasste:

- die zwei Panzerbrigaden 7 (Oberst Gonen) und 60 (Oberst Aviram),
- die 35. Fallschirmbrigade (Oberst Eitan),
- eine Aufklärer-Kampfgruppe,
- die Kampfgruppe Granit,
- das selbständige 46. Panzerbataillon,
- das 215. Artillerieregiment.

OPERATION «ROTER BOGEN»

Der hervorragende General Yeshayahu Gavish befehligte souverän die Südfront. An der Negevgrenze rüsteten sich sechs arabische Divisionen und vier selbständige Brigaden zum Angriff auf Israel.

Allein Israels Armee kam dem Grossredner Nasser zuvor. Sie führte einen höchst erfolgreichen Präventivschlag. Gegen Ägypten löste General Gavish am 5. Juni 1967 um 7.50 Uhr die Operation «ROTER BOGEN» aus. Sein nummerisch schwächeres, qualitativ jedoch redoutables Südkommando umfasste:

- im Norden die Ugda Tal,
- im Zentralabschnitt vor der Festung Abu Agheila die 38. Pz Div, die Ugda Sharon, mit je einer Pz-, Pz-Gren- und Fsch-Brigade (die 80.),
- im Süden mit Ziel strategische Pässe Mitla/Gidi die 31. Pz Div, die Ugda Yoffe, mit zwei Panzerbrigaden,
- zusätzlich die 11. Pz Gren Be, die 35. Fsch Br und das 40. Art Bat.

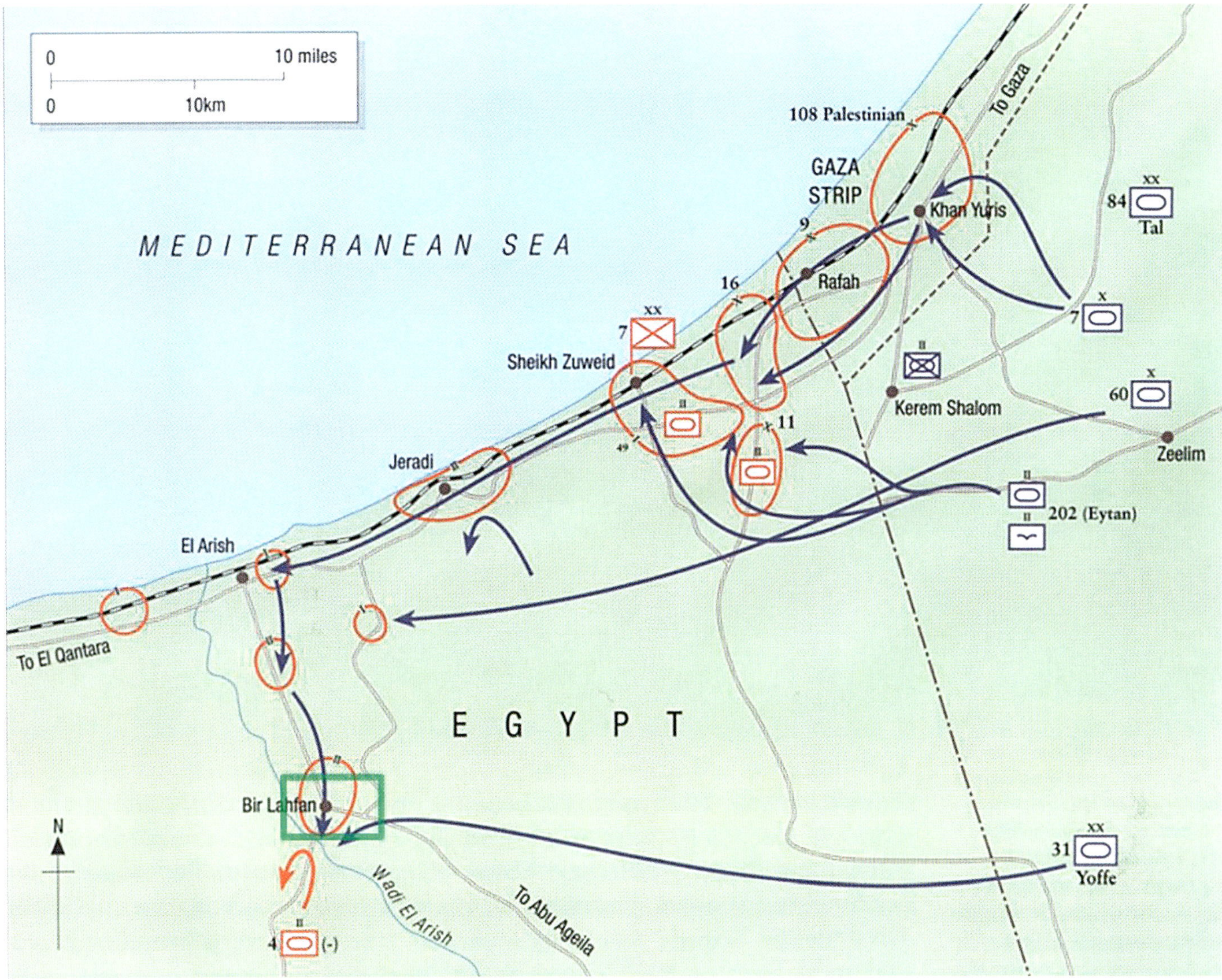

6./7. Juni 1967. Der Durchbruch der Ugda Tal auf der Nordroute am Mittelmeer und in der Wüste. Rot das komplett zerschlagene ägyptische Abwehrdispositiv. Blau die Achse 1 = Via maris mit der 7. Panzerbrigade. Achse 2: die 60. Panzerbrigade. Am 7. Juni nahm die 84. Division Romani, am 8. stand sie am Suezkanal. (Bild: Osprey Publishing)

250 TANKS UND 72 HAUBITZEN

General Israel Tal nahm sich zuerst den ägyptisch besetzten Gazastreifen vor. Als seine Ugda um 7.51 Uhr beim Kibbuz Nahal Oz im Norden und südlich von Khan Yunis die Grenze überschritt, führte er an schwerem Gerät 250 Sherman-Tanks und 72 M-50-155-mm-Panzerhaubitzen ins Gefecht – plus eine Anzahl Makmat-160-mm-Mörser.

Tals erstes Ziel war die Rafah-Lücke im Süden des Gazastreifens. Der 10 Kilometer breite Durchgang öffnete den kürzesten Weg zum Suezkanal – über den Jiradi-Pass und al-Arish–Romani–Kantara an die Wasserstrasse.

WAHRES ABWEHR-LABYRINTH

Die Ägypter stellten Tal die 7. Infanteriedivision und mehrere Panzerbrigaden entgegen – plus die palästinensische 20. Division unter General Muhamed Munim, dem Gaza-Gouverneur.

Munim hatte in der Rafah-Lücke ein wahres Abwehr-Labyrinth erstellt – mit Minen, Bunkern, Unterständen, Gräben und getarnten Artilleriestellungen.

Dem General Tal blieb keine andere Wahl, als das Rafah-Tor gewaltsam zu öffnen. Nordwestlich lag das Mittelmeer, südöstlich verhinderten Wanderdünen und Schluchten den Vorstoss.

Die 20. Division galt als drittrangig. Tal nutzte die Überraschung und setzte seine eigene Doktrin konsequent um: «Konzentriere deine Kräfte auf die einzige entscheidende Stelle und schlage dort hart zu. Säe Konfusion, demoralisiere den Gegner und löse beim Feind den Domino-Effekt aus!»

TALS AUFRUF VOR DER SCHLACHT

Tals letzter Rapport mit seinen Offizieren kurz vor der Offensive ging in den Legendenschatz ein:

- «Keine Operation verläuft je genau nach Plan. Führt beweglich!»
- «Jeder greift an. Jeder bricht durch. Jeder schaut vorwärts. Keiner schaut zur Seite oder zurück.»
- Vor elf Jahren, 1956, brachen wir in 36 Stunden durch. Diesmal haben wir 24 Stunden.»
- «Wir werden Ausfälle erleiden. Es wird eine Schlacht auf Leben und Tod. Wir geben nie auf, ungeachtet der Verluste.»

10. Juni 1967. Die Sieger an der Südfront. Tal (84. Div), Sharon (38. Div), Gavish (Front-Befehlshaber), Yoffe (31. Div). (Bild: IDF)

Rapport in der Wüste: Generalstabschef Rabin (2. v.l. mit Schirmmütze), Generalmajor Tal (3. v.l. mit Panzerbrille). Hinten Tals Jeep. Tal führte seine Division vom Funkjeep aus. (Bild: IDF)

gen. Er werde Nasser stürzen und seine Füsse baden im Suezkanal.

Während die 7. Brigade rassig vorstiess, schloss die 60. Brigade im Süden die Zange um Rafah. Oberst Aviram führte Sherman-Panzer ins Treffen. Gonen verliess sich auf Centurion und Patton.

Nachdem sich die ägyptischen Verteidiger einigermassen gefangen hatten, erlitten nun auch die Israeli Verluste. Als Gonens Aufklärereinheit durch Khan Yunis stiess, geriet sie in den gegnerischen Hinterhalt.

Die Kompanie verlor die Hälfte ihrer Männer. Captain Ori Orr, der Kommandant und später als General Chef der Nordfront: «Plötzlich war die Hölle los – Granaten, Maschinengewehre, Panzerabwehrwaffen, alles direkt gegen uns! Rundherum T-34-Tanks. Eine Granate traf einen Schützenpanzer, alle acht waren tot.»

ÄGYPTEN: GEHEIMDIENST VERSAGT

Die berühmte 7. Brigade führte die Offensive an. Sie zerschlug Ägyptens 11. Brigade, die derart überrascht worden war, dass sie Gonens Panzer zuerst für eigene hielt.

Zügig voran kam ebenso die 35.Fallschirmbrigade. Oberst Eitans Truppe stiess frontal durch das feindliche Labyrinth. Eitan gestand: «Irgendwer im Himmel hielt die schützende Hand über uns. Jede Aktion des Feindes missriet, jede Aktion von uns gelang.»

Aber es war mehr als Glück. Der ägyptische Geheimdienst versagte. Er deutete Tals Angriff als Ablenkung; die 84. Division werde im Süden einen weiten Bogen beschreiben und versuche, Rafah zu umgehen. So kann man sich täuschen.

TAL FORCIERT 7. UND 60. BRIGADE

Gonen feuerte seine Brigade in weniger präzisen Worten an als Tal seine Ugda. Er, Gonen, werde den Gegner wie 1948/49 und 1956 entsor-

IN VIER STATT 24 STUNDEN

Aber Tal gab nicht auf. Er forcierte die 7. Brigade. Gonen stiess durch Khan Yunis, überwand mit zwei Panzersäulen die14 Kilometer nach Rafah und überschritt zur Mittagsstunde die Grenze zum Sinai.

Tal erzielte diesen durchschlagenden Erfolg nicht im vorgegebenen Tag, sondern in vier Stunden.

Im Sinai stellte sich die ägyptische 7. Division der Ugda Tal entgegen. Ihr Kommandant, General Abdel-Aziz Suliman, hatte dem tiefgestaffelten Abwehrdispositiv den Code Operation «DÄMMERUNG» gegeben. Tal wusste, was auf ihn zukam. Er kannte die Taktik des Gegners; und der AMAN-Geheimdienst der Armee hatte präzise Arbeit geleistet.

Die ägyptischen Kader waren gemäss der damals gültigen starren Sowjetdoktrin geschult. Von der Kampfkraft her waren seine T-34 den angreifenden Centurion und Patton nicht gewachsen.

GEGEN STALIN-TANKS

Einzig die mächtigen Stalin-IS-3M-Tanks mit den D-25T-122-mm-Kanonen brachten die Israeli in Gefahr. Die Kolosse aus dem Tscheljabinsker Kirowwerk bildeten das Rückgrat der Panzerbataillone, die den Infanteriedivisionen unterstellt waren. Doch auch mit diesem Gegner war Tal gut vertraut.

Izzat Arafa, der Chef eines ägyptischen Tankbataillons, gestand nach dem Krieg: «Unser Gegner war uns taktisch überlegen. Auf mehreren Achsen gerieten wir unter schweres Panzerfeuer, und Flieger und Artillerie gaben uns den Rest.».

Allerdings steckte nun auch Oberst Avirams 60. Brigade empfindliche Verluste ein. Wie alle nach dem Vorbild der Warschau-Pakt-Armeen strukturierten arabischen Streitkräfte setzten auch die Ägypter ihre starke Artillerie ein. Sie feuerten Serien von zehn Lagen aus jeweils sechs Geschützen. Israel verlor im Sperrfeuer Männer und Panzer. Tal befahl, die Gefallenen in Rafah zu sammeln.

TAL STÖSST AUF ZWEI ACHSEN

Am Ende des Tages, als am 5. Juni die kurze Dämmerung über die Mittelmeerküste hereinbrach, zählten die ägyptischen Divisionen rund 2.000 Tote. Dutzende zerstörte Panzer und Geschütze lagen auf dem Gefechtsfeld. Wracks brannten aus. Unter den Gefallenen waren auch General Suliman und fast sein ganzer Stab.

Am 6. Juni setzte General Tal seine Hauptstosskräfte parallel ein:

- Die 7. Panzerbrigade sollte der Küstenstrasse und der stillgelegten Eisenbahnlinie entlang den Ort Sheikh Zuweid, wo sich das HQ der 7. Division befand, nehmen und ins Zwischenziel al-Arish vorstossen.
- Der 60. Panzerbrigade befahl Tal weiter südlich den Stoss durch die Wüste mit ihren tückischen Dünen – durch anspruchsvolles Terrain, das jedoch vom Gegner schwächer befestigt worden war als die nördliche Achse.

ZWISCHENZIEL AL-ARISH

Avirams 60. Brigade kam wie erwartet mühsam voran, schaltete aber im Verbund mit Eitans Fallschirmjägern alle ägyptischen Sperren – das Zwischenziel al-Arish fest vor Augen.

Die 7. Brigade stiess zuerst vor. Sie nahm Sheikh Zuweid und das schwach geschützte HQ der 7. Division in Besitz. Auf dem alten Römerweg stiess sie der Küste entlang vor. Doch noch wartete der Jiradi-Pass auf die Angreifer – passage obligé an der Achse zum Suezkanal.

TAL SETZT ZWEI BATAILLONE AN

Beidseits des engen Passes lauerten Ägypter eingegraben mit Panzern, Mörsern und Geschützen. Vorgelagert erschwerten Minenfelder den Durchstoss. Tal liess die Brigade mit zwei Frontbataillonen angreifen: das 79. Pz Bat südlich der gewundenen Strasse, das 82. Pz Bat nördlich davon.

Das 79. Bataillon lief den Verteidigern noch vor der Passhöhe voll in den Hammer. Patton-Panzer gingen in Flammen auf.

Major Ehud Elad, der Bat Kdt, fiel mit der Crew seines Panzers und Kadern und Soldaten des Bataillons. Ein überlebender Offizier führte die intakten Panzer, die Gefallenen und Verwundeten quer durch Dünen auf die Strasse zurück.

Unter Verlusten erzwang das 82. Bataillon die Passage. Einer der heftig Verwundeten war Avigdor Kalahani, der sich schwer verbrannt in den Sand rettete und im Oktober 1973 auf dem Golan syrische Angreifer in höchster Not zurückwarf.

«WIR STEHEN IN AL-ARISH»

Nun gab es kein Halten mehr. General Tal liess die 7. und die 60. Brigade auf al-Arish marschieren. Um 22 Uhr meldete ein Panzerkommandant: «Wir stehen mitten in der Stadt al-Arish, in dunkler Nacht. Überall brennen Feindpanzer, dazwischen liegen Tote. Die Einheimischen haben sich verkrochen.» Al-Arish zählte Mitte 1967 rund 40.000 Einwohner.

Am 7. Juni nahm Tal das nächste Zwischenziel, Romani. Am 8. stand seine Ugda, wie befohlen, bei Kantara am Suezkanal. Der Chef der 84. Panzerdivision stand auf der Höhe seines Ansehens: Seine Doktrin hatte sich als richtig erwiesen. Er selbst hatte operativ und taktisch dem arabischen Gegner den Meister gezeigt.

GEGEN DIE BAR-LEV-LINIE

Nach dem Triumph der sechs glanzvollen Tage im Juni herrschte in Israel Euphorie – und eine sträfliche Verachtung der Araber. Im Doktrinstreit um die Bar-Lev-Befestigungen am Suezkanal unterlagen General Tal und General Sharon, der im Juni 1967 die Durchbruchsschlacht von Abu Agheila ingeniös gewonnen hatte.

Tal und Sharon hielten nichts von einer neuen Maginot-Linie. Sie plädierten für den mobilen Kampf, unterlagen aber dem Generalstabschef Haim Bar-Lev. Unterstützt vom Minister Dayan, setzte sich Bar-Lev durch. In viel zu weiten Abständen baute er 31 isolierte Forts, von denen zu Beginn des Yom-Kippur-Kriegs nur noch 16 besetzt waren.

TAL ERKENNT KRIEGSGEFAHR

1972 ernannte Generalstabschef David «Dado» Elazar seinen Vertrauten Tal zum Stellvertreter. Tal gehörte zu den Israeli, die lange vor Yom Kippur 1973 vor dem arabischen Zangenangriff warnten:

- Tal im Juni 1972: «Wenn die Araber politisch scheitern, greifen sie uns an.»
- Im Mai 1973 warnte er als erster vor der Ölwaffe. Und er erkannte die Gefahr, die von den SAM-Raketen und Panzerabwehrwaffen ausging.
- Im September 1973 deutete er den arabischen Aufmarsch als Angriffsdispositiv. Eli Zeira, der AMMAN-Chef, putzte ihn ab: «Es gibt keinen Krieg.»
- Am 5. Oktober verlangte Tal die Generalmobilmachung. Nun scheiterte er an Premier Meier und Minister Dayan.

WECKRUF UM 4 UHR

Am 6. Oktober wurde Tal um 4 Uhr geweckt. Um 5.50 Uhr setzte er im HQ, in der «Hütte», wenigstens die Teilmobilmachung durch – zu spät, wie wir jetzt wissen.

Im Krieg bewahrte Tal zu 100% kühlen Kopf. Während Elazar oft an beide Fronten flog, führte Tal im HQ die Operationen. Als die arabischen Sagger-Raketen und RPG-Panzerfäuste israelische Panzer abschossen, stellten er und Elazar die Doktrin auf den Kampf der verbundenen Waffen um – eine Meisterleistung, die die Armee wieder aufrichtete..

Den zweitletzten Dienst erwies Tal seinem Land nach der Feuereinstellung. An der Spitze der Südfront herrschten wirre Zustände. Elazar ernannte Tal zum Kommandanten, ohne dass dieser im HQ seine Position als Stellvertreter verlor.

Als sich die ägyptisch-israelischen Verhandlungen anbahnten, bestimmte Golda Meïr als Unterhändler den selbstbewussten General Yariv, ex-AMAN-Chef. Am Kilometer 101 an der Suez-Kairo-Strasse wartete der Ägypter Gamasy. Doch Yariv und Gamasy liefen rasch aneinander auf.

Elazar ersetzte Yariv durch Tal. Gamasy und Tal fanden den Faden. Die Generale leiteten die Entflechtung ihrer Armeen ein, die 1975 zur Öffnung des Suezkanals und 1978/79 zum Frieden führte.

DISPUT MIT DAYAN

Als Chef der Südfront liess sich Tal vom Minister Dayan nicht dreinreden. Dayan sann auf Rache für das Debakel von Yom Kippur. Ein Wiederaufflammen des Kriegs wäre ihm gelegen gekommen. Tal dagegen erkannte die Chance zum Frieden. Als ihm Dayan an der Südfront ins Wort fiel und «ein aktives bewaffnetes Vorgehen gegen Ägypten» verlangte, beschied ihn Tal vor all seinen Brigadechefs mit den Worten: «Was immer der Minister sagt, es ist nur zur Information. Befehle befolgt Ihr nur von mir.»

Als es dann um Elazars Nachfolge ging, überging Dayan den mutigen Tal..

Friedlich vereint: Haim Bar-Lev und Tal noch als Oberst. (Bild: IDF)

VATER DES MERKAWA

Dayans Retourkutsche kümmerte Tal wenig. Israel musste die Centurion, Patton und Sherman ersetzen. Dem genialen Panzerpionier Tal lag der Auftrag vor, einen revolutionär neuen Tank zu bauen.

So erbrachte Israel Tal seinem Land als Erfinder einen letzten Dienst. Zügig entwickelte er den Merkawa. Den Motor versetzte er in den Bug; im Heck schuf er Platz für acht Panzergrenadiere – eine Konsequenz aus dem Yom-Kippur-Krieg.

Tals erster Merkawa hiess Mark 1. Dank ständiger Kawestierung bleibt der Merwaka einer der besten Panzer der Welt. Die neueste Version, Mark 4 Barak, bringt einen komplett neuen Helm, der der Crew zum Lagebild und zur Feuerleitung ungeahnte Vorzüge verleiht.

Im Umgang war Israel Tal bescheiden, ausgesucht höflich, genuin freundlich.

Zu Recht gehört er zu den fünf grossen Panzergeneralen der Welt.

Meilensteine der Panzerentwicklung: Der israelische Merkava

Stefan Bühler

Kurz vor dem Ausbruch des Sechstagekrieges, am 2. Juni 1967, verhängte die französische Regierung ein Waffenembargo über Israel, wodurch Frankreich als bis dato zuverlässiger Waffenlieferant ausfiel. Während dem Krieg kämpften die Israel Defense Forces (IDF) mit AMX-13, M50 Super Sherman und Centurion gegen die arabischen T-34/85 und M48 Patton. Nach dem Krieg wurde mit Grossbritannien ein Abkommen über den Kauf von obsoleten Centurion aus britischen Beständen sowie dem Aufbau einer Produktionslinie für den neuen Chieftain in Israel abgeschlossen, von welchem die Briten jedoch auf Druck der arabischen Staaten 1969 zurücktraten. Israel erkannte darauf hin, dass es sich im Bereich der Waffentechnologie von den Grossmächten unabhängig machen musste.

Die Entwicklung des Merkava begann 1970 unter Leitung von General Israel Tal, einem erfahrenen Panzeroffizier und intelligenten Projektleiter – die Ingenieure, Konstrukteure und Mechaniker arbeiteten nicht getrennt in verschiedenen Büros und Werkstätten, sondern alle gemeinsam in einem grossen Raum – mit dem entstehenden Prototypen in der Mitte.

Der neue Panzer sollte spezifisch auf die Einsatzbedingungen in Israel konstruiert werden, wodurch sich die Anforderungen im Schwergewicht auf einen hohen Schutz für die Besatzung sowie eine wirtschaftliche, nationale Produktion konzentrierten. Um dem ersten Kriterium gerecht zu werden, wurde das Triebwerk im Gegensatz zu anderen Kampfpanzern vorne eingebracht, um zusätzlichen Schutz gegen Frontalangriffe vor allem mit Hohlladungswaffen zu bieten sowie durch die Heckklappe einen einfacheren Zugang zum Mannschaftsraum unter gegnerischem Feuer zu gewährleisten; durch den schmalen Turm wurde die frontale Silhouette und damit die gegnerische Trefferwahrscheinlichkeit reduziert. Die Munition wurde mehrheitlich in der Wanne gelagert, um bei einem Turmtreffer das Brandrisiko zu reduzieren. Auch bei der Konstruktion des Fahrwerkes wurde dem Schutz auf Kosten der Mobilität höchste Bedeutung beigemessen: durch den Verzicht auf eine Drehstabfederung konnte der Wannenboden konstruktiv vereinfacht und im Vergleich mit anderen Kampfpanzern derselben Generation zum Schutz vor Minen und Sprengfallen deutlich verstärkt werden, die aussenliegenden autonomen Schwingarmbaugruppen sind bei Beschädigung (z.B. durch Minen und Sprengfallen) mit wenig Aufwand einzeln ersetzbar.

Abgesehen vom Schutz wurde der Merkava konsequent auf den Einsatz in Israel bzw. den angrenzenden Staaten ausgelegt: die Luftfilter sind für den Einsatz in der Wüste optimiert, bei den Ketten wurde auf die sonst üblichen Gummipolster verzichtet, eine Tiefwateinrichtung fehlt komplett und da der Untergrund mehrheitlich hart und steinig ist sowie ein Transport auf der Schiene oder im Flugzeug von der Truppe nicht gefordert wurde, gab es keine spezifischen Gewichtslimiten – so wog der Merkava Mark I bei seiner Einführung denn auch schon stattliche 63 t (verglichen mit 55 t beim Leopard 2A4 und 57 t beim M1A1 Abrams).

Die ersten Prototypen von 1974 basierten zu Versuchszwecken noch auf Centurion-Baugruppen, das erste offizielle Bild eines eigenständigen Merkava Prototypen erschien am 4. Mai 1977 im amerikanischen Armed Forces Journal. Die Serienproduktion startete schliesslich 1978 unter der Verantwortung des MANTAK (Merkava Tank Office), welches dem israelischen Verteidigungsministerium untersteht, der erste Merkava Mark I wurde im April 1979 der Truppe übergeben und ergänzte die bestehende Centurion- und M60-Flotte.

Die ersten Kampferfahrungen mit dem neuen Panzer aus dem Libanonkrieg 1982 flossen in die Konstruktion des Merkava Mark II ein, welcher ab 1983 produziert wurde. Neben einer Umkonstruktion des 60 mm Mörsers (dieser konnte nun aus dem Kampfraum geladen werden, ohne dass sich der Ladeschütze exponieren musste) wurde ein neues Getriebe aus israelischer Produktion sowie ein grösserer Kraftstofftank eingebaut, dazu kamen kleinere Anpassungen am Feuerleitsystem. Die wohl offensichtlichste Änderung sind jedoch die schweren Ketten am Turmheck, welche das Eindringen von Panzerabwehrraketen in den Turmkranz verhindern bzw. diese frühzeitig zur Zündung bringen sollen. Vom Merkava Mark II existieren noch drei Untervarianten: der Mark IIB mit Wärmebildgerät und modifizierter Feuerleitanlage, der Mark IIC mit Zusatzpanzerung auf dem Turmdach und der Mark IID mit modularer Verbundpanzerung.

1989 wurde der Merkava Mark III bei der Truppe eingeführt. Im Vergleich zum Mark II wurde ein leistungsfähigeres Triebwerk eingebaut, die hydraulischen Turmrichtantriebe wurden durch Elektromotoren ersetzt und die Stahlpanzerung durch eine Verbundpanzerung ersetzt. Eine kleine, jedoch nicht unwesentliche Änderung war der Einbau

Merkava Mk II MBT (Main Battle Tank). (Bild: Alamy)

eines Telefons im Wannenheck, welches der begleitenden Infanterie nun die direkte Kommunikation mit der Panzerbesatzung erlaubte. Die wesentlichste Neuerung war jedoch die Einführung der IMI (Israel Military Industries) 120 mm Glattrohrkanone, welche die Kampfkraft des Merkava deutlich erhöhte. Die zahlreichen Änderungen führten zu einer Gewichtszunahme auf 65 t. Vom Merkava Mark III existieren ebenfalls drei Untervarianten: der Mark IIIB mit verbesserter Panzerung, der 1995 eingeführte Mark III BAZ mit automatischer Zielverfolgung, einer Rückfahrkamera für den Fahrer, einer Klimaanlage und einem modifizierten ABC-Schutzsystem sowie der Mark IIID mit modularer Verbundpanzerung, verbesserten Ketten und einer autarken Waffenstation.

Seit 2003 wird die aktuell letzte Version, der Merkava Mark IV, produziert. Die Wanne wurde komplett überarbeitet, um das neue Triebwerk (Motor MTU 883, Getriebe Renk RK 325) aufzunehmen. Weiterer Schwerpunkt war die Verbesserung der Führungsfähigkeit: das neue Feuerleitsystem beinhaltet ein unabhängiges Wärmebild für den Kommandanten, durch ein 360° Kamerasystem wird der Besatzung die Beobachtung im Nahbereich des Fahrzeuges ermöglicht und mit dem Führungs- und Informationssystem sowie dem Laserwarnsystem (Elbit Systems) konnte die taktische Übersicht (Standorte eigener und aufgeklärter gegnerischer Einheiten) deutlich verbessert werden. Aufgrund von Verlusten durch Panzerabwehrlenkwaffen im Libanonkrieg 2006 wurden ab 2009 alle Merkava Mark IV auf den Stand Mark IVM Windbreaker mit dem Aktivschutzsystem Trophy (Rafael Advanced Defense Systems Ltd) aufgerüstet – das System wehrt nicht nur anfliegende Panzerabwehrraketen und -lenkwaffen vollautomatisch ab, sondern übermittelt der Besatzung auch den ermittelten Standort des Gegners, welcher die Waffe abgefeuert hat. Damit ist der Merkava Mark IVM der erste Kampfpanzer, welcher serienmässig mit einem Hardkill-Aktivschutzsystem ausgerüstet wurde. Seit 1979 wurden 2.270 Merkava gebaut (250 Mark I, 580 Mark II, 780 Mark III und 660 Mark IV). Mehr als 90% der Komponenten des Merkava werden lokal durch die israelische Wehrindustrie produziert, womit die Produktion praktisch unabhängig von ausländischen Lieferanten ist.

TECHNIK

Die Mannschaft des Merkava besteht aus vier Besatzungsmitgliedern: Fahrer, Richtschütze, Lader und Kommandant. Zusätzlich können im hinteren Mannschaftsraum – auf Kosten des Munitionsvorrates – bis zu sechs zusätzliche Soldaten mitgeführt werden.

Die Kette und die sechs Laufrollen wurden vom Centurion übernommen, dessen Fahrwerk sich während dem Yom Kippur Krieg auf dem steinigen Untergrund des Golan bewährt hatte. Die Laufrollen sind einzeln mit Schraubenfedern gefedert, das erste und letzte Laufrollenpaar wird zusätzlich durch hydraulische Stossdämpfer gedämpft. Die Schraubenfederung erlaubt zwar nicht dieselben Fahrgeschwindigkeiten wie eine Drehstabfederung, ist aber deutlich preisgünstiger und kann bei Beschädigung durch Minen und IED schnell ausgetauscht werden. Bei der Kette wurde auf die bei westlichen Kampfpanzern üblichen Gummipolster verzichtet, was in vergleichsweise tiefen Herstellungskosten und einer einfachen Instandhaltung resultiert – allerdings auf Kosten der Höchstgeschwindigkeit.

Der im Mark I verbaute 12-Zylinder-Dieselmotor (Teledyne Continental AVDS-1790-6A) leistet 900 PS, womit der Panzer bei einem Gefechtsgewicht von 63 t eine Leistung von 14,3 PS/t erreicht und damit verhältnismässig schlecht motorisiert ist. Das Getriebe (Allison CD-850-6BX) verfügt über 2 Vorwärts- und 1 Rückwärtsgang, die Kraftübertragung erfolgte mittels mechanischer Überlagerungslenkung. Das Tankvolumen beträgt 1.400 l und gibt dem Merkava eine Reichweite von ungefähr 300 km (Gelände) bzw. 500 km (Strasse).

Beim Mark II wurde das Getriebe durch ein hydromechanisches Automatikgetriebe (Ashot Ashkelon) mit 4 Vorwärts- und 3 Rückwärtsgängen ersetzt. Mit dem Mark III wurde ein leistungsstärkerer, aber ebenfalls luftgekühlter 12-Zylinder-Dieselmotor (Teledyne Continental AVDS-1790-9AR) mit 1.200 PS eingeführt, womit der Panzer bei einem höheren Gefechtsgewicht von nunmehr 65 t eine spezifische Leistung von 18,5 PS/t erreicht.

Im Mark IV wurde schliesslich ein wassergekühlter 12-Zylinder-Dieselmotor (MTU 883) mit 1.500 PS sowie ein hydromechanisches Schalt-, Wende- und Lenkgetriebe (Renk RK 325) verbaut, womit der Merkava vergleichbar motorisiert ist wie z.B. ein Leopard 2A6M und eine Höchstgeschwindigkeit von 64 km/h erreicht.

Der Wannenboden ist verhältnismässig stark und – untypisch für einen Kampfpanzer – leicht V-förmig ausgebildet, um die Detonationsdruckwelle von Minen und IED besser abzuleiten; die Sitze sind vom Fahrzeugboden entkoppelt, damit die Beschleunigung im Falle einer Explosion nicht direkt auf die Besatzung durchschlägt. Zur Verhinderung von Bränden sind die Treibstofftanks selbstabdichtend, ab 1981 wurden zudem eine Brandunterdrückungsanlage im Kampfraum und eine Feuerlöschanlage im Triebwerkraum verbaut (beide Halon-basiert).

Der Mark I und II hinkten im Bezug auf die Panzerung dem Stand der Technik hinterher – Israel setzte bei der Konstruktion noch auf Panzerstahl, während andere Kampfpanzer dieser Zeit wie der T-64, der T-72, der Leopard 2 und der M1 Abrams bereits über moderne Verbundpanzerungen verfügten. Die frontale Silhouette des Turmes wurde sehr schmal gehalten, die Turmseiten waren in Schottbauart ausgeführt und erlaubten die Nutzung des Hohlraumes als zusätzlichen Stauraum für Material und Munition (12.7 mm). Mit der Version Mark IID wurde eine Zusatzpanzerung aus Verbundwerkstoffen aussen auf das Fahrzeug montiert, um den technischen Rückstand zumindest teilweise zu kompensieren.

Erst mit der Version Mark III wurde – neben der kompletten Überarbeitung des Turmes – auch eine modulare Verbundpanzerung mit der Bezeichnung 'Kasag' eingeführt. Die Schutzmodule sind dabei so gestaltet, dass sie bei Gefechtsschäden schnell und unkompliziert ausgetauscht werden können, ohne den Turm aufschneiden zu müssen. Die Panzerung der Wanne blieb beim Mark III unverändert – wie beim Mark I und II diente das Triebwerk als zusätzliche 'Opfermasse', um die Durchschlagsstrecke von auftreffenden Geschossen zu vergrössern.

Die Einführung des neuen Triebwerkes mit dem Mark IV verlangte auch eine Anpassung der Wannenkonstruktion, in deren Rahmen auch die Wannenpanzerung auf Verbundwerkstoffe umgestellt wurde. Der Turm des Mark IV wurde nochmal komplett überarbeitet – im Gegensatz zu vielen anderen Kampfpanzern, bei welchen der Fokus der Panzerung vor allem gegen eine frontale Bedrohung von ±30° gelegt wurde, während die Flanken verhältnismässig schlecht gepanzert sind, verfügt der Mark IV über eine durchgehend starke Turmpanzerung im Bereich von ±90° sowie einen sehr starken Dachschutz.

Als aktive Komponenten verfügt der Merkava seit der Version Mark I über eine Nebelwurfanlage mit sechs Wurfbechern pro Seite, mit dem Mark IVM Windbreaker wurde zusätzlich das Hardkill-Aktivschutzsystem Trophy eingeführt. Letzteres überwacht mittels vier Radarsensoren mit elektronischer Strahlschwenkung (Elta ELM-2133) das Umfeld des Panzers, detektiert und identifiziert anfliegende Geschosse, berechnet deren voraussichtliche Flugbahn und neutralisiert diese durch projektilbildende Ladungen vor dem Auftreffen auf das Fahrzeug, anschliessend wird das System durch einen Ladeautomaten wieder nachgeladen. Trifft die vorausberechnete Flugbahn das Fahrzeug nicht, wird entsprechend auch keine Gegenmassnahme aktiviert. In jedem Fall wird der Besatzung jedoch der Standort des gegnerischen Schützen angezeigt, bei Bedarf lässt sich der Turm vollautomatisch auf das Ziel einschwenken.

Durch das Einspritzen von Diesel in den Abgasstrahl kann sich der Merkava bei Bedarf einnebeln. Ab der Version Mark III BAZ verfügt der Panzer über ein Laserwarnsystem (Amcoram LWS-2).

Die ursprünglichen Mark I und II waren mit einer 105 mm L71A M64 Kanone (Lizenzproduktion der Royal Ordnance L7 M68) bewaffnet. Der Munitionsvorrat betrug 62 Schuss, wovon 6 Schuss als Bereitschaftsmunition in einem Revolvermagazin im Turm, der Rest im Wannenheck gelagert waren. Das Feuerleitsystem Matador Mk 1 verfügte bereits über einen Laserentfernungsmesser, der Richtschütze konnte über das Zielgerät zwischen 1- und 8-facher Vergrösserung (ab der Version Mark IIB auch mit Wärmebildgerät), der Kommandant bei seinem Periskop zwischen 4- und 20-facher Vergrösserung wählen.

Mit dem Mark III wurde die 105 mm Kanone durch eine IMI 120 mm L44 Glattrohrkanone ersetzt, welche dieselben Leistungsparameter aufweist wie die 120 mm Glattrohrkanonen der westlichen Kampfpanzer (z.B. Leopard 2, M1 Abrams, Leclerc) und auch dieselbe Munition

Merkava Mk IV MBT (Main Battle Tank). (Bild: Alamy)

Merkava Mk IV, 162. Pz Division, Operation «Change of Direction», nahe der libanesischen Grenze, 2006. (Bild: Alamy)

verschiessen kann. Der Munitionsvorrat verringerte sich durch das grössere Kaliber auf 48 Schuss. Das ebenfalls neue Feuerleitsystem Knight Mk 3 ermöglichte dem Merkava das Schiessen aus der Fahrt, der Kommandant erhielt ein neues Periskop mit 4- und 14-facher Vergrösserung und konnte zusätzlich auf die nun in beiden Achsen stabilisierte Zieloptik (5-fache Vergrösserung Tag, 12-fache Vergrösserung Nacht) des Richtschützen zugreifen. Ab dem Mark III BAZ wurde zudem ein Zielverfolgungssystem nachgerüstet, welches den Haltepunkt automatisch auf das Ziel setzt. Der Mark IV erhielt das Feuerleitsystem Knight Mk 4 mit vollstabilisiertem Kommandantenperiskop inklusive Wärmebildgerät, womit der Merkava über eine volle Hunter-Killer-Fähigkeit auch in der Nacht verfügt.

Koaxial ist ein Maschinengewehr FN MAG 7.62 mm x 51 eingebaut, jeweils eine weitere Waffe des gleichen Typs sind auf der Kommandanten- und Laderluke montiert. Der Munitionsvorrat für die Maschinengewehre beträgt 10.000 Schuss. Ab der Version Mark III kann optional ein schweres Maschinengewehr Browning M2 12.7 mm x 99 auf der Blende montiert werden, um eine bessere Durchschlagsleistung gegen leicht gepanzerte Fahrzeuge zu erreichen.

Als zusätzliche Waffe verfügt der Merkava über einen 60 mm Mörser. Beim Mark I funktionierte dieser noch nach dem Vorderladerprinzip, d.h. der Kommandant musste sich zum Laden der Waffe exponieren, ab dem Mark II kann der Mörser aus dem Kampfraum durch den Ladeschützen geladen werden. Der Mörser verschiesst Spreng-, Rauch- und Leuchtgranaten, der Munitionsvorrat beträgt 30 Granaten.

Mit dem Mark III BAZ wurde eine Rückfahrkamera eingeführt, ab der Version Mark IV verfügt der Merkava über ein 360° Kamerasystem, welches der Besatzung eine lückenlose und – mit Hilfe von Bildverarbeitungsalgorithmen – automatisierte Beobachtung des Nahbereichs ermöglicht. Durch die Kombination des ebenfalls mit dem Mark IV eingeführten Führungs- und Informationssystems und des Aktivschutzsystems Trophy verfügt die Besatzung des Merkava über ein umfassendes Lagebild, welche aktuell für einen (in Serie produzierten) Kampfpanzer in dieser Kombination einzigartig ist.

Mit der 2017 angekündigten Version, dem Merkava Mark IV Barak, soll ein Bordcomputer mit künstlicher Intelligenz sowie für die Besatzung ein Helm mit Head-Up Display (Elbit Systems Iron Vision) eingeführt werden. Letzterer erlaubt es der Besatzung, mit Hilfe einer überlagerten Einblendung der Aufnahmen des 360°-Kamerasystems, quasi 'durch' die Panzerung zu sehen. Funktioniert das System wie angekündigt, wäre dies ein weiterer israelischer Meilenstein in der weltweiten Panzerentwicklung.

EINSATZ

Der Merkava erlebte seine Feuertaufe im Libanonkrieg 1982, wo er sich den syrischen T-62 als überlegen und gegenüber den syrischen Panzerabwehrwaffen (AT-3 Sagger, RPG-7) weitestgehend immun erwies. Trotz einiger Verluste wurde der neue Panzer von der israelischen Panzertruppe als signifikante Verbesserung gegenüber dem Centurion aufgenommen.

Während der zweiten Intifada im Februar 2002 wurde ein Merkava Mark III durch eine Sprengvorrichtung (geschätzt 100 kg TNT) komplett zerstört, die vier Besatzungsmitglieder kamen dabei ums Leben. Zwei weitere Merkava wurden im März 2002 zerstört, mit fünf toten und zwei verwundeten Besatzungsmitgliedern.

Im Libanonkrieg 2006 setzte die Hisbollah über 1.000 Panzerabwehraketen und -lenkwaffen, darunter auch moderne RPG-29 Vampir, 9K113 Konkurs, 9K115-2 Metis-M und 9K135 Kornet aus russischer Produktion ein, was zur leichten Beschädigung von 8 Merkava, der vorübergehenden Kampfunfähigkeit von 42 weiteren Merkava (vorwiegend Mark II und III) sowie zur kompletten Zerstörung von 5 Merkava (2 Mark II, 1 Mark III und 2 Mark IV) führte. Bei 21 dieser Fahrzeuge wurde eine komplette Perforation der Panzerung festgestellt (15 durch Panzerabwehrwaffen und 6 durch IED und Panzerabwehrminen).

Allgemeine Daten	(Mark I)
Einführung	1978
Besatzung	4
Länge	9,04 m (Waffe 1,20)
Breite	3,72 m
Höhe	2,66 m
Gefechtsgewicht	63.000 kg
Bewaffnung	
Primärwaffe (Mark I und II)	105 mm L7A1 M64 (62 Schuss)
Primärwaffe (Mark III und IV)	120 mm L44 IMI (48 Schuss)
Sekundärwaffe	2 x 7,62 mm FN MAG (10.000 Schuss) 1 x 60 mm Soltam (30 Granaten) Nebelwurfanlage (24 Granaten)
Schutz	
Panzerung	Stahl (Mark I) Komposit (ab Mark III)
Aktivschutzsystem	Trophy (ab Mark IVM)
Laserwarnsystem	Elbit (ab Mark IVM)
Mobilität	
Motor	12-Zylinder, Diesel, AVDS-1790-6A, 677 kW (908 PS)
Getriebe	Allison CD850-6BX (2 V, 1 R)
Spezifische Leistung	10,5 kW/t (14,3 PS/t) 23,0 kW/t (Mark IV)
Geschwindigkeit	46 km/h (Mark I) 64 km/h (Mark IV)
Reichweite	500 km (Strasse), 300 km (Gelände)
Bodenfreiheit	0,53 m
Waten	1,40 m
Hindernis	1,00 m
Graben	3,00 m
Steigfähigkeit	60%

Während der israelischen Operation 'Cast Lead' vom 27. Dezember 2008 bis 18. Januar 2009 setzte die IDF 140 Merkava (Mark II, III und IV). Durch eine Anpassung der Taktik und Ausbildung der Panzerbesatzungen aufgrund der Erfahrungen aus dem Libanonkrieg 2006 wurden die Panzer noch erfolgreicher eingesetzt, während den Kampfhandlungen verlor die IDF keinen einzigen Merkava.

Im Dezember 2010 feuerte die Hamas eine Panzerabwehrlenkwaffe vom Typ 9K135 Kornet auf einen Merkava Mark III, der an der israelisch-gasauischen Grenze bei Al-Bureij stationiert war. Der Gefechtskopf perforierte die Panzerung, verursachte aber keine Verletzungen unter der Besatzung. Als Folge dieses Angriffs beschloss Israel, das erste mit Merkava Mark IVM ausgestattete Panzerbataillon entlang der Grenze zu Gaza einzusetzen. Am 1. März 2011 wurde schliesslich ein Merkava Mark IVM durch die Hamas angegriffen, die anfliegende Rakete wurde jedoch durch das Aktivschutzsystem neutralisiert, was gleichzeitig den ersten operativen Erfolg des Systems markierte.

Während der israelischen Operation 'Protective Edge' vom 8. Juli bis 26. August 2014 gegen das Tunnelnetzwerk der Hamas im Gazastreifen wurde die mit dem Merkava Mark IVM ausgerüstete 401. Brigade eingesetzt. Während der intensiven Gefechte bewährte sich das Trophy Aktivschutzsystem erstmals unter realen Bedingungen – bei mehreren Dutzend abgefangenen Panzerabwehrwaffen wurde kein einziger Merkava durch Raketenbeschuss zerstört.

FAZIT

Das Team um Israel Tal hat es geschafft, innerhalb weniger Jahre einen der besten Kampfpanzer der Welt zu entwickeln.

Während die Panzer der NATO- aber auch WAPA-Staaten konstruiert wurden, weltweit unter den verschiedensten klimatischen Bedingungen eingesetzt zu werden, ging Israel mit dem Merkava einen anderen, eigenen Weg: Der Panzer ist kompromisslos auf die Einsatzbedingungen im nahen Osten und auf die israelischen Einsatzgrundsätze massgeschneidert! Der Merkava Mark IV war das erste Gefechtsfahrzeug, bei welchem ein Hardkill-Aktivschutzsystem verbaut wurde und mit mehr als 72 t ist er zur Zeit der schwerste – und wohl auch am besten geschützte – in Serie produzierte Kampfpanzer.

Panzer Leopard 2, 104. Pz Bat, Hohenfels, Deutschland, 2012. (Bild: Alamy)

Meilensteine der Panzerentwicklung: Der deutsche Leopard 2

Stefan Bühler

Im Jahr 1963 wurde von Deutschland und den USA mit der Entwicklung des Kampfpanzer 70 (MBT-70) gestartet, welcher dereinst den M48 der Bundeswehr und den M60 der US Army ablösen sollte. Aufgrund von unterschiedlichen taktischen Vorstellungen (Deutschland stellte u.a. die Beweglichkeit vor den Schutz, die USA den Schutz vor die Beweglichkeit; Deutschland bevorzugte eine Hochleistungskanone, die USA eine Flugkörperbewaffnung), der hohen Systemkomplexität (für eine Wehrpflichtarmee) und den stetig steigenden Entwicklungskosten verliess Deutschland 1969 das Projekt, während die USA die Entwicklung noch bis 1971 unter der Bezeichnung XM803 vorantrieben, bevor das Projekt auch dort durch den Kongress gestoppt wurde. Später entstand in den USA aus den Erfahrungen des Projektes MBT-70 über die Zwischenschritte XM815 und XM1 der M1.

Das Bundesamt für Wehrtechnik und Beschaffung beauftragte 1968, noch vor dem Ausstieg aus dem Kampfpanzer 70, die Firma Krauss-Maffei mit der Entwicklung von zwei Prototypen («Experimentalentwicklung», später «Keiler»), welche die Konzeption des Leopard dahingehend verbessern sollten, dass er den Feuerkraftanforderungen – im Wesentlichen eine hohe Erstschusstrefferwahrscheinlichkeit auf Distanzen von 2.000 m aus der Fahrt – des Kampfpanzer 70 genügt. Die zwei Prototypen ET 01 und ET 02 wurden 1969 und 1970 gebaut.

Aus den Erfahrungen der beiden Projekte, dem Keiler und dem Kampfpanzer 70, wurde 1971 der Leopard 2 geboren (und der Leopard rückwirkend zum Leopard 1 umbenannt). Das Bundesamt für Beschaffung bestellte 17 Prototpyen in der Gewichtsklasse MLC 50 (ca. 47,5 t) in unterschiedlichen Konfigurationen (Wanne PT1 bis PT17 ohne PT12, Turm T1 bis T17), um eine grössere Anzahl von Komponenten und Konzepten (u.a. hydropneumatische Federung, 20 mm Maschinenkanone) zu testen. 10 Prototypen sollten mit einer 105 mm Glattrohrkanone, 7 mit einer 120 mm Glattrohrkanone ausgerüstet werden, alle Prototpyen waren mit einem optischen Entfernungsmesser EMES-12 ausgetattet. Die ersten Truppenversuche mit zwei Prototpyen erfolgten 1973 in Munster, weitere Erprobungen folgten 1974 und 1975 (Klimaerprobungen in Kanada und den USA). Die Systemuntersuchungen erfolgten mit fünf Prototypen an den Erprobungsstellen in Trier, Meppen und Greding, der PT7 wurde für Vergleichstests mit dem XM1 an die USA verkauft.

Aufgrund der israelischen Erfahrungen aus dem Jom-Kippur-Krieg auf der einen Seite sowie den geplanten Vergleichserprobungen mit dem XM1 (Prototyp des M1) auf der anderen Seite wurde 1973 auch beim Leopard 2 ein höheres Schutzniveau gefordert und die Gewichtsgrenze von MLC 50 auf MLC 60 (ca. 55 t) angehoben. Der Turm T14 wurde entsprechend den neuen Anforderungen mit einer Mehrschichtpanzerung, einem vollelektrischen Turmantrieb, einem Stabilisierungssystem (General Electric, AEG Telefunken) sowie einem optischen Entfernungsmesser EMES-13 ausgestattet und erhielt die Bezeichnung T14 Mod. Weiter wurde u.a. die Feuerleitanlage vereinfacht, die Optiken primärstabilisiert, Elektronik und Munition in das Turmheck verlagert und der

Panzer Leopard 2, 104. Pz Bat, Hohenfels, Deutschland, 2012. (Bild: Alamy)

Panzer Leopard 2 A4, Pz Brigade Parola, Finnland. (Bild: Alamy)

Minenschutz der Wanne durch konstruktive Massnahmen verbessert. Das überarbeitete Konzept mit der Bezeichnung Leopard 2 AV (PT19/T19 mit 105 Kanone) wurde 1976 für Vergleichserprobungen mit dem XM1 in den Aberdeen Proving Grounds, USA, getestet. Obwohl der Leopard 2AV dem XM1 in den Einzelkriterien deutlich überlegen war (z.B. ABC-Schutzsystem, Kommandantenperiskop), erfüllte er in der gewichteten Bewertung nur 6 von 17 Gruppenkriterien, während es beim XM1 16 von 17 waren. Eine Weisung des damaligen Verteidigungsministers Georg Leber untersagte jedoch der deutschen Delegation jegliche Art des Protestes. Damit schied der Leopard 2AV aus dem Wettbewerb aus, man einigte sich jedoch mit den USA darauf, möglichst viele gleiche Komponenten im Leopard 2 und im XM1 zu verwenden.

Im September 1977 wurde bei einer Heeresschau in Köln-Wahn der Leopard 2 AV erstmals der Öffentlichkeit vorgeführt, im selben Jahr wurde das Unternehmen Krauss-Maffei als Generalunternehmer zu Lieferung von 1.800 Leopard 2 bestimmt. Die Produktion sollte in fünf Losen erfolgen, wovon 55% (990 Fahrzeuge) Fahrzeuge auf Krauss-Maffei und 45% (810 Fahrzeuge) Fahrzeuge auf MaK (Maschinenbau Kiel) entfielen. Von den Versionen A0 bis A4 wurden zwischen der Auslieferung des ersten Serienfahrzeugs am 25. Oktober 1979 bis März 1992 schlussendlich 2.125 Fahrzeuge in acht Losen gebaut, 1.500 Unternehmen waren direkt oder indirekt an der Fertigung des Leopard 2 beteiligt.

Während sich die Modelle A0 bis A3 nur im Detail unterschieden, wurde mit dem Leopard 2A4 ein zusätzlicher digitaler Rechner mit dem vorhandenen analogen Rechner verknüpft und eine verbesserte Feuerlöschanlage eingeführt, ab dem sechsten Baulos wurde zudem eine verstärkte Kompositpanzerung verbaut.

Bereits 1984 erstellte das Bundesamt für Wehrtechnik und Beschaffung einen Anforderungskatalog für die Weiterentwicklung des Leopard 2, 1989 wurde auf Basis eines Leopard 2A4 aus dem 5. Baulos ein Komponentenversuchsträger (KVT) gebaut. Die offiziellen militärischen Anforderungen wurden im März 1990 veröffentlicht und sahen ein Kampfwertsteigerungsprogramm (KWS) in drei Phasen vor: Mit der KWS-I sollte die 120 mm Glattrohrkanone von L44 auf L55 verlängert, mit der KWS-II der Panzerschutz und die Überlebensfähigkeit verbessert und mit der KWS-III die 120 mm Glattrohrkanone durch eine 140 mm Glattrohrkanone mit Ladeautomat im Turmheck ersetzt werden.

Die Erfahrung aus dem KVT wurden 1990/1991 in zwei weiteren Serienfahrzeugen aus dem 8. Baulos umgesetzt – den Truppenversuchsmustern 1 (TVM) mit den Bezeichnungen TVM-max (Maximalanforderung) und TVM-min (Minimalanforderung), welche im Frühjahr 1992 durch die Panzertruppenschule im aktiven Truppendienst erprobt wurden. Die Erkenntnisse aus dem Truppenversuch wurden durch die drei Nutzerstaaten Deutschland, Niederlande und Schweiz ausgewertet und schliesslich im Truppenversuchsmuster 2 (TVM 2 mod) umgesetzt, welches 1993 nochmal einen Truppenversuch durchlief und 1994 in die Logistikerprobung ging. Der Konstruktionsstand entsprach zu diesem Zeitpunkt im Wesentlichen dem späteren Leopard 2A5.

Die KWS-II wurde zwischen 1995 und 2002 in zwei Chargen (225 bzw. 125 Leopard 2A4) mit dem Projekt Leopard 2A5 umgesetzt, die KWS-I folgte zwischen 2001 und 2005 ebenfalls in zwei Chargen (160 Leopard 2A5 und 65 Leopard 2A4) mit dem Projekt Leopard 2A6. Die KWS-III wurde 1995 durch das Bundesministerium für Verteidigung eingestellt und die Mittel dem Projekt Neue Gepanzerte Plattform zugeteilt.

Eine Weiterentwicklung stellt der Leopard 2A6M dar, bei welchem der Minenschutz deutlich verbessert wurde. Insgesamt hat Deutschland 70 der 225 Leopard 2A6 auf den Stand A6M modernisiert.

Die neuste Version, der Leopard 2A7, wurde 2014 mit 20 Fahrzeugen bei der Bundeswehr in Dienst gestellt und verfügt über ein Stromaggregat, eine Kampfraumkühlanlage, eine digitale Bordverständigungsanlage, ein neues Wärmebildmodul in der Kommandantenoptik, Vorbereitungen für das Anbringen von Zusatzschutzmodulen sowie eine Modifikation der Waffenanlage zum Verschuss von Munition mit Luftsprengpunkt. Am 5. Mai 2017 wurde Krauss-Maffei Wegmann mit der Lieferung von 104 Leoaprd 2A7V beauftragt, welcher weitere Verbesserungen (Zusatzpanzerung an der Wannenfront, neues Wärmebildmodul in der Richtschützenoptik, Verlegung der ABC-Schutzanlage ins Turmheck, neue Nachtsichtsystem in der Front- und Rückfahrkamera des Fahrers) aufweist.

EXPORTE

Deutschland hat insgesamt 2.125 Leopard 2 in unterschiedlichen Versionen eingesetzt, die Mehrheit davon aber nach der Wiedervereinigung verkauft.

Die Niederlande bestellten als erster Exportkunde am 2. März 1979 445 Leopard 2A4 NL, die Fahrzeuge wurden zwischen Juli 1981 und Juli 1986 ausgeliefert. 330 Fahrzeuge wurden später auf den Stand 2A5 NL, davon 180 auf den Stand 2A6 NL gebracht. Aufgrund einer Bestandesreduktion wurden 114 Leopard 2A4 NL an Österreich, 37 Leopard 2A6 NL an Portugal, 20 Leopard 2A6 NL und 80 Leopard 2A4 NL an Kanada sowie 52 Leopard 2A4 NL an Norwegen verkauft. Im April 2011 verkündete die niederländische Regierung, aufgrund von Sparmaßnahmen auf alle Leopard 2 zu verzichten, in der Folge wurden 100 Panzer an Finnland verkauft.

Auch die Schweiz gab dem Leopard 2 gegenüber dem M1A1 Abrams den Vorzug; der Entscheid fiel am 24. August 1983, die Finanzierung wurde 1984 vom Parlament bewilligt. 35 Panzer 87 Leopard wurden durch Krauss-Maffei bis Juni 1987 geliefert, die restlichen 345 Fahrzeuge wurden von der Eidgenössischen Konstruktionswerkstätte Thun ab Dezember 1987 produziert. Mit dem Rüstungsprogramm 2006 wurde vom Parlament ein Kampfwerterhaltungsprogramm genehmigt. 134 Fahrzeuge wurden auf den Stand Panzer 87 WE (Werterhaltung) gebracht, 96 Fahrzeuge auf dem alten Stand stillgelegt, die restlichen Fahrzeuge in Unterstützungsfahrzeuge umgebaut und verkauft.

Der Leopard 2 wurde in den 1990er Jahren sehr beliebt, als die schrumpfende Bundeswehr vieler der obsolet gewordenen Fahrzeuge zu einem reduzierten Preis verkaufte. Auch in Schweden gewann der Leopard 2A5 Prototyp nach intensiven Tests von Januar bis Juni 1994 den Wettbewerb gegen den M1A2 Abrams, den Leclerc und den T-80U. Am 20. Juni beauftrage die Schwedische Beschaffungsbehörde die Produktion von 120 Stridsvagn 122 als Ersatz für den Stridsvagn 103, das erste Fahrzeug wurde am 19. Dezember 1996 ausgeliefert. Dänemark kaufte auf Grundlage der schwedischen Tests 51 ehemalige deutsche Leopard 2A4, welche auf den Stand Leopard 2A5 DK gebracht und ab 1997 ausgeliefert wurden. 2004 kaufte Dänemark weitere 18 Leopard 2 von der Bundeswehr.

In Griechenland entschied der Leopard 2 den Wettbewerb gegen den Challenger 2E, den Leclerc, den M1A2 Abrams, den T-80U und den T-84 für sich. Im März 2003 bestellte Griechenland 170 Leopard 2A6 HEL, wovon 140 Fahrzeuge durch die lokale Industrie in Lizenz produziert wurden. Spanien entschloss sich 1998 zum Kauf von 219 Leopard 2E (A6) und zur Übernahme von 108 Leopard 2A4 aus Beständen der Bundeswehr. Die Lizenzproduktion durch Santa Bárbara Sistemas begann 2003 und wurde 2008 mit der Lieferung des letzten Fahrzeuges abgeschlossen.

2002 übernahm Polen 128 Leopard 2A4 aus Beständen der Bundeswehr, 2013 bestellte Polen weitere 119 Leopard 2A4.

Finnland kaufte 2002 und 2003 aus deutschen Beständen 124 Leopard 2A4 FIN zum Ersatz der alten T-55 und T-72M1, 2014 folgten weitere 100 Leopard 2A6 NL aus der niederländischen Liquidationsmasse.

Nachdem der Leopard 2 die Vergleichstests im Jahr 2001 gegen den M1A2 Abrams, den Leclerc und den T-84-120 Yatagan für sich entscheiden konnte, bestellte 2005 die Türkei 298 Leopard 2 aus Beständen der Bundeswehr, weitere 56 Fahrzeuge folgten zwischen 2010 und 2013.

2006 bestellte Singapur von Deutschland 96 Leopard 2A4, 2007 folgte Chile mit 172 Leopard 2A4. 2013 bestellte auch Indonesien 103 Leopard 2A4, wovon 61 von Rheinmetall auf den Stand Leopard 2 RI aufgerüstet wurden. Ebenfalls 2013 bestellte Katar 62 in Deutschland neu gefertigte Leopard 2A7, die Auslieferung folgte ab Ende 2015.

Der vorerst letzte Exportkunde ist Ungarn, welches im Dezember 2018 den Auftrag zur Lieferung von 44 neu gefertigten Leopard 2A7V und 12 gebrauchten Leopard 2A4 erteilte.

TECHNIK

Die Mannschaft des Leopard 2 besteht aus vier Besatzungsmitgliedern: Fahrer, Richtschütze, Lader und Kommandant. Mit der KWS-III war vorgesehen, den Ladeschützen durch einen Ladeautomaten im Turmheck zu ersetzen, dieses Vorhaben wurde jedoch 1995 aufgegeben.

Der Leopard 2 wird von einem wassergekühlten 12-Zylinder-Dieselmotor mit Doppelturboaufladung und Ladeluftkühlung (MTU MB 873 Ka-501, 1.500 PS) angetrieben, womit der Leopard 2A4 bei einem Gefechtsgewicht von 58 t eine Leistung von 26,5 PS/t (24,2 PS/t beim Leopard 2A6M) erreicht und entsprechend agil ist. Das vollautomatische Überlagerungslenkgetriebe mit Drehmomentwandler (Renk HSWL 354) verfügt über vier Vorwärts- und zwei Rückwärtsgänge und erlaubt Höchstgeschwindigkeiten von 68 km/h in der Vorwärts- und 31 km/h in der Rückwärtsfahrt. Der Leopard 2 verfügt über vier Kraftstofftanks mit einem Gesamtvolumen von 1.160 l, womit er eine Einsatzreichweite von ungefähr 300 km (Gelände) bzw. 500 km (Strasse) erreicht. Eine gelungene Konstruktion ist der gesamte Triebwerkblock, der Motor, Kühlung und Getriebe vereint und in weniger als einer halben Stunde komplett gewechselt werden kann. Eine Schottwand verhindert im Falle eines Brandes das Übergreifen der Flammen auf den Kampfraum. Waten im Wasser ist bis 1.2 m ohne Vorbereitung, Tiefwaten bis 2.4 m nach einer kurzen Vorbereitung möglich. Im Falle einer Unterwasserfahrt (bis 4 m nach Aufsetzen eines Unterwasser-Fahrschachtes auf die Kommandantenluke) wird die Motorenluft über die Luken bzw. den Kampfraum angesaugt.

Das Fahrwerk besteht aus sieben doppelt gummibereiften Laufrädern und vier Tragrollen pro Seite, das Antriebsrad ist hinten und das Spannrad zur Kettenspannung vorne angeordnet. Die Schwingarme werden über Drehstäbe gefedert, ein Aufschaukeln der Bewegung mit Rotationsdämpfern verhindert. Die Kette (Diel 570F) besteht aus 82 Einzelgliedern mit auswechselbaren Gummipolstern, welche bei Bedarf durch die an Turm und Wanne befestigten Schneegreifer ersetzt werden können.

Die ersten Serienfahrzeuge des Leopard 2A4 (Baulos 1 – 5) verfügten über eine Stahlschottpanzerung mit aufvulkanisierten Beulblechen zur Verbesserung der Schutzleistung gegen Hohlladungsgefechtsköpfe (sog. B-Technologie), ab dem 5. Baulos (ab Dezember 1985) wurde die Brandunterdrückungsanlage für den Kampfraum eingebaut. Mit dem 6. Baulos (ab Januar 1988) wurde eine Keramik-Verbundpanzerung sowie modifizierte schwere Kettenschürzen eingeführt (sog. C-Technologie). Schliesslich wurden mit dem 8. Baulos (ab Januar 1991) die Kettenschürzen durch eine neue Version (sog. D-Technologie) ersetzt. Das Gefechtsgewicht lag bei allen drei Ausführungen ungefähr bei 56,5 t.

Die ABC-Schutzanlage (Dräger) filtert die angesaugte Luft (bis 300 m^3/h) und erzeugt einen Überdruck von bis 4 Millibar, wodurch auch gasförmige Kampfstoffe nicht in den Kampfraum gelangen können. Die Feuerwarn- und Löschanlage im Motorenraum besteht aus vier 9 kg Halon-Feuerlöschflaschen, welche manuell oder automatisch ausgelöst werden können.

Mit dem Leopard 2A5 wurden die Panzerungsmodule durch die neuste Technologie (sog. D-Technologie) ersetzt, zudem wurde an der Turmfront ein zusätzliches, keilförmiges Schutzmodul angebracht, um die Leistung gegen Hohlladungsgefechtsköpfe und Pfeilgeschosse zu erhöhen. Wie beim Leopard 2A4 wurde der Fokus auf die Duellfähigkeit gegen andere Kampfpanzer gelegt, weshalb der Schutz primär auf die Fahrzeugfront konzentriert ist. Im Turm wurde ein Spallliner eingebracht, welche die Sekundärsplitterbildung – und damit auch die Ausfallwahrscheinlichkeit des Systems – im Falle einer Perforation der Panzerung reduziert. Das Gefechtsgewicht erhöhte sich in der Folge auf 59,1 t (60,1 t beim Leopard 2A6). Mit der Version Leopard 2A6M wurde

Allgemeine Daten	(A4)
Einführung	1979
Besatzung	4
Länge	9,70 m (Waffe 1.20)
Breite	3,70 m
Höhe	2,90 m
Gefechtsgewicht	56.500 kg
Bewaffnung	
Primärwaffe	120 mm L44 Rheinmetall (44 Schuss)
Sekundärwaffe	2 x 7,62 mm Mg 3A1 (4.750 Schuss)
Zusatzsysteme	76 mm Nebelwurfanlage (32 Granaten)
Schutz	
Panzerung	Turm, frontal, Komposit Wanne, frontal, Stahlschott
ABC Schutzsystem	300 m^3/h, 4 mbar
Mobilität	
Motor	12-Zylinder, Diesel, MTU MB 873-Ka501, 1.100 kW (1.500 PS)
Getriebe	Renk HSWL-354 (4 V, 2 R)
Spezifische Leistung	19,5 kW/t (26,5 PS/t)
Geschwindigkeit	68 km/h (Mark I)
Reichweite	340 km (Strasse), 220 km (Gelände)
Bodenfreiheit	0,50 m
Waten	1,20 m
Hindernis	1,10 m
Graben	3,00 m
Steigfähigkeit	60%

der Minenschutz konzeptionell grundlegend überarbeitet (Entkoppelte Sitze, Drehstabfesselungen, Abdeckung des Schleifringübertragers, neues Verstaukonzept), durch den Wegfall der untersten Reihe der Bereitschaftsmunition in der Wanne reduzierte sich der Munitionsvorrat 120 mm auf 37 Schuss, aufgrund der Minenschutzplatte erhöhte sich das Gefechtsgewicht auf 62,5 t.

Der schwedische Stridsvagn 122 ähnelt äusserlich dem Leopard 2A5, verfügt aber über eine stärkere Panzerung und ist mit 62,5 t entsprechend schwerer. Der Stridsvagn 122B verfügt – analog dem Leopard 2A6M – über einen integrierten Minenschutz und erreicht ein Gefechtsgewicht von 65 t.

Aus den Erfahrungen in Afghanistan wurde die Forderung nach einem besseren Schutz gegen Panzerabwehrraketen, allen voran die weit verbreitete RPG-7 laut, entsprechend wurde der Leopard 2A6M CAN (Kanada) erstmals mit einer Käfigpanzerung ausgerüstet, welche das Zündsystem der RPG-7 beim Auftreffen kurzschliesst und damit eine Zündauslösung verhindert.

Der Leopard 2A7 bzw. 2A7V verfügt über Aufnahmepunkte für Zusatzpanzerungsmodule an den Turm- und Wannenseiten – dadurch kann der Rundumschutz gegen leichte Panzerabwehrwaffen auf Kosten des Gefechtsgewichtes (64,5 t) erhöht werden.

Die Hauptbewaffnung des Leopard 2 ist die Rheinmetall 120 mm L44 Glattrohrkanone, aber der Version 2A6 wurde die längere Version L55 verbaut. Der Munitionsvorrat beträgt 42 Schuss, wovon 15 Schuss als Bereitschaftsmunition in einem durch eine Schiebetür abgetrennten Munitionsbunker im Turmheck und die restlichen 27 Schuss neben dem Fahrer in der Wanne untergebracht sind. Im Falle einer Explosion der Munition im Turmheck aufgrund eines gegnerischen Treffers wird eine Ausblasplatte nach oben abgesprengt, um den entstehenden Überdruck vom Kampfraum fernzuhalten. Die Hauptwaffe ist in zwei Achsen stabilisiert und hat eine hohe Erstschusstrefferwahrscheinlichkeit aus dem Stand und aus der Fahrt auf ungefähr 2.500 (L44) bis 3.000 m (L55), mit reduzierter Wirkung und tieferer Trefferquote können Ziele auf etwa 4.000 m (L44) bis 5.000 m (L55) bekämpft werden. Als Munition kommen Pfeilgeschosse (z.B. 120 mm DM63 APFSDS-T), Mehrzweckmunition (z.B. 120 mm DM12 HEAT-MP-T) oder Sprengmunition (z.B. 120 mm DM11 HE) zum Einsatz; mit dem Leopard 2A7 kann das Sprenggeschoss DM11 zudem mit Luftsprengpunkt programmiert werden. Die Feldjustieranlage ermöglicht dem Richtschützen die Abweichungen der Rohrseelenachse auszugleichen, welche durch die thermische Belastung des Rohres beim Schiessen auftreten ('Rohrdurchhang').

Als Sekundärbewaffnung dienen zwei 7.62 mm Maschinengewehre MG 3 (die Niederlande und Singapur verwenden das 7.62 mm FN MAG,

Panzer Leopard 2, Trainingsschiessen, Kanadische Pz Schule, Gagetown, New Brunswick, Mai 2017. (Bild: Alamy)

die Schweiz das 7.5 mm MG 87), von denen eines koaxial zur Hauptwaffe und das andere auf der Laderluke montiert ist. Der Munitionsvorrat beträgt 4.750 Schuss. Zum Selbstschutz verfügt der Leopard 2 über eine Nebelwurfanlage mit 16 Wurfbechern im Kaliber 76 mm.

Das vollstabilisierte Hauptzielfernrohr (HZF) des Richtschützen EMES 15 verfügt über eine 12-fach Vergrösserung und einen Nd:YAG-Laserentfernungsmesser (ab der Version 2A5 mit Erst- und Letztecho-Auswahl). Als sekundäres Zielgerät und für das Notschiessen steht dem Richtschützen ein Turmzielfernrohr (TZF) FERO Z18 mit 8-fach Vergrösserung zur Verfügung. Ab 1983 wurde im EMES 15 ein Wärmebildgerät WBG-X (Zeiss) mit 4- und 12-fach Vergrösserung integriert, welche das bisherige Nachtzielgerät PZB 200 ablöste.

Bereits im Leopard 2A4 verfügte der Kommandant mit dem stabilisierten Periskop PERI R17 (2- und 8-fach Vergrösserung) über ein unabhängiges Beobachtungs- und Zielgerät mit der Möglichkeit der Zielzuweisung an den Richtschützen und damit – im Gegensatz zum M1 – von Beginn weg über eine Hunter-Killer-Fähigkeit. Durch einen Direktsichtkanal konnte der Kommandant auch direkt auf das Hauptzielfernrohr des Richtschützen zugreifen. Mit dem Leopard 2A5 wurde das neue PERI R17A2 mit integriertem Wärmebildgerät TIM (4-, 12- und 24-fach Vergrösserung)

sowie eigenem Laserentfernungsmesser eingeführt, zwei Indexpositionen 6 Uhr und 12 Uhr ermöglichen die Ausrichtung der Visierlinie zur Längsachse der Wanne unabhängig von der Turmstellung. Zwecks Schliessung des ballistischen Loches in der Turmfront wurde im Zuge der Überarbeitung des Schutzkonzeptes die Blende verkleinert, der Ausblick des FERO Z18 auf das Turmdach und das Periskop hinter die Kommandantenluke verlegt. In den neusten Versionen (u.a. Kanada, Dänemark sowie Leopard 2A7 bzw. 2A7V) wurde das TIM durch ein Attica-Wärmebildmodul ersetzt, welches nochmal einen deutlichen Qualitätssprung darstellt und die Beobachtung- und Zielerfassung abermals verbessert.

EINSATZ

Den ersten Einsatz hatte der Leopard 2 am 12. Juni 1999, als 28 Leopard 2 A5 der Bundeswehr (Panzerbataillone 33 und 214) im Rahmen der NATO Operation 'Joint Guardian' über Mazedonien in das Kosovo einfuhren. Die Fahrzeuge wurden im Rahmen der KFOR (Kosovo Force) für Patrouillen und zum Schutz von Kontroll- und Stützpunkten eingesetzt – abgesehen von Warnschüssen waren sie allerdings nicht an Kampfhandlungen beteiligt. Zum Jahreswechsel 2000/2001 wurden die Fahrzeuge durch ältere Modelle Leopard 2 A4 ersetzt, welche u.a. im Rahmen der NATO Intervention in Mazedonien (albanischer Aufstand) zum Schutz der Logistikstandorte der Bundeswehr eingesetzt wurden. 2004 wurden die Leopard 2 aus dem Kosovo abgezogen.

Im Rahmen der IFOR (Implementation Force) bzw. SFOR (Stabilisation Force) setzte das niederländische Kontingent Leopard 2 A4 und A5 in Bosnien und Herzegowina ein (Bugojno, Novi Travnik, Sisava, Knezevo, Maslovare und Suica).

Kanada entsandte im Dezember 2006 im Rahmen der ISAF (International Security Assistance Force) 66 Leopard C2 nach Kandahar, Afghanistan. Da diese Fahrzeuge veraltet und nicht für den Einsatz in Afghanistan ausgelegt waren, wurden im Schnellverfahren von Deutschland 20 Leopard 2 A6M und drei Bergepanzer gemietet und im August 2007 nach Afghanistan geflogen, wo sie dem Panzerregiment Lord Strathcona's Horse (Royal Canadians) unterstellt wurden. Am 2. November 2007 wurde ein Leopard 2 A6M durch eine IED (Improvised Explosive Device) angesprengt. Die Besatzung überlebte den Angriff ohne Verluste, das Fahrzeug konnte repariert und wieder eingesetzt werden.

Ab Oktober 2007 setzte auch Dänemark (Jydske Dragonregiment) vier Leopard 2 A5 DK für Operationen im südlichen Afghanistan ein. Im Januar 2008 sicherten die Panzer einen Vorstoss der dänischen und britischen Infanterie und konnten dabei einen Flankenangriff der Taliban erfolgreich abwehren. Am 26. Februar 2008 fuhr ein Leopard 2 A5 DK auf eine IED – die Detonation beschädigte zwar eine Kette, die Besatzung blieb allerdings unverletzt und der Panzer konnte selbstständig ins Lager zurückfahren. Der erste Todesfall ereignete sich am 25. Juli 2008, als ein Leopard 2 A5 DK in der Provinz Helmand auf eine IED auffuhr; der Fahrer wurde lebensbedrohlich verletzt und verstarb vor Ort. Ein zweiter an der Aktion beteiligter Panzer wurde ebenfalls durch die Taliban angesprengt, die Besatzung hatte jedoch keine Verluste zu beklagen. Am 7. Dezember 2008 nahmen die dänischen Leopard 2 an der Operation 'Red Dagger' zur Wiedereinnahme des Nad Ali Distrikts teil.

Die Türkei setzte den Leopard 2 A4 ab Dezember 2016 im Rahmen der Militäroffensive in Nordsyrien ('Schutzschild Euphrat') ein, nachdem der M60 bzw. Sabra die Erwartungen nicht erfüllen konnten. Während den Kampfhandlungen mit dem IS wurden drei Leopard 2 A4 durch Panzerabwehrlenkwaffen (wahrscheinlich 9K111 Fagot oder 9K113 Konkurs aus syrischen oder irakischen Beständen) ausser Gefecht gesetzt, zwei weitere Fahrzeuge wurden in der Nähe von al-Bab durch den IS erbeutet (und unbestätigten Quellen zufolge später durch türkische F-16 Kampfflugzeuge zerstört).

Bis Ende Dezember 2016 hatte der IS 10 Leopard 2 A4 zerstört oder erbeutet – mehr als in jedem anderen Einsatz vorher. Die im Januar 2017 veröffentlichten IS-Propagandavideos kratzten am Bild des bisher als praktisch unbesiegbar geltenden Leopard 2. Die Verluste sind jedoch unter dem Gesichtspunkt zu bewerten, dass die Version A4 aus dem Jahr 1979 für das klassische Panzerduell konzipiert wurde und daher über eine verhältnismässig schwache Seitenpanzerung verfügt – ein direkter Rückschluss auf die Leistungsfähigkeit der moderneren Versionen ist daher nur sehr bedingt möglich.

Die Türkei bestätigte der deutschen Bundesregierung den Einsatz von Leopard 2 A4 im Rahmen der Militäroperation 'Olivenzweig' gegen die kurdischen Milizen in Afrin, Syrien.

FAZIT

Der Leopard 2 ist eine konsequente Weiterentwicklung des Leopard 1 kombiniert mit den Erfahrungen aus dem Projekt Kampfpanzer 70 und war bei seinem Erscheinen dem praktisch gleichzeitig in Dienst gestellten amerikanischen M1 Abrams in mehrfacher Hinsicht überlegen (u.a. Hunter-Killer-Fähigkeit, 120 mm Glattrohrkanone, Triebwerk). Der Leopard 2 gilt – trotz der Verluste in Syrien – nach wie vor als einer der besten Kampfpanzer der Welt und wird bis in die späten 2030er Jahre das Rückgrat vieler europäischer Panzertruppen bilden.

1991: Sturm auf Kuwait – Die Bodenoffensive

Marc Lenzin

August 1990. Nach erfolglosem Druck auf die kuwaitische Regierung setzte der irakische Diktator Hussein seine Divisionen in Marsch. Die viertstärkste Armee der Welt, erprobt aus dem Krieg gegen den Iran, besetzte Kuwait. Schon standen Ölfelder in Flammen, die amerikanische Botschaft in Kuwait City wurde geräumt, und die UNO rief zur Krisensitzung auf.

Durch die Annektierung des Öl-Emirates erhoffte sich Hussein Kontrolle über 20% der weltweiten Erdölreserven und einen Schuldenerlass aus dem Iran-Irak-Krieg.

Präsident Bush berief General Norman Schwarzkopf, den Oberbefehlshaber von CENTCOM (Naher Osten), zur Lagebeurteilung nach Washington. Der West-Point-Absolvent unterstrich die Gefährlichkeit der Lage und warnte vor einem Übergriff der Iraker nach Saudi-Arabien.

«DESERT STORM»

Diplomatische Bemühungen um einen Rückzug der irakischen Verbände aus Kuwait schlugen fehl. Bush zögerte nicht und beorderte eine Streitmacht von 29 Staaten in die Golfregion.

Schwarzkopfs Generalstab erarbeitete den Offensivplan mit dem Code «DESERT STORM». Am 17. Januar 1991 entbrannte der Sturm auf Kuwait. Hunderte von Kampfflugzeugen donnerten von Flugplätzen in

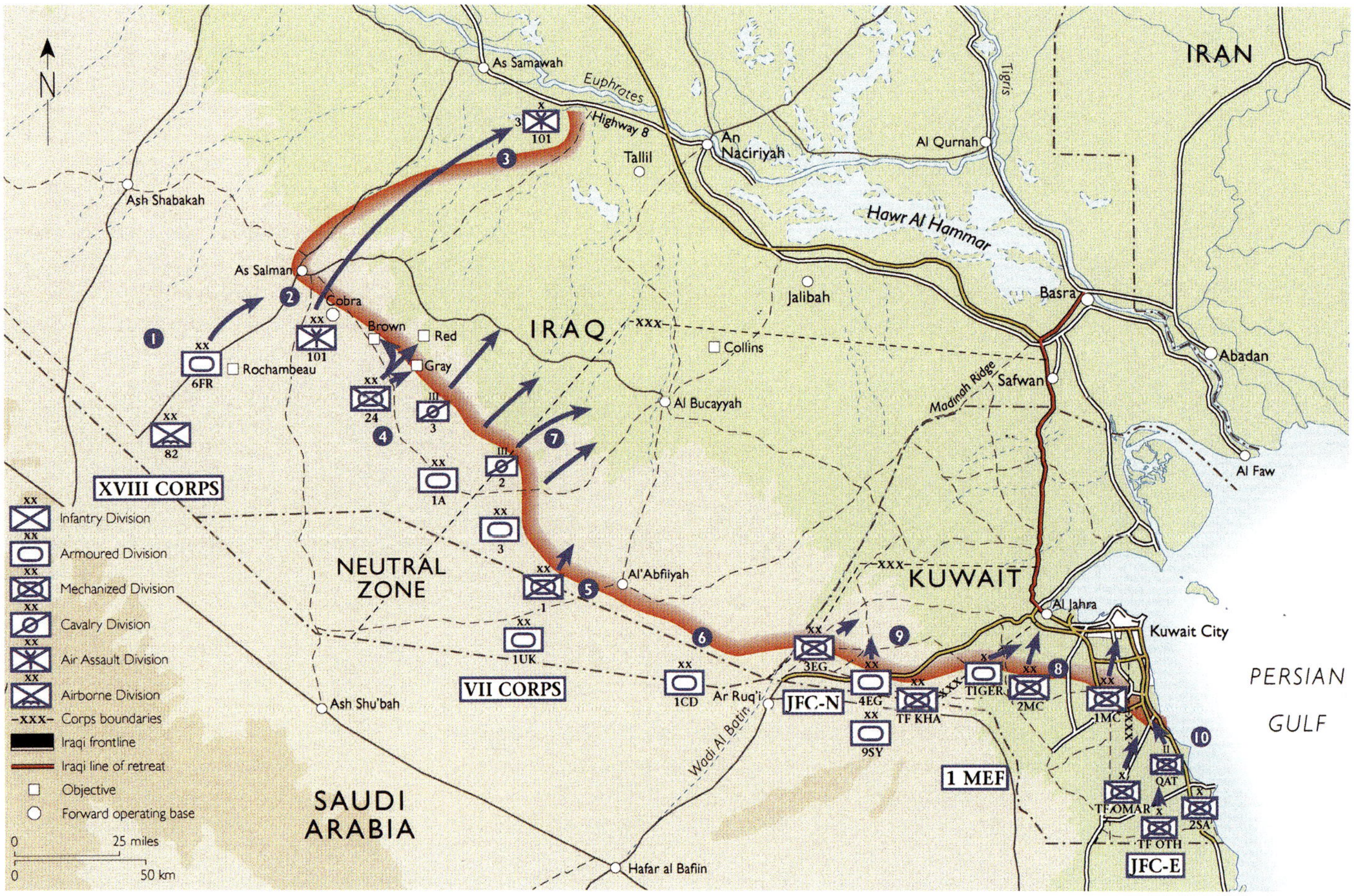

Angriffsgrundstellung alliierte Streitkräfte, Operation «DESERT STORM», 24. Februar 1991. (Bild: Osprey Publishing)

Saudi-Arabien, Bahrain, den VAE und Qatar und von Flugzeugträgern im Golf und im Roten Meer los. Der Luftschlag der alliierten Streitkräfte, rund 30.000 Einsätze, zeigte verheerende Wirkung: Die irakische Luftverteidigung wurde ausgeschaltet, zahlreiche Führungseinrichtungen vernichtet und die Front stark dezimiert.

Mit der Gewissheit der Luftherrschaft befahl Schwarzkopf den vernichtenden Schlag am Boden.

Seine Kampfidee beruhte auf Kombination von infanteristischem Angriff gegen die besetzte Hauptstadt und mechanisierter Umfassung (left hook), um die Iraker an der kuwaitischen Grenze einzukesseln und zu vernichten.

DAS ALLIIERTE KONTINGENT

Entlang der saudischen Grenze bezogen drei alliierte Kampfverbände ihre Angriffs-grundstellungen:

- Am rechten Flügel die infanteristische Koalition aus zwei arabischen Korps (Joint Force Command) und zwei US Marine-Infanterie-Divisionen.
- An der linken Flanke das mobile XVIII. US Luftlande-Korps.
- In der Mitte das schwere mechanisierte VII. Korps.
- Die Kampfkraft lag bei rund 630.000 Soldaten, 3.700 Panzern, mehrheitlich M1A1 Abrams und M60, und 2.100 Artilleriegeschützen.

DIE IRAKISCHE STREITMACHT

Die irakische Armee besetzte mit 42 Divisionen den Operationsraum.

- Der Grossteil der Verbände sicherte Kuwait selber oder verteidigte die irakische Grenze zu Saudi-Arabien.
- Zurückgestaffelt im Hinterland lagen die sieben Panzerdivisionen der gefürchteten Republikanischen Garde und Reserveelemente.
- Die Kampfkraft lag bei rund 545.000 Soldaten, 4.500 Panzern, mehrheitlich T-72 Ural und T-62 aus sowjetischer Produktion, und 3.200 Artilleriegeschützen.

PANZERENTWICKLUNGEN

Noch bis Ende der 1970er-Jahre dominierten die Panzer M60 und M48 Patton die mechanisierten Verbände der USA.

Beide Panzer genügten modernen Anforderungen nicht mehr. Der US-Kongress bewilligte die Entwicklung eines neuen schweren Kampfpanzers und beauftragte Creighton Abrams, den späteren Namensgeber, mit dem kühnen Projekt. Als gewiefter Panzergeneral bekannt, wurde Abrams Nachfolger General Westmorelands, des Oberbefehlshaber im Vietnamkrieg.

Abrams forderte Verbesserungen zum Schutz der Besatzung, höhere Verlässlichkeit der Motorisierung und vereinfachte Wartung. Die Produktion des M1 Abrams begann im März 1981. Die kampfwertgesteigerte Version M1A1 mit einer 120-mm-Kanone erfuhr die Feuertaufe im Zweiten Golfkrieg 1991, wo die irakischen T-72 Ural an der Grenze zu Kuwait warteten. Die Konzeption des sowjetischen Panzers T-72 Ural begann 1972 und sah die Ablösung von Beständen an T-54/55 und T-62 der Warschauer-Pakt-Staaten vor. Ausgerüstet mit einer 125-mm-Kanone, gilt der T-72 Ural mit rund 20.000 produzierten Einheiten als der gegenwärtig am meisten genutzte Panzer auf dem Globus. Im Ersten Golfkrieg 1980 erlebte der mittelschwere Panzer seinen ersten Kriegseinsatz für den Iran wie auch den Irak.

General Norman H. Schwarzkopf (1934–2012). (Bild: Wikipedia)

ÜBERGRIFF AUF SAUDI-ARABIEN

Völlig überraschend griff am 29. Januar 1991 die irakische 5. Mechanisierte Division die saudische Grenzstadt Khafji an. Schwarzkopf befahl den Gegenschlag. Bush riss der Geduldsfaden: Er setzte Hussein ein letztes Ultimatum für den Abzug seiner Streitmacht. Dieses verstrich ohne Gegenreaktion, und Schwarzkopf löste die Bodenoffensive aus.

Panzer M1A1 Abrams, VII Korps, 3. Panzerdivision, Vormarsch Richtung Al Bucayyah. (Bild: Wikipedia)

Seine Absicht lautete:

- Westlich des Angriffsstreifen mit dem XVIII. Korps (General Luck) mit der 82. und 101. Luftlande-Div, der 24. Mech Div und der französischen 6. Pz Div auf Höhe Euphrat vorstossen, um die Achse as-Samawah–Basra zu sichern und Nachschub zu verhindern.
- Nördlich mit dem VII. Korps (General Frank) im Breitkeil mit der 1. und 3. Pz Div, der 1. Inf Div, der 1. Kavallerie-Div und der britischen 1. Pz Div die irakische Verteidigungslinie frontal durchbrechen, in die Tiefe des Operationsraumes vorstossen und die Garde-Div vernichten.
- Östlich mit den arabischen Verbänden Joint Force Command-Nord und -Ost (General Sultan) die Verteidigungslinien durchstossen. Mit der 1. und 2. Marine Inf Div (General Boomer), verstärkt mit einer Pz Br, auf Kuwait vorstossen, Gegner vernichten und die Stadt Kuwait City befreien.

DER KAMPFVERLAUF

Am 24. Februar 1991, 4 Uhr, durchbrachen an der Ostflanke die 1. und 2. Marine Inf Div, frontal die Saddam-Linie.

Entlang der Küste des Golfes holten die saudischen Truppen zu einem ähnlichen Unternehmen aus.

Im Westen des Angriffsstreifens setzten sich Teile des XVIII. Luftlande-Korps in Marsch. Die 6. Pz Div und die 82. Luftlande Div verschoben zur Flankensicherung bis auf Höhe Flugplatz Al Salmon.

Rechts davon erfolgte die bisher grösste Heli-Luftlandeoperation: Mit mehr als 300 Kampf- und Transportheli verlegte ein Kontingent der 101. Airborne-Division in den Raum Al-Busaya. Diese vorgeschobene Helikopterbasis ermöglichte Einsätze in die Flanke der südwestlich von Basra liegenden Garde Pz Div.

Die irakischen Fronttruppen, deren Einheiten schon vor Angriffsbeginn eine Desertionsrate von 30% aufwiesen, leisteten kaum Widerstand. Die Gräben und Minensperren waren vielfach für den Durchbruch bereits freigeschossen.

Zugleich häuften sich Meldungen, dass die Iraker ihre Taktik der verbrannten Erde in Kuwait ins Unermessliche steigerten. Diese Faktoren veranlasste die alliierte Führung, den Panzerangriff des VII. Korps um einen halben Tag vorzuziehen.

Die 1. Inf Div (Big Red One) durchbrach rasch den im Westen schwächeren iVerteidigungswall, durch den die britische 1. Pz Div rollte. Westlich davon stiessen die amerikanische 1. und 3. Pz Div im Breitkeil und die 1. Kavallerie-Div nach.

Am nächsten Tag stiess der Panzerkeil des VII. Korps mit ungeheurem Tempo nordostwärts gegen den Bereitstellungsraum der Garde vor. Das XVIII. Korps führte seine Angriffe auf Logistik- und Versorgungskonvois entlang des Euphrat weiter und schwenkte in östliche Richtung, um den Riegel endgültig zu schliessen.

Gegen massiven Widerstand kämpften sich die Marine-Infanterie und die beiden Joint Forces Command weiter Richtung Kuwait-Stadt vor. Die Rauchentwicklung, der von Iraki in Brand gesetzten Ölquellen erschwerte den Vorstoss.

Das VII. Korps erreichte die Flanke der schweren Garde Pz Div und nahm den Feuerkampf auf. Das Stabilisierungssystem des Abrams ermöglichte Zielerfassung und Schussabgabe aus der Bewegung. Die Feuerwalze traf die T-72 Ural der ersten Verteidigungslinie mit voller Wucht.

Die zweite Linie verteidigten die restlichen Garde Div. Darauf entbrannte die grösste Panzerschlacht von «DESERT STORM», die Schlacht um die Medina-Brücke, einen Flussübergang an der irakisch-kuwaitischen Grenze. Nach zwei Stunden erbittertem Panzergefecht waren grosse Teile der Garde Div zerschlagen und die restlichen in den Bereitstellungsraum Basra zurückgeworfen.

Gleichzeitig stiess die Marine-Infanterie nach Kuwait-Stadt vor. Sie vereinigte sich mit den saudischen Verbänden und säuberten die Stadt. Tausende Iraker wurden gefangengenommen.

Am 27. Februar 1991 befreite die 1. Marine Div den Flugplatz. Kuwait City war befreit, die Schlacht war geschlagen.

ÜBERLEGENER ABRAMS

Die damaligen strategischen Pläne für einen sowjetischen Präemptivschlag gegen Westeuropa entsprachen der operativen Kampfidee Schwarzkopfs: Zerstörung der feindlichen Luftwaffe am Boden und in der Luft, Ausschalten der Führungsinfrastruktur, Bindung und Täuschung durch zahlreiche Angriffe an der Front und grossräumiger Sichelschnitt zur Umfassung und anschliessender Vernichtung des Gegners.

Dabei entfalteten die Panzervorstösse des VII. Korps eine selbst für amerikanische Operationen ungewöhnliche Wucht. Beim Duell M1A1 Abrams gegen T-72 Ural zeigten sich die amerikanischen Panzer bezüglich Zielgenauigkeit und Ersttrefferwahrscheinlichkeit, vor allem auf Distanzen über 1.800 Meter, überlegen.

Als leistungsfähig erwiesen sich die mit Wärmebildgeräten versehenen US-Panzer. Dagegen blieben die noch mit IR-Scheinwerfern ausgerüsteten irakischen Panzer im Nachtkampf chancenlos.

Die Terrainverhältnisse in der irakischen Wüste ermöglichten Panzerangriffe auf breiter Front mit maximaler Waffenentfaltung. Der Erfolg der Bodenoffensive zeigte, dass nebst panzerstarken, durch moderne Heli unterstützten Verbänden, das Präzisionsfeuer der Artillerie von zentraler Bedeutung war. Dieses verunmöglichte letztendlich einen organisierten Verteidigungskampf des Gegners.

MINIMALE VERLUSTE

Brilliant führten die amerikanischen Streitkräfte am Golf mit einem kaum fassbaren Minimum an Verlusten eine militärische Operation zum Sieg. Die Generalität hatte die Lehren aus dem Vietnam gezogen.

General Schwarzkopf arbeitete nachher als militärischer Berater, zuletzt für die Operation «IRAQI FREEDOM». Er starb mit 76 Jahren. Über seine Rolle im Golfkrieg sagte er: «Ich bin kein Held. Ich hatte nur das Glück, einen sehr erfolgreichen Krieg zu führen.»

Panzer M1A1 Abrams, VII. Korps, 1. Panzerdivision, Vormarsch Richtung Madinah Ridge. (Bild: Wikipedia)

Bagdad unter Feuer

Marc Lenzin

2003: Das politische Seilziehen mit der Regierung in Irak spitzte sich zu. Diplomatische Bemühungen für Frieden im Mittleren Osten versagten. Die Suche nach Massenvernichtungswaffen durch Inspekteure der UNO blieb erfolglos. Der Präsident George W. Bush rief auf zur Entmachtung der irakischen Führung und zum Sturz des Diktators Saddam Hussein. Das V. Korps der US 3. Armee und eine alliierte Koalitionsstreitmacht verschob sich an den Persischen Golf.

Lautete im Zweiten Golfkrieg 1991 die Absicht, Iraks Armee aus dem von ihnen besetzten Kuwait zu vertreiben, so sollte nun die Führung selbst in Bagdad entfernt werden. Die Angriffsplanung oblag dem US Central Command (CENTCOM); ihr Befehlshaber, General Franks, definierte vier militärstrategische Ziele:

- Neutralisieren der irakischen politischen Elite.
- Isolieren und Eliminieren von Massenvernichtungswaffen.
- Ausschalten der irakischen Streitkräfte, speziell der republikanischen Garde-Divisionen.
- Besetzen, Sichern und Schützen der irakischen Erdölindustrie in der Region Kirkuk und Rumaila.

EINSATZGRUNDSÄTZE

Aufgrund der hohen Temperaturen im Sommer legte Franks den Angriffszeitpunkt der Offensive mit dem Decknamen «IRAQI FREEDOM» auf Frühjahr. Nach den Grundsätzen der nicht-linearen Operationsführung setzte er die alliierten Verbände im gesamten irakischen Raum ein:

- Im Norden, zum Schutz der Kurden und der dortigen Ölfelder.
- Im Süden, zur Einnahme der Ölfelder und zur Sicherung von Basra.
- Im Westen, zur Verhinderung von Scud-Abschüssen gegen Israel.
- Im Raum Bagdad, um ein Abnützungskrieg in den Siedlungsgebieten zu verhindern.

DIE ALLIIERTE STREITMACHT

General McKiernan, Befehlshaber der Teilstreitkraft des V. Korps, befahl die 3. Inf Div (mech verstärkt mit zwei Pz Bat der 1. Pz Div), die 82. und die 101. Luftlande Div westlich und die 1. Marine Div und die 2. Marine Br des MEF (Marine Expeditionary Force) östlich von Kuwait City in die Angriffsgrundstellung.

Die britische 1. Pz Div diente als Schwergewichtsbildung zu Gunsten der Verbände westlich. Im Norden stand die 4. Inf Div an der türkischen Grenze im Bereitschaftsraum.

Die 1. Marine Div kommandierte der kühne General Mattis, später in der Trump Administration als Verteidigungsminister bekannt. General Blount führte die 3. Inf Div, eine der ruhmreichsten Verbände der US-Militärgeschichte: Ihr erster Einsatz fand während der Durchbruchschlacht an der Aisne 1918 an der Seite der Entente statt. Bei Château Thierry am Chemin des Dames wehrten die US Truppen erfolgreich den Angriff der Mittelmächte ab.

Die alliierte Streitkraft umfasste 470.000 US Soldaten sowie nebst einigen Tausend Australiern, Tschechen und Polen, rund 45.000 britische Soldaten. Die Gesamtzahl an Panzer der Alliierten lag bei 450, dabei mehr als 200 M1A1 Abrams aus amerikanischer und 120 Challenger 2 aus britischer Produktion. Dabei erstmals im Einsatz die kampfwertgesteigerte Version Typ M1A2 des Abrams, zugeteilt der 4. Inf Div.

DIE IRAKISCHE STREITMACHT

Iraks Generalstabschef Abd al Sattar Muhammad befahl insgesamt 17 Divisionen, davon sechs der Republikanischen Garde, in ihren Verteidigungsstellungen:

- In Kirkuk das I. Korps mit zwei Garde Mech Div und drei Inf Div.
- In Diyala das II. Korps mit einer Garde Pz Div und zwei Inf Div.
- In Nasiriyah das III. Korps mit zwei Garde Mech Div und einer Inf Div.
- In Amarah das IV. Korps mit einer Garde Pz Div und zwei Inf Div.
- In Mosul das V. Korps mit einer Garde Mech Div und zwei Inf Div.

MEHR ALS 300.000 IRAKER

Mehr als 300.000 Soldaten, rund 2.200 Panzer und 2.000 Artillerie-Geschütze. Die Mehrheit der irakischen mechanisierten Verbände verfügten über veraltete Panzer der Typen T-54/55 und T-62 aus sowjetischer Produktion. Einzig der T-72 Ural der republikanischen Garde-Divisionen vermochte den modernen, alliierten Panzer annäherend standhalten.

Ohne Zweifel hinterliess die Niederlage im Zweiten Golfkrieg 1991 ihre Spuren: Iraks Verbände waren unterdotiert bei Material, Munition und Personal, wenig motiviert zu kämpfen und die Kader wiesen mangelhaftes taktisches Vermögen auf.

LUFTANGRIFF

Franks legte den Angriffszeitpunkt auf März 2003. Es folgte ein verheerendes Bombardement zur Erringung der Luftherrschaft.

Innerhalb drei Wochen flogen die alliierten Piloten mehr als 4.000 Einsätze, zerstörten die Flugabwehr- und Raketenstellungen der irakischen Streitkräfte und schnitten wichtige Kommunikationsverbindungen ab.

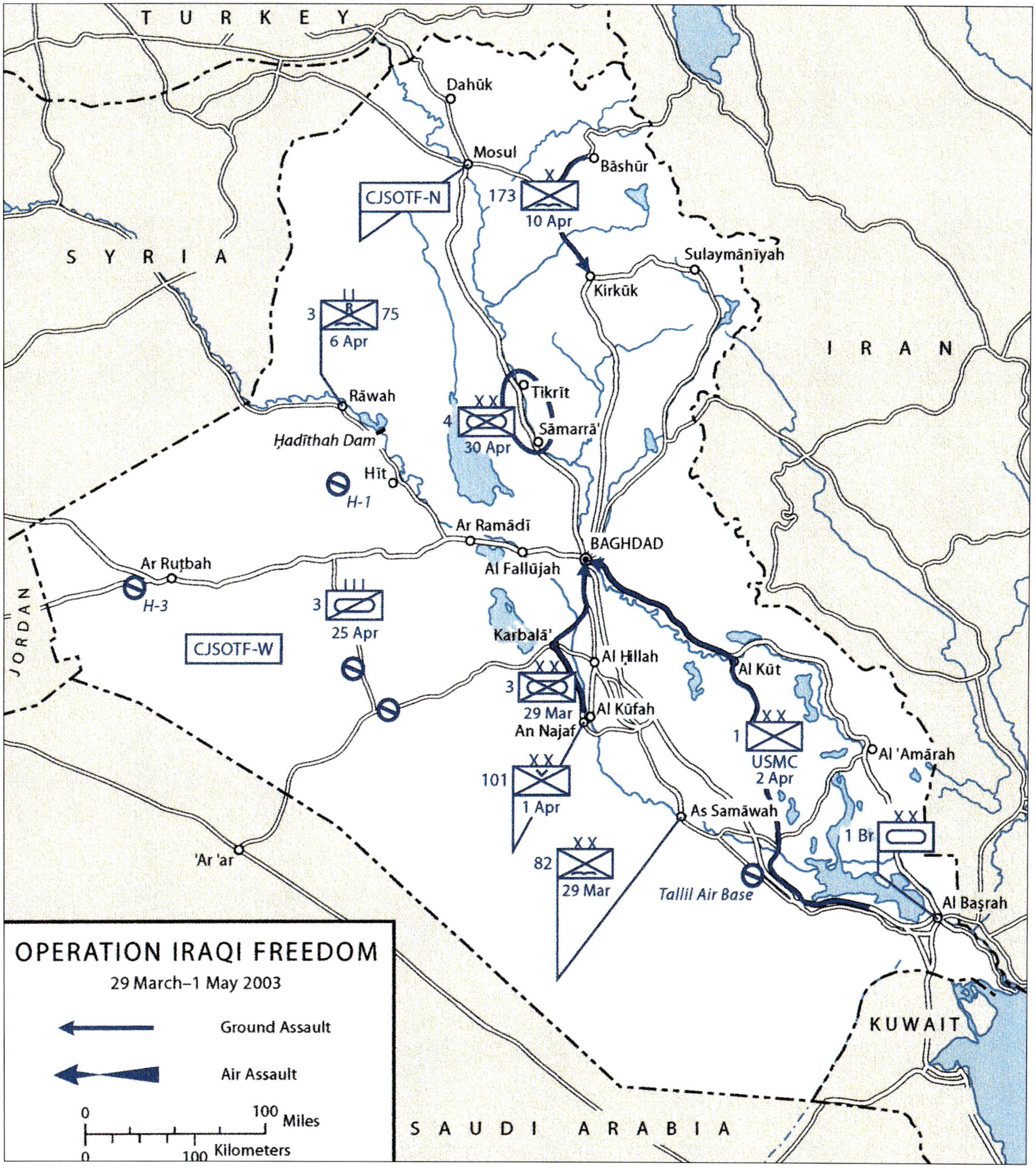

Karte Operation «IRAQI FREEDOM», Angriff auf Bagdad. (Karte: Osprey Publishing)

Panzer M1A1 Abrams, 1. Pz Bat der US 3. Inf Div (mech) passieren «Hand of Victory» Memorial in Bagdad, April 2003. (Bild: Wikipedia)

Die irakische Führung sah sich gezwungen, auf traditionelle Funkverbindung zurückzugreifen, wodurch sich die alliierte Abhörung vereinfachte.

DIE BODENOFFENSIVE

Die Bodenoffensive folgte am 19. März 2003, obwohl die türkische Regierung der 4. Inf Div den Vormarsch durch ihr Land für die Eröffnung einer Nordfront versagte. Franks beliess die Division vorerst im Raum Türkei, da die irakische Führung einen Angriff aus Norden erwartete und so einige Divisionen in ihren Verteidigungsstellungen band.

Zwei nebeneinander liegende Verbände trugen den Hauptstoss aus dem Süden Richtung Bagdad:

- Die US Marine Einheiten stiessen östlich auf der Achse Umm Qasr – Basra,
- die 3. Inf Div stiess westlich auf der Achse Al Bussayyah – Nasiriya vor.
- Die britische 1. Pz Div sollte die Lage im Raum Basra stabilisieren und ein Ausbrechen der Garde-Divisionen aus Süden verhindern.
- Im weiteren sollten die Briten die rechte Flanke der Richtung Bagdad angreifenden US Truppen im Vorstoss schützen.
- Briten und US Marines nahmen rasch die Rumaila-Ölfelder in Besitz, um deren Sprengung zu verhindern. Die schweren Bombardemente der Luftwaffe gegen Bagdad, Kirkuk, Tikrit und Mosul hielten an.

SCHWERE GEFECHTE

Während britische Truppen schwere Gefechte im Raum Basra gegen die irakische 51. Inf Div führten, nahmen Spitzenelemente der 3. Inf Div die Übergänge über den Fluss Euphrat. Dies ebnete den Durchstoss der 1. Marine Div östlich des Euphrat bis Nasiriya.

Am Morgen des 23. März standen die Spitzen der alliierten Streitkräfte im Zwischenziel Samawah keine 160 Kilometer südlich von Bagdad. Nach Reorganisation sollte der alliierte Stoss auf zwei Achsen entlang des Euphrat fortgeführt und mit den Republikanischen Garde-Divisionen rasch Fühlung aufgenommen werden.

Doch unerwartet stark aufkommende Sandstürme stoppten deren Vormarsch abrupt. Eingeschränkte Sichtverhältnisse erschwerten die Logistik, und heftige Angriffe der irakischen Divisionen setzten ein. Das Blatt schien sich gegen die alliierten Streitkräfte zu wenden.

Im Raum Kerbala stiess die 3. Inf Div auf die republikanische Garde-Division «Medina», die den Verteidigungsring um Bagdad bildete, und lag bald in schwerem Gefecht. Auch die 1. Marine Div stiess im Raum Najaf auf irakische Gegenwehr der republikanischen Garde-Division «Bagdad». Ein gleichzeitiger Angriff eines AH-64D Apache-Hubschrauberverbandes der 101. Luftlande Div auf die «Medina» Division schlug fehl.

Am 27. März klarte das Wetter auf. Kampfhubschrauber griffen wieder vermehrt in den Kampf ein, der Vormarsch rollte. Die britische 1. Pz Div begann Basra zu säubern. Der 3. Inf Div gelang der Durchbruch bei Kerbala und die 1. Marine Div stiess durch die irakischen Frontlinien Najaf – Numariya – Al Kut 50 Kilometer südlich von Badgad. Die Panzer der irakischen Garde-Divisionen brannten auf dem Gefechtsfeld, die überlebenden Besatzungen ergaben sich.

Am 3. April erreichten Aufklärungsspitzen der 3. Inf Div den Raum des internationalen Flughafens von Bagdad, während die 1. Marine Div weiter entlang des Highway 6 Richtung Hauptstadt vordrang und an der südöstlichen Stadteinfahrt auf heftigen Widerstand stiess.

Operation «THUNDER RUN», die Einnahme Bagdads, lief an. In den Morgenstunden des 7. April brachen zwei Pz Bat der 3. Inf Div mit 60 Panzer M1A1 Abrams in das Stadtzentrum ein. Die 101. Luftlande Div zog nach, unterstützt von Drohnen und Kampflugzeuge A-10 Thunderbolt. Während Marines die Paläste der irakischen Regierung stürmten, stürzten auf dem Al Firdos Platz die US Truppen mit der Hilfe eines Bergepanzers die symbolträchtige Statue Saddam Husseins. Zahlreiche TV Stationen übertrugen das Schauspiel, markierte es doch das Ende der Herrschaft des Diktators.

Im Süden riegelte die britische 1. Pz Div die Stadt Basra ab, im Norden fielen nach Bagdad erst Mosul, dann Kirkuk und Tikrit. Das Regime verlor jegliche Führungsfähigkeit, der Dritte Golfkrieg war geschlagen.

Die Bilanz zeigt bisher über 700 alliierte Gefallene. Auf irakischer Seite wird von mehreren tausend Opfern und zwischen 7.000 und 10.000 Gefangenen gesprochen.

HOHES TEMPO

Das offene Terrain im Südirak bot ideales Gelände für die Ausnutzung der Feuerkraft und hohen Geschwindigkeit der schweren Panzer Abrams und Challenger 2. Der Blitzkriegsdoktrin von Guderian ähnelnd, stiessen die gestaffelten Panzerformationen unter Inkaufnahme langer, nur durch die Luft gedeckter Flanken, schnell und tief in den Irak vor.

In Kooperation mit Artillerieverbänden und der Luftgeschwader überrollten die alliierten Verbände jeglichen Widerstand. Die Digitalisierung zwischen den Teilstreitkräften harmonisierte die Feinabstimmung und ermöglichte den Vormarsch unter so gut wie keinen Verlusten.

Die am häufigsten von den Irakern eingesetzte Panzerabwehrwaffe war die RPG-7 aus russischer Produktion. Diese Waffe ist sowohl mit Spreng- als auch mit Hohlladungsgefechtsköpfen bestückt.

Zwar kann der Hohlladungsgefechtskopf unter optimalen Bedingungen eine bis zu 300mm dicke Panzerplatte durchschlagen, doch gelang es ihr nicht, die modernen Panzerungen des Abrams und Challenger 2 zu knacken.

Nach herkömmlichen Verständnis sind Panzer in urbanem Gelände extrem verwundbar, de facto führten jedoch Panzer die meisten Vorstösse in irakische Städte an, so auch während der Operation «THUNDER RUN» in Bagdad.

Die 3. Inf Div entwickelte ein Verfahren für Operationen im urbanen Umfeld, wonach sich zwei Schützenpanzer Bradley mit aufgesessenen Pz Gren dicht hinter zwei Panzer Abrams bewegten, wobei den Bradley häufig ein Pionierfahrzeug folgte. Die Panzer trieben die irakischen Kräfte aus der Deckung, wenn sie auf die Panzer schossen oder vor ihnen wegliefen, während die Bradley ihre 25-mm-Kanonen und Maschinengewehre einsetzten.

PRO PANZER

Der Panzertruppe wird nach wie vor eine Schlüsselrolle bei grossangelegten Kampfoperationen zukommen. Experten orakelten nach dem Jom-Kippur-Krieg 1973, dass die grosse Zeit der schweren Panzerkräfte zu Ende gehe. Ihnen zufolge sollten Fortschritte bei Hohlladungswaffen, schultergestützten Raketenwerfern und Panzerabwehrlenkflugkörpern den Niedergang der Panzertruppe und des Kampfpanzers einläuten.

Diese Voraussage mag sich eventuell eines Tages bewahrheiten, aber auch 30 Jahre später, selbst bis heute, dominieren schwere Panzerkräfte den Bodenkampf in den meisten Geländekategorien.

Panzer T-72 Ural, irakische 6. Pz Div «Medina», südlich Nasiriyah, März 2003. (Bild: Wikipedia)

Zukunft der Panzerentwicklung: Der russische T-14 Armata

Stefan Bühler

Die Entwicklung des T-14 Armata (Objekt 148) bei Uralwagonsawod begann offiziell 2013, das Konzept basiert aber zumindest teilweise auf den Experimentalfahrzeugen Objekt 195 («T-95») und Objekt 640 («Black Eagle»). Die ersten Prototypenfahrzeuge wurden anlässlich der Militärparade zum Tag des Sieges am 9. Mai 2015 der Öffentlichkeit vorgestellt.

Am 9. Februar 2018 hat das russische Verteidigungsministerium bekannt gegeben, dass zwei Panzerbataillone und ein mechanisiertes Bataillon des 1. Gardepanzerregimentes in Moskau mit den neuen T-14 Kampfpanzern ausgerüstet werden. Der entsprechende Auftrag für die Produktion von 100 Fahrzeugen wurde im Dezember 2017 an die Industrie vergeben.

Aus Kostengründen wurde das ursprüngliche Vorhaben, 2.300 T-14 zu bauen und damit die bestehende Panzerflotte komplett zu ersetzen, aufgegeben und stattdessen die vorhandenen T-72, T-80 und T-90 aufgerüstet. Die T-14 werden zwischenzeitlich weiteren Truppenversuchen (und allenfalls auch Echteinsätzen) unterzogen, um die Konstruktion basierend auf den gewonnenen Erfahrungen weiter zu optimieren.

TECHNIK

Die Mannschaft des T-14 besteht grundsätzlich aus drei Besatzungsmitgliedern, welche nebeneinander im Wannenbug untergebracht sind: Fahrer, Richtschütze und Kommandant. Eine Schottwand trennt den Mannschafsraum vom Waffen- und Munitionsraum, eine weitere Schottwand den Waffen- und Munitionsraum vom Motorenraum – die Ansteuerung von Waffenanlage und Antrieb erfolgt ausschliesslich elektronisch, womit sich das Fahrzeug grundsätzlich problemlos auch ohne Besatzung fernsteuern liesse.

Aufgrund der Tatsache, dass sich der T-14 zum Zeitpunkt der Veröffentlichung dieses Buches noch in der erweiterten Truppenerprobung befindet und die technischen Daten nicht unabhängig überprüft werden können, erfolgt die Einschätzung der technischen Leistungsfähigkeit anhand der durch das russische Verteidigungsministerium offiziell veröffentlichten Daten sowie dem aktuellen Stand der Technik.

Der T-14 verfügt mit dem 12-Zylinder-Dieselmotor (GSKP A-85-3A/12 H 360, nominell 1.200 PS, kurzzeitig 1.500 PS) über dieselbe Antriebsleistung wie der Leopard 2 oder der M1 Abrams, ist jedoch mit einem Gefechtsgewicht von 48 t über 20% leichter, woraus eine spezifische Leistung von 31,3 PS/t resultiert – verglichen mit den rund 25 PS/t seiner westlichen Gegenstücke ist das Fahrzeug somit äusserst agil! Das 12-Gang-Automatikgetriebe mit hydrostatischer Überlagerungslenkung ist mit dem Motor zu einem kompakten Triebwerksblock zusammengefasst (analog Leopard 2).

Im Gegensatz zu seinen Vorgängermodellen T-64/T-72/T-80/T-90 besteht das Fahrwerk des T-14 aus sieben drehstabgefederten Laufrollenpaaren, wovon die zwei vordersten sowie die hinterste Aufhängung aktiv gedämpft werden können. Dies erlaubt die manuelle oder automatische Justierung des Fahrwerks an das Gelände und ermöglicht durch die damit erreichte Vorstabilisierung höhere Geschwindigkeiten im mittelschweren Gelände verglichen mit konventionellen passiv gedämpften Torsionsstab-Fahrwerken.

Die Ketten des T-14 sind in der aktuellen Version weniger breit verglichen mit dem Leopard 2 oder dem M1 Abrams, aufgrund des deutlich niedrigeren Gefechtsgewichtes sind die breiten Ketten aber auch nicht zwingend notwendig: der spezifische Bodendruck dürfte sich etwa in derselben Grössenordnung bewegen wie bei den westlichen Gegenstücken.

Zum Schutz des Fahrzeuges haben die Russen – aus verständlichen Gründen – keine genauen Werte bekannt gegeben, Anhand von Gewicht und Geometrie lassen sich jedoch ein paar Abschätzungen treffen.

Zum Schutz der Besatzung und der Hauptbaugruppen des T-14 tragen folgende Komponenten bei:

- geschweisste Grundstruktur aus Panzerstahl;
- lokale Verstärkung der Grundstruktur mit Kompositpanzerung;
- Käfigpanzerung im Bereich des Triebwerkraumes;
- Reaktivschutzmodule Malachit im Frontbereich;
- Aktivschutzsystem Afghanit.

Die Grundstruktur dürfte schon aus mechanischen Überlegungen mindestens eine Stärke von 25 mm Panzerstahl mit einer mittleren Härte von 400 bis 500 Brinell aufweisen. Damit verfügt das Fahrzeug schon in der Grundstruktur über einen durchgehenden Mindestschutz gegen Beschuss mit panzerbrechender Munition vom Kaliber 12.7 mm x 99 (schweres Maschinengewehr .50 Browning), in einigen Bereichen - abhängig von der geometrischen Anordnung - dürfte die Grundstruktur auch einem Beschuss mit der panzerbrechenden Munition im Kaliber 14.5 mm x 114 API (schweres russisches Maschinengewehr) und älteren Waffensystemen im Kaliber 20 mm widerstehen.

Aus einsatztechnischen Überlegungen darf ein Kampfpanzer unter normalen Umständen im Frontbereich (± 60°) nicht durch leichtere Fahrzeuge wie z.B. einen Kampfschützenpanzer ausgeschaltet werden können. Die meisten westlichen Kampfschützenpanzer verfügen als Hauptbewaffnung über Maschinenkanonen im Kaliber 30 mm x 173 und verschiessen Pfeilgeschosse (engl. Armor Piercing Fin Stabilized Discarding Sabot APFSDS-T) mit einer Durchschlagsleistung von maximal 120 mm Panzerstahläquivalent. Ein paar Ausnahmen wie der niederländische CV9035 und der schwedische CV9040 verfügen über grössere Maschinenkanonen im Kaliber 35 bzw. 40 mm, die maximale Durchschlagsleistung werden allerdings auch bei der dort eingeführten Munition nicht über 160 mm Panzerstahl betragen. Damit dürften wohl der Mannschaftsraum und der Munitionsraum des T-14 frontal und seitlich mit einer entsprechend dimensionierten Kompositpanzerung geschützt sein.

Aus Gewichtsgründen ist davon auszugehen, dass im Triebwerkraum auf eine Verstärkung der Grundstruktur verzichtet wurde. Die Prototypen des T-14 verfügen jedoch im Bereich der Triebwerkraumes über

T-14 Armata, Militärparade in Moskau, 2018. (Bild: Alamy)

eine sogenannte Käfigpanzerung – diese schliesst den elektrischen Zündstromkreis von einige Panzerabwehrgranten wie der weit verbreiteten RPG-7 beim Auftreffen kurz und verhindert somit eine Auslösung. Da diese Art von Schutzsystem gegen die meisten westlichen Panzerabwehrgranaten (z.B. Panzerfaust oder M72) – abgesehen vom erhöhten Sprengabstand – keine leistungsreduzierende Wirkung zeigt, darf davon ausgegangen werden, dass bei der Serieversion des T-14 auf die Käfigpanzerung verzichtet wird bzw. diese nur in bestimmten Einsatzländern adaptiv zum Einsatz kommen wird.

Im urbanen Gelände sind für einen Kampfpanzer vor allem leichte Panzerabwehrgranaten (z.B. RPG-7, Panzerfaust, M72), welche auf kurze Distanz auf die Flanke des Fahrzeuges abgefeuert werden, ein grosses Problem.

Durch die Anbringung von entsprechend dimensionierten Reaktivschutzelementen kann die Leistung von Hohlladungen um mehr als 80% reduziert werden – abhängig vom Aufbau kann auch ein gewisser Schutz gegen Tandemhohlladungen erreicht werden. Die beim T-14 verbauten Reaktivschutzelement vom Typ Malachit sind eine konsequente Weiterentwicklung der Vorgängermodelle Kontakt-5 bzw. Relikt und dürften entsprechend leistungsfähig sein. Wie bereits die Kontakt-5 Technologie wird auch Malachit in der Lage sein, die Durchschlagsleistung von Pfeilgeschossen deutlich zu reduzieren.

Bezogen auf die Durchschlagsleistung sind die grössten Bedrohungen für einen Kampfpanzer die grosskalibrigen Pfeilgeschosse von anderen Kampfpanzern sowie moderne Panzerabwehrlenkwaffen.

Die modernsten westlichen Pfeilgeschosse (deutsche 120 mm x 570 DM63 mit Penetrator aus Wolframkarbid, amerikanische 120 mm x 570 M829 mit Penetrator aus abgereichertem Uran), haben eine Durchschlagsleistung von maximal 750 mm Panzerstahläquivalent, bei den Panzerabwehrlenkwaffen beträgt die maximale Durchschlagsleistung sogar zwischen 1.200 mm (BGM-71 TOW, HOT 3, FGM-148 Javelin, Spike, 9K135 Kornet) und 1.400 mm (AGM-114 Hellfire).

Dieser Bedrohung kann sogar mit technologisch hochentwickelten passiven und reaktiven Schutztechnologien nur eingeschränkt entgegengewirkt werden – schon gar nicht mit den veranschlagten 48 t Gefechtsgewicht des T-14. Entsprechend muss das Aktivschutzsystem Afghanit so konzipiert sein, dass es – im Verbund mit den anderen Technologien – einen wirksamen Schutz sowohl gegen Pfeilgeschosse als auch gegen leistungsfähige Panzerabwehrlenkwaffen (mit Tandemhohlladungen) bietet.

Eine verlässliche Aussage über die Leistungsfähigkeit von Afghanit zu machen, ist aufgrund der spärlichen Datenlage aktuell sehr schwierig. Es wird vermutet, dass es sowohl eine Hardkill- als auch eine Softkill-Komponente beinhaltet. Dies scheint plausibel, zumal die Russen mit dem Arena-System (Hardkill) und dem Shtora-1-System (Softkill) in beiden Bereichen über eine entsprechende Einsatzerfahrung verfügen.

Das System Afghanit besteht aus folgenden Komponenten:

- zehn am Turmkranz angeordnete, nach vorne gerichtete Werfer (Hardkill-Komponente);
- zwei schwenkbare Werfereinheiten à je 12 Wurfbecher links und rechts im vorderen Bereich des Daches (Softkill-Komponente);
- zwei fix nach oben gerichtete Werfereinheiten à je 12 Wurfbecher im hinteren Bereich des Daches (Softkill-Komponente);
- zwei Laserwarnmodulen links und rechts an der Turmfront;
- je zwei Radarpanelen links und rechts an der Turmseite.

Die Detektion der Bedrohung erfolgt mittels Laserwarnmodulen (Laserentfernungsmessung oder Laserzielbeleuchtung durch den Gegner) bzw. durch ein Radar mit elektronischer Strahlschwenkung (Vermessung der Flugbahn von anfliegenden Projektilen). Das Radar soll gemäss verschiedenen Quellen auf der Technologie des AESA-Radars des neuen Suchoi T-50 Kampfflugzeugs basieren – dies würde insofern Sinn ergeben, als dass der durch das grössere Beschaffungsvolumen reduzierte Stückpreis schlussendlich beiden Projekten zu Gute kommt.

Im Bereich der Softkill-Systemleistung muss – auch vor dem Hintergrund der in den vergangenen zehn Jahren stark ausgebauten russischen EKF-Fähigkeiten – davon ausgegangen werden, dass Afghanit deutlich leistungsfähiger ist als das in den 1980er Jahren entwickelte Shtora-1: eine mögliche Störung bzw. Täuschung von modernen Lenkwaffensensoren durch entsprechende elektrooptische bzw. -magnetische Effektoren liegt aus technischer Sicht durchaus im realistischen Bereich.

Weiter dienen die vier kleinen Werfereinheiten (zwei schwenkbar, zwei fix nach oben gerichtet) wahrscheinlich zur Selbstvernebelung mit einem multispektralen Nebel. Sollte dies der Fall sein, könnten im Gegensatz zu Shtora-1 auch moderne Panzerabwehrlenkwaffen der dritten oder vierten Generation mit Top-Attack-Fähigkeit (u.a. FGM-148 Javelin) und Sensormuntion der Artillerie (SMArt, BLU-108) getäuscht bzw. abgewehrt werden.

Die zehn Werfer am Turmkranz gehören definitiv zum Hardkill-System und dürften ähnlich wie die Vorgänger Drozd und Arena eine Art von Spreng- und/oder Splittergranaten verschiessen, welche Spreng- und Hohlladungsgeschosse bzw. Panzerabwehrraketen und -lenkwaffen vor dem Auftreffen auf die Grundpanzerung beschädigt oder zerstört. Aufgrund der geometrischen Anordnung der Werfer ist von einer Abdeckung von ±60° im Frontbereich auszugehen.

T-14 Armata. (Bild: Alamy)

Zwar ist es aus technischer Sicht unwahrscheinlich, dass diese Gegenmassnahmen ein Pfeilgeschoss aus Wolframkarbid oder Uran beschädigen oder sogar zerstören, sollte die Granate allerdings auf Höhe des Leitwerkes gezündet werden, würde dies zu einer Pendelung des Penetrators und damit zu einer erheblichen Leistungsreduktion (30 – 50%) führen. Die dazu notwendige zeitgenaue Zündung der Granate setzt einen Datalink zwischen Feuerleitcomputer des Aktivschutzsystems und der Granate selber voraus – das dies grundsätzlich möglich ist, wurde auch in westlichen Forschungsprojekten bereits praktisch nachgewiesen.

Der Turm des T-14 Armata (gut sichbar sind die Werferrohre am Turmkranz, die zwei schwenkbaren Werfereinheiten auf dem Turmdach sowie die Radarpanelen und Laserwarnmodule an der Turmfront bzw. Turmseite)

All diese Schutzsysteme sind jedoch – abgesehen von der weiter entwickelten Technologie – nicht wirklich neu. Was den T-14 aus technischer Sicht einzigartig macht, ist tatsächlich der unbemannte Turm. Dieser bietet zwei markante Vorteile gegenüber einem bemannten Turm:

- Das Mannschaftsraumvolumen – und damit das besonders stark zu schützende Volumen – reduziert sich um ungefähr 60%, was wiederum zu entsprechenden Gewichtsersparnissen bei gleichem Schutzniveau für die Besatzung führt.
- Das Turmvolumen wird ebenfalls reduziert: die Turmoberfläche ist etwa 35%, die Frontfläche etwa 15% kleiner als beim Leopard 2A6 bzw. M1A2 Abrams. Die Erstschusstrefferwahrscheinlichkeit (ohne Berücksichtigung von Richtfehlern) mit dem Leopard 2A6 und dem modernsten verfügbaren Pfeilgeschoss DM63 auf den Turm eines T-14 (teilgedeckte Stellung) in einer Distanz von 3.000 m beträgt ungefähr 25% – oder anders gesagt: es wären statistisch gesehen vier Schüsse notwendig, um einen Treffer zu landen.

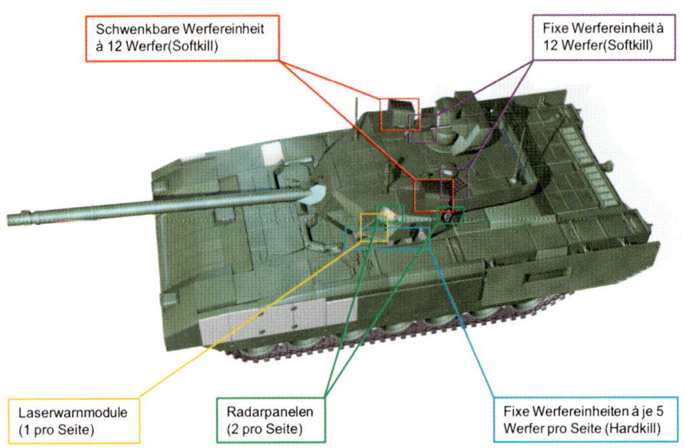

Basierend auf all diesen Überlegungen muss davon ausgegangen werden, dass der T-14 Armata der Besatzung insgesamt ein höheres Schutzniveau bietet als seine westlichen Gegenstücke – und dies trotz dem deutlich tieferen Gefechtsgewicht.

Die aktuellen Prototypen des T-14 sind alle mit einer neuen 125 mm L55 (2A82) Glattrohrkanone ausgerüstet. Es ist davon auszugehen, dass diese neue Version gegenüber der 2A46M-2 des T-90 nochmal eine Leistungssteigerung erfahren hat. Da die russischen Konstrukteure wie ihre westlichen Pendante auch an die Gesetze der Physik gebunden sind, lässt sich jedoch die zu erwartende Durchschlagsleistung recht genau voraussagen: sie dürfte bei einer Einsatzdistanz von 3.000 m im Bereich von 800 mm Panzerstahl und damit etwa 10% über den Werten der 120 mm RH L55 des Leopard 2A6 mit dem Pfeilgeschoss DM53/63 liegen. Bei den Hohlladungsgeschossen steigt die Durchschlagsleistung praktisch proportional zum Kaliber, weshalb hier die Durchschlagswerte im Vergleich mit den Hohlladungsgeschossen im Kaliber 120 mm nur rund 5% höher liegen werden. Die maximale Einsatzdistanz für die Pfeil- und Hohlladungsgeschosse dürfte bei etwa 5.000 m, die effektive Einsatzdistanz bei etwa 3.000 m liegen. Die neue Waffe wird voraussichtlich alle bereits eingeführten 125 mm Geschosse verschiessen können und wie schon die Vorgängermodelle über einen Lenkwaffenkomplex verfügen, welcher das Verschiessen von Panzerabwehrlenkwaffen mit Einsatzdistanzen von mehr als 5.000 m erlaubt.

Seit der ersten Präsentation des T-14 wird immer wieder betont, dass das Fahrzeug später auch mit einer 152 mm Glattrohrkanone bestückt werden könne. Aus technischer Sicht dürfte dies durchaus umsetzbar sein, die Problematik ist jedoch eine Andere: Ein 152 mm Geschoss hat einen rund 50% höheren Platzbedarf verglichen mit einem 125 mm Geschoss, womit die Munitionskapazität von 45 Schuss (125 mm) auf ungefähr 30 Schuss (152 mm) sinken würde, was sich wiederum negativ auf die Einsatzautonomie des Systems auswirkt.

Bei der Sekundärbewaffnung sind die russischen Konstrukteure vorerst beim bewährten System aus 12.7 mm Flugabwehr-Maschinengewehr und 7.62 mm Koaxial-Maschinengewehr geblieben. Die optional angekündigte 30 mm Koaxial-Maschinenkanone wäre technisch wohl problemlos realisierbar, zumal die russischen Panzerbauer in diesem Bereich bereits über eine jahrzehntelange Erfahrung verfügen (der 1987 eingeführte BMP-3 verfügt neben der 100 mm Hauptwaffe ebenfalls über eine 30 mm Koaxial-Maschinenkanone).

Der Ladeautomat dürfte aus technischer Sicht ebenfalls kein Problem darstellen – die russischen Konstrukteure können in diesem Bereich auf 50 Jahre Entwicklungs- und Einsatzerfahrung zurückgreifen (der erste Ladeautomat EZ-10 wurde 1967 mit dem T-64A eingeführt). Die Diskussion im Westen über Vor- und Nachteile von Ladeautomaten bzw.

Allgemeine Daten	
Einführung	2018
Besatzung	3
Länge	10,80 m (Waffe 1,20)
Breite	3,50 m
Höhe	3,30 m
Gefechtsgewicht	48.000 kg
Bewaffnung	
Primärwaffe	125 mm 2A82-1M (45 Schuss)
Sekundärwaffe	7,62 mm PKTM 6P7K (2000 Schuss) 12,7 mm KORD 6P49 (300 Schuss)
Schutz	
Panzerung	Stahl, Komposit
Aktivschutzsystem	Afghanit (Hard-/Softkill)
Weitere Systeme	ABC Schutzanlage Brandunterdrückung
Mobilität	
Motor	12-Zylinder, Diesel, 12N360, 1100 kW (1500 PS)
Spezifische Leistung	31,3 kW/t (22,9 PS/t)
Geschwindigkeit	80 km/h
Reichweite	500 km (Strasse)

drei oder vier Besatzungsmitglieder ist wohl weniger technischer denn emotionaler Natur: Die Russen haben sich mit der Einführung des T-64 für diese Lösung entschieden und dementsprechend auch ihre Ausbildung und Einsatzverfahren konsequent darauf abgestimmt, weshalb ein Vergleich mit den westlichen Kampfpanzern (abgesehen vom französischen AMX-56 Leclerc) aus Sicht des Autors nur bedingt sinnvoll ist.

Fahrer, Richtschütze und Kommandant verfügen über je zwei LCD-Monitore, welche als Interface zum Fahrzeug- bzw. Feuerleitcomputer dienen. Das Feuerleitsystem des T-14 Armata besteht aus den folgenden Komponenten:

- elektrooptisches Zielfernrohr mit Infrarot-Kamera und Laserentfernungsmesser;
- elektrooptisches Kommandantenperiskop mit Infrarot-Kamera und Laserentfernungsmesser;
- autarke Waffenstation (12.7 mm) mit Infrarot-Kamera und Laserentfernungsmesser;
- autonomes analoges TV-Zielfernrohr (Notschiessen);
- sechs TV-Kameras am Turm für die Rundumbeobachtung;
- Millimeterwellenradar (Aktivschutzsystem AFGANIT);
- verschiedene Sensoren (u.a. Wind, Temperatur, Verkantung);
- Feuerleitcomputer;
- Stabilisierungselektronik;
- LCD-Monitore für die Besatzung;
- Bedienpulte und Steuergriffe für die Besatzung.

Fahrer und Kommandant verfügen zusätzlich über je drei Winkelspiegel, während der Richtschütze nur einen Winkelspiegel hat. Die drei Winkelspiegel des Kommandanten sind sehr wahrscheinlich mit Tip-Visier-Tasten versehen, welche mit dem T-90MS eingeführt wurden und dazu dienen, den Turm auf die Richtung der betätigten Tip-Visier-Taste einschwenken zu lassen.

Das Informations- und Managementsystem besteht aus einer Satellitennavigationsanlage (GLONASS) und einem taktischen Führungssystem. Die Schnittstelle mit dem Feuerleitsystem über den Fahrzeugcomputer erlaubt es grundsätzlich, die Koordinaten eines vermessenen Zieles zu ermitteln und in Echtzeit allen im Führungssystem eingebundenen Fahrzeugen und Führungsstellen sichtbar zu machen.

Die Diskussion dreht sich nun in der Fachwelt hauptsächlich um die Frage, ob dem Kommandanten nicht die notwendige Übersicht fehlt, wenn er in der Wanne sitzt bzw. ob mit TV-Kameras und elektrooptischen Zielgeräten tatsächlich dieselben Informationen zur Verfügung gestellt werden können wie mit den optischen Zielgeräten und Beobachtungsmitteln der aktuellen Kampfpanzergeneration. Ein Blick in den Himmel gibt die (technische) Antwort: Der Pilot eines F-35 kann mit seinem Head-Up Display durch das Flugzeug hindurchschauen – aus den Videosignalen der rundum angebrachten Kameras generiert ein Computer eine virtuellen 3D-Welt, welche dann je nach Blickrichtung des Piloten in seine Optik eingeblendet wird. Mit einer solchen Technologie, wie sie z.B. das israelische Unternehmen ELBIT Systems unter der Bezeichnung «Iron Vision» auch für den Einsatz auf Panzerfahrzeugen anbietet, könnte der Kommandant eines T-14 sogar noch deutlich mehr sehen als der Kommandant eines Kampfpanzers mit bemanntem Turm. Eine ganz andere Frage ist in diesem Fall aber der Preis: Der Pilotenhelm des F-35 kostet ungefähr 400.000 USD, über den Preis von «Iron Vision» gibt es noch keine verlässlichen Angaben!

Schliesslich bleibt noch die Frage der Verwundbarkeit: Videokameras und elektrooptische Zielfernrohre sind, verglichen mit den älteren optischen Systemen, weder mehr noch weniger verwundbar durch gegnerischen Beschuss oder Splitterwirkung – die Optiken sind und bleiben die Achillesferse eines Kampfpanzers, auch des T-14.

EINSATZ

Der T-14 wurde bisher nicht bei Kampfhandlungen eingesetzt.

FAZIT

Trotz etlicher Kinderkrankheiten und limitierten Produktionszahlen ist der T-14 Armata der erste serienmässig gefertigte Kampfpanzer mit einem unbemannten Turm und einem bereits im Grundkonzept enthaltenen Aktivschutzsystem. Das Fahrzeug dürfte daher in mehrerer Hinsicht als Blaupause für die nächste Panzergeneration dienen.

Epilog

Schutz, Feuer, Bewegung

Seit es Kriege gibt, braucht jede Armee Schutz, Kampfkraft, Bewegung.

Weil Handrohr, Kanone und Gewehr erst im Italien der Condottieri aufkamen, tritt der Begriff «Feuer» erst in der Neuzeit hervor. Vorher sprechen wir von Kampfkraft, von der geballten Waffe der grossen Heerführer, die mit Wucht, Stärke und Bewegung Schlachten entschieden.

Alexander der Grosse vertraute auf seine schwere Reiterei, die «Edelschar», an deren Spitze er mit weissem Helmbusch wagemutig das Zentrum der persischen Streitmacht angriff.

Hannibal Barkas führte seine numidische Kavallerie, die beste und stärkste seiner Zeit, persönlich ins Treffen. Am Ticinus, an der Trebia, am Trasimenischen See und in der Epochenschlacht von Cannae entschieden die punischen Ritter das Gefecht.

Sultan Saladin setzte ganz auf die kurdischen Mamluken und deren wendige Wüstenpferde. Richard Löwenherz wieder erfocht seine Siege mit der tapferen Kavallerie seines Kreuzritterheeres.

Jeder der genannten vier Feldherren erzielte die optimale Verbindung von wirksamem, nicht allzu schwerem Schutz mit der konzentrierten Kampfkraft der berittenen Elite und deren überlegener Beweglichkeit.

Und jeder der Vier behielt das dezisive, waffenstarke und mobile Element in der eigenen Hand. Alexander wartete in Issos und Gaugamela, bis sich in der Phalanx seines schwerfälligen Gegners, des Grosskönigs Dareios III., Lücken auftaten, in die er mit seinen Hetärenreitern hineinstiess.

1914 erstarrte im Ersten Weltkrieg die Westfront zum grausamen Maschinengewehr-, Artillerie- und Grabenkrieg. Erst im Herbst 1917 brachten die ersten Tanks Bewegung in die blockierten Fronten. Im vorliegenden Buch beschreibt Divisionär Fred Heer, Panzergeneral, die erste grosse Offensive von Cambrai im November 1917 und das erste Panzerduell vom April 1918.

Die ersten Tanks veränderten die Gefechte und Schlachten für immer. Sie brachten Schutz für die Besatzung, hohe Feuerkraft und eine ganz neue Mobilität auf das Gefechtsfeld. Alliierte Panzer brachen die starren Fronten auf, deutsche Kampfwagen hielten dagegen. In der U.S. Army kämpfte in der Offensive von St. Mihiel ein Colonel namens George S. Patton.

Der Siegeszug der Panzerwaffe zieht sich durch das ganze 20. Jahrhundert bis ins 21. hinein.

Im Zweiten Weltkrieg stiessen General Guderians Kampfwagen zuerst an allen deutschen Fronten rasant vor – oft in reiner Kampfpanzerformation. Die Westalliierten stellten Guderians Panzern I, II, III und IV eigene, starke Tanks gegenüber. In Nordafrika rang Bernard Montgomery den deutschen Wüstenfuchs Erwin Rommel nieder.

Montgomery dachte über seine Kampfpanzer hinaus. Er strukturierte die siegreiche 8. Armee so, dass auch Panzergrenadiere, die Infanterie, die Royal Air Force und sogar die Royal Navy vom Mittelmeer aus zum Einsatz gelangten. Operativ nennt man das den Kampf der verbundenen Waffen: Der Kampfpanzer behält seine tragende Rolle, geht aber im sorgfältig geplanten Verbund mit anderen Waffen vor.

An der Ostfront warf Marschall Stalin am 6. Dezember 1941 den deutschen Panzerspitzen seine sibirischen Divisionen entgegen. Die frischen Kräfte waren mit dem «Jahrhundertpanzer» T-34 ausgerüstet, dessen Vorzüge Hauptmann Stefan Bühler, selber erfahrener Kommandant einer Leopard-2-Kompanie, präzis analysiert.

Die sowjetischen Panzer waren einfach und robust konstruiert, wie nach dem Krieg die AK-47 Kalaschnikow. Stalins Konstrukteure verzichteten auf raffinierte Details; aber sie bauten den Panzer, mit dem Marschall Schukows Armeen ohne schriftliche Befehle bis Berlin durchstiessen.

Auch Schukow liess seine T-34 nicht «artrein» angreifen, sondern im Verbund mit Infanterie, Artillerie, Pionieren und der Roten Luftwaffe.

Unter den amerikanischen Panzergeneralen ragt besagter George S. Patton heraus. In einer legendären Operation drehte er mitten im Winter 1944/45 im schwierigen Ardennengelände im Kampf seine 3. Armee um 90°, um den deutschen Angreifern in die Flanke zu fallen. Hauptmann Marc Lenzin, ehemaliger Nachrichtenoffizier des Berner Panzerbataillons 3, umreisst Pattons Genie und die Ardennenschlacht.

Im Nahen und Mittleren Osten bot das vegetationslose Gelände dem Kampfpanzer einzigartige Chancen zur Entfaltung. Israel liess seine Centurions und M-60 im Sinai-Feldzug 1956 und im Sechs-Tage-Krieg 1967 «artrein» vorstossen.

Im Yom-Kippur-Krieg von 1973 zwangen die sowjetischen AT-3-Sagger-Raketen und die RPG-7-Panzerfäuste den Taktiker Tal von einem Tag auf den andern zum Kampf der verbundenen Waffen, worauf Israel an der Sinai- und an der Golanfront die Araber prompt besiegte.

Eine Konsequenz aus den anfänglich erfolgreichen Sagger- und RPG-7-Überfällen war Tals grundlegend neuer Merkawa.

Die beiden Irak-Kriege von 1991 und 2003 waren abermals Panzerkriege. Vom 23.–28. März 1991 führte General Norman Schwarzkopf zur Befreiung von Kuwait mit den Abrams-Kampf- und den Bradley-Schützenpanzern eine der grandiosen Umfassungsschlachten der Militärgeschichte – nach Monate langer Vorarbeit durch die Luftwaffe.

Vom 20. März bis zum 9. April 2003 stiess General Tommy Franks in drei Wochen vom Persischen Golf nach Bagdad vor. In allen Belangen, auch in der Freund-Feind-Erkennung, war die alliierte Streitmacht den starr operierenden Irakern überlegen.

In drei Gazakriegen, 2008/09, 2012 und 2014, besiegte Israel die gut gerüstete Hamas. Jedesmal schnitten Panzer den Gazastreifen von Ost nach West entzwei. Im Verbund mit der Artillerie, der Luftwaffe und der Marine waren die Merkawa zusammen mit den Namer-Schützenpanzern die Herren selbst des urbanen Gefechtes. Jetzt experimentiert Israel mit einem revolutionären Zwei-Mann-Panzer.

Russland stellte seinen Panzer der Zukunft, den T-14 Armata, schon am 9. Mai 2015 auf dem Roten Platz in Moskau vor.

Als Fazit lässt sich festhalten:

- Seit Jahrtausenden setzen erfolgreiche Feldherren die Formel um: «Schutz, Kampfkraft, Mobilität.»
- Vom Ersten Weltkrieg an kommt dem Kampf- und dem Schützenpanzer unter der Forderung «Feuer und Bewegung» eine zentrale Rolle zu. Seit 1917 entscheiden Panzerverbände im Verbund mit anderen Waffen Kriege.
- Führende Staaten entwickelten ihre eigenen Kampfwagen. In der Regel gelang den Ingenieuren die Optimierung von robustem Schutz, hoher Feuerkraft und ausgeprägter Mobilität.
- Auch wenn seit der Krim-Invasion vom 1. März 2014 neue hybride Kampfformen aufkommen und Cyber-Attacken vernetzte Nationen bedrohen, werden Kriege auch in Zukunft zu Lande, in der Luft und zur See gewonnen.
- Innovative Armeen entwickeln Panzer der Zukunft. Sie sollen dereinst die Generation der Abrams, Challenger, Leclerc, Leopard, Ariete, T-90, Merkawa und K2 ablösen.
- Zu Lande, im terrestrischen Kampf, bleiben Panzer unverzichtbar. Auch im urbanen Gefecht bieten sie das, was sie auszeichnet: Schutz, Kampfkraft, Bewegung.

Peter Forster, Oberst der Artillerie

Liste aller in Serie produzierten Kampfpanzer von 1916–2016

Bezeichnung	Land	Einführung	Produktionszahlen
Renault FT	FRA	1917	4.500
Schneider CA	FRA	1916	400
Saint Chamond	FRA	1916	400
FCM 2C	FRA	1921	10
Char B1	FRA	1925	469
SOMUA S35	FRA	1936	430
FCM 36	FRA	1937	100
Hotchkiss H35/39	FRA	1935	1.200
Renault D1	FRA	1930	160
Renault D2	FRA	1936	100
Renault NC	FRA	1935	23
Renault R35/40	FRA	1936	1.690
Renault AMC 34	FRA	1936	12
Renault AMC 35	FRA	1938	57
Renault AMR 33	FRA	1933	123
Renault AMR 35	FRA	1936	187
AMX-30	FRA	1966	2.300
AMX-56 Leclerc	FRA	1996	794
Mark I	GBR	1916	120
Mark III	GBR	1917	50
Mark III	GBR	1917	50
Mark IV	GBR	1917	1.220
Mark V	GBR	1917	1.070
Mark VIII	GBR	1918	125
Medium Mark A Whippet	GBR	1917	200
Medium Mark B Whippet	GBR	1918	102
Medium Mark C Hornet	GBR	1918	50
Cruiser Mk VII (A24) Cavalier	GBR	1942	500
Cruiser Mk VIII Centaur	GBR	1943	950
Cruiser (A34) Comet	GBR	1943	1.186
Cruiser Mk V (A13) Covenanter	GBR	1940	1.771
Cruiser Mk VIII (A27) Cromwell	GBR	1942	3.066
Cruiser Mk I (A9)	GBR	1937	125
Cruiser Mk II (A10)	GBR	1938	175
Cruiser Mk III (A13)	GBR	1937	65
Cruiser Mk IV (A13)	GBR	1939	890
Cruiser Mk VI (A15) Crusader	GBR	1940	5.300
Infantry Mk IV (A22) Churchill	GBR	1941	7.368
Infantry Mk I (A11) Mathilda	GBR	1938	140
Infantry Mk II (A12) Mathilda	GBR	1937	2.987
Infantry Mk III (A13) Valentine	GBR	1939	6.855
Vickers Medium Mk I/II/III	GBR	1924	289
FV4007 Centurion	GBR	1945	4.423

Bezeichnung	Land	Einführung	Produktionszahlen
FV4201 Chieftain	GBR	1963	1.800
Challenger I	GBR	1982	412
Challenger II	GBR	1997	446
Vijayanta	IND	1965	2.290
Arjun Mk I	IND	2004	124
Arjun Mk II	IND	2014	118
Sturmpanzerwagen A7V	DEU	1917	20
Panzerkampfwagen I	DEU	1934	1.493
Panzerkampfwagen II	DEU	1934	1.856
LT vz. 35 / Panzerkampfwagen 35(t)	DEU	1935	434
LT vz. 38 / Panzerkampfwagen 38(t)	DEU	1939	1.414
Panzerkampfwagen III	DEU	1937	5.774
Panzerkampfwagen IV	DEU	1937	8.544
Panzerkampfwagen V Panther	DEU	1943	6.003
Panzerkampfwagen VI Tiger	DEU	1942	1.350
Panzerkampfwagen Tiger B / Königstiger	DEU	1942	489
Leopard 1	DEU	1964	4.744
Leopard 2	DEU	1978	3.480
T-18	USSR	1928	960
T-26	USSR	1934	10.300
T-50	USSR	1941	69
T-60	USSR	1941	6.292
T-70	USSR	1942	8.226
BT-2	USSR	1931	650
BT-5	USSR	1933	1.884
BT-7	USSR	1935	4.965
T-24	USSR	1931	25
T-28	USSR	1932	503
T-34	USSR	1940	35.467
T-34/85	USSR	1943	55.000
T-35A	USSR	1934	61
KV-1	USSR	1939	5.219
KV-1S	USSR	1942	1.370
KV-85	USSR	1943	148
IS-1	USSR	1942	207
IS-2	USSR	1943	3.854
IS-3	USSR	1944	2.311
IS-4	USSR	1946	200
T-54	USSR	1947	40.700
T-55	USSR	1958	42.800
T-62	USSR	1961	22.700
T-64	USSR	1966	13.000

Bezeichnung	Land	Einführung	Produktionszahlen
T-72	USSR	1973	27.150
T-80	USSR	1976	5.404
T-90	RUS	1992	2.260
T-14 Armata	RUS	2019	70
M1917	USA	1918	950
Light M2	USA	1935	696
Light M24 Chaffee	USA	1944	4.731
Light M3 Stuart	USA	1940	13.860
Light M5 Stuart	USA	1942	8.884
Medium M2	USA	1939	112
Medium M3 Lee/Grant	USA	1941	6.258
Medium M4 Sherman	USA	1941	49.234
Medium T23	USA	1943	250
Medium M26 Pershing	USA	1944	2.212
T26E2	USA	1945	185
M46 Patton	USA	1949	1.160
M47 Patton	USA	1951	8.576
M48 Patton	USA	1952	12.000
M60 Patton	USA	1959	15.000
M1 Abrams	USA	1979	10.288
Type 59	CHN	1959	9.500
Type 69	CHN	1975	2.581
Type 88	CHN	1981	500
Type 96	CHN	1997	2.077
Type 99	CHN	2001	1.200
Type 2 Ke-To	JPN	1944	28
Type 4 Ke-Nu	JPN	1944	144
Type 95 Ha-Go	JPN	1936	2.300
Type 1 Chi-He	JPN	1944	170
Type 3 Chi-Nu	JPN	1944	144
Type 89 I-Go	JPN	1928	406
Type 97 Chi-Ha	JPN	1938	2.092
Type 61	JPN	1962	560
Type 74	JPN	1975	893
Type 90	JPN	1990	341
Type 10	JPN	2010	103
Panzer 58	CHE	1958	10
Panzer 61	CHE	1964	150
Panzer 68	CHE	1971	220
Panzer 68/75	CHE	1978	170
Panzer 68/88	CHE	1993	195
Merkava Mk I	ISR	1978	250
Merkava Mk II	ISR	1983	580
Merkava Mk III	ISR	1989	780
Merkava Mk IV	ISR	2004	260
Carro Veloce 29	ITA	1929	25
Carro Veloce L3/33	ITA	1933	1.200
Carro Veloce L3/35	ITA	1936	1.300
Carro Veloce L3/38	ITA	1939	84
FIAT 2000	ITA	1917	2
FIAT 3000	ITA	1921	153
Carro Armato L6/40	ITA	1939	283
Carro Armato M11/39	ITA	1939	100
Carro Armato M13/40	ITA	1940	779
Carro Armato M14/41	ITA	1942	800
Carro Armato P26/40	ITA	1943	103
Ariete	ITA	1995	200
Stridsvagn m/21	SWE	1921	10
Stridsvagn m/38	SWE	1938	15
Stridsvagn m/39	SWE	1939	20
Stridsvagn m/40	SWE	1940	100
Stridsvagn m/41	SWE	1941	219
Stridsvagn m/42	SWE	1943	282
Stridsvagn 74	SWE	1958	225
Stridsvagn 103	SWE	1967	290
Tanque Argentino Mediano TAM	ARG	1979	280
K1	KOR	1987	1.511
K2	KOR	2014	241
Al Khalid	PAK	2001	600
Al Zarrar	PAK	2004	504
PT-91 Twardy	POL	1993	281
T-84	UKR	1999	10
OF-40	UAE	1981	39
Zulfiqar	IRN	1999	100
M-84	YUG	1984	650
Olifant Mk 1	ZAF	1983	153
Olifant Mk 2	ZAF	2005	26
Altay	TUR	2020	10

Quellen- und Literaturverzeichnis

Appleman Roy, General Ridgway duels for Korea, Texas University Press, Texas 1990
Agranat Commission, The Final Report, Tel Aviv/Jerusalem 1974
Barbier M.K., Die Schlacht im Kursker Bogen, Edition Zeitgeschichte, Tosa Verlag, Wien 2002
Barker A.J., Der Sechs-Tage Krieg, Moewig Dokumentation, München 1981
Beever Anthony, Die Ardennen Offensive 1944, Pantheon Verlag, München 2018
Blumenson Martin, The Patton Papers, Da Capo Press, London 1996
Bradley Omar, A Soldier Story, Modern Library, London 1999
Boose Donald, US Army Forces in the Korean War, Osprey Publishing, Oxford 2005
Bonk David, St. Mihiel 1918 – The American Expeditionary Forces' trial by fire, Osprey Publishing, Oxford 2011
Buffetaut Yves, The Infantry Tank Mark I, IV, V: 1916-1918, Ysec Editions 2018
Caddick-Adams Peter (2001), Monty and Rommel. Parallel Lives, London 2001
Churchill Randolph, Churchill Winston, ...und siegten am 7. Tag, Scherz Verlag, München/Bern 1967
Churchill Winston, Der Zweite Weltkrieg, Scherz Verlag, München/Bern 1996
Dayan Moshe, Story of My Life, William Morrow and Company, London 1976
Douglas-Home Charles: Rommel, Weidenfeld and Nicolson, München 1974
Dunstan Simon, Armour of the Korean War, 1950-53, Osprey Publishing, Oxford 1982
Dunstan Simon, The Six Day War – 1967 Jordan and Syria, Osprey Publishing, Oxford 2009
Dunstan Simon, The Six Day War – 1967 Sinai, Osprey Publishing, Oxford 2009
El-Badri Hassan, The Ramadan War 1973, Greenhill Books, Fairfax 1979
Estienne-Mondet Arlette, Le général J.B.E Estienne - père des chars, Editions L'Harmattan, Paris 2010
Eshel David, Chariots of the Desert, Story of Israeli Armoured Corps, Brassey's, London 1999
Feldmann Daniel, Mas Cédric, Montgomery, Economica, Paris 2014
Finlan Alastair, The Gulf War 1991, Osprey Publishing, Oxford 2003
Fleischer Wolfgang, Panzerkampfwagen, Motorbuch Verlag, Stuttgart 2015
Fleischer Wolfgang, T-34 - Russlands Standard-Panzer im 2. Weltkrieg, Motorbuch Verlag, Stuttgart 2018
Fraser David, Rommel - Die Biographie, Siedler Verlag, Berlin 1995
Ford Roger, Tiger-Panzer, Dörfler Zeitgeschichte, Nebel Verlag GmbH, Utting 1999
Ford Ken, Caen 1944 – Montgomery's break out attempt, Osprey Publishing, Oxford 2004
Ford Ken, Falaise 1944 – Death of an army, Osprey Publishing, Oxford 2005
Frieser Karl-Heinz, Die Ostfront 1943/44, Deutsche Verlags-Anstalt, München 2007
Gorczynski Philippe, Following the Tanks – Cambrai 1917, Philippe Gorczynski, Cambrai 1998
Guderian Heinz, Achtung – Panzer ! Union Deutsche Verlagsgesellschaft, Stuttgart 1937
Guderian Heinz, Erinnerungen eines Soldaten, Motorbuch Verlag, Stuttgart 1994
Görlitz Walter, Model – Strategie der Defensive, Limes Verlag, Wiesbaden 1982
Hayn Friedrich, Die Invasion – von Cotentin bis Falaise, Kurt Vowinckel Verlag, Berlin 1954
Halberstadt Hans, Desert Storm – Ground War, Motorbooks International, Osceola 1991
Haskew Michael, Panzer – Ein historischer Überblick, Neuer Kaiser Verlag, Berlin 2017
Hart Steven, Operation Totalize – The Allied drive south of Caen, Osprey Publishing, Oxford 2016
Hamilton Nigel, Monty – The Battles of Field Marshal B. Montgomery, Random House, London 1994
Herman Arthur, Douglas MacArthur – American Warrior, Random House, London 2017
Hilmes Rolf, Kampfpanzer heute und morgen, Motorbuch Verlag, Stuttgart 2007
https://tanks-encyclopedia.com
Hughes Matthew, Panther-Panzer, Dörfler Zeitgeschichte, Nebel Verlag GmbH, Utting 2009
Jordan David, Schlacht in den Ardennen, Verlag TOSA, Berlin 2006
Kahalani Avigdor, The heights of courage : a tank leader's war on the Golan, Praeger Publishers, New York 1992

Kalahani Avigdor, A Warrior's Way, S.P.I. Books, Tel Aviv 1989
Katz Samuel, Armies in Lebanon 1982 – 1984, Osprey Publishing, Oxford 1985
Kershaw Andrew, Panzerkampfwagen, Heyne Paperback, 1974
Keegan John, Der Erste Weltkrieg – Eine europäische Tragödie, Rowohlt Verlag, Berlin 2000
Kurowski Franz, Die Panzer-Lehr-Division, Podzun Verlag, Bad Nauheim 2008
Latawski Paul, Falaise Pocket, Sutton Publishing, London 2005
Lüdeke Alexander, Panzer der UdSSR und Russlands seit 1945, Motorbuch Verlag, Stuttgart 2016
Marsh Gelbart, Merkava - Der Kampfpanzer der Israelischen Armee, Tankograd Publishing, 2005
McKee Alexander, Der Untergang der Heeresgruppe Rommel, Caen 1944, Motorbuch Verlag, Stuttgart 1990
McNab Chris, Cambrai 1917 – Battle Story, The History Press Ltd., Malta 2012
McKercher B.J.C., The Operational Art: Developments in the Theories of War, Praeger, 1996
Münkler Herfried, Der Grosse Krieg, Rowohlt, Berlin 2013
Model Hansgeorg, Generalfeldmarschall Walter Model, Biblio-Verlag, Stuttgart 1991
Ortholan Henri, La guerre des chars:1916-1918, Bernard Giovanangeli, Paris 2007
Piper Ernst, Das Zeitalter der Weltkriege, Edition Lingen-Stiftung, 2014
Powell Colin, Mein Weg, Piper Verlag, München 1996
Rabinovich Avraham, The Jom Kippur War, Schocken Publishing, New York 2004
Ryan Cornelius, Der längste Tag, Verlag Buch und Welt, Klagenfurt 1959
Reuth Ralf Georg, Erwin Rommel - Des Führers General, Piper Verlag, München 1987
Ritgen Helmut, Westfront 1944, Motorbuch Verlag, Stuttgart 2004
Szafranski Jacek, Karmieh Samir, Renault Ft & M1917 Light Tank, Kagero Oficyna Wydawnicza. 2018.
Schneider Wolfgang, Tiger im Kampf, Verlag Schneider Armour Research, Berlin 2000
Schwarzkopf Norman, Man muss kein Held sein, C. Bertelsmann, München 1992
Segev Tom, 1967 – Israels zweite Geburt, Pantheon Verlag, München 2009
Sharon Ariel, Warrior. An Autobiography, Simon & Schuster, New York 2001
Smythe Donald, Pershing – General of the Armies, Indiana University Press, Bloomington 1986
Strutz Georg, Die Tankschlacht bei Cambrai, Schlachten des Weltkrieges, Reichsarchiv, Berlin 1929
Stein Marcel, Generalfeldmarschall Walter Model – Legende und Wirklichkeit, Biblio Verlag, München 2001
Solowjow B., Wendepunkt des Zweiten Weltkrieges – Die Schlacht bei Kursk, Pahl-Rugenstein Verlag, Köln 1987
Spielberger Walter, Jentz Thomas, Der Panzer V Panther und seine Abarten, Motorbuch Verlag, Stuttgart 2018
Taylor John, Deborah and the War of the Tanks 1917, Pen and Sword Military, London 2016
Turner Alexander, Cambrai 1917, Osprey Publishing, Oxford 2007
Tucker-Jones Anthony, Armoured Warfare in the Arab-Israeli Conflicts, Pen and Sword, South Yorkshire 2014
Tucker-Jones Anthony, The Gulf War, Operation Desert Storm, Pen and Sword Military, South Yorkshire 2014
Tucker-Jones Anthony, The Iraq War, Operation Iraqi Freedom, Pen and Sword Military, South Yorkshire 2014
Von Clausewitz Carl, Vom Kriege, Rowohlt Verlag, Schleswig 1963
Vollert Jochen, Kampfpanzer Leopard 2 - Entwicklung und Einsatz in der Bundeswehr, Tankograd Publishing, 2009
Vollert Jochen, Kampfpanzer Leopard 2 - Internationaler Einsatz und Varianten, Tankograd Publishing, 2009
Von Manstein Erich, Verlorene Siege, Bernard & Graefe Verlag, Bonn 2009
Votaw John, The American Expeditionary Forces in World War I, Osprey Publishing, Oxford 2005
Wallace Brenton, Patton and his Third Army, The War Vault Publishing, London 2019
War Pat, The Centurion Tank, Pen and Sword Books, South Yorkshire 2013
Zaloga Steven J., Operation Cobra 1944 – Breakout from Normandy, Osprey Publishing, Oxford 2007
Zaloga Steven J., Battle of the Bulge 1944 (Band 1 + 2), Osprey Publishing, Oxford 2004
Zaloga Steven J., Mortain 1944 – Hitler's Normandy Panzer offensive, Osprey Publishing, Oxford 2019

Quellen- und Literaturverzeichnis

GESPRÄCHE, BERICHTE UND INTERVIEWS

Pressekonferenzen IDF, 6.–24. Oktober 1973, Tel Aviv
Front-Pressebriefings IDF, 10.–24. Oktober 1973, Kibbuz Ginossar, Kuneitra, Harfa und Tasa
Gespräche mit Israel Tal, 1974–1977, Tel Aviv und Jerusalem
Gespräch mit Hauptmann des syrischen Nachrichtendienstes, 20. August 1974, Kuneitra
Gespräche mit Ariel Sharon, 1974, Farm Hawat Shikmim und Jerusalem
Gespräche mit Shimon Naveh, 1974–2006, Tel Aviv, Jerusalem, Hadera
Gespräch mit Yitzhak Rabin, 1974, Tel Aviv
Tankograd, T-72, thesovietarmourblog.blogspot.com, 2015
Hilmes Rolf, Russlands neue Panzer, Truppendienst - Magazin des österreichischen Bundesheeres, Wien 2018
Triandafillow Wladimir Kiriakowitsch, Размах операций современных армий
(Ausmass der Operationen moderner Armeen), 1926
Triandafillow Wladimir Kiriakowitsch, Характер операций современных армий
(Charakter der Operationen moderner Armeen), 1929

Dank

Die Autoren bedanken sich bei der Offiziersgesellschaft der Panzertruppen (OG Panzer), der Militärfachzeitschrift «Schweizer Soldat» sowie der Firma Gottwald Videoteam für die tatkräftige Unterstützung.

Die Autoren

MARC LENZIN

Geboren 1967 in Bern. Nachdiplomstudium Unternehmungsführung an der Privaten Hochschule Wirtschaft in Zürich. Arbeitet als Geschäftsleitungsmitglied bei einem internationalen Informatikhersteller. Militärisch ausgebildeter Panzergrenadier, als Oberleutnant Kommandant Stellvertreter einer Panzergrenadierkompanie, als Hauptmann Nachrichtenoffizier im Stab eines Panzerbataillon. Schreibt als Panzerhistoriker für die militärische Fachzeitschrift «Schweizer Soldat».

STEFAN BÜHLER

Geboren 1984 in Thun. Berufslehre als Konstrukteur, Weiterbildung zum Maschinenbauingenieur FH. 7 Jahre als Projektleiter im Bereich Panzerbau und Schutzsysteme in der wehrtechnischen Industrie, seit 2013 Kampfmittelbeseitiger bei der Schweizer Armee. Militärisch ausgebildeter Panzerfahrer und -kommandant (Leopard 2), Zugführer und zuletzt Kommandant der Panzerkompanie 12/1.

FRED HEER

Geboren 1948 in Glarus. Berufslehre als Hochbauzeichner, anschliessend Tätigkeit in einer Bauunternehmung und berufsbegleitende Ausbildung zum Bautechniker; 1979 Eintritt als Hauptmann in das Korps der Instruktionsoffiziere der Mechanisierten und Leichten Truppen, Kommandant einer Panzerkompanie, eines Panzerbataillons, eines Panzerregimentes und einer Panzerbrigade. Erster Kommandant des Lehrverbandes Panzer und Artillerie. In letzter Funktion als Divisionär Stellvertreter Kommandant Heer. Seit 2010 im Ruhestand.

PETER FORSTER

Geboren 1946, von Hugelshofen/Ottoberg. Matura Wirtschaftsgymnasium Winterthur. Studium Geschichte in Zürich, New York und Berkeley. Doktorat 1970. Erlebte 1973 den Yom-Kippur-Krieg für die NZZ an beiden Fronten. Danach NZZ-Korrespondent für Israel, Zypern, Türkei und Griechenland mit Sitz Jerusalem. Chefredaktor 20 Jahre Thurgauer Zeitung und 14 Jahre Schweizer Soldat. Jetzt Chefredaktor «Bulletin-1.ch». Artillerieoffizier, Kommandant einer Batterie, Kompanie, Bataillon, Regiment. War Präsident der Eidg. Staatsschutzkommission.

WEITERE INTERESSANTE BÜCHER ZUM THEMA

Erfolgsautor Alexander Lüdeke erklärt und beschreibt in diesem Band neben den Panzertypen vom Spähpanzer bis zum Königstiger auch Hintergründe, Strukturen und Einsatzgrundsätze.
256 Seiten, 300 Abb., 230 x 265 mm
ISBN 978-3-613-04182-0
€ 34,90 |€ (A) 35,90

Alle gepanzerten Gefechtsfeldfahrzeugen mit Rad und Kette, von den Kampfpanzern über Selbstfahrlafetten bis hin zu Aufklärungs-, Führungs- und Funkpanzern inkl. des Wehrmachtsbestands und die Einsätze der Einheit.
384 Seiten, 904 Abb., 230 x 265 mm
ISBN 978-3-613-04275-9
€ 39,90 |€ (A) 41,10

Rolf Hilmes schildert in diesem umfassenden Band die technologische Entwicklung des Panzerbaus, angefangen bei den ersten Tanks des Ersten Weltkriegs bis zu den heutigen Kampfpanzern mit modernster Elektronik.
256 Seiten, 250 Abb., 210 x 280 mm
ISBN 978-3-613-04277-3
€ 24,90 |€ (A) 25,60

Marc Lenzin und Stefan Bühler liefern in diesem Prachtband auf Basis aktueller Forschung einen umfassenden Überblick über alle wichtigen Panzerfahrzeuge der Schweizer Armee. Ergänzt wird die Darstellung durch eindrucksvolles Bild- und Kartenmaterial.
144 Seiten, 134 Abb., 210 x 280 mm
ISBN 978-3-613-04379-4
€ 19,95 |€ (A) 20,60

Leseproben zu alle Titeln auf unserer Internetseite

Stand Januar 2022
Änderungen in Preis und Lieferfähigkeit vorbehalten.

Überall, wo es Bücher gibt, oder unter
WWW.MOTORBUCH-VERSAND.DE
Service-Hotline: 0711 / 78 99 21 51

Motor buch Verlag

www.facebook.com/MotorbuchVerlag